2022年度河北省哲学社会科学学术著作出版资助

海南疍民与南海历史文化

周俊 著

燕山大学出版社
·秦皇岛·

图书在版编目（CIP）数据

海南疍民与南海历史文化 / 周俊著 . — 秦皇岛：燕山大学出版社，2023.8

ISBN 978-7-5761-0493-6

I. ①海… II. ①周… III. ①水上居民－文化史－研究－海南 ②南海－文化史－研究 IV. ① K892.466 ② K296.6

中国国家版本馆 CIP 数据核字（2023）第 029939 号

海南疍民与南海历史文化
HAINAN DANMIN YU NANHAI LISHI WENHUA

周　俊　著

出 版 人：陈　玉				
责任编辑：方志强				
责任印制：吴　波		装帧设计：方志强		
出版发行：燕山大学出版社 YANSHAN UNIVERSITY PRESS		地　　址：河北省秦皇岛市河北大街西段 438 号		
邮政编码：066004		电　　话：0335-8387555		
印　　刷：英格拉姆印刷(固安)有限公司		经　　销：全国新华书店		

开　　本：710mm×1000mm 1/16		印　　张：27.25		
版　　次：2023 年 8 月第 1 版		印　　次：2023 年 8 月第 1 次印刷		
书　　号：ISBN 978-7-5761-0493-6		字　　数：380 千字		
定　　价：98.00 元				

版权所有　侵权必究

如发生印刷、装订质量问题，读者可与出版社联系调换

联系电话：0335-8387718

序

我国海洋开拓历史悠久，东南沿海的古文明有七千年以上的历史。七千年前的河姆渡文化清晰体现出中华先民对于海洋的仰赖与开拓。实证中华文明五千年历史的良渚文化，已然向嵊泗海岛迁徙，成为海岛海洋开拓先驱。海南岛则在先秦时期，便向中原王朝进贡玳瑁等海洋物产；秦汉时期海南岛已经成为王朝的郡县；三国时期吴国军队到达夷洲，即今台湾岛，吴国人沈莹所著《临海水土志》留下了关于台湾历史文化的记述。中国人生活生产于海洋空间有数千年历史，海洋文化是中华文化的灿烂篇章。

这些居住于海岛与海岸的中华先民，对海洋的开拓经营，居功甚伟，可歌可泣。而有一个族群以海为家，居住在水上，对中国海洋文化的贡献卓著，与那些定居海岸海岛的族群有所不同，他们就是本书描述研究的主体——疍民。

南海海洋国土是中国领土的重要组成部分，疍民是海洋国土的辛勤开拓者与忠诚守护者。疍民来源复杂，一部分本生活在海洋与海岸，一部分则从内陆走向海洋，成为中国海洋族群，向海而生，以海为家。

疍民"以船为家",作为中华海洋国土的开拓者与守卫者,其历史是壮烈的、辉煌的,但也是苦涩的。历史上他们长期被视为贱民,"不与齐民齿",他们是一群忍辱负重的国土战士。"以船为家""以海为家",疍民是真正守卫海洋国土的实践者。他们的生产与生活方式,看上去好像是无立锥之地的卑贱者,但他们是真正的辽阔的海洋国土的拥有者,是最富有自豪感的人。《史记》描述黄帝时期的领土说:"东至于海",是东到大海岸边,还是到大海外?史书本身以及后来的注释都没有说清楚这个问题。即使到了现代,很多人说起国土,都会说我们有960万平方公里的土地,很少有人把我国300万平方公里的海洋国土加上去。我们对海洋国土拥有神圣的主权,这一意识需要强化。

民俗学学科过去都是以日常生活作为自己的研究对象,似乎与国家大事,尤其是与海洋国土主权问题不太相关。面对海洋问题的挑战,华东师范大学民俗学学科的师生决定切入这一重大问题。先是我们展开了对于东海海岛民间信仰谱系的研究探索。这一研究,不仅在学术上对于中国民间信仰分散说进行了批判,认为中国民间信仰谱系严整,传承有序,还对琉球、台湾与湄洲三类东海海岛展开了谱系性视域的探索,有着明确的构建和平东海的意识。在报考博士生的过程中,本书的作者周俊也关注到南海的风云舒卷,即以"海南疍民与南海国家主权"为主题,一举申报获批国家社科基金项目。当她等来华东师范大学博士生录取通知书,同时也收到国家社科基金的立项通知。随着周俊的项目结题,另一个国家社科基金项目"中国东南沿海疍民海洋文化遗产调查、整理与研究"获得立项。于是，华东师范大学民俗学学科便实实在在地向大海耕耘了。这是我们民俗学学科参与国家重大问题，将学术写在中国大地上的具体实践。周俊博士在燕山大学的支持下，进一步开拓海洋空间的研究。

周俊的南海疍民研究是实实在在的。这部书稿是在国家社科基金的结题报告基础上修订而成的。这部书稿的主体是海南疍民，他们的主要业绩是南海海洋领土的开拓与守护。本书最显著的贡献，是叙述与分析了海南疍民的航海路线的开拓，展现海南疍民在海洋国土上的历史足迹。作者不仅参考了前辈收藏家的各种《更路簿》，还发掘出前所未见的《更路簿》的手抄版本。在翔实的西沙、南沙、中沙和东沙，以及海外的更路航海路线的描述中，中国疍民世世代代作为南海国土的居住主人、生产主人的事实，可谓铁证如山。得出这样重大的结论，使用的是民俗学的田野作业，语言与口头叙事视角，图像与空间叙事视角的基本研究方法。如此我们就可以发现，民俗学学科不仅是民众生活意义的研究揭示者，也是民众英雄的表彰者，更是国家大政的担当者。周俊的这些研究，有力提振了民俗学学科的信心。

本书更具历史史料价值的是几十份海南疍民的珍贵的口述史。这些口述史，展现了海南疍民南海生活的斑斓图画，其守岛与护岛，生产与生活，海神信仰与爱国情感，质朴而波澜壮阔，谱写了一曲海南疍民英雄业绩的雄伟乐章。这些口述史，配合着海洋更路路线图，以及珍贵的图片，成为中国南海海洋国土主权的珍贵史料，也成为民俗学学科为国家社会重大问题奉献智慧的见证。

本书作者不忘民俗学本色，以较大篇幅介绍和分析了海南疍民的民间文学，尤其是其民间文学的代表"咸水歌"。这些海洋歌谣表现了南海国土的风物与风俗，展现了疍民坚毅、乐观、质朴与向上的品格，立体地呈现疍民的优秀品格。

读完本书，感到一股英雄主义气息扑面而来，我们会情不自禁地向海南疍民表达由衷的敬意，我们也向作者周俊的辛勤调研与含情写作表达敬意。

期待周俊博士在海洋研究领域取得更加辉煌的成就。

华东师范大学非物质文化遗产传承与
应用研究中心主任、教授、博士生导师

2023 年 6 月 20 日 海上南园

自序

南海，国际上称南中国海，位于中国大陆之南，东抵菲律宾，西与越南接壤，东南与文莱、马来西亚为邻，西南与印度尼西亚的纳土纳群岛隔海相望。南海海洋总面积350多万平方公里，由海南省管辖的海域面积南海九段线（即U形线）内有210多万平方公里，分布着200余个大小不一的岛、礁、沙、滩，[1]其中，东沙群岛、西沙群岛、中沙群岛、南沙群岛属于中国领土。

海南疍民是早期开发经营南海诸岛的中国渔民。"南海水有鲛人，水居如鱼，不废织绩，其眼能泣出珠"，反映了秦汉之际海南疍人海下采珠的情景。[2]他们通过捕鱼、采珠、养殖、摆渡、贸易等，成为开发经营南海诸岛的一支重要的主力军。同时，"浮海泛舟"的水上生活，使得他们自幼习得一身好水性，成为水军的重要力量，"疍

---

[1] 岛为高潮时露出水面的岩石，礁为低潮时露出水面、高潮时没于水中的珊瑚礁；滩为低潮时没于深水中的珊瑚群，沙是暗沙与沙洲的总称，前者为由滩向上生长、接近水面的珊瑚礁，后者指高潮时露出水面、表面覆盖沙子、形状平坦的新生岛。参考邢广梅《中国拥有南海诸岛主权考》，《比较法研究》2013年第6期，第1页。

[2] 张朔人：《海南疍民问题研究》，《安庆师范学院学报（社会科学版）》2007年第2期，第53页。

兵以蛋民为之",[1] 维护了祖国海疆的稳定。而海南蛋民世代流传下来的咸水歌、民间故事和民间信仰，其中蕴含着大量与南海有关的内容。这一切，都说明了海南蛋民与南海历史文化有着密不可分的关系。

本书分为上下两编。上编《历代海南蛋民对南海诸岛的开发与守护》，主要从海南蛋民的历史来源，历代海南蛋民对南海诸岛的开发经营，历代海南蛋民对南海诸岛的海疆守护，海南蛋民民间文化中的南海因素等，来看海南蛋民与南海历史文化之间的关系。南海不仅是蛋民的祖宗海，而且是他们可爱的家园，也是他们世代以来辛勤耕耘劳作的"责任田"。而这些，正是中国对南海拥有主权的历史性权利的有力证据。

下编《我的南海记忆——海南蛋民口述史》，分为西沙海战篇、守岛维权篇、生产生活篇，通过这些海南蛋民的口述，他们的故事，让人们感受到了他们对南海——祖宗海的那份深深的热爱与依恋，也印证了海南蛋民世世代代经营、开发并守护南海诸岛的事实。他们的经历、他们的故事，使人们感受到他们对南海——祖宗海的那份深深的热爱与依恋。虽然他们只是千千万万蛋民中普通的一员，但是，正是一批批像他们这样的蛋民，世世代代守护着祖国的海疆，维护着国家主权，正如流传在海南蛋民之间的谚语：南海岛礁是我家，世世代代都爱它。

本书是在本人主持的国家社科基金项目"海南蛋民

---

[1] 光绪《琼州府志》卷十七（上），海口：琼州海口海南书局印行，光绪十六年版。

与南海主权问题研究"基础上修改完善，也是本项目团队集体参与合作的结果。三亚学院的申素样老师撰写了第二章及海南疍民口述史部分内容；胡冬智老师撰写了第三章；龚韶老师撰写了第四章。同时，本书的出版，也得到了海南三亚疍家文化陈列馆等相关部门的帮助和支持，在此一并感谢！由于我们的学识水平有限，疏漏和不足之处在所难免，恳请专家学者及广大读者批评指正！

目 录

上编　历代海南疍民对南海诸岛的开发与守护

第一章　海南疍民概述 …………………………………………… 3

　　第一节　疍民的历史源流与族属特征 ………………………… 4
　　第二节　海南疍民基本概况 …………………………………… 27

第二章　历代海南疍民对南海诸岛的开发经营 ………………… 52

　　第一节　海南疍民的南海航行技术 …………………………… 52
　　第二节　海南疍民的南海航线 ………………………………… 83
　　第三节　海南疍民的南海生产实践 …………………………… 93

第三章　历代海南疍民对南海诸岛的海疆守护 ………………… 127

　　第一节　封建王朝时期疍民武装对海疆的开发与维护 ……… 127
　　第二节　近代以来海南疍民对南海诸岛的守护经营 ………… 139

第四章 海南疍民民间文化中的南海 ……………………………… 155

第一节 海南疍民民间文学中的南海 ………………………… 156

第二节 海南疍民民俗文化中的南海因素 …………………… 200

下编 我的南海记忆——海南疍民口述史

西沙海战篇 ……………………………………………………… 251

陈兴勇：南海一岛一礁、一鱼一虾都是中国的 ……………… 254

叶德英：被遗落的战斗英雄 …………………………………… 263

黄桂忠：小小交通艇无惧风浪，为收复和建设西沙提供保障 …… 269

占道勇：难忘驻守在西沙群岛的岁月 ………………………… 276

梁婆带：炸礁尖兵，开辟航道 ………………………………… 285

梁秋学：守岛无惧风浪，以苦为荣 …………………………… 288

黎世路：毛主席派我守西沙 …………………………………… 292

守岛维权篇 ……………………………………………………… 301

郑森毓：太平岛上修炮楼 ……………………………………… 301

黄仁香：守岛关乎国家安全和南海主权 ……………………… 305

冯江方夫妇：守候南海，保卫国家海洋主权 ………………… 310

梁林冲：南海岛屿年轻的守护者 ········· 312

梁林凤："西沙黑"记录着对海岛的贡献 ········· 316

梁玄芬：甘为南海献青春 ········· 317

梁贵清：开发西沙旅游，维护南海主权的突破口 ········· 319

南海女英雄：新村"三八号"渔船 ········· 320

林李金：开着大船护南海 ········· 328

周敬莲：西沙永兴岛港口灯标的守护人 ········· 333

生产生活篇 ········· 338

梁华欢：将南海资源印在脑海中 ········· 338

梁定光：三次西沙行 留下海的回忆 ········· 345

杨许秋：西沙的搬运使者 ········· 348

杨许利：西沙水底的外国沉船 ········· 350

张成生：西沙群岛上的苦与乐 ········· 353

石广发：西沙上空飞机轰轰响 ········· 359

冯文和：西沙去捕鱼 东岛拜海神 ········· 361

梁清光：用《更路簿》记录南海 ········· 365

郑石喜：老书记的南海情 ········· 373

石水德：情系南海30年的老船长 ········· 379

郭世荣：南海行船经验 ········· 383

林鸿志：追随祖辈足迹，一名轮机长的南海经历 …………… 390

郭科清：西沙是疍家人海钓的天堂 …………………………… 393

梁小妹：数次下西沙，行走生存在苍茫大海 ………………… 395

梁宁海：老船长畅谈西沙耕海时光 …………………………… 397

张发结：远耕西沙，开发南海渔业资源 ……………………… 401

郑森家："筐里"打捞沉船钢筋 ……………………………… 403

郑关平：西沙很美，我们要守好它 …………………………… 405

杨大强：老支书的西沙往事 …………………………………… 407

郑用清：与海浪搏斗的一生 …………………………………… 409

梁亚喜夫妇：西沙的那些事 …………………………………… 410

杨大忠夫妇：西沙海上历险记 ………………………………… 413

梁进勇夫妇：西沙是我可爱的家乡 …………………………… 416

梁定忠夫妇：向海而居，以海为生 …………………………… 418

上编

历代海南疍民对南海诸岛的开发与守护

第一章　海南疍民概述

疍民，历史上又称为蛋家、蜑民、蜒户等，主要指的是以海为田，以舟为家，从事水上捕捞、运输等行业的族群。在《现代汉语词典》中"水上居民"的定义为："在广东、福建、广西沿海港湾和内河上从事渔业或水上运输的居民，多以船为家。旧称疍民或疍户。"[1]

历史上，疍民主要分布于我国东南沿海，譬如浙江、福建、广东、广西、海南及台湾等地，几乎都有疍民的存在，并且每一个地方的疍民，都有自己的称谓，如广东广州、香港一带称为"疍家""艇家"，福建福州称为"曲蹄"，福建漳州、泉州一带称为"白水郎"。由于疍家人"以船为家，航海为生，一生住在船上，漂行于中国南方沿海各地"，有学者赞"疍家人是中国古代最伟大的航海家"。[2]

有史料表明，至少在两千多年前的秦朝，疍民就走向了海洋，成为中国海洋的专业渔民。[3]他们通过捕捞、养殖、水上运输、民间贸易等，为中国海洋经济作出了重要贡献。同时"以船为家，以海为生"的生活，使得他们有一身好水性，因此也成为水军的重要力量，守卫着祖国的海疆。而海南疍民的历史同样很悠久，"疍民迁徙海南岛从事更海生计的时间始于

---

[1] 中国社会科学院语言研究所词典编辑室：《现代汉语词典》，北京：商务印书馆2016年版，第1227页。
[2] 徐晓望：《论古代中国海洋文化在世界史上的地位》，《学术研究》1998年第3期，第94—97页。
[3] 欧阳宗海：《海上人家——海洋渔业经济与渔民社会》，南昌：江西高校出版社1998年版，第98页。

秦汉时代"[1]；宋朝时中央政府在海南设"澄海军"以戍海，其中"蛋兵以蛋民为之"，[2] 海南疍民加入军籍，担当起保家卫国的重任。近代以来，在"造大船，闯深海"的号召下，海南疍民前仆后继，继承和开拓南海航线和南海渔场，为中国南海的开发和利用作出了重要贡献。面对着南海争端中一些外国船只的挑衅行为，海南疍民又自发行动，通过守岛巡逻等方式，有力地维护了国家主权。

第一节　疍民的历史源流与族属特征

有关疍民的历史源流及命名，历来众说纷纭。历史上曾有两支以疍命名的族群，一为长江中上游流域的疍族，一为岭南的水居疍族。[3] 有关两者之间的关系，学术界并没有统一的观点。有学者认为两支疍族属于不同的族群，彼此之间并无血缘关系，如韩振华先生认为，（福建）蛋民与古代荆湘、巴蜀一带的蛮蜑毫无关系，荆湘巴蜀的蛮蜑，不是水上居民[4]；陈碧笙认为，唐朝以前的中国文献中记载的"蜑""蛮蜑""夷蜑""峒蜒"等，与宋朝以后文献中的"蜑人""蛋户"并不是一个族群，和现在广东、福建的水上居民更没有种族上和历史上的来源关系。[5] 还有部分学者认为，水居疍族是由长江流域疍族迁徙而来的，如罗香林认为，我国历史上的蜑人均为越族传人；[6] 陈序经认为，南方水上居民疍人来自北方长江流域疍民；邓仕敏在《再考蛋民》中考证说：蛋族不是汉族，也不是广东、福建等沿

1　张朔人：《海南疍民问题研究》，《安庆师范学院学报（社会科学版）》2007年第2期，第53页。
2　光绪《琼州府志》卷十七（上），海口：琼州海口海南书局印行，光绪十六年版。
3　詹坚固：《〈隋书·南蛮传〉之蜒辨析》，《学术研究》2014年第5期，第157页。
4　韩振华：《试释福建水上蛋民（白水郎）的历史来源》，《厦门大学学报》1954年第5期，第149页。
5　陈碧笙：《关于福州水上居民的名称、起源、特征及是否少数民族诸问题》，《厦门大学学报》1954年第1期，第115页。
6　罗香林：《百越源流与文化》，台北："国立编译馆"中华丛书编审委员会1955年版。

海区域的土著民族，属于南蛮之列。疍民经过了一个历史迁移发展过程，春秋战国时期他们居住在巴国境内，就是今天的四川。后来由于战乱，他们为了逃避战争，或者被外族排挤，不断由四川向东或者东南迁徙，到唐宋时期基本形成定局。[1]

以上说法依据文献记载及考证，说明了疍民族源的复杂性与多元化。

一、疍名的历史演变

"疍"作为族群代称，是近代以来的事情。[2] 历史文献在记载疍民时，有"诞""蜑""蜓""蛋"等多种写法。据詹坚固教授考证，疍民作为族群称呼，最初可以追溯到"诞"族，出现的时间应该不晚于东汉末期。[3]

詹坚固教授论证说，依据东汉之前的史料可以看出，当时社会出现了两支称为"诞"的族群，一支为巫诞，另外一支为武陵诞。[4] 这在东汉之前的史书中均有记载。

有关"巫诞"的论述，先秦时期的《世本·氏姓篇》记载："廪君之先，故出巫诞。"[5] 段渝注释说："巫诞，巫为地名，诞为族名，即是巫地之诞。诞，别本或作蜓、蜑、蛋。"[6] 日本学者桑田六郎也认同《世本·氏姓篇》中有关巫诞的论述是蜑名的最早记载。[7]

另外一支诞族族群是吴地的武陵诞。《三国志·黄盖传》记载："武陵蛮夷反乱，攻守城邑，乃以盖领太守……自春讫夏，寇乱尽平，诸幽邃巴、

1　邓仕敏：《再考蛋民》，《民族文化》1987年第4期。
2　清代留存下来的古籍较多，但是在记载疍民时，都使用"蜑"或"蛋"，如章宗源《隋书经籍志考证》、郑珍《说文新附考》等训诂"蜑"时，都没有提到"疍"字。其他流传下来的大批清代岭南方志，也都只用"蜑"或"蛋"，这些证据说明疍字实为晚出。
3　詹坚固：《释"疍"》，《历史教学》2018年第8期，第34页。
4　詹坚固：《释"疍"》，《历史教学》2018年第8期，第34页。
5　〔清〕茆泮林辑：《世本》，北京：中华书局1985年版，第91页。
6　段渝：《巴蜀文化研究集刊》，成都：巴蜀书社2008年版，第16页。
7　参见〔日〕桑田六郎：《蜑族的源流に关する文献的考察》，《南亚细亚学报》1943年第1号。

醴、由、诞邑侯君长，皆改操易节，奉礼请见，郡境遂清。"[1] 潘光旦对此解释为："这里说到'巴、醴、由、诞'，四字不成一个句子，而是四个族类的名称，是显而易见的……诞，就是……后来的'蜑'，即今日的疍民。"[2] 陈斌在解读上述史料时也持同样的观点："潘光旦先生认为'巴、醴、由、诞'是四个族类的名称。此说甚是。诞，又写作蜑、蜓。"[3]

大约在东汉三国时期，作为"诞"的同音异体字——"蜑"，开始以族群的名称出现在史书中。清朝时郑珍在《说文新附考》中对"蜑"作出考证："盖汉以来乃有此种夷称号，其文作蜑。"[4] 当时的文献中，蜑、蜓二字也常常互相通用。何超在《晋书音义》中论述："天门蜑。徒旱反。蛮属，见《文字集略》。或作蜓。"[5] 晋代天门郡即汉代的武陵郡。为何当时"蜑""蜓"会互通，究其原因，可能与当时汉字还没有规范有关。蜑是上下结构，蜓是左右结构，两字只是偏旁异置，实际上意思相同。这类情况在当时字书里是非常多的。两字因为声旁、偏旁的写法相同从而发生通用的现象，这是古文字中的异体字。宋代《集韵》一书中，作"蛮属"解，也就是"蜓"与"蜑"同。[6]

自从"蜑"在文献中出现后，此前文献中常常用的"诞"字就比较少出现了。这种现象并不是意味着"诞"人消失了，而是当时人们开始用新的"蜑"字来替代"诞"字，蜑人实际上也就是诞人后裔。[7] 宋代乐史《太平寰宇记》中就将先秦《世本·氏姓篇》"廪君之先，故出巫诞"写作"廪君之先，故出巫蜑"，[8] 这说明宋朝时期人们是认可"巫诞"即"巫蜑"的。

---

1 《三国志》卷五十五《吴书十》，北京：中华书局1959年版，第1285页。
2 潘乃穆、潘乃和：《潘光旦文集》（第7卷），北京：北京大学出版社2000年版，第466页。
3 陈斌：《瑶族文化论》，昆明：云南人民出版社1993年版，第8、10页。
4 〔清〕郑珍：《说文新附考》，中华书局1985年版，第255页。
5 《晋书》之《晋书音义》卷上。
6 詹坚固：《试论蜑名变迁与蜑民族属》，《民族研究》2012年第1期，第83页。
7 詹坚固：《释"疍"》，《历史教学》2018年第8期，第35页。
8 〔宋〕乐史撰，王文楚等点校：《太平寰宇记》，北京：中华书局2007年版，第2864页。

前文引用段渝、潘光旦的注释，也证明了"蜑"和"诞"是通用的。

此时的蜑民，除了专指长江流域的巴州蜑、荆州蜑之外，还泛称当时南方的少数民族，东晋常璩的《华阳国志》是研究古代西南少数民族的重要史料。该书《巴志》："（涪陵郡）土地山险水滩，人多戆勇，多獽、蜑之民……汉时，赤甲军常取其民。蜀丞相亮亦发其劲卒三千人为连弩士"，[1]《蜀志》："（广都县）汉时县民朱辰，……为巴郡太守，甚著德惠。辰卒官，郡獽民北送及墓。獽蜑鼓刀辟踊，感动路人"[2]，这里均用"蜑"来指称当时的少数民族。宋朝初期，徐铉等人奉命校订《说文解字》，将"蜑"作为新附字列入字书，注释为"南方夷，从虫，延声"，[3]继承此前《文字集略》《晋书音义》中"蜑"为"蛮属"的解释，此时"蜑"与"蛮""夷"的用法类似；南宋史炤在《资治通鉴释文》中对"蜑"的注释为"徒旱切，南方夷也"，[4]这种解释与徐铉的注解相同，都认为蜑指的是南方的少数民族，如晋有獽蜑，梁有蛮蜑，唐有戎蜑，宋有蜑獠，元有猺蜑等。

宋朝之后的文献，仍沿袭"蛮蜑"的用法，来记载长江中上游地区少数民族；但同时，史籍中也开始频繁出现用"蜑"来称呼沿海地区的水上居民，如乐史《太平寰宇记》："蜑户，县所管，生在江海，居于舟船，随潮往来，捕鱼为业，若居平陆，亡即多，似江东白水郎业。"[5]陈师道《后山谈丛》说："舟居谓之蜑人"。[6]此后直到明清时期，人们在论述蜑民时，就专指水上居民。

另外，"蜑"有时还写作"蛋"。据汪冰冰等人的研究，"蜑"写作"蛋"，是汉字传抄时字形讹混的结果。因为在用楷体书写时，"延"的字形变化不大，但在用行书或草书书写时，"延"就与"疋"发生了讹混，

---

1 〔晋〕常璩：《华阳国志》，北京：时代文艺出版社2009年版，第12页。
2 〔晋〕常璩：《华阳国志》，北京：时代文艺出版社2009年版，第35页。
3 〔汉〕许慎撰，〔宋〕徐铉校订：《说文解字》，南京：江苏古籍出版社2001年版，第283页。
4 〔宋〕史炤：《资治通鉴释文》卷十九《隋纪一》，北京：中华书局1985年版，第384页。
5 〔宋〕乐史撰，王文楚等点校：《太平寰宇记》，北京：中华书局2007年版，第3021页。
6 〔宋〕陈师道撰，李伟国点校：《后山谈丛》，北京：中华书局2007年版，第77页。

这一讹变始于唐朝。¹ 明末清初《正字通·虫部》记载蜑"又作蛋，今广东有蛋舟……蛋则俗伪省也"。² 郑珍《说文新附考》考证"蜑"字时说："蛋，又蜑省体。"³ 乾隆时期胡鸣玉说："字书无蛋字……蛋乃蜑字之讹。"⁴ 明万历梅膺祚《字汇》及以前的字书，都没有收录"蛋"字，直到《正字通》才提到"蜑"作"蛋"，但在正字中仍未收录"蛋"字，说明它只是俗字。隆庆六年（1572年）刻本《潮阳县志》将此前"蜑民"改为"蛋民"，又引《正字通》说蛋字来自广东俗称，说明明代后期的岭南民间已经通用"蛋民"。清初文人论及岭南蜑人，大都改为"蛋"。⁵ 清初吴任臣对明梅膺祚所著《字汇》进行增补，编成《字汇补》，收入"蛋"字，该书《虫部》记载："蛋，俗呼鸟卵为蛋。"⁶

将"蜑"写作"疍"是在民国时期。当时一些具有民主平等思想的知识分子，认为"蜑""蛋"二字，都是形旁从虫，用来指代当时人数众多的水上居民，有歧视的意味，因此就新造"疍"字来代替。1929年，诗人陈去病指出："蛋户，一称蜑户，俗又作疍，字体盖三变云。"⁷ 1933年，广东省政府建设厅发布公告，《限令疍民拆除大沙头木屋茅寮》，此公告中用"疍民"来称呼水上居民，可见当时政府公文中已经使用"疍"字。⁸ 同样的例子还有广东省民政厅于1936年编的《广东省五年来民政概况》中禁止压迫歧视疍民的训示，著名学者陈序经1946年出版的专著《疍民的研究》，都是使用"疍"字。

综上所述，蜑作为族群名称，在历史上经过诞—蜑（蜒）—蛋—疍的

1　汪冰冰等：《说"蛋"》，《现代语文（语言研究版）》2008年第10期，第148—149页。
2　〔明〕张自烈编，〔清〕廖文英补：《正字通》，北京：中国工人出版社1996年版，第994页。
3　〔清〕郑珍：《说文新附考》卷六，北京：中华书局1985年版，第255—256页。
4　〔清〕胡鸣玉：《订讹杂录》卷三，北京：中华书局1985年版，第31页。
5　詹坚固：《释"疍"》，《历史教学》2018年第8期，第36页。
6　参见汉语大词典编纂处整理：《康熙字典》（标点整理本），上海：上海辞书出版社2008年版，第1054页所引。
7　郭长海、郭君兮编：《陈去病诗文集（补编）》，北京：社会科学文献出版社2009年版，第1255页。
8　广东省政府建设厅：《限令疍民拆除大沙头木屋茅寮》，《广东省政府公报》1933年第228期，第121页。

多次演变和俗化,有专称和泛称两种含义,不是始终指代同一族群。就专称而言,宋代以前,蜑主要指的是长江流域的蜑人,即巴州蜑或荆州蜑;宋代以后,则专指南方沿海的"以水为生,以舟为室"的水上居民。蜑的泛称则与"蛮"相似,指南方少数民族。另外,蜑民的族属也不同,长江流域的蜑民可以视作今天土家族、苗族、瑶族、侗族等少数民族的先民;宋代以后沿海地区蜑民的族属来源具有多元性,基本上以古越族后裔为主,并不断掺入其他族群成分。虽然在文献中二者都写作蜑民,但实际上两者之间没有血缘关系。[1] 明清时期的文献,大多将蜑民视作与瑶族、黎族并列的异族,如雍正帝开豁蜑民的上谕中说:"闻粤东地方,四民之外,另有一种名曰蜑户,即猺蛮之类。"[2] 直到新中国成立初期,政府还一度将蜑民当作少数民族对待。[3]

二、蜑民的空间分布

如果从文献上记载的诞人开始,那么,蜑民在历史上的分布,是非常广泛的。陈序经在《蜑民的研究》中说:"大约晋朝永嘉以后,以及隋代,蜑民在地理上所分布的领域甚广,北至甘肃,南至广东,西至四川之西,东至湖北。……唐代兵威较盛,版图较广,故四川、两广的蛋民,或被政府之征伐,或同化于汉族。此外,也许有不少向南迁移。"[4]

(一)长江流域之蜑民

从相关文献记载可以推断出,自汉代至五代,蜑民主要活动在长江中上游一带,并分为两支,一是渝东、鄂西、黔东一带的巴州蜑,一是湘西

---

1 詹坚固:《试论蜑名变迁与蜑民族属》,《民族研究》2012年第1期,第91页。
2 〔清〕阮元修、陈昌齐、刘彬华纂:道光《广东通志》卷二《训典二》,道光二年刻本。
3 詹坚固:《释"蜑"》,《历史教学》2018年第8期,第34—36页。
4 陈序经:《蜑民的研究》,北京:商务印书馆1946年版,第45—46页。

武陵地区的荆州蜑。史书中有关巴州蜑的记载比较多,如《华阳国志·巴志》:"其属有濮、賨、苴、共、奴、獽、夷、蜑之蛮。"[1] 巴东郡"(有)奴、獽、夷、蜑之蛮民",[2] 涪陵郡"山险水滩,人多戆勇,多獽、蜑之民"。[3] 南朝梁萧绎绘制的《职贡图》,有"建平蜑"一项,建平为巴蜑集中地。北周时,三峡一带蜑民的势力非常强大,《周书·陆腾传》:"信州蛮蜑据江峡反叛,连结二千余里,自称王侯,杀刺史守令等",《周书·蛮传》:"腾乃积其骸骨于水逻城侧为京观,后蛮蜑望见辄大哭,自此狼戾之心辍矣。"此外,《南齐书·明僧绍传》《梁书·张齐传》,也都有蜑人的记载,他们的活动区域主要在今天四川、重庆的东部。

隋唐时,巴蜑仍见于史书,不过他们的活动范围发生了变化。《隋书·杨素传》:"拜信州总管……素遣巴蜑卒千人,乘五牙四艘,以柏橹碎贼十余舰,遂大破之。"该文献记载了隋朝攻打陈国时,利用信州巴蜑善于水战的优势,战胜陈国军队。唐朝张说《故洛阳尉赠朝散大夫马府君碑》记载:"归次葭萌,江溢毁道,攀辕号恸,涛为之却。蜑人哀之,葺栈而济。"[4] 葭萌在今川北,这里"蜑人哀之"记载的就是川北之蜑。《资治通鉴》:"太后欲发梁、凤巴蜑,自雅州开山通道,出击西羌,因袭吐蕃。"梁州,即今天的陕西南郑,当时为巴中之地;凤指凤州,今陕西凤县,与四川北部接壤。这部分蜑人是川东巴蜑向北扩展。

长江流域蜑民的另外一支荆州蜑,因其主要活动在荆州一带而得名,有时记作"天门蜑",是东汉武陵"诞"发展到晋代的称呼。《晋书·孝武帝纪》记载:"天门蜑贼攻郡,太守王匪死之,征西将军桓豁遣师讨平之。"刘宋沈攸之任荆州刺史,曾标榜自己"戍防一蕃,扑讨蛮蜑,可强充斯任",《南齐书·州郡志下》荆州条两次出现"蛮蜒"名称:"桓温平蜀,治江陵。

---

[1] 〔晋〕常璩:《华阳国志》,北京:时代文艺出版社 2009 年版,第 2 页。
[2] 〔晋〕常璩:《华阳国志》,北京:时代文艺出版社 2009 年版,第 11 页。
[3] 〔晋〕常璩:《华阳国志》,北京:时代文艺出版社 2009 年版,第 12 页。
[4] 〔清〕董诰等编:《全唐文》卷二百二十七,太原:山西教育出版社 2002 年版,第 1369 页。

以临沮西界,水陆纡险,行迳裁通,南通巴、巫,东南出州治,道带蛮蜒,田土肥美……境域之内,含带蛮蜒,土地辽落,称为殷旷。"《陈书·徐世谱传》记载,巴东人徐世谱"世居荆州为主帅,征伐蛮蜒"。

由此可见,同为史书中记载,长江流域之蜑民,不同于水居之蜑民,具有如下特征:住地高山险阻,环境恶劣,且风俗与汉族不同,习于用舟等。如樊绰《蛮书》载:"夷蜑居山谷,巴夏居城郭。与中土风俗礼乐不同。"[1] 韩愈《清河郡公房公墓碣铭》载"林蛮洞蜒,守条死要,不相渔劫";[2] "惟出茶、丹、漆、蜜、蜡",[3] 有悬棺葬习俗[4]等。

(二)水上居民之蜑民

用蜑民来指代水上居民,大约在宋朝之后。虽然宋朝之后的一些文献在论述长江中上游地区少数民族的风俗人情时,仍沿用"蛮蜑"的说法,但同时,史籍中开始频繁用"蜑"来称呼沿海地区的水上居民。比较早记载岭南蜑民的是北宋乐史的《太平寰宇记》:"蜑户,县所管,生在江海,居于舟船。随潮往来,捕鱼为业,若居平陆,亡即多,似江东白水郎业。"[5] 这段文字记载了蜑民"生在江海,居于舟船"的特征,并将其与江东白水郎做比较。陈师道《后山谈丛》说:"二广居山谷间不隶州县,谓之瑶人,舟居谓之蜑人,岛上谓之黎人"[6],将蜑民的族群特征定为舟居,并与瑶人、黎人区分开来。此后直到明清时期,人们在论述蜑民时,就专指水上居民。

宋朝时,无论是诗歌、文集还是正史中,均可见对水上蜑民的记载。北宋著名文学家苏轼被贬到岭南时,有诸多描述岭南蜑民的诗文,如"治装十日可辨,但须得泉人许九船,即牢稳可恃。余蜑舟多不堪"(《与秦

---

1 〔唐〕樊绰撰,向达校注:《蛮书校注》,北京:中华书局1962年版,第261页。
2 〔唐〕韩愈著,钱仲联、马茂元校点:《韩愈全集》,上海:上海古籍出版社1997年版,第266页。
3 〔晋〕常璩:《华阳国志》,北京:时代文艺出版社2009年版,第12页。
4 参见董其祥:《巴史新考》,重庆:重庆出版社1983年版,第94—116页。
5 〔宋〕乐史撰,王文楚等点校:《太平寰宇记》,北京:中华书局2007年版,第3021页。
6 〔宋〕陈师道撰,李伟国点校:《后山谈丛》,北京:中华书局2007年版,第77页。

少游书》），"越井冈头云出山，牂牁江上水如天。床床避漏幽人屋，浦浦移家蜑子船"（《连雨江涨二首》），等等。其他诗人也多有论述，"舟居杂蛮蜑，卉服半夷房"（宋·苏过《冬夜怀诸兄弟》），"飘零落蛮蜑，收拾重玙璠"（宋·赵蕃《读东坡和陶诗》），"泛宅如蛮蜑，淫书伴蠹虫"（宋·程俱《高邮旅泊书怀寄淮东提举蔡成甫观兼呈郑使君弇三首·其二》）。南宋诗人杨万里《蜑户》中写道："天公分付水生涯，从小教他踏浪花。煮蟹当粮那识米，缉蕉为布不须纱。夜来春涨吞沙觜，急遣儿童斸荻芽"，生动形象地描绘了岭南蜑民的生活情景。

此外，周去非《岭外代答》、陶宗仪《辍耕录》、陈梦雷《古今图书集成》、顾炎武《天下郡国利病书》、田汝成《炎徼纪闻》、邝露《赤雅》、屈大均《广东新语》、闵叙《粤述》、陆次云《峒溪纤志》、李调元《粤风》、吴震方《岭南杂记》等书以及地方志都有两广地区蜑户活动的记载。他们主要在岭南的沿海和东西两江及珠江两岸等海河地区，其中广东蜑民数量最多，分布最广，聚居地区主要有番禺、顺德、东莞、中山、珠海、阳江、三水、新会、台山、惠东、汕尾等。

用蜑民指称沿海水上居民大约出现在宋代，但是宋代之前，在福建及岭南一带，已经出现水居族群，只不过称呼不同而已。刘禹锡《唐故福建等州都团练观察处置使福州刺史兼御史中丞赠左散骑常侍薛公神道碑》记载："闽有负海之饶，其民悍而俗鬼，居洞砦，家浮筏者，与华言不通。"[1]这里的"家浮筏者"，就是以船为家的水上居民。韩愈《送郑尚书赴南海》说："衙时龙户集，上日马人来。"[2]南宋朱翌《猗觉寮杂记》注释说："退之送马总南海云：'衙前龙户集，上日马人来。'……龙户即蜑户也。"[3]曾三异《因话录》："昌黎广州诗：衙时龙户集，上日马人来……若龙户

1　陶敏、陶红雨校注：《刘禹锡全集编年校注》，长沙：岳麓书社2003年版，第1240页。
2　〔唐〕韩愈著，严昌校点：《韩愈集》，长沙：岳麓书社2000年版，第135页。
3　〔宋〕朱翌：《猗觉寮杂记》卷上，北京：中华书局1985年版，第26页。

往往以为蜑户。"[1]这些记载说明唐代将水居族群叫作"龙户"。

广州的水居族群有时也被称为"卢亭""卢停"。如唐朝刘恂在《岭表录异》中记载："卢亭者,卢循昔据广州,既败,余党奔入海岛,野居,惟食蚝蛎,叠壳为墙壁","海夷卢亭,往往以斧揳取壳,烧以烈火,蚝即启房。挑取其肉,贮以小竹筐,赴墟市以易酒"。[2]周去非在《岭外代答》也明确指出"广州有蜑一种,名曰卢停,善水战"。[3]

在福建,水居族群还有其他的称呼,即游艇子、白水郎、泊水、曲蹄等。[4]如《北史·杨素传》:"时南海先有五、六百家,居水为亡命,号曰游艇子。"《太平寰宇记》:"东海上有野人,名曰庚定子……土人谓之白水郎。""泉州风俗"条中说:"白水郎,即此州(泉州)之夷户。"《漳州府志》:"南北溪有水居之民焉,维舟而岸住,为人通往来,输货物,俗称之曰泊水。"《侯官乡土志》:"蛋以舟为居……间有结庐岸上者,盖亦不业商贾,不事工作,闽人皆呼之为曲蹄。"

结合历史文献可以看出,在宋代以前,虽然已经出现具有水居特征的族群,但当时还未统一命名为蜑民,而是根据各地习惯,称为"家浮筏者""白水郎""龙户""卢亭""曲蹄"等。这是因为宋代以前,南方沿海一带开发较晚,中原人对其了解不多,他们根据水居族群的特征来命名这一群体。宋代以后,特别是南宋以后,当时政权中心移到南方,社会各界对南方当地社会了解得比较深入,此外,宋代印刷术也很发达,蜑的名称就随着文人、士大夫的著作而广为流传,最终成为南方沿海地区水上居民的专称。[5]

---

1 张宗祥:《说郛》卷十九《笔记小说大观》二十五编,南京:江苏广陵古籍刻印社1983年版,第354页。
2 〔唐〕刘恂:《岭表录异》,北京:中华书局1985年版,第5、21页。
3 〔宋〕周去非著,杨武泉校注:《岭外代答校注》,北京:中华书局1999年版,第116页。
4 参见蒋炳钊:《蛋民的历史来源及其文化遗存》,《广西民族研究》1998年第4期,第78—79页。
5 詹坚固:《试论蜑名变迁与蜑民族属》,《民族研究》2012年第1期,第90页。

三、疍民的族属来源

有关疍民的族属来源，学界有不同的看法。著名学者陈序经在《疍民的研究》一书中说，关于疍民起源的传说或学说，约有 30 余种。[1] 有关疍民的族属来源，主要有以下几种看法：（一）疍民是越族后裔，该观点得到大多数学者认同，如罗香林在《蜑民源流考》中认为疍民是越族遗裔[2]；陈碧笙教授指出，"福州的科题，可能是当地土著古闽越族下迁于水的"；[3] 吴永章教授认为，"关于岭南蜑人的族别，可定为越人后裔"；[4] 黄淑娉指出，疍民原是古越族，在发展过程中有不少汉族人融入。[5]（二）疍族出自僚僮（壮），以徐松石教授为代表。他认为"古文献里的'蜑民'，'蜑'为僚壮水上人统称，因'蜑'为'蛇'异体，蜑族是龙蛇族（伏羲女娲的一支）后裔"。[6]（三）疍民源于瑶族。该说法的根据是瑶族传承的神话和古歌谣，以及记载于《评皇券牒》的故事。传说古代洪水暴发，瑶民越洋迁徙，过了海洋之后，船里有一部分瑶民登上了陆地，有一部分瑶民仍旧留在船中，就变为南方疍民。[7]（四）蒙古族后裔。持此说的人认为，成吉思汗统一中国时，蒙古人向内地各省移民。后来元朝灭亡，蒙古人遭到汉族的驱逐杀戮。其中，居于黄河以北的蒙古人，都逃回了蒙古；而居于黄河以南的蒙古人，由于种种原因不能逃回，一部分就逃于水上，以渔为生，过水上生活。后

1　陈序经：《疍民的研究》，上海：商务印书馆 1946 年版。
2　罗香林：《蜑民源流考》，《百越源流与文化》，台北："国立编译馆"中华丛书编审委员会 1955 年版，第 209—239 页。
3　陈碧笙：《关于福州水上居民的名称、起源、特征及是否少数民族问题》，《厦门大学学报》1954 年第 1 期，第 117 页。
4　吴永章：《古代鄂川湘黔边区与岭南蜑人之比较》，《广西民族研究》1987 年第 2 期，第 82 页。
5　黄淑娉：《广东族群与区域文化研究》，广州：广东高等教育出版社 1999 年版。
6　关于此说法，详见徐松石：《粤江流域人民史》，北京：中华书局 1939 年版；徐松石：《傣族僮族粤族考》，北京：中华书局 1946 年版。
7　张寿祺：《蛋家人》，香港：中华书局（香港）有限公司 1991 年版，第 25 页。

来朝廷下令禁止蒙古人与汉族通婚，其生活极为艰苦。[1]（五）疍民的远祖，是从印度支那半岛或印度尼西亚的海上进入中国南方和东南沿海各水系的一个大群体，这种观点以西方学者为代表。[2]

以上几种说法，分别从不同角度论述了疍民的族源，也说明了疍民族源的复杂性和多元化。欧阳宗书在《海上人家——海洋渔业经济与渔民社会》中说"疍民的先祖出于少数民族，进一步说，是出于南方的少数民族"[3]。但是，直到目前，学术界仍然没有统一的认识。

除了以上几种说法，各地还流传着不同的有关疍民的传说。[4]

鲸鲵族。《广东新语》："蛋家本鲸鲵之族，其性嗜杀"，"今止石獭家，女为獭而男为龙，以其皆非人类也"。[5]

无诸国后裔，这种说法在福建比较流行。据相关文献记载，福建疍民祖先源于无诸国（无诸即汉初被封为闽越王的首领）权臣郭、倪两姓，因两族祖先反抗汉人失败，被迫逃亡江河，且改名避姓以避祸。[6]这种说法与福建民间"唐部人""诸娘人"的传说有相似之处。相传唐末王审知率兵进入福州，灭无诸国，其间将无诸国的男子全部杀死，并抢占了无诸国的妇女。福州话和闽南话将男子称为"唐部人"，妇女称为"诸娘人"。

陈友谅败兵说，这一说法也以福建地区为代表。《福建近代民生地理志》："疍民常在水上，操舟为业，相传乃陈友谅败兵为明所驱迫者。"但这一说法遭到学界质疑。因为陈友谅在福建的军事活动仅限于闽西北的邵武、延平和汀州一带，并且在元朝灭亡之后，他也没有到过福州，而福

---

1 福建省水产学会《福建渔业史》编委会：《福建渔业史》，福州：福建科学技术出版社1988年版，第437页。
2 司徒尚纪：《中国南海海洋文化》，广州：中山大学出版社2009年版，第275页。参见 Polynesian Culture History，所引E.S.Craighill Handy著作的话，Bishop Museum Press,Honolulu,Hawaii,1967.
3 欧阳宗书：《海上人家——海洋渔业经济与渔民社会》，南昌：江西高校出版社1998年版，第98页。
4 参见蒋炳钊：《蛋民的历史来源及其文化遗存》，《广西民族研究》1998年第4期，第81—82页。
5 〔清〕屈大均著，李育中、邓光礼等注：《广东新语注》，广州：广东人民出版社1991年版，第431页。
6 《福州水上蜑民情况调查告》："当汉人南下灭掉无诸国时，他们的祖先有郭、倪两姓者（系无诸国权臣）极力反抗，汉人恨之到处搜捕郭倪族人，二族被迫逃亡江河，且改名避姓以避祸。"

建的疍民在元代以前就已经见于史书记载。

晋朝末年孙恩、卢循的后裔说。如《南海百咏》:"其卢亭、蜒户,皆卢循之遗种也。诗曰:归舟无路寻巢穴,空有卢亭旧子孙。"

以上诸多传说,再一次证明了疍民来源的复杂性。宋代以后,蜑民与汉族交往密切,南方沿海地区的蜑民,已经是一个民族融合体。而明清以后的蜑民被视为少数民族,主要是因为他们与汉族在文化、习俗、生产生活等方面存在着差异。

四、疍民的族属特征

为何将水上居民通称为"蜑"民,史料中没有明确记载。我们试着从"蜑"的族群属性与特征来推测。

(一)以舟为室

屈大均在《广东新语》中说:"诸蜑以艇为家,是曰'蜑家'",[1]此话说明了疍民以船为家。据考证,早期长江三峡一带的巫蜑和巴蜑,以及"五溪"的荆州蜑,都依江以舟生活。巫蜑是廪君的祖先,廪君有善于操舟的传说,许多史料都说蜑人习于水战。《资治通鉴》"素遣巴蜑千人,乘五牙四艘,以拍竿碎其十余舰,遂大破之",胡三省注:"蜑亦蛮也。居巴中者曰巴蜑,此水蜑之善于用舟者也。"以上材料说明,最初以"蜑"命名蛮族是因其习于水上生活。宋朝时期相关文献记载的蜑民,更是因其习于水上生活而命名。《后山谈丛》说:"舟居谓之蜑人",[2]范成大在《桂海虞衡志》中描述蜑民:"蜑,海上水居蛮也。以舟楫为家,采海物为生,且生食之。入水能视,合浦珠池蚌蛤,惟蜑能没水探取。"[3]周去非《岭外

---

1 〔清〕屈大均著,李育中、邓光礼等注:《广东新语注》,广州:广东人民出版社1991年版,第431页。
2 〔宋〕陈师道撰,李伟国点校:《后山谈丛》,北京:中华书局2007年版,第77页。
3 〔宋〕范成大撰,孔凡礼点校:《范成大笔记六种》,北京:中华书局2002年版,第160页。

代答》："以舟为室，视水如陆，浮生江海者，蜑也。"[1] 这说明，用"蜑"命名南方沿海水上居民，根据是他们习于水的生产生活习性。

（二）以渔为业

除了"以舟为室"外，以捕鱼为生，也是蜑民重要的特征。史书多有记载，如"长河都，俱蛋民。以捕鱼为生，以河为居，以水为家"，[2] 新会"蛋户，县所管，生在江海，居于舟船，随潮往来，捕鱼为业"，[3] 崖州蜑民世居"濒海处，男子罕事农桑，惟缉麻为网罟，以渔为生，子孙世守其业"，[4] 增城"其人皆舟居，善泅，以捕鱼采蚬为生"。[5]

蜑民由于长期从事捕鱼作业，从而形成了自己特有的捕鱼传统："其捕鱼，使人张罾，则数人下水引群鱼入罾内，既入，引绳示之，则举罾并其人以上。"[6] 另外，蜑民也有丰富的采捕鱼苗的经验："九江乡搤西北江下流，地窊，鱼塘十之八，田十之二，故其人力农无几，终岁殚力鱼苗。鱼苗出西北诸江，清明后雷雨大作，鱼孕育乘潦流下。其种，柳庆为上，南宁次之，郁、桂又次之，富、贺又次之，北江为下。长年蛋户当夜分西望电光，即知鱼苗来自何方，至以何日。"[7]

值得注意的是，在广东、广西不少地方志中，都提到过蜑民捕获"海鳅鱼"（即鲸鱼）的绝技。如光绪《吴川县志》："海鳅鱼，《岭表录异》云：'海鱼之最伟者也。'……小者亦千余尺，声如雷，气如风，喷沫如雨雾。望之若阻海之山者，乃背脊耸窿逆激波涛之状，行海者遥见即避。每出多以子随之，子大亦若海中岛屿。蛋户聚船数十，用长绳系铁枪掷击之，

---

[1] 〔宋〕周去非著，杨武泉校注：《岭外代答校注》，北京：中华书局1999年版，第115—116页。
[2] 〔清〕刘济宽：道光《英德县志》卷四《舆地略下》，清道光二十三年刻本，第55页。
[3] 《太平寰宇记》卷一百五十七《岭南道·广州·新会》。
[4] 〔清〕宋锦修，〔清〕黄德厚纂：乾隆《崖州志·风土志》，清乾隆二十年刻本。
[5] 〔清〕赵俊修，〔清〕黄英桂等纂：同治《增城县志》卷一《蛋户》，清同治十一年刻本。
[6] 〔宋〕陈师道撰，李伟国点校：《后山谈丛》，北京：中华书局2007年版。
[7] 〔清〕黎春曦：顺治《九江乡志》，清顺治十四年刻本。

谓之'下标',三标乃得之。次标最险,盖首标尚未知痛也。末标后犹负痛行数日,船尾之。俟其困毙,连船曳绳至水浅处,始屠。无鳞,皮黑色。身有三节痕,首下标者得头节。一鱼之肉载十余船,货钱数十万。其肪可为油,骨可为器,筋为海错上品。"[1]

(三) 采珠

蜑民为人熟知,还与他们采珠有关,"凡采珠必蜑人",[2] 元代设乌蜑户、明设珠户,专司采珠。范成大《桂海虞衡志》、周去非《岭外代答》、蔡絛《铁围山丛谈》、张师正《倦游杂录》等都叙述了蜑民采珠情形。乾隆《廉州府志》"永乐初,人没水,多葬鱼腹中,或绞绳上仅系手足存耳。最后法以木柱板口,两角坠石,用麻绳绞作兜,如囊状,绳系船两旁,惟乘风行驶,兜重则蚌满。然取蚌剖珠,千万中不得一颗,所费巨万,得不偿失"。[3] "珠池在廉州凡十余处。接交趾者水深百尺而有大珠,蜑人往取之,多为巨鱼所害,人民愁怨",[4] 这些文献记载都说明了蜑民采珠的艰辛与不易。明朝的叶盛,在其著作《水东日记》中描写了蜑人采珠时的情景:"珠池居海中,蜑人没而得蚌剖珠。盖蜑丁皆居海艇中采珠,以大舶环池,以石悬大絚,别以小绳系诸蜑腰,没水取珠,气迫则撼绳,绳动,舶人觉,乃绞取,人缘大絚上。前志所载如此。闻永乐初,尚没水取,人多葬鲨鱼腹,或只绳系手足存耳。因议以铁为耙取之,所得尚少。"[5] 当时被看作是以人命来换珠。

(四) 摆渡运输及其他生计活动

蜑民善于操舟,不少人充当纤夫,以摆渡来维持生计。大德《南海志》

---

1 〔清〕毛昌善:光绪《吴川县志》卷二《地舆下》,清光绪二十三年校订重印本,第50页。
2 〔清〕阮元:道光《广东通志》卷九十八《舆地略十六》,清道光二年刻本,第34页。
3 〔清〕周硕勋:乾隆《廉州府志》卷三《珠池附》,清内附本,第14页。
4 〔清〕周硕勋:乾隆《廉州府志》卷五《世纪》,清内附本,第18页。
5 〔明〕叶盛:《水东日记·珠池采珠法》,北京:中华书局1980年版,第54页。

记载:"蛋家租渡(番禺县)",[1]"至蛋户以舟楫为宅,捕鱼为生。新邑河浅无鱼,大都驾船装客货,取资糊口。"[2]

疍人摆渡分为两种,一为载客,一为载物。容县"明初水蛋有捕鱼、雇役二种。捕鱼惟小艇,雇役则以货物轻重为道路远近取值"。[3]苍梧"疍户今聚舶于梧城戍墟下郭、洒化洲、榕谭等处,在县当装船水手,纤夫各差。……此外,驾小舟,聚泊城下及两岸江干不下千余,皆以一人荡两桨,俗呼仔艇……往来梭织。自浮桥废后,专藉此载货渡客以为生"。[4]这些以租渡为生的疍民都非常勤劳敬业,不辞劳苦,道光《新会县志》卷二称"江边有白沙钓台,双篷小艇多泊于此以载游客,蛋人唤渡声喧不闲昼夜"。[5]另外,载客与载货的疍民,对于各自摆渡运输的范围有明确分工,且遵循一定的行业规范:"蛋户浮家泛宅为业,以县城分上水、下江之界。上水者只渡县河以上之货物,下江者专接县河以下之客商,不相涉也。"[6]

疍民的水上运输,在中国的海上运输业中起着不容忽视的作用。据文献记载,在康熙五年(1666年)的时候,广东潮阳县达濠东南部有一处专为疍家艇船的聚集处,疍民在此贩运货物,往来于台湾与达濠之间。康熙六年以后,该处成为"疍家乡"[7]。清朝咸丰年间的广东《顺德县志》记载,少数疍民"积有余资则造拖风船,备炮械,载货出洋,返则聚泊陈村"[8],对顺德疍民"载货出洋"的海外贸易进行了描述。另外,广东疍民还组成船队,载着珠江三角洲的农产品,运输到国外进行贸易,"在国际贸易中

---

[1] 〔元〕陈大震:大德《南海志》卷十《河渡》,元大德刻本,第10页。
[2] 〔清〕刘芳:乾隆《新兴县志》卷二十六《瑶人》,民国二十三年铅印本,第1页。
[3] 光绪(广西省)《容县志》,《国图方志合集》影印本。
[4] 〔清〕蒯光焕、李百龄:同治(广西省)《苍梧县志》,《国图方志合集》影印本。
[5] 〔清〕林星章:道光《新会县志》卷二《舆地》,清道光二十一年刻本,第17页。
[6] 〔清〕石台:道光《恩平县志》娟十五《风俗》,清道光五年刊本,第9页。
[7] 达濠文化馆编:《达濠掌故》,转引自赵莞丽:《明清时期广东的水上居民》,广州:广东省社会科学院2007年版,第19页。
[8] 〔清〕郭汝成修,〔清〕冯奉初等纂,《顺德县志》卷六《户口》,咸丰三年刻本。

也占有一席之地"。[1]

除此之外，沿海疍民也有采蚝养蚝的，周去非曾经对钦州蜑民进行分类："钦之蜑有三：一为鱼蜑，善举网垂纶；二为蚝蜑，善没海取蚝；三为木蜑，善伐山取材。"其中，蚝蜑就是以采蚝养蚝为生。道光《广东通志》也有记载："大洸港有潮，西通九河江，江口有赤羊墪，蜑人取蚝于此，又名赤蚝墪。"[2] 道光《广州府志》则记载了采蚝养蚝的两种方法："（东莞县虎门）合兰海有蚝田，岁凡两种。其法：烧石令红，投海中，蚝辄生石上，千万相累，蔓延数十丈，潮退往取，渔姑蛋妇咸出，谓之打蚝。"[3]

另外，疍民还有从事煎盐的："议准广东沿海军民蛋户赖私煎盐斤为生，许令尽数报官，于附近场分减半纳课，以补无征之数。"[4] 也有抓蚬的。屈大均在《广东新语》中描述到："番禺海中有白蚬塘，自狮子塔至西江口，凡二百余里，皆产白蚬。岁二三月，南风起，霞气蔽空，辄有白蚬子飞落，微细如尘，然落田辄死，落海中得咸潮之力乃生。秋长冬肥，积至数丈乃捞取。予有谣云：'南风起，落蚬子，生于雾，成于水，北风瘦，南风肥，廖至丈，取不稀。殷勤祭沙潬，莫使蚬子飞。'外有黑蚬黄蚬，一名扁蠃。遇风雨亦辄飞徙。蛋女率于黑沙泥处取之。""凡取蚬之蛋曰蚬（多），取虾之蛋曰虾篮，其富者则出洋皮取大鱼。蚬之利以白蚬塘为最，豪右家擅夺海中深澳以为塘，白蚬之所生，或多或少，视其人造化所至。蛋人佃其塘以取白蚬，亦复如之。故谚曰：'今年白蚬多，蛋家银满（多）。'"[5] 少数在陆地居住的疍民，也有从事农业生产的，如广东东莞的疍民："县境内有万顷沙，又名万丈沙，有蛋户郭进祥等用椿石圈筑堤坝，

---

1 吴建新：《明清时期的广东蛋民》，《广东教育学院学报》1986 年第 2 期。
2 〔清〕阮元：道光《广东通志》卷一百一《山川略十一》，清道光二年刻本，第 16 页。
3 〔清〕戴肇辰：光绪《广州府志》卷十五《舆地略七》，清光绪五年刊本，第 25 页。
4 〔明〕汪砢玉：《古今鹾略》卷五《政令》，《续修四库全书》第 839 册，上海：上海古籍出版社，1995 年影印本，第 83 页。
5 〔清〕屈大均著，李育中、邓光礼等注：《广东新语注》，广州：广东人民出版社 1991 年版，第 511—512 页。

周围广三千余丈,约六十余顷,俱种禾稻。"[1]海南崖州的疍民则"世居保平港、大疍港、望楼港里,濒海诸处……间有种山园,置产、养牛、耕种"。[2]

(五)独特的疍家民俗

疍民世代以舟为居、赖水而生,其言语、习俗、礼仪都与陆地上的居民不一样,形成独具风格的疍家民俗。周去非曾绘声绘色地描述过疍家人生活情境:"夫妇居短篷之下,生子乃猥多,一舟不下十子。儿自能孩,其母以软帛束之背上,荡桨自如。儿能匍匐,则以长绳系其腰,于绳末系短木焉,儿忽堕水,则缘绳汲出之。儿学行,往来篷脊,殊不惊也。能行,则已能浮没。蜑舟泊岸,群儿聚戏沙中,冬夏身无一缕,真类獭然。"[3]

古文献中,对疍家人的风俗,多有记载,"其女大者曰'鱼姊',小曰'蚬妹',鱼大而蚬小,故姊曰'鱼'而妹曰'蚬'",[4]对疍家女性称呼作了生动的描述;"人有民户、蛋户、东人、俚人之分,盖古有四民。……谓之蛋人者,则今之舟居捕鱼为生者也。其人嫁娶不避同姓,用腊月为岁首云",[5]介绍了疍家人的婚姻及节日习俗。

疍民的语言也比较独特,据文献记载,生活在海南澄迈的疍民,"语有数种,澄多闽人寄居。语类:闽音者曰客语;土音者曰黎语;近海蛋人客、黎音参半者曰蛋语。官语,惟缙绅士夫及居城市者能言之,乡落寞晓"。[6]

在体型方面,疍民"三大"比较明显,即脚大、腚大、嗓门大。脚大是因为疍民常年生活在船上,为了适应船上颠簸的生活,疍民必须岔开脚趾,来增加在船上的稳定性。长此以往,疍民的脚就变得比较大。腚大是

---

1 陈伯陶:《东莞县志·沙田志一》卷九十九,转引自詹坚固:《论雍正帝开豁广东疍户贱籍》,《学术研究》2009年第11期,第120页。
2 〔清〕陈梦雷:《古今图书集成》卷一千三百八十《琼州府部汇考八》,"风俗"条。
3 〔宋〕周去非著,杨武泉校注:《岭外代答校注》,北京:中华书局1999年版,第115—116页。
4 〔清〕屈大均著,李育中、邓光礼等注:《广东新语注》,广州:广东人民出版社1991年版,第431页。
5 〔清〕戴璟:嘉靖《广东通志初稿》卷十八《风俗》,明嘉靖刻本,第10页。
6 〔清〕高魁标:康熙《澄迈县志》卷一《疆域风俗》,清康熙四十九年刻本,第20页。

由于疍民的船一般比较小，而且衣食住行都在船上，能够活动的空间非常狭小，疍民大多数时间只能坐着，久而久之，就形成了大腔。嗓门大也是为了适应疍民在海上捕鱼劳作。在海上生活，船、海的空间都是开放的，人与人之间交流需要大嗓门讲话，否则船上的人听不清楚彼此的讲话。[1]

在服饰方面，疍家妇女与汉族百姓的区别也比较明显："妇人髻垂后，或插簪、包金。戴平头藤笠，负贩。"[2] 另外，与陆地妇女缠足不同，疍家的妇女是不裹足的，"惟婢、仆及瑶、蛋、客民之妇，则终岁徒跣，视健步之男反欲过之"。[3] 这种情形，与汉族妇女足不出户形成鲜明对比。

疍民的婚俗，许多史书都有记载："（蛋家）其有男未聘，则置盆草于梢；女未受聘，则置盆花于梢，以致媒妁。婚时以蛮歌相迎，男歌胜则夺女过舟"，[4] "婚娶率以酒相馈遗，群妇子饮于洲坞岸侧。是夕两姓联舟，多至数十，男妇互歌"，[5] 场面颇为壮观。另外，疍家人也有童养媳的风俗，"婚时旗灯照耀，宴客则别驾方舟，谓之酒艇。小洲蛋户恒养童媳，长而结婚，谓之转髻"，[6] "土人不与结婚，近亦有土著服食视平民，间与下户通婚姻者，然亦鲜矣"。[7]

疍民的民间信仰内容多样，但大多与水有关。崇拜的神灵有海神、河伯神、天地日月及水鬼，也有蛇、龙母、船头等。[8]《天工开物》记载廉州（今广西北海）一带疍民每年在三月份采珠时都要虔诚地祭祀海神："采珠每岁必以三月，时牲杀祭海神，极其虔敬。"[9] 疍民还有普遍的祭祀蛇神现象。

---

1 郑石喜：《疍家岁月》（内部资料），三亚疍家文化陈列馆2015年版，第183页。
2 〔清〕胡端书：道光《万州志》卷九《谪宦录·蛋户》，清道光八年刻本，第37页。
3 〔清〕赵俊：嘉庆《增城县志》卷一《风俗》，清嘉庆二十五年刊本，第29页。
4 〔清〕屈大均著，李育中、邓光礼等注：《广东新语注》，广州：广东人民出版社1991年版，第431页。
5 〔清〕吴大猷：光绪《四会县志》编一《瑶蛋》，民国十四年刊本，第97页。
6 〔清〕马呈图：宣统《高要县志》卷五《地理篇五》，民国二十七年重刊本，第15页。
7 〔清〕刘溎年：光绪《惠州府志》卷四十五《杂识·风俗》，清光绪十年刊本，第9页。
8 吴水田、陈平平：《岭南疍民"亲水"崇拜的空间特征及其演变》，《农业考古》2016年第1期，第244—245页。
9 〔明〕宋应星：《天工开物》（下），明崇祯十年自刻本，北京图书馆藏。

明朝邝露《赤雅》中记载:"蜒人神宫,画蛇以祭,自云龙种……能辨水色,知龙所在,自称龙神。"[1]民国徐松石认为,疍民是"南中国最初土著的一种,与伏羲女娲也是同一血统,伏羲女娲是古代龙蛇图腾部族的首领。疍民自称龙户,又奉崇龙蛇"。[2]《闽粤巡视纪略》记载:"古以南蛮为蛇种,观蛋家神宫祀蛇,可见廉州采珠多用之。"[3]认为北部湾采珠疍民为蛇的后代,有祭祀蛇神的习俗。清代黄钊的《六篷船四十四韵》中有"鬼子教擎盏,蛇师代守宫",[4]描述的就是潮州疍民。《粤西丛载》也有广西疍民在神庙祭祀蛇像的记载。[5]上述文献说明疍民存在着普遍的蛇神崇拜信仰。一些地区的疍民还有其他水族动物崇拜,如"进蚬蛋人配祀将作大匠梁公庙中,称蚬子丈夫"。[6]疍民崇拜的地方水神也很多,如妈祖、北帝、南海神、峻灵王等。

咸水歌。又称疍歌、蜒歌、蛮歌、咸水叹、白话渔歌、后船歌等,曲调随意,陈序经在《疍民的研究》中说"疍民是很爱唱歌的……他们平时摇舟海中,触景生情,随时随地,都有歌唱。尤以女子为甚。俗谣所谓:'窑炉唱歌将过海'正即指词。所以疍民足迹所到的地方,都流传着他们的歌谣"。[7]确实如此,疍家人由于"不谙文字",唱歌就成为他们交流感情、传承文化的重要手段。《广东新语·诗语》和《香山县志·风俗》分别记载了这一习俗:"疍人亦喜唱歌,婚夕两舟相合,男歌胜则牵女衣过舟也","醮女子,歌唱以导其情,曰歌堂酒"。咸水歌现在已经成为国家级非物质文化遗产,"对维系疍家人的生活秩序,传承他们的文化知识具有重大

---

1 〔明〕邝露著,蓝鸿恩考释:《赤雅考释》,南宁:广西民族出版社1995年版,第52页。
2 徐松石:《泰族僮族粤族考》,香港:东南亚研究所1967年版,第245页。
3 〔清〕杜臻:《闽粤巡视纪略》卷一,清文渊阁《四库全书》本。
4 〔清〕黄钊:《读白华草堂诗初集》卷五,清道光刻本。
5 〔清〕汪森:《粤西丛载》卷二十四,清文渊阁《四库全书》本。
6 〔清〕范端昂撰,汤志岳校注:《粤中见闻》,广州:广东高等教育出版社1988年版,第373页。
7 陈序经:《疍民的研究》,北京:商务印书馆1946年版,第187页。

的作用和意义"。[1]

(六) 社会地位低下

在古代，疍民的社会地位是非常低下的，文献记载多以"蛮蛋"称呼，将其视为"生番化外"之民，"非我族类"，尤其从法律上确定了其"贱民地位"。明朝时期，明太祖时"设立蛋户、渔户、教坊等名色，禁锢敌国大臣之子孙妻女，不与齐民齿"。[2] 不仅朝廷官府视疍民为贱民，民间各地对疍民不成文的规定更是数不胜数，例如：喜庆不准张灯结彩，不准上岸，万一上岸不准穿鞋，不准穿华丽的衣服，疍民穿新衣上岸，往往被陆上人撕破嘲笑，陆上走路要弯腰缩颈，靠路旁行走，等等。阳江、阳春地区的疍家，头顶中间的头发要剃成一个十字，以示与平常人的区别，故当地人对疍户有"剃十字"的称呼。[3] 民国时期珠江三角洲沙田地区的疍民有一首歌谣："水大鱼吃虾，水干虾吃鱼，大欺小，小欺矮，无可欺，就欺蛋家仔。"[4]

这种情况直到雍正七年（1729年）才得以缓解。雍正帝向广东督抚发出上谕，"蛋户即苗蛮之类，以船为家，以捕鱼为业。通省河路，俱有蛋船，生齿繁多，不可数计。粤民视蛋户为卑贱之流，不容登岸居住，蛋户亦不敢与平民抗衡，威威隐忍，跼蹐舟中，终身不获安居之乐，深可悯恻。蛋户本属良民，无可轻贱摈弃之处，且彼输纳鱼课，与齐民一体"[5]，至此，疍民在官府文件中才摆脱了贱民的地位。

除了社会地位低下，疍民的生活也非常贫苦，诸多文献均有记载："民瘼而危莫渔疍为甚。或扁舟一叶，或枯竹数根，破浪冲涛，与阳侯争旦夕

---

1 周俊：《疍民仪式生活中的咸水歌》，《中国社会科学报》2016年第3期，第16页。
2 〔清〕顾公燮：《消夏闲记摘抄之凤阳人乞食之由》，上海：商务印书馆1924年版。
3 叶显恩：《疍民源流及其生活习俗》，詹长智主编：《海南疍家文化论丛——首届三亚疍家文化论坛文集》，海口：南方出版社2015年版，第28—29页。
4 叶显恩：《明清广东蛋民的生活习俗与地缘关系》，《中国社会经济史研究》1995年第3期。
5 《清世宗实录》卷八十一，北京：中华书局1986年版。

之命；每见飓风倏作，则哭沿滨。"[1] "又鱼蛋只捕鱼度活，随波上下。遇深阔处编舟联网，浅狭处孤舟独钓。大约春夏水潦鱼多，则资息稍裕，冬寒几难自存。"[2] "得掬米，妻子共之。"[3] "高明蛋家，在大江则沿海以居，在小水则依河而处。性粗蠢，无冠履礼貌，不谙文字，能入水不没，客舶有遗物于水者，必命此辈探取之。且耐寒，虽隆冬霜霰，亦跣足单衣，无瘅瘝色。惟以江间风月，网鱼多得为乐事。其捕鱼之利，春末夏初，西潦泛滥，稍可博一饱。贫乏者一叶之篷，不蔽其体；百结之衣，难掩其体。岸上豪蠹，复从而凌轹之，则海滨之叫号，无虚日矣。"[4] 从上述记载中，可知蛋民生活不易。

（七）充当水军

封建政府虽然设有专门的河泊所对蛋民进行管理，但由于蛋民居无定所，"时蛋人附海岛，无定居，或为盗寇"，[5] 使得政府对蛋民的管理比较难。蛋民还负担着国家的鱼课（渔业税）和其他苛捐杂税，同时受地方豪绅的欺凌和压榨，因此从明朝中叶起，蛋民经常弃籍，逃亡海上，沦为海盗。明代新安知县周希曜说："欲为海上清盗薮，必先于蛋家，穷盗源也。"[6] 当海盗的人认为"做海盗是一种职业，是过好生活，至少是谋生的一种手段"。[7] 同时，蛋民常年生活于水上，水上作战能力突出，"所制舴艋，或八橹、或十橹，不用榜人，诸蛋自操濯，乘风荡波涛中，倏若闪电。一旦有缓急，辄走入水。……以视海上官军，一可当百"。[8] 因此，封建王朝为

---

1 康熙《新安县志》卷六《赋役志·鱼课》，嘉庆二十四年。
2 〔清〕石台：道光《恩平县志》卷十五《风俗》，清道光五年刊本，第9页。
3 〔宋〕周去非著，杨武泉校注：《岭外代答校注》，北京：中华书局1999年版，第115页。
4 〔清〕邹兆麟：光绪《高明县志》卷十六《杂志·蛋户》，清光绪二十年刊本，第18页。
5 《明太祖实录》卷一百四十三。
6 道光《广东通志》卷一百二十三《海防·周希曜条议》。
7 郑广南：《中国海盗史》，上海：华东理工大学出版社1998年版，第351页。
8 〔清〕毛奇龄：《蛮司合志》卷十五。

加强对疍民控制，并为其所用，推行了一项两全其美的政策，即把疍民丁壮籍为水军，"故籍而用之"。[1]

明清两代，不少疍民被招募为水师兵丁。明洪武十五年（1382年），明朝曾征召了数万水上居民充当水军。[2] "洪武中倭数掠海上，高皇……命南雄侯赵庸招疍户、岛人、渔丁、贾竖，盖自浙至闽广几万人尽籍为兵，分十千户所。"[3] 明洪武二十七年（1394年），广州左卫指挥使花茂向皇帝提出："广东南边大海，奸宄出没，东莞、笋冈诸县捕逃疍户，附居海岛，遇官军则诡称捕鱼，遇番贼则同为盗寇。飘忽不常，难于讯诘，不若藉以为兵，庶便约束。又请设沿海依山二十四卫所，筑城浚池，收集海岛隐料无藉等军，仍于山海要害地方立堡屯军，以备不虞。皆报可。"[4] 具体实施办法是："疍人为水军之制：择其二三智勇者，为之长大，授以一官，俾得以军律治其族，与哨船诸总，相为羽翼。……则上无养兵之劳，而水师自足。一旦有事，旦暮可集矣。"[5]

另据张士琏《海阳志》所记："卫所屯军，概龙丁疍户充当名数"，也记载了疍民加入军队的事实。鸦片战争前夕，林则徐在广东禁烟期间，曾经招募了大量的"渔民疍户"组成水兵，打击英国侵略者。[6] 由此可见，疍民不但对中国的海洋经济发挥了重要作用，还是水军的重要组成部分，对祖国的海防建设作出了重要贡献。

1　《明太祖实录》卷一百四十三。
2　〔清〕阮元：《广东通志》卷一百八十七《前事略》。
3　《皇明世法录》卷七十五《海防·日本》。
4　〔清〕张廷玉：《明史·花茂传》，北京：中华书局2015年版。
5　〔清〕屈大均著，李育中、邓光礼等注：《广东新语注》，广州：广东人民出版社1991年版，第431页。
6　孟庆梓：《水上居民"疍族"考》，《华夏文化》2004年第4期，第13—15页。

第二节　海南疍民基本概况

一、海南疍民的历史源流

疍民在海南省生活的历史非常久远,据陈光良教授的分析,疍民来到海南岛的时间大约为秦汉时期;[1]正德《琼台志》记载,汉元鼎六年(前111年),"遣伏波将军路博德等平南越,明年元封元年置珠崖、儋耳二郡,共领玳瑁、苟中、紫贝、至来、九龙五县。其中,玳瑁、苟中、紫贝隶属珠崖郡,至来、九龙隶属儋耳郡"[2]。玳瑁、紫贝都是珍贵的海洋特产,用这些海洋特产命名为郡县名,可以推断"当时海南岛东北部已经有专业从事海洋捕捞生计的族群",而这些族群,可能是从"岭南江河海隅迁徙过来的疍民"。[3]

有关海南疍民的族源有不同说法,"南海水有鲛人,水居如鱼,不废织绩,其眼能泣出珠"[4],司徒尚纪认为这个资料反映了海南黎族的渔业情况,并依据张华《博物志》"东南之人食水产,西北之人食陆畜"[5]及海南黎族文身等民俗,认定黎族为古越人的一部分。[6]而冯仁鸿则认为这则史料证明了海南疍人的起源。[7]周伟民教授和陈光良教授推论,海南疍家的族源是岭南疍家;而岭南疍民的族源,叶显恩先生认为,可追溯到河南古澶水

---

[1] 陈光良:《海南疍民迁徙及其对三亚经济文化的影响》,詹长智主编:《海南疍家文化论丛——首届三亚疍家文化论坛文集》,海口:南方出版社2015年版,第171页。

[2] 〔明〕唐胄:《正德琼台志·沿革表》,上海:上海古籍书店影印本1962年版。

[3] 陈光良:《海南疍民迁徙及其对三亚经济文化的影响》,詹长智主编:《海南疍家文化论丛——首届三亚疍家文化论坛文集》,海口:南方出版社2015年版,第171页。

[4] 〔晋〕张华著,祝鸿杰译注:《博物志新译》,上海:上海大学出版社2010年版,第50页。

[5] 〔晋〕张华著,祝鸿杰译注:《博物志新译》,上海:上海大学出版社2010年版,第30页。

[6] 司徒尚纪:《海南岛历史上土地开发研究》,海口:海南出版社1991年版,第17—18页。

[7] 冯仁鸿:《琼崖史海钩沉——海口市民族源流及其风俗习惯》,转引自海南迁琼先民研究会编:《琼崖县民研究》(创刊号内部出版),2006年第1期。

一带的古蜑人。他们先移居湖北江陵,继而先后移往川东、黔北地区和清江流域,再从清江移到澧水、沅水地区;南北朝以后转移居岭南。[1]阎根齐教授依据古文献及考古发现,认为南海北岸(笔者注:包括海南)蜑民的形成时间和来源是不同的,但以汉代形成的蜑民较多。南海的蜑民最早基本上都出自南海北岸的岭南,岭南纳入汉政权后,有一支越人下海活动,形成日后的蜑家。[2]张朔人认为海南蜑民具有多元性,以越族为主,与广东、广西两地的蜑民有一定的关联。一些政治性难民,比如元朝占城的"番人"等,随着时间的推移,也逐渐地蜑民化。[3]

有关蜑民的来源,笔者在海南昌江调研时,曾听说过这么一个传说,据说古代在海南,蜑族首领和黎族首领本来是两兄弟,后来,他们被封建王朝统治者活生生地分开。黎族同胞被赶到深山老林,靠自己耕种粮食,他发誓说:"我饿死了也不吃你皇帝老爷一粒粮食。"蜑族兄弟被赶到无边无际的茫茫大海,只靠一艘小船载着一家老小,漂泊在大海上度日。憨厚的蜑族兄弟说:"我死也不埋在皇帝老爷的一寸土地上。"于是,黎族人就到深山老林生活,蜑族人就在海上生活。而且,蜑族人的船和黎族人居住的船型屋,外形和内部构造,很多是相似的。[4]这虽然是一则传说,但是也反映了海南蜑族来源的多元化。

笔者倾向于张朔人教授的判断,认为海南蜑人源流具有多元性,同两广的蜑族有着一定的关联。笔者在2014—2019年对海南蜑民现状的调研中发现,海南蜑民大多来自广东,还有一部分来自福建、广西,这也说明了海南蜑民同两广之间有着密切的血缘关系。

---

1 参见周伟民、唐玲玲:《倡议建立一门独立学科——"蜑家学"》,叶显恩:《蜑民源流及其生活习俗》,陈光良:《海南蜑民迁徙及其对三亚经济文化的影响》,詹长智主编:《海南蜑家文化论丛——首届三亚蜑家文化论坛文集》,海口:南方出版社2015年版。
2 阎根齐:《论南海早期蜑民的起源与文化特征》,《南海学刊》2015年第1期,第79页。
3 张朔人:《海南蜑民问题研究》,《安庆师范学院学报(社会科学版)》2007年第2期,第53—55页。
4 笔者2017年在海南昌江调研时,时任昌江图书馆馆长郭玉光讲述。

二、海南疍民的地理分布

明清以前,有关海南疍民的记载,在文献中比较少。但是依据汉朝在海南的政治建置中,以海产品玳瑁、紫贝来命名玳瑁县、紫贝县(今琼山、文昌一带)。可以推测,这些区域,大约是疍民主要的活动区域。[1]

明清时期,海南疍民的数量大幅度增加。明朝,广东省下属各府设有河泊所,专门负责管理疍户并征收鱼课,广州府河泊所额设的疍民便有"广州河泊所额设蛋户,有大罾、小罾、手罾、罾门、竹箔、篓箔、大箔、小箔、大河箔、小河箔、背风箔、方网、旋网、辏网、……鱼篮、蟹篮、大罟、竹簦等户一十九色"。[2]在海南,"疍人各州县皆有,属河滨海洲,茅檐垂地"[3],例如,在儋县,"新英南滩上下二十四埠,渔户环列焉,每大风时,蛋船四百咸渔其中";《万州志·蛋人》记载:"隶州者,若新泽、东澳等处。茅屋,居海滨,业鱼";《崖州志》卷八"蛋民"条有:"世居保平港、望楼里濒海诸处。……居处,因地逼海滨,时虞飓风。公私宫室,不甚高美。民舍多用茅茨,官署亦沿其陋。近海者,常为风涛淹卷。附黎者,亦效栖峒巢木。即绅士之家,既不尚华饰,惟取完固而已";《乐会县志》卷二"风俗"条有:"多海溢飓风之虞,故公私宫室不得为高敞,然规制与琼邑同。民居近海者常苦风飘水泊,附黎者难免巢居峒处。若缙绅家,凡有营建,虽尚华饰,亦取完固。自魏晋以后,中原多故,衣冠之族聚家于此,至今文物礼乐,盖班班然。"

明朝时期唐胄在《正德琼台志》中对明朝时期疍民的户口数作了一个

---

[1] 有关论述,可见张朔人:《海南疍民问题研究》,《安庆师范学院学报(社会科学版)》2007年版,第2期;陈光良:《海南疍民迁徙及其对三亚经济文化的影响》,詹长智主编:《海南疍家文化论丛——首届三亚疍家文化论坛论文集》,海口:南方出版社2015年版。

[2] 〔清〕屈大均著,李育中、邓光礼等注:《广东新语注》,广州:广东人民出版社1991年版,第431页。

[3] 〔明〕唐胄著,彭静中点校:《正德琼台志》,海南地方文献丛书编纂委员会,海口:海南出版社2006年版,第149页。

统计，根据其记载，明朝时期疍民分布及户口数见下表：[1]

明清县名	今属	正德七年（1512年）	
		疍户数量（户）	疍民数量（人）
崖州	三亚市	349	1593
儋州	儋州市	333	1520
文昌县	文昌市	230	1050
临高县	临高县	221	1009
琼山县	海口市	183	835
澄迈县	澄迈县	152	684
乐会县	琼海市	112	511
陵水县	陵水黎族自治县	100	457
会同县	琼海市	88	402
万州	万宁市	77	352
感恩县	东方市	56	256
昌化县	昌江黎族自治县	12	58
总计		1913	8737

该表反映出在明朝时期，海南各港口，大都有疍民居住。其中，崖州、儋州、文昌、临高的疍民人口数，都超过了千人；东南部的万州、陵水，西南部的感恩、昌化，疍民比较少；定安没有疍民。

疍家的历史文化，是海南珍贵的人文资源。为了加强疍家文化研究，2013年10月27日，三亚疍家文化协会正式成立，并组织专业队伍就海南疍民的生存状态与文化变迁展开环岛调查。该调研组调研了9个疍民聚居的社区，就"人口与分布现状""疍民经济活动方式与从业结构的变迁""习俗变迁"几个方面，撰写了《海南疍民现状调查》《海南疍民的生活状况与自我认同意识——海南疍家文化环岛调查实录》，为我们了解海南疍民

---

[1]〔明〕唐胄著，彭静中点校：《正德琼台志》，海南地方文献丛书编纂委员会，海口：海南出版社2006年版，第224—231页。

现状奠定了基础。[1]

笔者与课题组成员，在 2016 年至 2020 年，花费将近五年的时间，对海南进行了环岛调研，对目前以及历史上海南疍民居住的 8 个市县，即海口市、三亚市、文昌市、琼海市、东方市、临高县、陵水黎族自治县、昌江黎族自治县进行了采访和调研，并对目前疍民居住比较集中的 12 个疍民居住区[2]进行了多次重点调研，基本掌握了海南疍民现状。

1956 年以后，疍民的民族成分归同于汉族。据调研，海南疍民的第一代身份证上写的是疍族。到了第二代身份证，就统一改为汉族了。海南疍民大多数来自广东与福建两省。其中，来自广东顺德、阳江、番禺、南海等地的疍民比较多，现在，很多海南疍民还自称是阳江疍民、顺德疍民等。

新中国成立后，疍民陆续离水上岸，开始岸上定居生活。1954 年 6 月，周恩来总理在广州视察工作，要求相关部门做好水上居民的上岸定居工作。同年 9 月，广州成立了水上居民上岸工作领导小组，开始有组织、有步骤地安排疍民上岸定居。国家计划委员会分别于 1959 年、1960 年，专门拨出约 1700 万元的资金、数百吨钢材和 2000 多吨水泥，用来建设水上居民新村。

在此期间，海南也作出了一系列有关疍民上岸定居的措施，譬如成立手工业合作社、农业合作社和渔业合作社等。20 世纪 70 年代以前，三亚疍民主要居住在沙嘴、沙头海、山仔等北边海、南边海一带。虽然有少数疍民上岸定居，在岸上建造房子，但大多数疍民仍居住在俗称的"高脚屋水棚"中。其中沙嘴（即今天三亚鸿洲邮轮码头东面河岸一带）的疍民数量最多。1970 年，为彻底解决三亚疍民的生存环境问题，相关部门在疍民称为大山园的地域[3]给疍民上岸建房。从此以后，三亚疍民便彻底告别了"世

---

[1] 有关这次调研情况及成果，详见詹长智主编：《海南疍家文化论丛——首届三亚疍家文化论坛文集》，海口：南方出版社 2015 年版。

[2] 本课题组对疍民身份的界定，依据标准同三亚疍家文化协会课题组调研的标准基本一致，即自己认为是疍民，并且在一段时间内被政府确认为是疍民户籍。

[3] 南边海海岸、筛山和大州山坡地，规划出约 1 平方公里的土地给疍民建造房子。

世水为乡,代代舟为家;沉浮江海里,世代海江南"式的生活,开始了岸上生活。[1]

目前,海南疍民全部上岸,主要聚居在海口市的捕捞社区与白沙门,陵水黎族自治县的新村港与英州的赤岭村,昌江黎族自治县的海尾镇,临高县的新盈港与调楼镇,[2]三亚市的三亚港、海棠湾(海尾),文昌市的铺前镇铺渔村与清澜港等地。其中,海口市、三亚市、陵水黎族自治县、昌江黎族自治县、文昌市铺渔村的疍民居住地比较集中,数量比较多,全省疍民大约有五万人。[3]三亚市和陵水新村的疍家文化,保存得比较好。

据冯仁鸿先生考证,[4]居住于海口市海滨沙洲的疍民,在历史上,数量是非常多的。烈楼(天尾)、后海(镇海)一带都是疍民先民开发的,明正德七年(1512年)此处还有183户,但是现在疍民已经"临化"了。清末民初时期,大约有四五十户疍民居住在外沙尾、韭菜园沙洲,现在也被同化为海口市民。20世纪80年代,盐灶海滨的捕捞队,还有110户疍民。据来海南岛的张氏第十八代孙张行深介绍,依据家中族谱,其始祖原籍是福建莆田,后来迁到广东阳江,子孙后代都在船上生活。后来又从阳江环海南下,居住过湛江、吴川、乌石、硇洲等滨海处,来海南岛,已十二代300余年了。广东阳江、吴川等地还有亲戚以及祖坟。清朝乾隆年间,海口白沙门下村是当时福建、广东疍民的聚居地,全村有9姓37户,语言为粤语系的疍家话。现在海口市的疍民主要居住在捕捞新村、捕捞旧村和白沙门下村等三个村庄,计562户,1265人。其中,海口市的疍民,大部

---

1 方礼刚:《三亚疍民的社会变迁——以"洗脚上岸"为变迁时点》,《海南热带海洋学院学报》2018年第3期,第84页。
2 临高县的新盈港与调楼镇的渔民是否是疍民,或者与历史上的疍民是否有血缘关系,目前并无定论。历史上(明清之际),临高县的疍民数量是非常多的。但是据笔者及同事调研,临高县的相关领导及渔民,大多否认其疍民身份。2014年疍家文化协会的环岛调研,对临高县是否有疍民,也是持保留态度。但也有一些老人及专家向笔者提供证据,说小时候称呼临高人为阿蛋,即疍家人的意思。
3 笔者和课题组成员于2016—2019年,对海南疍民做了环岛调研,人口统计数字为当时当地相关部门提供(不包括临高县)。
4 参见陈光良:《海南疍民迁徙及其对三亚经济文化的影响》,詹长智主编:《海南疍家文化论丛——首届三亚疍家文化论坛文集》,海口:南方出版社2015年版,第173—174页。

分已经不再下海捕鱼，主要以出租房屋和做一些小生意为生。[1] 他们依然操疍家话，但对海口话也较为熟练。

目前的三亚疍民，主要集中在三亚市海棠区藤桥渔业大队和藤海社区居委会，3188人，主要从事近海渔业捕捞、海水网箱养殖、海上餐厅等；吉阳区红沙社区居委会，1260人，主要从事运输、摆渡、海水网箱养殖、海上餐厅等；天涯区南海社区居委会和榆港社区居委会，4495人，主要从事海洋捕捞、海水网箱养殖、冰厂、冷冻厂等；航运总公司第一、二分公司，3360人，主要从事运输、近海渔业捕捞、摆渡、鱼货交易等。崖州区大疍港、保平港有少数疍家人，但已被同化，人口不详。[2]

市／县	分布地	族群来源	人口数（人）	方言	职业	身份认同
海口市	捕捞社区	广东、福建	1265	粤语（白话）；海南话	出租房屋为主	疍民
	白沙门社区	广东	约2300	粤语（白话）；海南话	出租房屋为主；兼有其他小生意	疍民
三亚市	海棠区	广东	3188	粤语（白话）；海南话	近海渔业捕捞、海水网箱养殖、海上餐厅	疍民
	吉阳区	广东	1260	粤语（白话）；海南话	运输、摆渡、海水网箱养殖、海上餐厅	疍民
	天涯区	广东	4495	粤语（白话）；海南话	海洋捕捞、海水网箱养殖、冰厂、冷冻厂	疍民

---

1 数据来源于笔者2018年8月的调研，海口市美兰区捕捞社区提供。海口市的疍民职业，一部分为笔者调研所得，一部分为捕捞社区居委会提供。
2 资料来源于三亚疍家文化陈列馆。

（续表）

市/县	分布地	族群来源	人口数（人）	方言	职业	身份认同
三亚市	崖州区	不详	不详	不详	不详	疍民
	航运总公司	广东	3360	粤语（白话）；海南话	运输、近海渔业捕捞、摆渡、鱼货交易	疍民
文昌市[1]	铺前港	广东、福建	约2500	粤语（白话）；海南话	近海捕鱼、冰厂	疍民
	清澜港	广东	约1000	粤语（白话）；海南话	捕鱼、养殖、旅游业	疍民
陵水黎族自治县	英州赤岭	广东、广西、福建	2075	粤语（白话）；海南话	近海捕鱼、旅游	疍民
	新村港	广东、福建	约3000	粤语（白话）；海南话	近海捕鱼、养殖、旅游业、海上餐厅	疍民
昌江黎族自治县	海尾镇新港	广东、福建	2238	粤语（白话）；海南话	海洋捕捞、养殖	疍民

三、海南疍民的经济活动

历史上，海南疍民的经济活动以捕鱼为主，且子孙世代守其业，妇女主要从事与捕捞相关的家庭劳动，如抓螺等，这在各个县志均有记载，如

---

[1] 文昌市数据来源，詹长智等：《海南疍民现状调查》，詹长智主编：《海南疍家文化论丛——首届三亚疍家文化论坛文集》，海口：南方出版社2015年版，第167页。

文昌县："无黎而有疍。疍世渔户也，茅筜复地。"儋州："蛋人居海滨沙洲茅舍。男子少事农圃，惟缉麻为网罟，以捕鱼为生，子孙世守其业，岁办鱼课。妇女专事抓螺，纺织者少。"[1]而崖州的疍民，除了捕鱼之外，还兼有种植、养牛等："疍人世居保平港、大疍港、望楼港里，濒海诸处，[2]生计方式较为多样化。陈序经对海南疍民迁徙活动作过描述："在琼州东北的清澜港，每年春夏两季，好多疍家渔艇，从万宁陵水一带随南风而来清澜。他们在清澜海傍，有些插木为柱、以茅为瓦，有些仍住在艇上。到了秋冬两季，他们又随北风而南返万宁陵水。他们秋去春来，就像燕子一样，一年要住二三个地方。"

除了捕鱼，海南疍民也兼做其他职业，赵汝适的《诸番志》提到"疍舶"："琼山、澄迈、临高、文昌、乐会，皆有市舶。于舶舟之中分三等，上等为舶，中等为包头，下等名疍舶。至则津务申州，差官打量丈尺，有经册以格税钱，本州官吏兵卒仰此以赡。"这则史料记载了海南一部分疍民以舶运的方式参与商贸活动。

有关海南疍民参与航运的事迹，唐胄在《正德琼台志·名宦录》中有论述："陈尧叟，至道间迁工部员外郎，广南西路转运使。先是，岁调雷、化、高、藤、容、白诸州兵，使辇车粮，泛海给琼州。其兵不习水利。率多沉溺，咸苦之。海北岸有递角场，正与琼对，伺风便一日可达，与雷、化、高、太平四州地水路接近。尧叟因规度，移四州民租米输入场，第令琼州遣疍兵具舟自取，人以为便。"[3]苏轼在诗中也写道："北船不到米如珠，醉饱萧条半月无。"北船原来是由北军即雷州、化州、高州等诸州的军队负责掌舵，但他们对琼州海峡不了解，因此"率多沉溺，咸苦之"。当时任广南西路转运使的陈尧叟作出决定，将雷、化、高、太平四州之民租米，

---

[1]〔明〕增邦泰：万历《儋州志·民俗志》，明万历四十六刻本，第38页。
[2]〔清〕陈梦雷：《古今图书集成》卷一千三百八十《琼州府部汇考八》，"风俗"条。
[3]〔明〕唐胄著，彭静中点校：《正德琼台志》，海南地方文献丛书编纂委员会，海口：海南出版社2006年版，第695页。

送到海峡北岸递角场，"令琼州遣疍兵具舟自取"。海南的疍兵参与到北船运粮后，大大提高了运输效率，"人以为便"。

有关疍民参与海上运输，王弘诲在《改海南兵备道兼提学道疏》中曾有论述："臣窃惟今天下称边远而苦多事者，则广东是已。而广东所属，最远而苦者，犹莫如琼州。琼州去京师水陆计将万里……青衿学子，每岁集督学就试者，不下数千计。然远涉鲸波之险，督学宪臣常不一致……贫寒士子担簦之苦已不待言。乃其渡海，率皆蛋航贾舶，帆樯不饰，楼橹不坚，卒遇风涛，全舟而没者，往往有之。"虽然王弘诲此奏疏主要是向朝廷陈述海南考生赶赴北京参加科举考试的艰苦，请万历皇帝能够在海南设立考场，让海南儒生就地参加考试，但是其中提到"渡海，率皆蛋航贾舶，帆樯不饰，楼橹不坚"，也说明了海南疍民在渡海运输中的作用。

到了明清时期，海南疍家人仍然以海洋捕捞为主，但同时也开始从事农业、纺织业及参加科举。《古今图书集成·琼州府志·风俗志》，万州"疍人居海滨，业渔，以鱼赴墟换谷"，临高县"近亦有读书列庠世者"，儋县的疍人"居海滨之沙洲茅舍，男子鲜事田圃，惟缉麻为网罟，以捕鱼为生业，子孙世代守其业，岁办鱼课。妇女专事螺蛤之业，贩挑上市，纺织者少"。[1]

总之，海南疍民致力于开发海洋资源，其渔业生产与海产品加工，促使了沿海市区的渔港码头、店铺街市、渡船货运的形成和发展，对海南地区的经济发展作出了重要贡献。另外，疍民在长期与海洋鱼类的反复较量中，通过对各种鱼类生长特点、洄游习性和潮汐变化的观察体验开创了一系列海洋捕鱼的捕捞技术，随着疍民造大船，加强深海作业，以疍家渔船为代表的三亚渔民，早已经到达"三沙海域"开展捕捞作业。20世纪50—80年代，渔港渔业大队成立之后，在政府的大力扶助下，疍家渔民作为三亚水产渔业的排头兵，勤劳耕海，鱼虾捕捞，开展鱼排养殖和海鲜加工，

---

[1] 彭元藻修，王国宪纂：《地舆志·习俗》，《儋县志》卷二，民国二十五年铅印本。

取得较高的经济效益，改善了三亚地区的产业结构，促使当地经济要素协同发展。[1]

中华人民共和国成立后，政府鼓励海南疍民上岸，海南各地疍民上岸时间不一，大约20世纪70年代，几乎所有海南疍民都在岸上定居。上岸之后，海南疍民的经济活动发生了较大变化。据调研，目前海南疍民的主要生产方式仍然以渔业为主，除了捕捞之外，拓展到养殖、运输、贩卖水产、餐饮、海鲜店等行业，也有少数疍家年轻人进入附近的旅游景区工作（其中陵水最为突出，他们主要在南湾猴岛的旅游景区从事服务和安保工作），或者出去打工。[2]

据管玉梅等人对海南疍民生存现状的调查显示，海南疍民目前从事与海无关的其他工作的占42.6%，从事与海有关的其他营生占10.2%，从事近海捕捞的占24.5%，从事海产养殖的占16.5%，从事远海捕捞的占6.2%（图一）。[3] 海南疍民家庭经济收入的主要来源依然是渔业，占到一半以上（51.7%）的家庭生计靠以捕捞和养殖为主的渔业，其次是打工收入，占35.8%，新生代疍民是打工的主体（图二）。

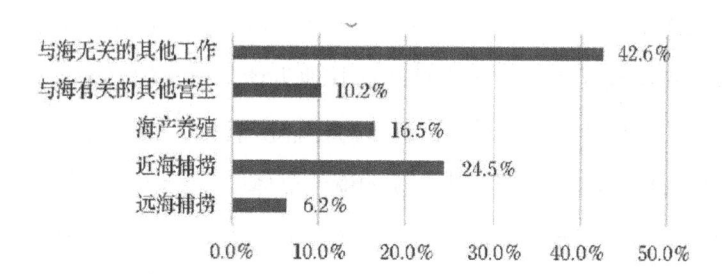

图一 海南疍民生计方式
　　来源：管玉梅、黄诚、夏冬艳：《生境变迁下海南疍民的生存现状调查》，《文化学刊》，2019（5）：30—31.

1　参见陈光良：《海南疍民迁徙及其对三亚经济文化的影响》，詹长智主编：《海南疍家文化论丛——首届三亚疍家文化论坛文集》，海口：南方出版社2015年版，第176—179页。
2　詹长智：《海南疍民现状调查》，詹长智主编：《海南疍家文化论丛——首届三亚疍家文化论坛文集》，海口：南方出版社2015年版，第168—169页。
3　管玉梅、黄诚、夏冬艳：《生境变迁下海南疍民的生存现状调查》，《文化学刊》2019年第5期，第30—31页。

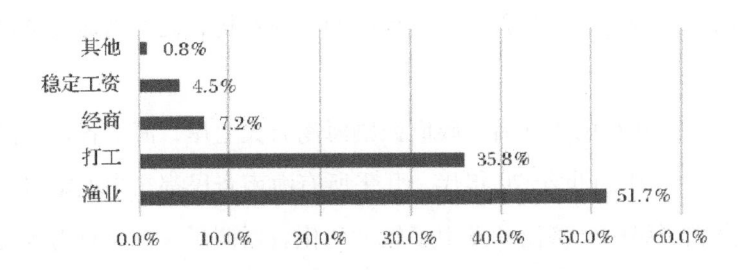

图二 海南疍民家庭收入主要来源

来源：管玉梅、黄诚、夏冬艳：《生境变迁下海南疍民的生存现状调查》，《文化学刊》，2019（5）：30-31.

目前海南疍民生计方式多样化，究其原因，城市化和国际旅游岛建设起着重要的作用。居住在海口市海甸溪周边的疍民和居住在三亚市三亚港周边的疍民，从事与海无关的工作的比例明显要高于其他地区的疍民；而在这些地区从事与海有关工作的人群中，主要也是从事水产加工、水产贩卖、海鲜餐饮等现代服务贸易行业，很少从事传统的海洋捕捞作业。一方面是因为海口市和三亚市受城市建设和旅游开发的影响，原来疍民停靠渔船的码头和港口被规划为其他用途，疍民出海捕捞不方便；另一方面是海洋捕捞工作辛苦，但是效益日益降低，而且海口、三亚城市的就业机会相对较多，疍民放弃传统捕鱼生计转向其他生计，面临的阻力较小。而在海南其他疍民集聚地，比如昌江，传统海洋捕捞依然是多数家庭的主要生计。在老一代疍民（1980年以前出生）的就业群体中，多数还是从海里讨生活，从事海洋捕捞、海水养殖和其他与海有关的工作。而在新生代疍民（1980年以后出生）的就业群体中，大部分从事与海无关的其他职业。由于多数新生代疍民学历不高又没有其他的专业技能，因此，他们进入的多是零售、娱乐、餐饮、旅游、物流等行业，职业身份是服务员、售货员、保安、保洁、杂工等，工作岗位门槛低，流动性大，稳定性差。很少有人进入房地产、金融等需要高学历的行业，也很少有人从事高技能要求的工作。[1]

---

[1] 参考管玉梅、黄诚、夏冬艳：《生境变迁下海南疍民的生存现状调查》，《文化学刊》2019年第5期，第30—31页。

四、海南疍民的社会地位

"出海三分命,上岸低头行。生无立足所,死无葬身地。"这是古代疍民生活的真实写照。据海南三亚疍家文化陈列馆的相关负责人介绍,现在居住在三亚的疍家人之所以在明清时期来到三亚,一是因为他们不服当地的郡县统治,在当地需要缴纳沉重的税课,而三亚当时是一个荒无人烟的小渔村,不需要缴纳赋税;二是因为当时疍民的社会地位还是非常低的,常常受到黑恶势力的欺压、敲诈和勒索,为了免受这些旧恶势力的欺压,他们来到荒无人烟的小渔村;三是因为当时他们居住的大疍港、保平港的港口是沙地,不利于停船抛锚,如果遇到洪水、台风,经常会船翻人亡。[1]

总体而言,自明太祖"设立蛋户、渔户、教坊等名色,禁锢敌国大臣之子孙妻女,不与齐民齿"的规定之后,[2] 疍民群体进入了社会最底层,成为贱民阶层。然而,从地缘的视角来看,疍民因居住生活的地域不同,其身份地位也有很大的差异和不同。譬如,在历史上同一时期,广东疍民的地位比较低,基本处于社会最底层,但是就海南疍民而言,其生活环境相对比较宽松,他们一直积极参与解决海南现实问题,出现诸多向上流动的现象,在史书中多次留下他们活动的记载,对于海南疍民来说,"蛋民"只是其职业的代称而已,他们已经通过自身努力,获取了与编户齐民同等的地位,其贱民身份已不复存在。[3]

首先是海南疍民的居住场所比较广泛。海南疍民在住所的选择上,相对来说比较自由,据唐胄《正德琼台志·风俗》篇说,"疍人各州县皆有。居海滨沙洲,茅檐垂地,或从屋山头开门",也就是说,一部分海南疍民已经脱离舟楫、濒海而居。《万历儋州志》说该地疍民"居海滨沙洲茅舍";

---

[1] 郑石喜:《疍家岁月》(内部资料),三亚疍家文化陈列馆,2015年版,第7页。
[2] 顾公燮:《消夏闲记摘抄》,《凤阳人乞食之由》,上海:商务印书馆,1924年,涵芬楼秘笈第2集第5种,第4页。
[3] 张朔人:《明清时代南海疍民的分层流动与社会身份重构》,《古代文明》2014年第3期,第85—91页。

陈梦雷《古今图书集成》中的万州疍民"茅屋居海滨",文昌疍民"茅檐覆地,屋顶出入";而《琼州府志》记载"民居近海者与蜑人杂处"[1],说明琼州的疍民与近海居民住在一起,疍人在岸上定居。

据记载,在明朝万历年间,还有一部分疍民居住在文昌县城。明朝万历二年(1574年)五月,著名的海盗林凤率领120艘巨舰停靠在文昌市的清澜港,想前往文昌县城购买瓜、菜等生活用品。但是林凤的要求遭到千户丁其运的拒绝,并遭到其攻击。林凤率领部队进入文昌县城,屠城三日,"军民商疍被杀掠者二千二百人"[2]。从此材料可以看出,当时文昌县城已有疍民居住。

居住场所的相对自由化和扩大化,也说明了海南疍民身份地位的变化。虽然海南疍民居住的房屋比较简陋,"屋山头开门","茅檐垂地","屋顶出入",但是与闽广沿海地区禁止上岸的"水居"比较,具有明显的进步性。

其次,一部分海南疍民的受教育程度较高,注重以诉讼手段来解决族群内部以及与官府之间的矛盾,这在诸多文献中都有记载。譬如,万历三十五年(1607年),在儋州政府实施"岁派四差"的过程中,在"渔船""木排""硐口"三项杂税征收问题上,疍民与当地居民产生矛盾。疍民许柳甫赴院道,认为此三项杂税"告压通州",而通州士民则"告推蛋户",两者之间展开多年诉讼。后来知州曾邦泰作出裁决,"减银十两,以商船税抽补",万历四十三年(1615年)实行。两者之间为期八年的"缠讼"才告一段落。

万历四十一年(1613年),儋州疍民生员不认可州政府"凡蛋籍人丁有充员役,止优免在州粮,不优免在州丁"的规定,疍籍生员钟元声、周翊运等赴提学道副使姚履素告免所中丁课,知州曾邦泰作出调整:

> 本州知州曾(邦泰)审将疍籍生员除免州中米二石,又再免所课

---

1 光绪《琼州府志》卷十七(上),琼州海口海南书局印行,光绪十六年版。
2 光绪《琼州府志》卷十七(上),琼州海口海南书局印行,光绪十六年版。

米二石，折二丁。如民籍充员免丁之数，免去课银。以通所课米，通融均派，充额随据。各蛋唯唯佥同，以励蛋家将来子弟。申祥批允，就四十四年为始。

这则史料透露出两个信息：一是蛋民子弟具有生员身份，说明蛋民的社会地位有了提高；二是蛋民生员通过合法程序来表达其整体诉求，说明蛋民生员具有匹配的社会身份。

同样的诉讼案例，在清朝也时有发生。如20世纪30年代在三亚回族居住地发现的"正堂禁碑"蒲儒嵩等因渔课的多寡和渔场的广狭问题产生的纷争一案：

> 特授崖州正堂加二级记录四次许为乞恩，准给碑模以垂久远事。据士民蒲儒嵩周贤盛周之造王仕伟蒲学嵩蒲高仕弘仁周元秀蒲高贤陈国傅蒲锡嵩金玉蒲春口（倚）蒲永发蒲万镒等状呈，前事到州堂批准抄录判语勒碑在案，随查保平里徐翰珪等与新三亚里蒲儒嵩等互控海面一案，录州属沿海，东至赤岭与陵水交界，西至黄流莺歌与感恩接壤，共载米五百八十四石二斗零，共编征课银一百六十二两九钱零，延年所三亚里完银六十一两三钱零，保平里完银五十两六钱零，望楼里完银四十二两九钱零，其海面虽无界址，而各里蛋户向来按照各埠采捕输纳。或有异邑小艇呈请给照顾在本处海面采捕，即按照其处课粮交给。该管规该完纳相沿已久，兹保平里徐翰珪住藤桥，欲将藤桥海面规贴保平，因以海面宽窄悬殊，具控前来庭讯之下。查保平望楼二里载米二百五十石，黄流莺歌二湾海里载米二十石余，按户征输，自深沟至黄流海面仅一百四十里，三亚里载米一百六十石，内于康熙五十年间抽米饷于赤岭琅琊乡等处仅米一百一石余，亦按户征输，自红岭至崖陵交界赤岭海面共一百七十里，其番坊绝米已有燕菜足供输纳，若以东西海面米石相较，则西面米多海少，所以徐翰珪等不平之鸣。但事已经久远，殊难纷更，仍着照旧分官在案，兹据该生等呈请给发

碑模前来合行勒石示输,为此示谕各蛋户人等知悉,嗣后务宜照旧各在本埠附近海面采捕,朝出暮归不得多带米粮违禁远出,或有异籍蛋户到境采捕,该埠长俱须查明呈请给照帮课,亦不得私行越界强占网步滋事,如敢抗违许,该埠长指名扭禀按律究治,各宜凛遵守毋违特示。

乾隆十八年十二月十七初十日之立

二〇〇九年公历五月一日农历四月初七日主麻日修缮[1]

类似的诉讼案例,还有琼山县博茂图沙上村与下东营村的蛋民为了分摊纳额税银而对簿公堂。沙上村与下东营村分别位于琼州海峡的沙上港和下东营港(现为海口市灵山镇管辖地),自光绪三年（1877年）至光绪五年（1879年）,两村的蛋民为了如何分摊三两六钱纳额税银,从而展开了为期三年的诉讼。以上事例表明,与其他地区"不谙文字""四民之外"的蛋民相比,海南蛋民的教育程度与社会地位都比较高。

另外,《临高县志》记载,蛋民"亦有读书列庠士者",[2] 这里所列举的清代的"庠士",实际上是"秀才"的别称,这则材料说明临高县的蛋民教育有着一定程度的发展,有部分蛋民上学读书并参加科举考试。

此外,一部分文献也记载了政府从制度层面支持蛋民置产置业。在清朝初年的澄迈:"近因图下买有司田多,始告立民蛋籍,米照当差,丁仍免科,民户有不均之叹。"这则文献记载了当时澄迈县由于有蛋民要购买有司之田,设立了民蛋籍,这是海南蛋民纳入编户的最早记录。民蛋籍事件表明,当时的政府对蛋民置产置业的态度发生了非常大的转变,从以前仅仅是态度上的默许转变为在制度层面加以确认。[3] 另外,地方政府在对待新入的民蛋籍,沿袭"米照当差,丁仍免科"的政策,使得一般民众发出"不均之叹"。[4]

总之,诸多文献表明,海南蛋民一直在积极参与海南社会的建设发展,

---

1 张亮:《南海回村:三亚回族的时空观念与社会实践》,北京:社会科学文献出版社2016年版,第47页。
2 〔清〕樊庶:康熙《临高县志》卷二《疆域志·民俗》,海口:海南出版社2004年版,第48页。
3 张朔人:《明清时代南海蛋民的分层流动与社会身份重构》,《古代文明》2014年第3期,第89页。
4 〔清〕丁斗柄:康熙《澄迈县志》卷一《舆图志·乡都》,海口:海南出版社2004年版,第26页。

无论是疍民从事农业、纺织业，参与"北粮南运"的经济行为，[1]还是加入军队武装，参加科举，以诉讼手段维护自身利益，等等，疍民一直在通过自身努力取得与编户齐民同等的地位，这表明，在海南这一五方杂处的移民社会中，海南社会阶层的划分，有着比较明显的弹性特征。[2]

中华人民共和国成立以来，海南疍民的社会地位发生了翻天覆地的变化，他们和其他民族一起，成为国家的主人。1950年，三亚疍家人生活区域成立"南海乡人民政府"，后来又创立夜校，命名为"渔光学校"，使得疍家人有机会接受教育。1953年，渔民进行"海改"，在"海改"运动中，疍民郭仪福参加了"海改工作队"并担任领导职务。1954年，建立了渔业合作社、南海信用社和船民协会，广大疍民成立互助组，发展生产。1956年又成立了初级合作社，在保卫西沙、建设西沙的活动中，疍民梁亚拾、罗香带、郑亚喜等人志愿报名到西沙建设守岛。1958年，成立南海人民公社，都是由疍家人任公社社长，疍民的身份地位得到进一步提高。

20世纪70年代左右，海南疍民几乎全部上岸定居。1970年，三亚市的陈联志等干部带领社员在南边海大山园移山填海建设新渔村，建立瓦房200多户，安置了众多以船为家的疍民上岸定居，使得浮海泛舟的疍家人在岸上有了落脚点。时至今日，在三亚的疍民居住区，仍旧是由疍家人任社区书记。

但是，不能忽视的是，疍民的人际交往圈子还是非常狭窄的，大多数疍民的朋友圈保持在血缘宗亲、同行、邻居中间，只有少数受到较高教育的年轻人通过学缘和业缘，进一步拓展交际范围。同时，与历史上疍民长期处于社会最底层相比，现在的疍民不再感受到地位的低下，也没有受歧视的感觉。但是，他们对改善自身经济地位并不乐观。虽然国家在2010年就提出建设国际旅游岛，但是海南岛新一轮的开发建设，并没有给从事

---

1 资料详见上节海南疍民的经济活动。
2 张朔人：《明清时代海南疍民的分层流动与社会身份重构》，《古代文明》2014年第3期，第85—91页。

传统渔业的疍民带来明显的发展机遇。他们由于没有土地等生产资源，同时也缺乏进入新行业的生产技能和经济基础，面对身边城市日新月异的发展，只能望洋兴叹。[1]

五、海南疍民的民俗文化

"现在疍家人年轻一代已经基本汉化了，疍家的很多习俗都逐渐消失了"，在采访过程中，很多海南疍家老人常常说出类似这样的话。虽然在制度层面疍家人归入汉族已经多年，但在老一辈的疍家人看来，他们并不认为自己是汉族人，而是一个独立的民族，有着自己独特的民俗和文化。

以海为生，以船为家的水上生涯，使得疍民创造了独特的服饰、建筑、饮食、航海、信仰、节庆仪式等丰富多彩的民俗文化。有关这些独特的民俗，古人多有记录，譬如，他们"自相婚娶"，[2] "婚时以蛮歌相迎，男歌胜则夺女过舟"。[3] 他们过端午、赛龙舟："海边蛋户与近河民，俗以木刻龙首尾祀庙中，俱于是日（农历四月八日——引者注）赴庙绘饰，以俟端阳赛会。"唱歌是他们最喜爱的民俗活动之一："时郡俗，村落盐、疍小民家妇女，多于月明中聚纺，与男子歌答为戏。凡龙岐、二水、大英、白沙、海田诸处，俱有之。"[4]

可惜的是，随着疍民集体定居上岸，很多疍家传统民俗都已经消失了，"疍人俱善没水，旧时绣面文身，以象蛟龙。行水中三四十里，不遭物害，称为龙户"的"绣面文身"，已经消失殆尽，但是一些传统民俗，还不同程度地存在着。

---

1 詹长智等：《海南疍民现状调查》，詹长智主编：《海南疍家文化论丛——首届三亚疍家文化论坛文集》，海口：南方出版社2015年版，第170页。

2 〔明〕唐胄著，彭静中点校：《正德琼台志》，海南地方文献丛书编纂委员会，海口：海南出版社2006年版，第149页。

3 〔清〕屈大均著，李育中、邓光礼等注：《广东新语注》，广州：广东人民出版社1991年版，第431页。

4 〔清〕李文恒：咸丰《琼山县志》卷三十《杂志四·遗事》，清咸丰七年刊本，第8页。

婚丧嫁娶是疍家文化中的亮点，过去很多文献都有记载，不同地区的疍民，其婚俗也略有不同，现将三亚疍民的婚俗介绍如下。[1]

旧社会三亚疍民的婚姻大多数是父母包办，有几种形式：一是"胎配"，一般双方都是朋友。即双方在老婆怀孕时约定，如果双方生一男一女，以后结为夫妻；如果双方都是男孩，则结为兄弟；双方都是女孩则结为姐妹。二是"鸡对"，即在儿童时订婚，长大后结为夫妻。三是"童婚"，即双方父母达成协议，把女童领到男方家中抚养，长大后结为夫妻，这种情况多为女方家庭困难，把女儿婚配给男方，男方拿出一定的钱财给女方。四是男女双方在婚前不相识也不相见，全凭父母包办。

现在疍民的婚姻非常自由了，双方恋爱自由，情投意合。但是，疍家人传统的婚姻嫁娶习俗，在有些家庭还保留着。

三亚疍民传统的婚礼习俗，共有九个步骤，每一个步骤都有一定的礼仪礼节。

第一步，问亲。疍家的女孩子到了一定的年龄，如果被男方或者其家人看中，男方就会请媒婆拿着槟榔到女方船上问亲，介绍男方情况。女方父母根据媒婆说的男方情况作出决定，如果觉得合适，就对媒婆说等我们和叔公老大商量一下。媒婆听后，往后就紧追不舍。有一些女方父母会直接向媒婆表态答应。有些女方父母拿不定主意，要召集叔公大伯来商量。如果女方父母觉得双方不合适，就当场谢绝，说我女儿已有婚配。

第二步，给命。获得女方同意表态后，男方请媒婆到女方船中取女方的"年生布"[2]送给道师，请道师测算男女双方的八字，来决定婚配日期。道师用红纸书写一份吉日时辰表，包括接亲时辰、出门时辰、拜堂时辰，以及摆酒时辰等。男方抄写一份给女方，让女方作好出嫁准备。

第三步，送日。送日，即男方将道师测算好的吉辰时日表请媒婆送给

---

[1] 郑石喜：《疍家岁月》（内部资料），三亚疍家文化陈列馆2015年版，第183页。
[2] 疍家人记录生辰八字的红布。

女方，同时媒婆与女方商量礼聘情况，礼聘没有要求，一般是根据男方家庭条件而定。礼聘协商后，双方递交槟榔，表示达成礼聘协议。

第四步，送礼。送礼一般是在举办酒席的前一天。这天男方根据聘礼清单，摇着小船把聘礼送给女方，疍民称为"揪礼"。以前，聘礼一般用手篮装，有8至12个手篮不等。现在流行竹箩装，16担至20担不等。"揪礼"这一天，女方要通知族亲到自家船上吃饼、槟榔等，也就是告诉家里的亲朋，自己的女儿明天要出嫁，请大家来祝福助兴。

第五步，摆酒席。根据道师定的吉日，男方筹备结婚事宜。根据酒席的规模，男方将几艘渔船用竹竿拼连固定布置成摆酒场所，将船帆拉开当遮阳布，参加婚礼的亲朋好友在渔船甲板上席地而坐来用餐。

第六步，叹家姐，也叫"哭嫁"，这是疍民嫁女独特的民俗文化。出嫁的当天晚上，新娘子必须哭着唱"叹家姐"。当晚的主要内容是姑嫂对唱，姑姑（即新娘）希望大哥、大嫂照顾好父母，大嫂希望姑姑嫁人后要孝敬公公、婆婆、丈夫，要学会为人处世、待人接物，等等。

第七步，接亲。女方出嫁当天，男方摇着几艘小舢板到女方的船来接亲。男方的舢板靠上大船后，接亲人员和新郎都不能马上上船。女方要唱咸水歌让新郎、伴郎答唱，答对了才能上船。上船后，新郎、新娘到女方船上的神台上香，在神台前叩拜三次，然后给女方的族亲长辈敬茶致意。等时辰一到，哥哥、大嫂拉着姑姑（即新娘）的手交给姑爷，男方给女方打着雨伞，扶着新娘走下小船，接亲的船队在鞭炮声中返回男方的船上。

第八步，拜堂。新郎的家人早已经在自家船上等候。小姑把新娘扶上船，第一个仪式是拜堂。新郎、新娘跪在高堂前承诺心愿。完毕后给列祖列宗上香叩拜。第二个仪式是敬茶。新郎、新娘给爷爷奶奶、爸爸妈妈、叔公老大敬茶致意。第三个仪式是洗脸。新婚的第二天早晨新娘用温水泡湿毛巾递给爷爷奶奶洗脸，延续三天表示孝敬。

第九步，回面。新婚第三天新婚夫妇回娘家，疍民叫"回面"。"回面"一般要拿一对鸡、两瓶酒、有两条排骨的猪肉、两斤糖、两种水果、两斤鲜槟榔。"两"字为夫妇成双成对回娘家,寓意吉祥如意。

疍民的传统婚礼习俗虽然有些烦琐,但反映着疍家人独特的风俗习惯。从"问亲"到"回面",既有对上天的敬重,也有父母的谨慎,还有儿女的孝敬;而第六步"叹家姐",更是体现出了家庭之间那种相亲相爱,互相体谅,互相祝福的传统美德,比如《婚嘱》:

(新娘)家兄咦!家咦请哥前来又带我家兄,哥咦我哥无带妹姑无行,家兄咦我姑返身,叫哥你无返家兄,家咦,妹姑逆天同地无养爹娘。

(大哥)姑娘呀小家咦,妹姑出街无用此强姑娘,姑咦!又等我哥行前手带姑娘。姑娘呀小家咦!姑咦咐嘱嘱兵啊,嘱咐你姑娘,妹咦嘱咐妹姑你爹你娘有乜大妨小事,公婆返来。

(大嫂)姑娘小家,姑咦你爹金笔书写,嫁姑远路"姑娘"姑咦!卖断江隔河无驾路回。

(新娘)家兄咦!哥咦你巡山河朝里人养家兄,哥咦你照韦你排下子养爹娘。家兄咦!家咦你早买半斤,晚买四两家兄,家咦你早鱼晚肉照顾爹娘。

在信仰方面,海南疍民的核心信仰是祖宗崇拜,因此清明节对疍民来说是非常重要的节日。另外,疍民还有妈祖信仰、五龙公信仰、神山爷爷信仰等,现在陵水一带的疍民,也有信仰基督教的。[1]

咸水歌被誉为疍家人的精神食粮,"有咸水的地方就有咸水歌"。2009 年,"疍歌"被列入海南省省级非物质文化遗产名录,2021 年被列为国家级非物质文化遗产名录。据省级传承人梁云志介绍说,以前每到过年等重大节日,疍民都会聚集到一起举行咸水歌比赛。当时,人们的生活条件还比较差,看疍民唱咸水歌成为沿岸老百姓的一大盛事。很多百姓都

---

[1] 有关海南疍民的信仰,详见本书第四章。

会拿一些自家吃的、用的物品赠送给疍家渔民,以表达对疍家人的友好和谢意。

咸水歌比赛的场面是极为壮观的,所唱歌曲也丰富多彩,既有《拿起橹来又唱歌》《七月南流好扛鱼》《拉地网》《拖网劳作》这样的生活歌,也有《哥妹结成双》《相送十里坡》《水路情长》《妹妹想哥夜梦长》的情歌;既有《祖先漂泊到海南》《渔村男女爱唱歌》《改革开放好》《我是一个疍家人》这样的新时代歌曲,也有《十谏才郎》《十谏女娘》《水仙花》《十送情歌》《咕哩美》《白发齐头》《望夫归》等传统的咸水歌。自从疍歌被列入海南省非物质文化遗产名录后,三亚市分别于 2011 年、2013 年、2015 年举办了三次咸水歌比赛,这些赛事不仅丰富了疍家人的生活,也使得他们团结在一起,形成巨大的凝聚力。

中国有句民谚"靠山吃山,靠海吃海",疍民的生活具有明显的海洋特征。在食材结构上,以水产品为主。[1]《赤雅》记载疍民"捕鱼而食",[2] 唐代刘恂《岭表录异》:"海夷卢亭,往往以斧楔取壳,烧以烈火,蚝即启房,挑取其肉,贮以小竹筐,赴圩市以易酒。(原注"卢亭好酒,以蚝肉换酒也"。)肉大者,腌为炙;小者,炒食。肉中有滋味,食之即能壅肠胃。"[3] 还说:"卢亭者,卢循背据广州,既败,余党奔入海岛野居,唯食蚝蛎,垒壳为墙壁。""黑蚬""黄蚬"也是疍家人的食物。"疍女率于黑沙泥处取之。贫者以为蔬,然味不如白蚬"。[4]《粤中见闻·物部》"蛋人耙取煮之,出其肉以售于市"。[5]《(雍正)广西通志》[6] 也有相似的记载。

疍民以捕捞为主要生计方式,捕捞所得的水产品拿到岸上集市出售,或者与岸上居民交换大米,如"合浦郡不产谷物,而海出珍宝,贸籴粮食",

---

1 吴水田、陈平平:《岭南疍民饮食文化及其旅游开发初探》,《商业经济》2014 年第 12 期,第 11 页。
2 〔明〕邝露著,蓝鸿恩考释:《赤雅考释》,南宁:广西民族出版社 1995 年版,第 52 页。
3 〔唐〕刘恂著,商壁、潘博校:《岭表录异校补》,南宁:广西民族出版社 1988 年版,第 169 页。
4 〔清〕屈大均著,李育中等注:《广东新语注》,广州:广东人民出版社 1991 年版,第 511 页。
5 〔清〕范端昂撰,汤志岳校注:《粤中见闻》,广州:广东高等教育出版社 1988 年版,第 373 页。
6 〔清〕胡虔纂,〔清〕谢启昆修:《广西通志》,南宁:广西人民出版社 1988 年版。

"无有农田,百姓以珠易米"。[1] 这种饮食习俗一直沿袭到现在。笔者在调查中发现,目前的疍民仍然以大米和水产品为主食。

由于长年累月生活在船上,柴火短缺成为主要问题。为了解决温饱问题和节约燃料,疍民养成了生吃腌制鱼虾的饮食习惯。宋朝范成大在《桂海虞衡志》中记载疍民:"采海物为生,且生食之。"[2] 清朝屈大均在《广东新语》中记载疍民:"妇女皆嗜生鱼。"[3] 现在许多地方的疍民仍然保留食用腌制生蚝、小鱼、海虾、濑尿虾的习俗。

据三亚疍家文化陈列馆的相关负责人介绍,疍民有较强的食补观念,口味偏重甜、甜酸和淡。其原因是疍民长期生活在大海上,由于海水是咸的,对疍民身心都有一定的影响。因此疍民喜欢喝一些甜汤帮助协调身心平衡。另外,疍民吃海鲜喜欢原汁原味,最常见最简单的饮食方法,就是将刚刚捕捞上来的海鲜经过简单的处理,放在滚烫的热水稍煮一下,便捞出配以酱料蘸着食用。长期的海上漂泊再加上居住环境的潮湿,疍民身体易被寒气和潮气侵入,易患风湿等病。疍民就用海马、海参、海蛇等来泡酒饮用,不仅可以预防治疗风湿,同时也能提高身体的免疫机能,并形成了独特的"疍家酒文化"。据疍民老人介绍,相传南北朝时期,冼夫人率兵平定广州刺史叛乱,广东疍民奉酒助威,将士们喝了疍民献上的酒之后,作战非常勇猛。战后众兵纷纷询问:"何酒如神?"冼夫人脱口而出"疍家酒"。从此,疍家酒就流传下来。此外,海南疍民还喜欢绿色小食,采摘植物叶子和米一起磨,制作各种小食,有清热解毒、避暑、润肺、解疲提神等功效。[4] 下面简要介绍一下疍家菜肴与小吃:

---

[1] 帅立国等主编,北海市地方志编纂委员会编:《北海市志》,南宁:广西人民出版社2002年版,第784页。
[2] 吴永章:《异物志辑佚校注》,广州:广东人民出版社2010年版,第210页。
[3] 〔清〕屈大均著,李育中、邓光礼等注:《广东新语注》,广州:广东人民出版社1991年版,第431页。
[4] 郑石喜:《疍家岁月》(内部资料),三亚疍家文化陈列馆2015年版,第183页。

九花草叶	九花草汁	九花草粑
九花草粑汤	甘草叶	月子姜
白碟叶糕	马鲛鱼丸	马鲛鱼饼

（三亚疍家文化陈列馆提供照片）

对疍民而言，"船便是家，家便是船"。历史上的疍民在陆地是没有房子的。新中国成立后，一部分疍民开始上岸定居，他们先是在岸上搭建一种充满疍民风格特色的简易的"疍家棚"[1]，现在这种简易的"疍家棚"已经不见了，疍家人大都建起了楼房。他们的楼房也很有特色，一般都比较狭窄深长，远远看起来好像船的样子，有人称为船屋。疍家船屋深深打上了海洋的烙印。

---

[1] "疍家棚"一般是把一些破旧废弃的船板拆掉，搭作棚楼墙，用一些结实的木头打桩，楼板也是用旧船板铺建，棚顶用竹瓦或者毛毡盖住，棚底一般距离地面有两三米。棚内一般有休息的卧室和会客用的正厅，正厅开有小窗户用来通风。

以舟为宅、以渔为业的疍家,形成了与陆居的汉族完全不同的另类社会。在千百年的历史进程中,疍民顽强地保持了他们的文化特点。疍家的存在与中国的内河航运、河海生态、渔业经济、渔获贸易、华南地区移民等问题都是有密切联系的。[1]

---

[1] 周伟民、唐玲玲:《倡议建立一门独立学科——"疍家学"》,詹长智主编:《海南疍家文化论丛——首届三亚疍家文化论坛文集》,海口:南方出版社 2015 年版,第 3 页。

第二章　历代海南疍民对南海诸岛的开发经营

海南疍民长期栖居于大海之上，他们不仅在附近海域进行作业生产，还世代远洋南海，在西沙群岛、中沙群岛和南沙群岛留下了自己的印迹。海南疍民在历史上地位低贱，生产力不够先进，再加上南海诸岛风流暗涌，处处充满危险，但他们依然用海洋赋予的智慧、勇气和冒险精神，根据长期海上生活的经验和实践，创造出适合于南海作业生产的独有的民间航海技术。海南疍民在南海开辟出多条航线，摸索出渔场资源的区域，并在此开展生产活动，在对外贸易中也占有一席之地。

第一节　海南疍民的南海航行技术

一、造船与航海技术

我国南海诸岛海域被视为最危险的海域之一，不仅暗礁众多、风大浪高，更是事故多发。如果没有适合南海的造船技术和航海技术，是很难在如此辽阔的海域有生存之地的。海南疍民历代在西沙群岛、中沙群岛和南沙群岛开发经营南海，就是凭借他们独有的造船和航行技术。海南疍民去往南海的船只大致经历了风帆船时代、机帆船时代和现代化渔船时代。

（一）风帆船时代

在明代，海南的民间造船技术开始朝两个方向发展。一方面是保持原有的技术水平来维持造船工艺，如屈大均在《广东新语》中记载的藤埠船："琼船之小者，不油灰，不钉锴，概以藤扎板缝，周身如之。海水自罅漏而入，喷喷有声，以大斗日夜戽之，斯无沉溺之患。其船头尖尾大，形如母鸡。遇飓风随浪沉浮，以船有巨木为脊，底圆而尖，故能出没波涛也。苏轼云：'蕃人舟不用铁钉，止以桄榔须缚之，以橄榄糖泥之，泥干甚坚，入水如漆。'盖自古而然云。"[1] 这种船的外形设计"头尖尾大"，主体结构以"巨木为脊"，造船不用钉子，而以桄榔须进行捆绑，以橄榄糖进行粘连，这种独特的造船工艺被认为是因"南海多磁石，所以海船不用铁钉而避其吸"。[2] 这表明，在明代的时候，海南民众就因地取材，用自己的智慧建造的藤埠船可以乘风破浪、出没波涛。

另一方面，在动力设计上，海南疍民用帆布代替桨，充分利用大自然的力量，大大提升了渔船在深海航行的速度，体现出一定的时代进步性。据《道光琼州府志》记载："渔船于诸船中，制至小、材至简、工至约，而其用为至重。何也？以之出海，每载三人，一人执布帆，一人执桨，一人执鸟铳。布帆轻捷，无垫没之虞，易进易退，随波上下。"[3] 这表明，人们开始将风力系统应用在民间造船的工艺上。

在风帆船航行时代，民间的造船技术未被重视，在史料中难寻踪迹。再加上明朝的海禁制度和清朝的闭关锁国政策，导致民间的造船业一落千丈。顺治十三年（1656 年），朝廷"严禁商民船只私自出海，有将一切粮食货物等项与逆贼（指郑成功）贸易者，不论官民，俱行奏闻正法，货物入官，家产尽给告发之人。其该管地方文武各官不行盘诘擒缉者，皆革职，

---

1 〔清〕屈大均著，李育中、邓光礼等注：《广东新语注》，广州：广东人民出版社 1991 年版，第 483 页。
2 陈希育：《中国帆船与海外贸易》，厦门：厦门大学出版社 1991 年版，第 111 页。
3 〔清〕张岳崧纂，〔清〕明谊修：《道光琼州府志》，海口：海南出版社 2006 年版，第 408 页。

从重治罪。地方保甲通同容隐,不行举首者,皆论死。"[1]

直到清朝乾隆年间,海禁政策解除,海南渔民重新开始在南海诸岛生产作业。按照朝廷规定,粤帮船只的船头涂成红色称为"红头船",闽帮船只的船头涂成青色称为"青头船"。当时的海南隶属于广东,所以,海南的渔船基本都是"红头船"。虽然目前没有史料证明疍民在明清时期去往南海海域作业,但是在笔者环岛调研的过程中,通过疍民后代口述的方式,侧面证明了至少在清朝末年的时候疍民已经在开发经营南海了。陵水新村的郭世荣老人出生于1949年,他是地地道道的疍家人。"我在17岁的时候已经到过西沙,20世纪60年代,我每年都会随着船队去西沙和中沙捕鱼,这个传统是从我爷爷那一辈就流传下来的。"[2] 从此处推算,至少在清朝末年海南的疍民已经在西沙和中沙海域作业。

在风帆船时代,海南疍民的渔船有大帆船、小帆船和小舢板等。由于当时航海技术较为落后,单靠自然风力无法到达太远的地方,这一时期海南的疍民基本是在西沙群岛和中沙群岛的各个岛礁进行作业生产,较少前往南沙海域。据疍民后代[3]的口述,爷爷一辈去往西沙的渔船载重一般在20吨左右,最大的是30吨。海南疍民的渔船一般规模较小,这不仅是为了灵活躲避海盗船的袭击,也是为了适应在南海礁石星罗棋布的海域开展生产。由此可见,"船只的建造和使用与海洋环境关系密切,换而言之,渔民的造船知识以及地区的造船文化是适应海洋环境的结果"。[4]

海南陵水疍民风帆船用的是三桅帆,分为主帆、头帆和尾帆。主帆尺寸面积较大,在驶风中起重要作用;头帆在船头位置悬挂,尺寸仅次于主帆,既增加受风面积,又可降低风压中心,调整风压中心位置,以提高航速、

---

1 《清世祖实录》第3册,北京:中华书局1985年版,第789页。
2 笔者根据陵水新村疍民郭世荣口述整理。
3 笔者采访的疍民后代,基本都是70岁、80岁左右的老人。
4 王利兵:《作为网络的南海——南海渔民跨海流动的历史考察》,《云南师范大学学报(哲学社会科学版)》2018年第4期,第36—46页。

保持稳定性和灵活转向，遇到大风的时候可以降下主帆，只用头帆，以保持安全航海；尾帆是悬挂于帆船尾部，尺寸比主帆和头帆尺寸小得多，除了配合主帆和头帆以增加受力面积，还能配合操舵，控制航行方面。另外，帆船上会配上 4 只小舢板，主要用于四角围网作业。

1949 年前疍家人使用的最大的风帆船，载重 30 吨（三亚疍家文化陈列馆提供）

20 世纪 40 年代扬帆出海的翘尾拖风船（三亚疍家文化陈列馆提供）

20 世纪 60 年代扬帆出海的疍家渔船（三亚疍家文化陈列馆提供）

风帆时代的南海行船是海南疍民海上实践和智慧的结晶，他们劈波斩浪，不畏艰险。虽然海南疍民的风帆船和老船长一起消失在历史岁月中，也未曾在典籍中有记录，但我们从后代人的口述中依然能够感受到，这片海域曾经满足了他们的物质生活需求，历代疍民对南海的热爱与守候，更是一种家园意识的归属感。

（二）机帆船时代

风帆船时代是纯粹依靠自然风力作动力的，而机帆船就是在帆船上安装机器以提供动力。相对于纯粹依靠风力远航的风帆船，机帆船的使用，对疍民来说，是一种极大的进步。有风的时候，机帆船可以借助风力扬帆远行；没有风的时候，可以开动机器行驶，这大大提升了船的行驶速度。有史料记载："从 20 世纪 50 年代中叶开始，广东省水产厅技术科着手在风帆船的基础上改用机帆船，并在珠江口一带首先推行试用。渔用机械化的动力设备，大大提高了生产效率和安全性，特别是在中深海作业。60 年代随着灯光渔业的兴起，机械化发展步伐加快，机械化的渔船已成为海洋捕捞业的主力。"[1]

1927年,陵水新村的疍民开始制造风帆船,借助自然风力航行在海面。由于风帆船规模比较小,虽然可以远洋捕鱼,但是风浪大,路途遥远,远洋常常要漂泊很久才能回来。1958年,陵水新村为了响应国家号召搞机械化,花重金买了两条机帆船,但是没有人懂得开船的技术,停在港口,最终被台风打坏。陵水新村的郭世荣老人曾经作为机帆船讲解员,为疍民们传授开船技巧。由于当时的柴油价格比较贵,再加上机帆船的技术还不够成熟,海南疍民在很长一段时间内是机帆船和风帆船并用的,这种现象直到20世纪70年代以后才逐渐消失并完全使用机帆船。

笔者在调研中发现,海南疍民也会参与到建造渔船的工程中来,他们

20世纪70年代至80年代海南疍家人最早使用的第一代机拖渔船,马力配置120至135匹,两船组合作业(三亚疍家文化陈列馆提供)

---

[1] 夏章英:《南沙群岛渔业史》,北京:海洋出版社2011年版,第126页。

20世纪90年代至2000年海南疍家人使用的第二代机拖渔船,马力配置350至550匹,两船组合作业,也可以单拖作业,是当时比较先进的渔船(三亚疍家文化陈列馆提供)

完全是凭借在南海的航海经验以及南海的海况而建造不同尺寸的渔船。制造船的材料因地制宜,他们会选择海南土生土长的优质木材,如海棠木、荔枝木等,因为渔船常年浸泡在海水中,所以对于船木的要求就比较高,必须能够经得起海水的侵蚀,还要结实耐用。船木之间采用榫合钉接法,将各个船板之间结实地连接在一起,精工细作的捻缝工艺保障了船舱的水密性。另外,船型还要够宽,这样才能吃水较深,

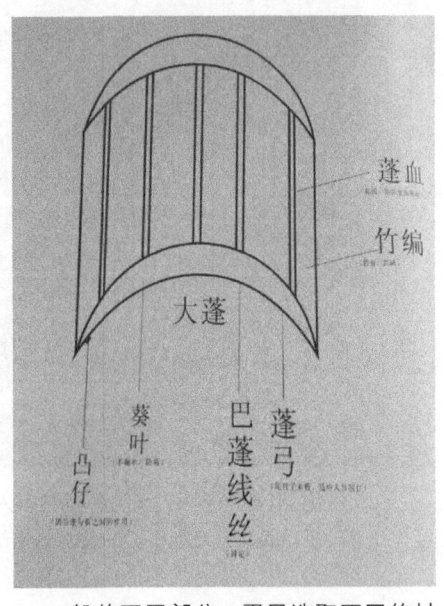

船的不同部分,疍民选取不同的材料制作(三亚疍家文化陈列馆提供)

承重较大，有更好的航行能力和续航力。

　　三亚疍民张发结如今已近 80 岁高龄，他不仅有一身捕鱼的好本领，还有一手好的造船与修船的技术，张发结曾经先后在渔港大队和南海大队造船厂参与渔船的建造和维修。"我看传统的尖底渔船行驶过程不够平稳，便尝试着加宽船底，渔船的速度虽然降低了，但在行驶过程中却更加平稳，承重力也更强了。渔船的钉子和船木之间经过雨水的浸泡和长期的磨损，会容易进水，我就想到把麻布套上钉子再钉进船木，这样就减少了钉子和船木之间的互相摩擦。"[1]

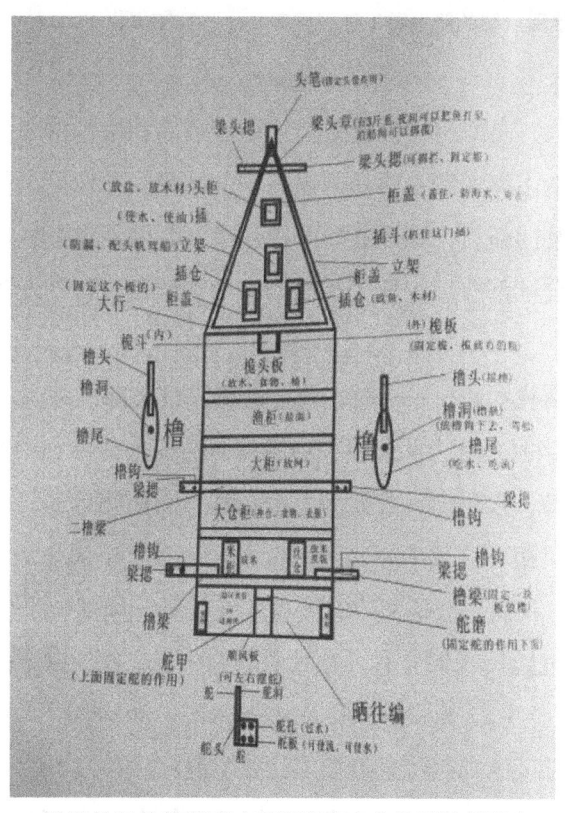

疍民绘制的船型图（三亚疍家文化陈列馆提供）

---

[1] 笔者根据三亚疍民张发结口述整理。

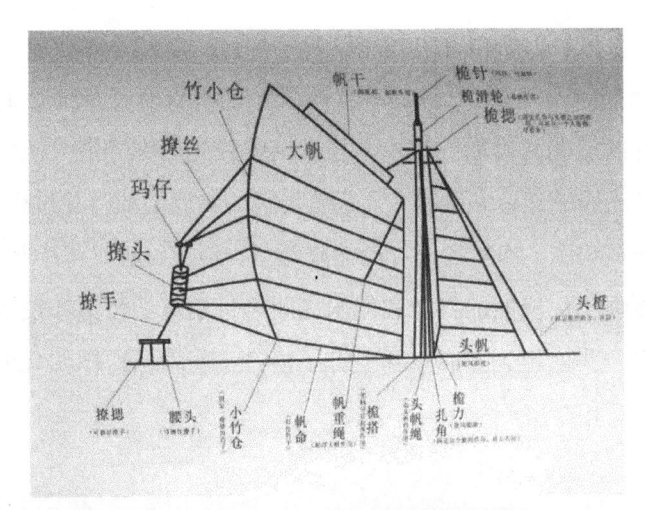

疍民绘制的船型图（三亚疍家文化陈列馆提供）

机帆船时代，是海南疍民密集前往西沙群岛和中沙群岛生产作业的时期，这一时期的南海实践主要是国家意识的结果。在海南文昌县铺前镇铺渔公社、陵水县的新村公社和赤岭公社、昌江县的新港公社以及崖县的鱼雷公社和南海公社都有组织地去往西沙和中沙群岛进行作业生产，建设西沙，守卫边疆。

笔者在海南陵水新村采访时，当地的疍民精英郭世荣说："在1965—1972年期间，当时公社大队每年都会组织队员前去西沙和中沙，去得最多的地方是永兴岛、永乐岛、甘泉岛、浪花礁、明德礁等岛屿。当时我们一般会选择在大年初一这天出海，因为疍家人认为大年初一是吉日，在这天出海会有好运。我们一般是大约农历八月份回来，因为八月份风浪比较大，出海作业会有危险。我们会有公社社长亲自带队，6条以上的船，每条船有13—15人，船约23米长，7米宽，2.5米高，80吨重。"[1]

三亚藤海社区的郑用清老船长（已故）说："1972年，我带领6艘渔船（后海大队2艘、榆港大队4艘）前往西沙海域生产，每艘船10余人，

---

1 笔者根据陵水新村疍民郭世荣口述整理。

船员一般是大队里精挑细选的年轻力壮、没有小孩需要照顾、有知识、有技术的人。当时的船还是木制机帆船,重量大约70吨,长约30米,宽约4.5米,高约8米,从万宁的大洲岛出发航行30多个小时到达西沙。"[1]

陵水新村的老船长梁宁海出生于1949年,也曾数次带领疍家渔民去往西沙:"我16岁的时候就随海燕大队的两艘机帆船去西沙捕鱼。海燕大队派往西沙的渔船有120马力,在当时已经算是规模比较大的渔船了。1980年大队的集体船还没有解散,海燕大队派出两条20马力的小船再去西沙开发渔业资源。一条船上11人,另一条船上10人。那时我已经是船长了,从新村港到永兴岛共行驶36小时。"[2]

在机帆船时代,从文昌县的清澜港、陵水县的新村港、崖县的三亚港等港口出发到达永兴岛一般需要30多个小时。这时船上的秩序分工更加明确,有船长、轮机长、火表、伙夫、小工等。船长一般都会选择在公社威信高和航海经验丰富的人,船长必须能够眼观六路、耳听八方,能够应急处理一些突发事件,比如应对海浪和台风;轮机长专门负责维修机船,这很考验一个人的维修技术;火表专门负责罗盘,把握渔船的行驶方向;伙夫主要负责船员的吃饭问题,也会帮忙杀鱼腌鱼,伙夫往往都是已婚的疍家女性;小工需要的是青壮劳力,劳作任务最重。"每条船上有18人左右,船长负责开船,队长负责指挥,会计负责计算工分,女人负责煮饭,轮机长负责管理机器,船上的水手是在大队里遴选的思想好、年轻力壮、捕鱼技术比较好的男性。每条机船上还会带4条小木船,用以四角围网的方式作业。"[3]

在机帆船时代,渔船的航行速度大大提升,行船的安全性也更加有保障。在20世纪50年代至80年代期间,海南的疍民以公社集体的行为有组织地去往西沙、中沙等海域进行作业生产、守卫岛屿、建设西沙,对开

---

[1] 笔者根据三亚疍民郑用清口述整理。
[2] 笔者根据陵水新村疍民梁宁海口述整理。
[3] 笔者根据陵水疍民梁宁海口述整理。

发经营南海作了重大贡献。

（三）现代化渔船时代

改革开放40多年以来，中国已经成为造船大国，造船技术也遥遥领先。在这一背景之下，海南疍民的渔船也开始实现现代化，机器动力马力加大，机船上的风帆被去掉，从此机帆船很难再见其踪迹。现代化渔船上有先进的卫星导航系统可以准确显示出目的地的位置，所处位置的经纬度也一目了然，速度和距离目的地海里及航行时间都能清楚显示。在卫星导航系统旁边还有雷达系统，可以准确发现前后左右24海里内有无障碍物，这在大雾、风雨等恶劣天气下显得尤为可贵。另外，还有水深仪保证船只不会搁浅，火灾报警器可以保证行船安全。一些钢制的先进渔船还会有AIS船舶自动识别系统，可以识别其他船只的行驶速度、长度、宽度等相关信息。

目前，现代化渔船主要有木制渔船、铁制渔船和钢制渔船，不同材质、不同规模的渔船价格也是相差甚远。造船技术的进步大大提升了行驶的速度，先进的现代化设备也让海上航行变得更加安全，这为海南疍民去往南海作业生产提供了便利条件。

自20世纪90年代起，一些疍家人借着改革开放的春风，凭借着自己的努力和勤劳逐渐走上了富裕的道路，他们决定自己造大船、闯深海。2011年，陵水新村疍民郭科清有了一定的积蓄，花20多万元造了一艘15米长、240马力的铁船。从2012年开始，每年过完春节，郭科清就会开船带着妻子、两个儿子和一名请的工人去永兴岛钓鱼，至2018年已经去了六次。"每次去永兴岛的时间是计算好的，下午5时从陵水的新村港出发，第二天早上6时到达110海里处的江道停锚让机器和人都休息一下。然后上午11时出发，下午6时到达距江道55海里的永兴岛。"[1]

三亚藤海社区的梁进勇夫妇于2006年四次前往西沙和中沙各个岛屿

---

[1] 笔者根据陵水新村疍民郭科清口述整理。

去捕鱼。梁进勇是船长，妻子郑雪英负责煮饭。梁进勇说："我们的船队共有 16 艘，都是 140 吨位的大铁船，船上有十几个小房间，每个船上有十几个人，我们带冰过去，一般两三天收获满鱼就返航。我们也会去中沙捕鱼，西沙到中沙有 85 海里，一天的路程就能到达。"[1]

三亚南边海社区疍民林李金是当地的船老大，2011 年他自筹资金并向国家贷款，在临高花了 400 多万元打造了一艘钢制船"琼三亚 11181 号"。这艘渔船船身采用全钢打造，吨位为 280 吨，船身长 41 米，宽 6.5 米，功率 540 匹，是当时三亚渔民功率、吨位最大的一艘渔船。林李金还投入了 40 万元配置了相关的制冷设备、大围网和 400 套灯具和钓具。这艘大船的建成，在三亚的渔业生产上也具有重要的意义，也标志着三亚渔业生产逐渐由传统式粗放型向现代化产业型的转变，渔业捕捞由近海向深海开拓，进一步响应和落实了三亚市委、市政府提出"造大船、闯深海、捕大鱼、赚大钱"的远海捕捞战略目标。

在现代化渔船时代，海南疍民去往南沙诸岛变得容易了许多。就在 2012 年 7 月 12 日，三亚市政府组织 30 艘钢制渔船，组成 2 个编队 6 个小组开赴南沙渔场开展捕捞生产活动。三亚疍民郑石喜担任渔船编队临时党支部书记兼副总指挥，疍民梁亚排担任副总指挥，南边海社区疍民林鸿旗、林李金、石水德、梁符带等人担任船长，历时 18 天，航程 1600 多公里，这成为海南历史上规模最大的捕捞活动。

据了解，2012 年前往南沙捕捞的 30 艘渔船中，有 1 艘是三亚福港水产公司 3000 吨的综合补给船，主要为捕捞船队提供油、水、冰、鱼货收购等服务，兼负指挥船职能；其他 29 艘是 140 吨以上的钢制船，其中三亚海榆渔业专业合作社 19 艘、三亚榆丰渔民专业合作社 10 艘。"船上有四种通信设备——对讲机、单边带、卫星电话和北斗星。对讲机在海上使用的范围有 100 海里；单边带在半个地球都可以收到信号；卫星电话全球

---

[1] 笔者根据三亚疍民梁进勇夫妇口述整理。

范围都可以通话，每分钟 2 元；北斗星还可以发送 32 个字以内的短信。"[1] 三亚疍民在中国的三沙渔场大规模开展生产作业，鲜艳的五星红旗飘扬在永暑礁、美济礁和渚碧礁等海域，用他们的实际行动捍卫了国家主权，维护了国家海洋权益。

整装待发去往南沙的三亚渔船（三亚疍家文化陈列馆提供）

风帆船时代、机帆船时代和现代化渔船时代分别代表了海南疍民在不同时期对南海诸岛的开发经营，从造船与航海技术不成熟阶段，到使用先进的卫星导航和雷达设备，海南疍民从未停止过探索自己祖宗海域的脚步。

二、罗盘与海图的使用

南海诸岛海域辽阔、物产丰富，但风大浪高，常有台风出没，在此海域生产作业极具危险性。海南疍民除了要熟悉南海的自然、地理和气象等

---

[1] 笔者根据网站对三亚疍民林谋英采访的新闻整理。

知识外，在航行过程中还必须能够熟练使用罗盘和航海图，只有这样才能尽力克服大自然威力所带来的灾害，从而保证在这片海域进行正常的捕捞作业。

（一）罗盘的使用

罗盘又称指南针，是我国古代著名的四大发明之一，为世界海洋文明的发展作了重大贡献。我国古代的罗盘一般分为两种，一种是用于风水占卜，战国时期的"司南"是最早的风水罗盘；另外一种是用于海上指向的罗盘，最早可以追溯到北宋的航海罗盘。航海罗盘的出现，让人们可以在茫茫大海之上辨认方向，是我国在航海技术上的独特发明。

我国人们将罗盘用于航海的时间较早。北宋时期，地理学家朱彧记载了当时的航海技术："舟师识地理，夜则观星，昼则观日，阴晦则观指南针。"[1]到了南宋时期，舟师已经将指南针用于我国的南海诸岛航海，如南宋初人赵汝适在《诸蕃志》中记载：海南"南对占城，西望真腊，东则千里长沙、万里石床，渺茫无际，天水一色。舟舶来往，惟以指南针为则，昼夜守视唯谨，毫厘之差，生死系焉"。[2]在南宋时期已经有了和近代类似的罗盘，吴自牧在《梦粱录》中记载："风雨冥晦时，惟凭针盘而行，乃火长掌之，毫厘不敢差误，盖一舟人命所系也。"[3]这个由所谓"火长"掌握的"针盘"，就是将指南针放置在盘中，故称"罗盘"，这是典籍中对航海罗盘的最早记载。从这些记载中可知指南针对于航海的重要性，不可有毫厘之差，这是关乎一船人性命的大事。之后，明初的巩珍又说："斫木为盘，书刻干支之字，浮针于水，指向行舟"，[4]这表明，在明朝初年的时候，罗盘的材质是木制，围绕周刻着天干地支的字样，并且是水罗盘，为船指明航行方向。

---

1 〔宋〕朱彧著，李伟国点校：《萍州可谈》卷二《甲令》，北京：中华书局2007年版，第133页。
2 〔宋〕赵汝适著，杨博文校释：《诸蕃志校释》，北京：中华书局1996年版，第216页。
3 〔宋〕吴自牧：《梦粱录》卷十二《江海船舰》，杭州：浙江人民出版社1980年版，第111—112页。
4 〔明〕巩珍著，向达校注：《西洋番国志》，北京：中华书局2012年版，第5页。

笔者在调研中发现，海南疍民的罗盘在不同时期大致有木制罗盘、铁制罗盘、铜制罗盘、塑料罗盘四种。早期的罗盘一般采取木制，近代的罗盘以铜制罗盘和塑料罗盘为主。

三亚疍民咸水歌传承人周学杰祖父留下的遗物，木制罗盘，口径8cm，高4cm（笔者摄）

三亚疍民海螺姑娘传承人杨军祖父留下的遗物，口径11cm，高4cm。为清末的木制罗盘，距今已有100多年的历史（笔者摄）

第二章　历代海南疍民对南海诸岛的开发经营　　67

陵水新村疍民郭世荣曾经使用过的铜制罗盘，于20世纪90年代购于香港。郭世荣如数家珍般讲到罗盘的使用方法："先在海图上找出始发地到目的地之间行驶所需的度数，把指南针的指针指向要求的度数，把红绳置于罗盘之上，并和罗盘上的度数保持重合，这时候可以把红绳固定下来。在行驶过程中，如果指针偏离了红绳，就说明船开偏了，这时候就需要调整船的行驶方向，一直保持红绳和指针方向的重合。"

笔者于三亚藤海社区收集的塑料罗盘，口径12cm，高6cm。塑料罗盘制作没有那么精美，但是价格便宜，所以在20世纪50年代至70年代是疍家渔船的必备之物

海南疍民去往南海诸岛路途遥远，在渺茫无际的大海上，船长和火表必须紧紧盯着罗盘，一旦偏离航向，不仅会迷失方向，还会进入不熟悉的路线，碰到暗礁或者急流，整个船员的生命都会遭遇危险。所以，海南疍民在去南海海域的时候，船上至少会准备三只罗盘：一只罗盘悬挂于船头，子午线对准船的中轴线；一只罗盘由火表掌管；另外一只罗盘船长用。在南沙群岛中，丑未（渚碧礁）、西头乙辛（日积礁）和东头乙辛（蓬勃暗沙）这三个岛礁就是用罗盘方位命名。由此可见，罗盘在航海中的重要作用。

（二）航海图

航海罗盘和航海图结合使用，是我国古代渔民常常使用的航海技术。据刘义杰先生的考证，南宋时期，我国的南方海区是主要的航海活动区域，也是我国最早出现航海图的海区。大约从南宋时期，我国文献开始将海上航路称为"海道"，将绘制有海道的航海图称作"海道图"，[1] 我国出现航海图，"当在徐兢航海之后"[2]。到了明朝，我国渔民使用航海图已经非常成熟和普遍。

海南疍民在南海海域生产作业时，不仅要随身携带罗盘，还要和航海图相互对照验证，以保障航行方向的准确和安全。笔者在调研中发现，海南疍民的老船长手里几乎人人都珍藏着去往南海诸岛的海图，少则几幅，多则十几幅，这些海图都珍藏完好。去往南海海域的海图最早的是清朝末年，但目前可见到的几乎都是现代的海图，主要有以下三类：

1. 国外绘制的海图

这一类型的海图通常是海南疍民祖辈在东南亚或者中国香港、澳门一带经商时候买回来的，有清光绪年间英国印制的，还有日本编修的南海群岛海图。这些海图现在很多已经遗失，很难再见其真迹，一是因为"文化

---

[1] 刘义杰：《山形水势图说》，《国家航海》2015年第1期，第88—111页。
[2] 刘义杰：《山形水势图说》，《国家航海》2015年第1期，第88—111页。

大革命"中被烧毁；二是由于海南台风很多，在台风中被毁坏；再有就是疍民在从海上逐渐向岸上几次搬家的过程中遗失。笔者有幸找到三幅外国海图，据持有者讲，这是他们前往新加坡的时候买的。

2. 疍民自己绘制的海图

这种海图比较简单，就是疍民根据自己的航海实践经验，在纸上画出从一个岛屿到另一个岛屿的路线，并且用疍家俗语标注的一些岛礁的名称，比如"干豆""大圈""筐里""三足"等。

笔者在采访过程中发现，那些常去西沙、中沙和南沙群岛的老船长都能在当场画出一些航海线路图，并且对岛礁的名字、方向，以及哪里有暗礁、哪里有急流都非常熟悉。譬如，笔者在采访陵水赤岭村的梁华欢老船长、三亚的梁清光老船长及文昌铺渔村的冯文和等人时，虽然他们都是 80 多岁的老人了，但他们对自己曾经的海上生活依然记忆深刻。从陵水新村港到永乐群岛，途经北礁岛，从永乐到白沙仔岛停锚，然后从白沙仔到南沙铁礁……他们会一边画出这些线路，一边讲起曾经发生在这里的故事。还有海南疍民民兵于 20 世纪 70 年代响应国家号召去西沙驻岛，由于长期在那里生活，他们也都能熟练地画出一些岛礁的位置。比如三亚疍民黄桂忠于 1973 年在西沙群岛负责交通运输，被国家授予西沙自卫反击战三等功。他每天晚上就睡在交通艇上，每天要往返很多次，他熟悉这里的每一个岛礁就像熟悉自己的家一样。笔者在采访黄桂忠的过程中，每讲出一个岛礁，他就能信手画出这些岛礁的位置。

3. 中国政府提供的海图

中华人民共和国成立后，我国政府为了保证渔民能够在南海诸岛顺利地开展生产作业，给各级公社提供了由"中国人民解放军司令部航海保证部"印制的海图，公社再分发给各个渔业大队，渔业大队再把海图分给船队的负责人船长。所以，在 20 世纪五六十年代，船长家里一般都会有海图。

笔者在走访疍民聚居区期间，发现陵水新村疍民郭世荣家里有珍藏的《中国沿海航路图集》（1988 年版）；三亚疍民石水德是一名老船长了，曾经数次去过西沙、中沙和南沙群岛，家里珍藏有 8 幅海图，分别为《中沙东部渔场》《西中沙渔场》《西沙渔场》《南沙东北部渔场》《南海北部渔场》《西沙西部渔场》《中沙群岛》《南沙台风位置》；三亚疍民李成跃如今已经 80 多岁，是一名经验丰富的老船长，曾经去过南海诸岛，还去过东南亚一带的新加坡等地，香港、澳门也常去，家里珍藏了 1 幅政府下发的海图《南海西北部》。

在大海中航行就像是在黑暗中前行一样充满了危险，海图的出现让未知神秘的海域变成了人们赖以生存的蔚蓝星球。海南疍民与航海图相伴的一次次在南海的探索之旅，悄悄地书写着疍民开发经营南海的历史。海图是海上安全航行的指南，陵水疍民郭世荣老师曾和笔者详细地讲述海图的使用方法。首先找出 A、B 两地之间的直线 a，再找出直线 a 的垂直线 b，再经由海图的指南针中心作出直线 b 的垂直线 c，在指南针上显示的角度即为行驶所需的度数。

随着科学的发展，造船技术的进步，船上有了先进的卫星导航系统，指南针和航海图都逐渐退出了历史的舞台。但我们却可以窥见，海南疍家祖辈在帆船时代曾经随身携带的小小的罗盘和装满了南海大世界的航海图，它们跟随着自己的主人远至南海海域，甚至是东南亚一带，它们经历了海上劈波斩浪的日子，见证了海上的日月星辰，为维护国家权益添上了浓墨重彩的一笔。

三、海南疍民航行技术的智慧

渔船、罗盘和海图是海南疍民去往南海海域作业生产的三大航海技术，没有高超的行船技术，没有对罗盘和海图的熟练使用，就不可能到达遥远的南海诸岛。除此之外，还有一些隐性的航海技术也至关重要，比如对天文知识、地文知识、水文知识的灵活运用，更能考验一名船长的航行技术。南海海域广阔无边，海洋地理情况复杂，台风、海浪、急流、方向迷失都会给航海人带来致命的一击,所以能够利用季风和洋流,并且能准确判断出水流、水深和水速,做到眼观六路、耳听八方,这是一个合格的闯海人所必需的基本航海素养。

(一)季风

中国人早在唐代的时候就已经认识到季风对于南海的影响,唐刘恂《岭表异录》卷上中记载:"南海秋夏间,或云物惨然,则其晕如虹,长六七尺。此后,则飓风必发,故为飓母。"[1] 由此可知,航海者要去往南海领域,不仅要会观察天象而避开台风,又要认识季风的规律以助航行。

有句俗语说得好,"有风行一天,无风行一年",在帆船时代,海南疍民之所以能够在遥远辽阔的南海海域航行,主要依靠季风的力量。如果没有季风,疍民的渔船无法借助风力在海上远洋。由于南海海域属于热带海洋性季风气候,每年海南疍民依靠东北季风顺风南下出海,再借助西南季风顺风返航,有了风力的作用,风帆船和机帆船的速度几乎相同。在帆船时代,海南疍家人去南海一般选择顺风方向,这样可以缩短行程的时间。如果是逆风行驶,就比较考验船长的灵活性,要有丰富的航海经验和过硬的航海技术,由于船的行驶要和风向成45度夹角,这时候就需要成"之"字形开船,这就是"顶风折驶"的航海方法。季风航海技术的成熟,使得海南疍民每年有规律地在南海航行。

海南疍民还把季风应用到南海诸岛的命名中,他们取东北风的"东"字,把离海南岛较近的西沙群岛及其附近海域称为"东海";取东北风的"北"字,把离海南岛较远的南沙群岛及其附近海域称为"北海"。"东海"和"北海"是海南疍民对西沙群岛和南沙群岛的别称。

"每年十一二月从海南岛张帆出海,乘东北风到西沙,张罗补给一二天再乘东北风下南沙群岛作业,待到次年四五月西南季风时满载而归,已

---

[1] 孙光圻:《中国古代航海史》,北京:海洋出版社2005年版,第265页。

成定例。"[1] 据《中国海指南》记载："海南每岁有小船驶往岛上，携米粮及其他必需品，与渔民交换参贝。船于每年十二月或一月离海南，至第一次西南风起时间返。"[2]

笔者在调研中发现，海南疍民往往会选择春节前后去往南海海域进行作业生产，在四五月份返回海南，时间持续半年左右。杨大强是三亚藤海社区的老支书，他回忆说："我们一般是在刚刚过完春节的时候去西沙，这时候风向是东北季风，风向刚好适合去西沙。那时候还没有卫星导航技术，行程依靠罗盘和海图来辨认方向，路上要经历两天一夜。"[3]

陵水新村疍民梁宁海从16岁的时候已经开始去西沙了，他说："刚过完年出发，这段时间没有风浪，又是大量鱼群出没的季节。渔船从新村港出发经过六小时可到达万宁的大洲岛，再开上一天一夜便可到达西沙的永兴岛。"[4]

林鸿志是陵水赤岭的村委会书记，他在20世纪70年代响应国家号召曾两次前往西沙开发渔业资源。1984年2月，赤岭二条120马力的木机船（梁华欢船长带队）和三亚二条120马力的木机船、一条150马力的铁船再次前往西沙的永兴岛、东岛、永乐群岛和七连屿等岛屿，林鸿志做轮机长。"我们在西沙钓的鱼卖到西沙水厂，又去中沙群岛待了一个星期。中沙的水太深，鱼不多，收获也不太大，这里比较适合搞灯光围网。到了四五月份我们就返回海南岛，后半年的台风多。"[5]

陵水新村疍民郭科清说："过完春节，受季风洋流的影响，鱼类资源比较丰富，这时候的气候比较好，不会有台风。后半年台风比较多，而且渔船的补给也不能坚持太长时间。所以，每次去两个多月，到四五月份的

---

1 陈史坚：《南海诸岛地名资料汇编》，广州：广东地图出版社1987年版，第515页。
2 *China Sea Pilot*.Vol.111.1923.Western Side of the China Sea ,Singapore Strait to Hongkong,P95.
3 笔者根据三亚疍民杨大强口述整理。
4 笔者根据陵水新村疍民梁宁海口述整理。
5 笔者根据陵水赤岭疍民林鸿志口述整理。

时候就会回到新村港。"[1]

通过海南疍民的口述可以发现，季风决定着疍民的出海时间，也决定着返航时间，甚至决定着疍民捕鱼量的多少以及生命的安全。每年的1—5月份是大量鱼群出没的季节，海南疍民选择这个月份出海能获得大量的渔获。之后的气候不好，不仅没有鱼抓，还时常会有台风，所以，在台风季节到来之前，无论收获多少，疍民必须返回海南。由此可见，季风是帆船时代海南疍民去往南海诸岛最重要的影响因素之一。

（二）水流、水深和水速

有什么样的季风就有什么样的水流，南海海域的水流随着风向而流动。东北季风的季节，水流朝西南方向；西南季风的季节，水流朝东北方向，顺风顺水流可以大大提升航行的速度，海南疍民积极利用这一点，从而在南海诸岛自由航行。

明清时期的地方志中就对海南岛各处海域的洋流情况有详细的记载，如《咸丰文昌县志》卷七《海防志·占验》中记载："每月初一、三十日、初二、三、四、五、六日水醒（注：涨潮之意），至初七平交。十五水又醒，至十六、十七、十八、十九、二十日水俱醒，二十一日水平如前。水醒，流势甚紧，凡船至七洋洲及外罗洋，值此数日斟酌，船身不可偏东，宜扯过西。"[2] 季风和洋流对于帆船时代尤为重要，因为这不仅决定着渔船的航行速度，还关系着航海人的生命安全。

在茫茫大海航行，一不小心就会命丧大海，航海人不仅要有过人的胆量和冒险精神，还要上知天文、下知地理，需要极其丰富的航海知识。什么时候涨潮，什么时候落潮，什么时间流东，什么时间流西，什么时候是平流，什么时候是急流，都要做到心中有数。一代又一代的海南疍民根据

---

[1] 笔者根据陵水新村疍民郭科清口述整理。
[2] 〔清〕张霈等监修，〔清〕林燕典纂修：《咸丰文昌县志》卷七《海防志》，海口：海南出版社2006年版，第271—272页。

自己的航海实践整理成了流水簿,流水簿是疍民航海经验的结晶,其中涉及十分丰富的天文、地理、航海和民俗等方面的知识,是疍民开发南海的有力证据,印证着中国在南海诸岛及其临近海域拥有无可争辩的主权。笔者在环岛调研过程中,有幸采访到陵水黎族自治县新村镇海燕村委会主任叶荣光,他拿出了自己祖辈流传下来的《琼州海内流水志录》,里面清晰地记载着岛内每一天的水流情况。

正月份

初一、初二寅时流东,午时退流西。

初三、初四卯时流东,未时退流西。

初五、初六辰时流东,申时退流西。

初七至初九伏流。

初十亥时头流东,卯时头流退流西。

十一亥时尾流东,卯时尾退流西。

十二子时头流东,辰时头退流西。

十三子时尾流东,辰时尾退流西。

十四丑时头流东,巳时头退流西。

十五丑时尾流东,巳时尾退流西。

十六寅时头流东,午时头退流西。

十七寅时尾流东,午时尾退流西。

十八卯时头流东,未时头退流西。

十九卯时尾流东,未时尾退流西。

廿至廿二伏流。

二十三戌时头流东,寅时头退流西。

二十四戌时尾流东,寅时尾退流西。

二十五亥时头流东,卯时头退流西。

二十六亥时尾流东,卯时尾退流西。

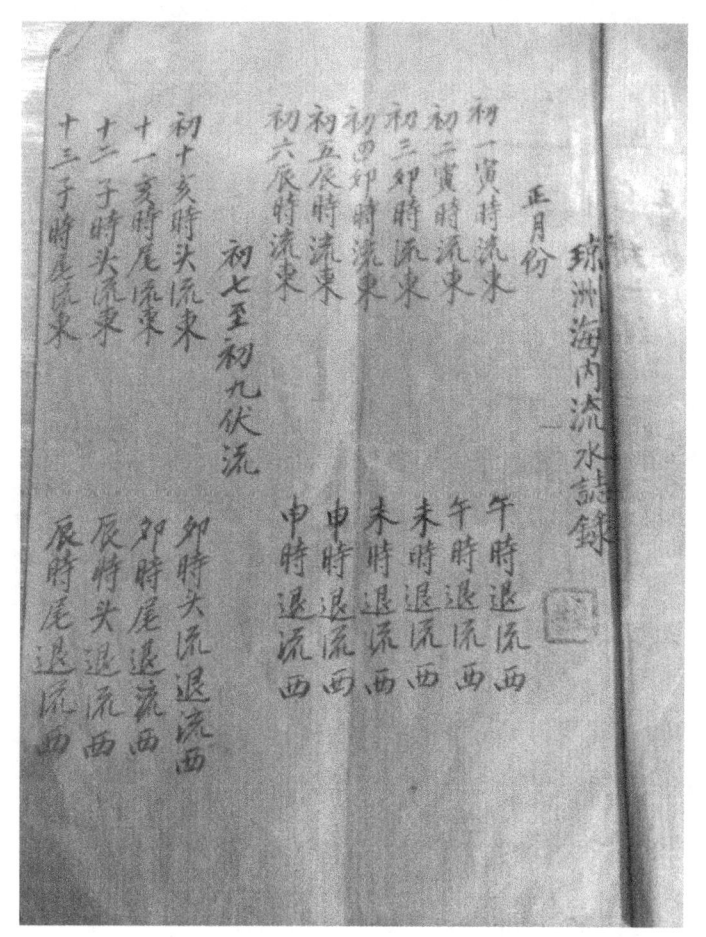

第二章　历代海南疍民对南海诸岛的开发经营　　75

陵水新村疍民叶荣光收藏的《琼州海内流水志录》（笔者摄）

二十七子时头流东，辰时头退流西。

二十八子时尾流东，辰时尾退流西。

二十九丑时头流东，巳时头退流西。

三十丑时尾流东，巳时尾退流西。

……

十二月份

初一寅时头流东，午时头退流西。

初二寅时尾流东，午时尾退流西。

初三卯时头流东，未时头退流西。
初四卯时尾流东，未时尾退流西。
初五辰时头流东，申时头退流西。
初六辰时尾流东，申时尾退流西。
初七巳时头流东，酉时头退流西。
初八至初十伏流。
十一亥时头流东，卯时尾退流西。
十二亥时头流东，辰时头退流西。
十三子时头流东，辰时尾退流西。
十四子时尾流东，巳时头退流西。
十五丑时头流东，巳时尾退流西。
十六丑时尾流东，午时头退流西。
十七寅时头流东，午时尾退流西。
十八寅时尾流东，未时头退流西。
十九卯时头流东，未时尾退流西。
廿卯时尾流东，申时头退流西。
廿一辰时头流东，申时尾退流西。
廿二至廿四伏流。
二十六亥时尾流东，卯时尾退流西。
二十七子时头流东，辰时头退流西。
二十八子时尾流东，辰时尾退流西。
二十九丑时头流东，巳时头退流西。
三十丑时尾流东，巳时尾退流西。

　　船在航行中，除了要掌握水流的方向，水的深度也是需要疍民考虑的一个重要因素。当渔船即将到达港口时，为了渔船能够安全顺利靠岸，疍民需要测量水深和海底的情况。"海行之法"就是我国古代重要的测量水

铅砣（三亚疍家文化陈列馆提供）

深技术之一，据古籍记载："海行之法，以六十里为更，以托避礁浅，以针位取海道。"[1] "托"是测量水深的单位长度。文昌铺渔村疍民韩健元说："我们制作的试水工具是采用的土方法，用几斤铅煮成一个铅砣，在铅砣上留一个穿绳的洞，将一条长约100米的结实绳子系在铅砣上。当航行到某个地方需要测量的时候，就把船停下来，把铅砣抛下海，然后拉上来进行测量以确定水深。另外，我们还可以根据铅砣上所粘的泥沙来判断航行的位置，如果铅砣上粘的是纯沙，说明我们的船是在浅滩前行，这时候要注意渔船搁浅带来的危险。"[2]

在帆船时代，航行技术不发达，疍家人会借助一些原始方法来判断水流方向和水流速度。譬如，把烧完火的灰用水和成一个小皮球，把它扔到

---

[1] 〔明〕黄省曾：《西洋朝贡典录·占城国》，陈佳荣、朱鉴秋主编：《中国历代海路汇编》，广州：广东地图出版社1987年版，第211页。

[2] 笔者根据文昌铺渔村疍民韩健元口述整理。

水里，重的部分就会沉下去，轻的部分就会飘走，由此可以判断出水流的方向是什么。水流方向一般为东南方向和西南方向，不会是南北方向。同样的方法也可以测试水流速度，如果把用灰制成的小皮球丢到海里，立马被吹散，说明水流速度很急，这时候就不利于出海。

（三）疍民的导航鸟

在南海诸岛生活着许多的鸟类，它们成群结队地在海上飞行，若问起去过南海的疍民对什么印象最深刻，莫过于在南海诸岛的海鸟了。它们不仅是海上一道亮丽的风景，也是疍民的导航鸟。

清陈伦炯在《海国闻见录》中描绘了"七洲洋"中的导航鸟："七洲洋中有种神鸟，状似海雁而小，喙尖而红，脚短而绿，尾带一箭，长二尺许，名曰箭鸟。船到洋中，飞而来示。与人为准，呼是则飞而去。间在疑似，再呼细看决疑，仍飞而来。献纸谢神，则翱翔不知其所之。相传王三宝下西洋，呼鸟插箭，命在洋中为记。"[1] 清初《指南正法》记载："惟箭鸟是正路"，就是说在七洲洋航行，茫茫大海无边无际，看到飞行的箭鸟，顺着它航行，就是正确的航海路线。

海鸟的活动很有规律，日出而作日落而归。清晨，成群结队的海鸟从岛上飞往茫茫大海捕鱼进食，傍晚回岛。过去渔民没有探鱼仪，常常根据鲣鸟飞行的方向来寻找鱼群聚居的地方。据笔者调研，疍民讲述，鸟群越多的地方，鱼群就越庞大。傍晚，鲣鸟返回岛上，渔民就顺着鸟的路线返航。海鸟就是渔民的领航员，这给疍民带来极大的便利。另外，疍民还根据长期的经验，掌握了海鸟飞行的规律，从而利用海鸟判断天气。如果海鸟贴近海面飞行，未来几天的天气就是晴朗的；如果海鸟成群飞得很高，向海岸飞去，抑或是聚居在石头缝里，未来几天可能会有暴风雨。

---

[1] 陈伦炯：《海国闻见录·南洋记》，陈佳荣、朱鉴秋主编：《中国历代海路针经》，广州：广东科技出版社2016年版，第522页。

利用海鸟来辨认方向，陵水新村疍民郭世荣讲起自己亲身经历的一件事。"20世纪60年代的一个大年初一，我所在的公社组织远洋去西沙的永兴岛捕鱼。那天风很大而且下着雨，船飘在西沙群岛附近整整八天，船上没有任何信号，迷失了方向。当时，船上正好有懂巫术的人，就请她来'做法'。船上没有香，就以竹片做香，当'神灵附身'以后，她就张开双臂上下摆动。人们说了几种方法都没有猜中道姑的意思，她急得直叹气跺脚，一直在重复刚才的动作。最后，人们终于看懂了这是鸟飞的动作。大家跟随海鸟飞行的方向，不到2个小时就找到了目的地。"[1]虽然这些经历有些迷信色彩，利用海鸟来找寻目的地的古老方法也凝聚了疍家人的智慧。

陵水新村疍民郭科清是一名新时代的船老大，他说："我们有时候也会去东岛钓鱼，东岛离永兴岛23海里。东岛上树多、海鸟多，却不像永兴岛那般热闹，不许人们随便上岛，怕惊扰到海鸟。东岛上海鸟下午3时回岛，二三十只成一队，如果迷路可以跟着海鸟的方向走，绝对错不了。"[2]

20世纪70年代曾驻守在东岛的陵水赤岭村疍民占道勇说："在岛上的鸟很多，颜色有白色的，也有黑色的，随处可以看到鸟蛋，鸟的蛋就像鸭蛋那么大。东岛上的鸟很多，平时不许太多人在岛上居住，怕惊扰了海鸟。也不可以随便抓鸟，抓一只罚款5元。因为鸟太多了，我们出入树林的时候要戴上草帽，不然随时可能会有一头鸟屎。"[3]由此可见，西沙群岛、南沙群岛和中沙群岛上有大量堆积的鸟粪，在抗日战争前，国民政府曾批准商人开采西沙群岛的鸟粪，这也是对西沙群岛的一种开发经营方式。

（四）视听技术——眼观六路，耳听八方

在官方文献中有一些海洋知识的记载："凡行船，可探西，水色青，多见拜浪鱼。贪东则水色黑。色青，则有大朽木深流及鸭鸟声可见，如白

---

[1] 笔者根据陵水新村疍民郭世荣口述整理。
[2] 笔者根据陵水新村疍民郭科清口述整理。
[3] 笔者根据陵水赤岭村疍民占道勇口述整理。

鸟尾带箭，此系正针，足近外罗对开。贪东七更船，便是万里石塘。内有一红石头山，不高。如望见船身抵下若见石头，可防水痕。"[1] 由此可见，在南海诸岛航行必须具备丰富的海洋知识，水深、水流、方向的判断都至关重要，而这些知识都是航海人在长期的海洋实践中总结出来的经验。

在大海中航行，时刻充满着危险。海南疍民远洋南海，不仅要学会利用季风和洋流保障行船的速度和安全，还要学会判断水流、水深、水速和方向，更要能够灵活处理一些紧急状况，要做到眼观六路、耳听八方，这都是从多年的航行实践中总结出来的视听技术。比如从海水的颜色、云朵的变化、星星的方向看出大海和天气的"脾气"，在遇到大雾天气的时候学会听海上的声音。

在航行过程中要注意观察海水的颜色，一般情况下，风平浪静的时候海水呈深蓝色，这时候就是航行在深海区域。如果海水颜色呈现出淡黄色，就说明水中有沙土，接近浅水领域，为防止船只搁浅，应立即转变行驶方向。有时候白天看起来波澜不惊的海面，晚上会出现一个个像海螺那么大的旋涡，在月光下泛着光，这就是暴风雨即将到来的信号。老船员们晚上会经常起来观测附近海面，一旦见到这种天象，就要赶紧找港口避风避雨，否则，一旦风暴袭来，人船就有可能消失在茫茫大海中。

依据日月星辰的变化来判断方向，这在我国的古籍中也早有记载。《淮南子·齐俗训》写道："夫乘舟而惑者，不知东西，见斗极则寤矣。"[2] 东晋著名僧人法显曾描述在大海中航行，要依靠"日、月、星宿"来辨识方向："大海游漫无边，不识东西，唯望日、月、星宿而进。若阴雨时，为风逐去，亦无准。……至天晴已，乃知东西，还复望正而进。"[3] 据《谈薮》记载：

---

1 〔清〕张霈等监修，〔清〕林燕典纂修：《咸丰文昌县志》卷七《海防志》，海口：海南出版社2006年版，第271—272页。
2 刘文典：《淮南鸿烈集解》，北京：中华书局1989年版，第352页。
3 吴春明：《海洋遗产与考古》，北京：科学出版社2012年版，第427页。

"昼则揆日而行，夜则考星而泊。"[1]从这些文献记载中可以发现，一旦在茫茫大海中迷失方向，可以用日月星辰为参照物来判断航海的方向。

海南疍民在南海航行中也会运用这种古老的航行智慧，白天的时候看太阳起落，夜晚的时候观察月亮星辰，以此来大致判断航行方向。一般春秋季节，太阳从正东升起，从正西落下；夏天则从东北升起，西北落下；冬天从东南升起，西南落下。太阳升落的时间也比较固定，一般6时左右在东方，12时左右在正南方，18时左右在西方。夜晚的时候，还可以看头顶的星辰和月亮来确定方向，即所谓"知南斗北斗，四海可走"。即便是现在有天气预报和各种先进的设备，海南疍民依然习惯根据天象来判断时间。"在晴朗的夜空，七颗星星组成一个巨大的勺子，这就是北斗七星。沿着勺子外侧的两颗星星的延长线方向看过去，大约间隔5倍的地方有一颗很亮的星星，这个星星就是北极星。北极星总是指向正北方，这在古代航海史上是一个很重要的指标，找到北极星的位置，便能知道自己所处的方向。"[2]月亮的圆缺变化也是有规律可循的，农历十五以前，月亮都在右边称"上弦月"；农历十五，整个月亮盘都亮，称为满月；农历十五以后，月亮全部在左边，为"下弦月"。月亮升起的时间每天都比前一天晚大约50分钟，根据月亮从东转到西约需12小时，平均每小时转15度的规律，再结合当时的月相、位置和观测时间，对照月亮处于中天的时间，可判别方向。

除此之外，海南疍民还会观察海面上的标志物，以此作为判断方向的依据。在西沙群岛和南沙群岛就有许多高出海面的岛屿，这些岛屿位置固定，在大海中也非常明显。他们会记住这些岛屿的位置，并且根据岛屿的形状命名，作为航行的标志。如果疍民在大海中航行，没有见到标志物，可能是航行路线出了问题，这时候需要重新判断方向，规划路线。

---

1 〔清〕张英：《渊鉴类函》卷三十六《谈薮》。
2 笔者根据三亚疍民周学杰口述整理。

在冬天出海时常会碰到大雾的天气，能见度非常低，一不留神就会撞到障碍物。这个时候，他们就要用耳朵来听，如果听到浪打的声音，说明船离浅滩比较近，还要判断出浪打的声音是从哪个方向传过来的，随时作好转换方向的准备。如果听到的是机船的轰鸣声，虽然看不清楚，但是能判断出机船的行驶方向，要作好避让的准备。

陵水新村疍民梁宁海说："疍家人靠海吃海，海上航行有很多不确定因素，要学会识别天气，出海的前几天就要开始观察天气，看星星、风向和海浪。这些经验都是老一辈的人传下来的，不听老人言，世世打破船，我们都谨记在心，并且把这些经验传给下一代。我们有很多的航海知识谚语，比如：'东边闪电，雨重重；西边闪电，太阳红；北边闪电，惹南风；南边闪电，惹关公（有台风）。''三月东风，晒死草；四月东风，泊船早。''五月初三四，六月十一二，没有风就有雨。''闪电越低，台风越近。'"[1]

海南疍民在长期的出海实践中，能够敏锐地从风、云、星星和月亮等自然现象中看出是否适合捕鱼，在一些老船长看来，虽然今天的航海技术突飞猛进，但他们依然相信自己的感觉和经验。南海海况复杂、变幻莫测，但是勤劳聪明的疍家人会利用自己的航海经验和智慧去解决一些实际问题，这是历代疍民丰富经验的积累，即使到了航海技术发达的今天也依然具有重要的参考意义。

综上所述，海南疍民之所以能够长期在南海海域进行生产作业，得益于他们先进的造船工艺，哪怕是在风帆船时代，中国疍民的渔船就用了三桅杆以保证航行的安全性和航行的速度。据笔者的调研和对相关文献的查阅，越南和菲律宾的渔船比较小，船头是尖的，无法进行大规模捕捞活动。另外，海南疍民长期使用的罗盘和航海图也有利于他们在南海诸岛航海作业。再有，海南处于得天独厚的地理位置，海南疍民可以每年利用季风和洋流的自然条件对南海诸岛进行有规模的、不间断的开发经营。而菲律宾

1　笔者根据陵水新村疍民梁宁海口述整理。

和越南位于南海诸岛的东部和西部，他们无法利用大自然所带来的东北季风和西南季风，也无法享受到洋流的天然条件，所以，这也决定了海南疍民是南海天然的主人。

第二节　海南疍民的南海航线

历代海南疍民利用自己独特的造船技术，随身带着罗盘和航海图，利用季风和洋流的自然优势，在风浪中向南海诸岛前行，为的是开发经营自己的"祖宗海"。他们在耕海牧渔的生产实践中积累了丰富的海上生存经验，在没有先进航行技术的年代，依然在南海诸岛留下了属于自己的海上足迹。

由于南海诸岛离海南岛距离遥远，海上的风险与艰苦是常人难以想象的，为了在海上谋得生存，海南疍民总结出南海航向的路线，并逐渐形成了渔业生产的最佳路线。海南疍民每次出海会长达半年之久，所以他们每次出海不会只在一个岛屿耕海返程，而会在周边进行生产作业，逐渐形成点、线、面结合的海上交通体系。在这些航海线路中，每一条都连接着不同的岛礁，在这些航线的背后是历代海南疍民在南海诸岛开发经营的结果，是他们长期在南海世界里航行、生产生活的实践总结。

海南疍民开发经营南海的第一站便是西沙群岛，在西沙生产作业停留最多的是永兴岛，以永兴岛为中心再分成三个方向进行作业，或者再继续去往中沙群岛和南沙群岛生产作业。在南沙群岛的航线范围比较广，海南疍民主要在三条主要航线进行作业生产。东沙群岛由于台湾当局控制，海南疍民较少去这里捕鱼。中沙群岛由于由暗礁组成，水深较深，不适合大规模的撒网捕鱼，比较适合手钓的作业方式，海南疍民也很少来此作业生产。笔者根据为期三年的田野调查发现，海南疍民在南海海域的航线是有一定规律可循的。

一、西沙航线

据北宋《武经总要》中记载，宋仁宗"命王师出戍，置巡海水师营垒。""从屯门山用东风西南行，七日至九乳螺洲。"刘南威认为，"九乳螺洲"指的是西沙群岛，这是"首次出现专指南海诸岛中某一个岛群的专用地名"。[1] 从此处我们可以看出，我国对西沙群岛的开发早在宋代的时候已经开始。

由于西沙群岛距离海南岛较近，并且渔业资源丰富，早期的海南疍民一般会选择去西沙群岛捕鱼。从海南三亚的三亚港、榆亚港，陵水的新村港和文昌的清澜港去往西沙的永兴岛一般要经历两天一夜。文昌的清澜港距离永兴岛 178 海里，三亚的榆林港距离永兴岛 150 海里，陵水的新村港距离永兴岛 166 海里，渔船的航行速度大约是 5 海里/小时，从海南岛的这几个港口到达永兴岛基本都要 30 多个小时。

"渔船从陵水的新村港开 6 个小时即可到达万宁的大洲岛，在这里补充水源、柴油，渔船稍作休息，再开上一天一夜便可到达永兴岛。"[2] "根据传统习俗，海南疍民在抵达西沙群岛第一个岛屿的时候，要祭拜一百零八兄弟公还有其他神灵，一是祈求神灵保佑航海安全、一路平安，二是希望神灵保佑我们满载而归。东岛是我们到达西沙的第一站，所以我们会在东岛祭拜神灵。有的地方是登岛祭拜，我们一般是在船上祭拜。"[3]

海南疍民到达西沙首站祭拜神灵之后，再航行至猫注（今永兴岛）后分散至各处作业。永兴岛是海南疍民在西沙生产作业的核心活动区域，也是一个重要根据地和补给站，20 世纪 50 年代的永兴岛已经建立了西沙水厂，疍民的渔获可以在这里卖掉。永兴岛上还有驻扎的部队，可以为疍民补充一些淡水，疍民会送一些鱼作为回报。一般来说，疍民到了永兴岛之后会

---

[1] 刘南威：《南海诸岛地名初探》，《岭南文史》1985 年第 2 期，第 94—98 页。
[2] 笔者根据陵水新村疍民梁宁海的口述整理。
[3] 笔者根据文昌市铺渔村疍民冯文和口述整理。

分成三个方向作业,西北方向(北礁附近)、西南方向(永乐群岛附近)、东南方向(东岛和浪花礁附近),这些地方岛屿密集、礁盘较多、物产丰富,是天然的避风港。

西北方向:

永兴岛—北礁。北礁俗称干豆,位于永兴岛西北30—40海里处,大约需要航行8个小时。北礁是西沙群岛最靠北的一座比较大的椭圆形礁筐,周围暗礁很多,中间有潟湖,这里聚集着大量的海洋生物,因此是海南疍民主要的作业渔场之一。北礁涨潮的时候,部分孤石露出水面,礁筐内外都可抛锚,因为没有遮蔽,只能避强风,但若是台风来袭,一般还是要驶回海南岛等港口避风。

西南方向:

永兴岛—永乐群岛。永乐群岛位于永兴岛西南的40海里处,是海南疍民生产作业最集中的地方,去西沙一定要去永乐群岛捕鱼。永乐群岛岛屿众多,岛礁一个挨一个,金银岛、珊瑚岛、鸭公岛、琛航岛等,彼此之间连成一个圆形,疍民在这里开展渔业生产十分便利。金银岛、甘泉岛和广金岛上灌木丛生,生长着麻风桐、羊角树和椰子树等热带植物。岛上可以劈柴烧火做饭,还有水井,水质较好,可以为疍民补充淡水资源。

东南方向:

永兴岛—七连屿—东岛—高尖石—浪花礁,这是海南疍民来西沙捕鱼的又一个传统航海线路。七连屿就在永兴岛附近,是七个小岛共处在一个礁盘之上,七连屿就是赵述岛等岛屿所在大礁盘的整体名称,还包括西沙洲、赵述门、东新沙洲、西新沙洲及其附近礁盘。七连屿有名贵的金枪鱼、螺和龙虾等。东岛面积仅次于永兴岛,距离永兴岛只有20海里左右。东岛椰树成林,有淡水资源,鲣鸟很多,渔业资源丰富,可以避6—7级大风,历代疍民都习惯前来此处作业。高尖石距离东岛较近,"高尖石是西沙群岛中唯一的一块突出水面的玄武岩石,周围礁盘范围小,不能遮浪,不适

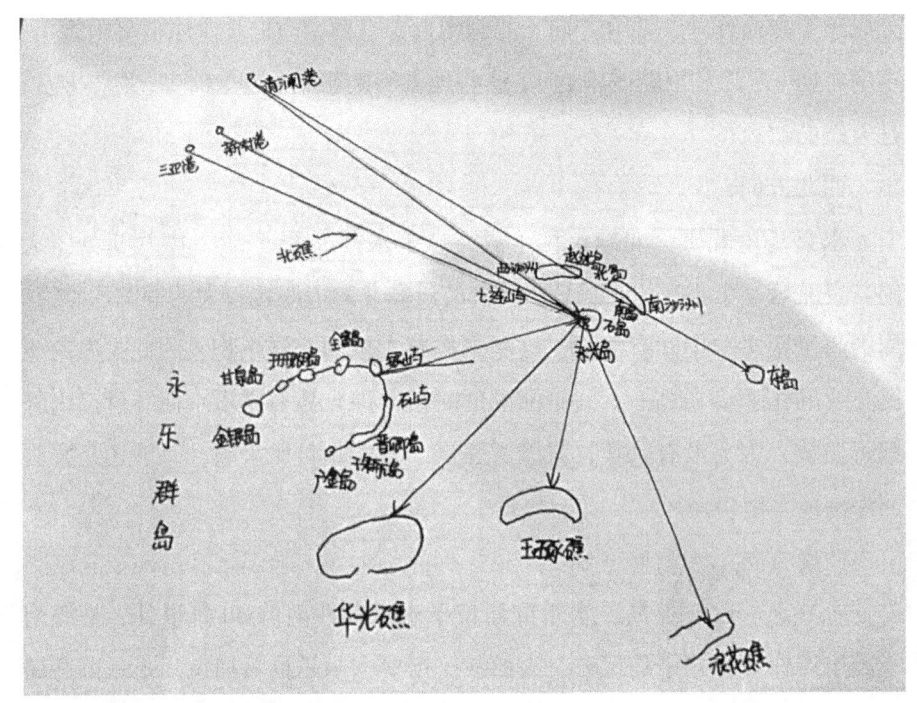

笔者手绘的海南疍民西沙航线

于船只停泊。"[1] 浪花礁又称"三筐"或者"三圈",是西沙群岛中的第三大环礁,距离永兴岛约40海里,疍民一般在东岛和高尖石生产作业完会继续南下去往浪花礁。浪花礁是个椭圆形的礁盘,在西侧有三个入口,浪花礁有很多凸起的暗礁和浅滩,是西沙航线中比较危险的线路之一,最容易出事故,行船时需要丰富的经验。疍民在作业时,将大船停放在礁盘之内,再各自驾驶着小舢板分散到各个礁盘去作业。

华光礁—玉琢礁。华光礁和玉琢礁又被疍民称为"大筐"和"二筐",它们是西沙群岛中两座最大的环形礁盘,这也是海南疍民每次必须前往作业的两个礁盘,这种环形礁盘不仅作业方便,而且渔业资源丰富,疍民每次到此作业几乎都能满载而归。

---

1 广东省地名委员会:《南海诸岛地名资料汇编》,广州:广东省地图出版社1987年版,第503页。

陵水赤岭村疍民梁华欢是一名 80 多岁的老船长，他曾经数次到西沙，第一次去西沙是在 1958 年。"我们凌晨四五点从清澜港出发，当天的风浪特别大，整整飘了四天四夜才到达东岛，后来又到永兴岛，再到永乐群岛，在三足岛（疍民俗称，今名琛航岛）上还见到一些渔民的尸体。"[1]

三亚藤海社区疍民杨大忠曾于 1959 年随鱼雷公社去西沙捕鱼，当时他才 16 岁。"鱼雷公社组织几十名社员，过完年乘东北季风一路南下，我们主要在永兴岛和七连屿捕鱼，七连屿是七个小岛连在一起。我们在岛上用岩石和茅草搭了简易的棚，晚上睡在那里，住岛一年多才返回海南岛。那时候的鱼很多，一网下去会有几百担。"[2]

文昌铺渔村疍民冯文和第一次去西沙是在 1975 年，冯文和是一位有经验的船长。"我们这次出去由'西沙公'带路，之所以叫'西沙公'是因为他对西沙太熟悉了，是我们隔壁村子的人。我们凌晨 3 点从清澜港出发，第二天中午到西沙，路上花了 30 多个小时。我们在西沙待了一个多月，收获了几万斤的渔获。那次我们去了东岛、永兴岛、永乐群岛、大筐（疍民俗名，今名华光礁）、二筐（疍民俗名，今名玉琢礁）、北礁等。"[3]

陵水新村的"三八号"是一支疍家女民兵船队，她们于 1975 年、1976 年两次去往西沙捕获上万吨的渔获。她们开着机帆船，划着小舢板，在永兴岛、永乐群岛、七连屿、东岛、石岛和浪花礁都留下了美丽的身影。

由此可见，海南疍民在西沙的航线一般是以永兴岛为中心，再继续选择岛礁密集的地带连续作业，西北以北礁为中心，西南以永乐群岛为中心，东南以东岛和浪花礁为主。西沙群岛岛礁众多，渔业资源丰富，是历代海南疍民首选的捕鱼海域。

---

[1] 笔者根据陵水赤岭村疍民梁华欢口述整理。
[2] 笔者根据三亚藤海社区疍民杨大忠口述整理。
[3] 笔者根据文昌铺渔村疍民冯文和口述整理。

二、南沙航线

明代顾岕在《海槎余录》中记载："千里石塘，在崖州海面之七百里外……万里长堤出其南，波流甚急，舟入回溜中，未有能脱者。……又有鬼哭滩，极怪异。舟至则没头、只手、独足、短秃鬼百十争互为群来赶，舟人以米饭频频投之即止，未闻有害人者。"[1] 根据琼粤方言"喊"是"哭"的意思，所以，刘南威认为《海槎余录》中所记载的"鬼哭滩"应是海南渔民口中的南沙群岛的"鬼喊线"。

南沙群岛距离海南岛路途遥远，且岛礁沙洲浅滩星罗棋布，渔船在此航行稍有不慎便有覆舟之灾，花费较高而且充满危险。相较西沙和中沙群岛来说，南沙的渔业资源没那么丰富，更多的是砗磲、海参、马蹄螺等，而海南疍民主要以捕鱼为主，这也是疍民在早期较少去南沙群岛的原因之一。海南疍民大规模去往南沙捕鱼大致从20世纪80年代开始，这时候无论是造船技术还是航行技术较之以往都有了很大提升。

海南疍民去往南沙由于路途遥远，一般要先在西沙的永兴岛和东岛补充物资。"经过了生活补给，再起航到南沙的双子岛（奈罗），即北子岛（俗名为奈罗上峙或者奈罗线仔）、南子岛（俗名为奈罗下峙或者奈罗峙仔）为第一站，再起航向南岛的中业群岛，主要指中业岛（铁峙）为第二站，再南航到道明群礁，主要指南钥岛（第三峙）为第三站。到了第三站之后，渔船的船长就要思考自己这次出海主要想以捞什么海产品为主，然后选择东头线、南头线或者西头线。东头线也有直接从南子岛分出的，不管选择哪条线路，在进入主岛以后，船长要分配船员下到各个岛礁进行生产。走南头线的，在渔船进入南沙群岛时从北至南经双子群礁、中业群礁、道明群礁进行捕捞时，可经过岛礁约16个，主要捕捞产品以马蹄螺（公螺）、海参、砗磲为主，海龟次之。东头线航路自西向东，所经岛礁约23个，

---

1 〔明〕顾岕：《海槎余录》，台北：台湾学生书局1979年版，第401页。

捕捞产品以马蹄螺为主，砗磲、海参次之，海龟最少。如在赤瓜礁捞取赤瓜海参、榆亚暗沙（深筐）捞取黑白参、司令礁（眼镜）等岛礁捞取砗磲等。西头线从东北至西南所经主要岛礁约9个，捕捞产品以马蹄螺、海参为主，砗磲次之，海龟最少。"[1]

南沙海域范围广，岛礁众多，礁盘分布复杂。海南疍民在南沙作业时，有着传统的作业路线，大致以太平岛所在的郑和群礁为中心，分为北头线、东头线、西头线、南头线4条主要作业路线，开展作业的具体执行流程是：渔船到达南沙群岛的双子礁后，船长会选择作业线路，接着船队会严格按照作业线路来完成相应的作业任务。一般情况下，每个岛礁作业时间不宜超过三天，主要是为了规避西南季风造成的行使风向的变化，确保能够按时返航，减少渔船行使危险。完成线路作业后，船队就会集合，然后前往东南亚售卖这些海产品，或者是直接返航；除了有特殊需求，譬如补充淡水或者物资外，一般情况下不会在岛礁上消耗大量时间。南海群岛的渔场资源，大致可以分为渔业基地和生活基地，有时也有岛屿兼备二者职能。其中渔业基地有双子群礁、中业岛、太平岛、安达礁、南威岛等，生活基地有中业岛、太平岛、马欢岛、西月岛、景宏岛等。

1999年，陵水赤岭村疍民林鸿志作为一名轮机长随赤岭渔船到南沙捕鱼。"我们到南沙先去铁礁（疍民俗称）报关，第二天夜里刮起了十一级的台风，我们的渔船顺着风浪飘到了78海里外的赤瓜礁。第三天去了太平岛。我们在南沙期间一共经历了三次大台风，我们去了太平岛、赤瓜礁、永暑礁和渚碧礁等32个岛礁。"[2]

陵水新村的梁玄芬是新一代的疍民女性，自2015年开始，每年随丈夫的船队去往南沙，每次要待四五个月之久。"每年去南沙的船队大约有二三十艘，从三亚的榆亚港出发，连续行驶三天三夜可以到达南沙。我们

---

[1] 郭振乾：《南海诸岛的开发者》，《海南暨南海学术研讨会论文集》，"国立中央图书馆"台湾分馆编印1996年版。
[2] 笔者根据陵水赤岭村疍民林鸿志口述整理。

去过很多的岛礁，如渚碧礁、仁爱礁、南薰礁和美济礁等。"[1]

2012年7月12日，在三亚市人民政府的支持下，海南30艘渔船、2个编队、6个小组，一共550人从三亚市水产码头出发，前往南沙开展民间捕捞生产活动，这是海南历年来远赴南沙群岛的最大规模的捕捞活动，也是渔业企业、渔业合作社、海南疍民三方抱团合力闯深海的伟大壮举。船队历经三天三夜的航行后，顺利抵达距海南岛740海里处的永暑礁附近。船队于7月15日抵达南沙永暑礁后，经过短暂修整，16日晚上9点开始了在南沙的第一次捕捞。船长石水德说："第一网打上差不多100斤的鱼，收获不理想也是在意料之中，因为七八月份受西南季风的影响，南沙一带的鱼群不丰富。"7月18日，船队经过连夜14小时的航行，抵达南沙渚碧礁，继续进行捕捞生产作业。7月19日经过一天一夜风高浪急的航行，船队抵达南沙美济礁海域。

三、中沙航线

中沙群岛古称"红毛浅""石星石塘"等。据史籍记载，中沙群岛在宋朝时已经称为"千里长沙""万里石塘"。到了明朝，对中沙群岛有了专门的论述，《郑和航海图》中以无数沙粒状小点和小圆点描绘出海水中的沙和礁石。清谢清高（1756—1821）的《海录》书中的"沙坦"和"红毛浅"即指中沙群岛，在"噶喇叭"条："出万山后，向南行少西，约四五日过红毛浅，有沙坦在水中，约宽百余里，其极浅处止深四丈五尺。"[2] 该书中还记载了两条穿越西沙和中沙的航线。郑光祖对《海录》注释亦说："出万山，西南过七洲洋，转南过昆仑地盘山，万里长沙在其东，若走外沟，

---

[1] 笔者根据陵水新村疍民梁玄芬口述整理。
[2] 〔清〕谢清高口述，安京校释：《海录校释》，北京：商务印书馆2002年版，第127页。

则出万山，南过东沙，西沙中有路可通。"[1]

中沙群岛位于我国南海诸岛的中部，距离永兴岛200海里左右，地理位置十分重要。整个中沙群岛除黄岩岛外，全部隐没在海水下面，它是由一群暗沙和暗滩组成的群岛。由于中沙海域是茫茫大海，除黄岩岛外，没有小岛，暗沙和暗滩不浮出水面，海流常常被高耸的台阶或海山阻挡上涌形成上升流，掀起海底营养物质，引来鱼群等海洋生物，从而形成独特的中沙渔场。中沙的水很深，疍民一般采用海钓和灯光围网的作业方式。

1984年2月，陵水赤岭村林鸿志曾经从西沙到中沙群岛进行作业生产，在"三江"和"四脚"（疍家俗称）的地方钓鱼，主要收获的鱼类为红鱼和石斑鱼。

三亚南边海社区疍民林李金是一名船老大，他的"琼三亚11181号"渔船是三亚最大的船。他多次去往西沙、中沙和南沙海域捕鱼，对南海诸岛的作业生产线异常熟悉。他说："中沙的暗礁很多，水质很清，我们一般会在波洑暗沙、济猛暗沙、排洪滩、涛静暗沙、比微暗沙、隐矶滩等一带钓鱼，主要鱼类是黄鳍金枪鱼、石斑鱼和鲨鱼等。在这里我们经常会碰到越南的渔船。越南渔船和我们的渔船比起来很小，是只有10多米长的小木船。"[2]

三亚南边海社区石水德船长也曾经多次去往中沙群岛，中沙相对于西沙来说开发较晚，鱼比较多。"我最早去中沙是在1978年，那时候还是公社组织去的。2005年12月28日，三亚海洋局动员我们去中沙捕鱼，我们去了10条大船，因为有东北风，我们先返回永兴岛避风，后来回海南岛。2006年的2月份我们又一次去往中沙，渔获很多。再后来，我自己每年都会去中沙。"[3]

---

[1]〔清〕谢清高口述，杨炳南笔录：《海录》卷中《小吕宋》。据冯承钧考证，谢清高出海时间是在乾隆四十七至六十年（1782—1795年），《海录》成书时间则在嘉庆二十五年（1820年）。
[2] 笔者根据三亚疍民林李金口述整理。
[3] 笔者根据三亚疍民石水德口述整理。

三亚藤海社区疍民梁进勇夫妇于2006年四次前往中沙群岛去捕鱼，梁进勇说："我们在西沙捕鱼，也会顺便去中沙，西沙距离中沙85海里，一天的路程就可以到达。中沙群岛都是暗礁，适合手钓的方式，我们就在礁盘附近钓鱼，一般是石斑鱼、鲨鱼和金枪鱼等。"[1]

四、东沙航线

东沙岛在古时候称为"珊瑚洲""月牙岛"，晋朝时期裴渊的《广州记》记载："珊瑚洲，在东莞县南五百里，昔人于海中捕鱼，得珊瑚。"[2] 裴渊在《广州记》中的这段史料至少提供了以下信息：一是根据方位判断，学者认为文献中所说的"珊瑚洲"应是东沙群岛；二是文献中提到"昔人"在珊瑚洲捕鱼，那么至少在晋朝之前已有我国早期的渔民在此捕鱼、采珊瑚的资料；三是我国渔民在东沙群岛捕鱼时发现珊瑚，这是古代文献记载。元代汪大渊的《岛夷志略》中"万里石塘"条记载，"石塘之骨，由潮州而生。……越海诸国。俗云万里石塘，以余推之，岂止万里而已哉？……一脉至爪哇，一脉至渤泥及古里地闷，一脉至西洋遐昆仑之地。"[3] 明代《郑和航海图》用"石星石塘"专指东沙群岛，这在中国历史地图上是第一次。清代康熙年间的《指南正法》、雍正年间的《海国闻见录》、乾隆年间的《大清万年一统天下全图》等则称之为"南澳气"。

清代航海家谢清高所著的《海录》，最早将之称为"东沙"。该书记载说："船由吕宋……若西北行五六日，经东沙，又日余，见担干山，又数十里入万山，到广州矣。东沙者，海中浮沙也，在万山东，故呼为东沙。往吕宋、苏禄所必经。其沙有二，一东一西，中有小港可以通行，西沙稍高，

---

1 笔者根据三亚疍民梁进勇口述整理。
2 〔晋〕裴渊：《广州记》，转自〔宋〕乐史：《太平寰宇记》卷一百五十六《岭南道一》，广州东莞县木刻本，第12页。
3 〔元〕汪大渊：《岛夷志略·万里石塘条》，雪堂丛刻本，第93页。

然浮于水面者亦有丈许。"¹ 清末广东水师提督李准在《广东水师国防要塞图说》一书中写道："东沙岛孤悬海外，……东西长约七里，南北宽约三里，岛上出水高达三丈，潮水涨落为五尺。居香港之东南，距约六百里，岛产磷质极丰，遍地皆是。掘土一二尺即见其质，约三尺至六尺不等。十余年当采取不尺。此外尚有龟壳、螺壳、海草、鸟毛等甚多。"² 民国初年陈天锡在《西沙岛东沙岛成案汇编》中说，"该岛向名东沙，与附近琼岛之西沙对举"。由于东沙群岛"沙侯围抱，作半月形"，也有渔民称东沙岛为"月牙岛"或"月塘岛"。³

东沙群岛共由三个珊瑚环礁组成，珊瑚礁鱼类丰富，距离广东汕头正南方只有168海里，是我国渔民最早在该海域捕鱼、采珊瑚的岛屿。东沙群岛由台湾当局驻守，海南疍民较少去这里作业生产。陵水赤岭村疍民梁华欢曾于1984年来东沙捕鱼，他们的航海路线是广东万山岛—香港—扁担岛—庙湾岛—东沙。"我们有两艘船一起去东沙，船上有罗盘、东沙海图和广东海图等。我们除了捕鱼，还在这里捡胶菜。胶菜在当时大概是三元一斤，晒干之后一斤能卖到十几元。我们一次就采集了几万斤的胶菜，收入很可观。"⁴

第三节　海南疍民的南海生产实践

海南疍民以捕鱼为生，近海渔场资源基本能够满足他们早期的开发需求。改革开放之前，海南疍民虽然在造船、捕捞等各项技术上还不够成熟，但他们依然乘风破浪远洋到南海诸岛。海南疍民本身富有冒险、探索和开拓精神，再加上南海丰富的海洋资源形成了外在的驱动刺激，所以，海南

1　〔清〕谢清高口述，杨炳南笔录：《海录》卷中《小吕宋》。
2　李准：《广东水师国防要塞图说》，宣统二年版，第11页。
3　陈天赐：《东沙岛、西沙岛成案汇编》，北京：商务印书馆1928年版。
4　笔者根据陵水赤岭村疍民梁华欢口述整理。

疍民从驾驶着风帆船,再到设备先进的钢制机船,从未停止过探索南海诸岛的脚步。他们用自己独有的捕捞技术,在南海诸岛开发渔场资源。

一、海南疍民的南海捕捞渔场

南海海域特有的气候条件和海洋环境,为鱼类提供了适宜生长的水温和栖息的条件,同时局部上升的涡旋流为海洋生物带来了丰富的饵料和大量的营养,这里生活着各种各样的鱼类、螺类、海龟、海参、珊瑚、砗磲等海洋生物。南海渔场包括西沙群岛渔场、南沙群岛渔场、中沙群岛渔场和东沙群岛渔场,丰富的渔场资源吸引着历代海南疍民前来开发经营。

(一)西沙群岛渔场资源

西沙渔场位于北纬15°00′—17°30′,东经107°00′—111°00′,面积约9.03万平方公里,是我国主要的传统渔场之一。西沙渔场主要有西沙西部北部湾口渔场和金枪鱼延绳钓鱼场,鱼汛期在1月至6月。西沙海域的气温很高,海水的温度也比较高,这就为珊瑚提供了有利的生长条件,而珊瑚的繁殖带来了丰富的饵料生物,这为鱼类的栖息提供了良好的条件。西沙群岛周围有很多大的环形礁盘,水清而且很浅,有着适合浅水礁盘性的海洋生物,如鱼、虾和螺等。在礁盘外侧属于深水海域,这里鱼种类繁多,如马鲛鱼、金枪鱼、带鱼和石斑鱼等。西沙群岛渔场的经济鱼类生长快、体积大,这已经成为西沙群岛渔场的一个显著特征。此外,这里还生存着很多凶猛性食肉鱼类,如鲨鱼,渔民一不小心会被鲨鱼拖入海底,命丧大海。

西沙群岛渔场资源丰富,是海南疍民活动最频繁的区域。无论是人民公社时期的集体行为,还是个体化的行为,抑或是政府的有组织行为,海南疍民都曾在开发西沙渔场的进程中作出独有的贡献。笔者在环岛调研中发现,只要有疍民聚集的地方,就一定去过西沙捕鱼,一些有文化的船长还会把自己的捕鱼经历记录下来,这就是疍民的《航海记录本》,里面详细地记载着捕鱼的位置、水深多少、渔获量多少、收获的鱼类是什么，以及哪里有障碍物。《航海记录本》中简洁直白的语言蕴含着海南疍民在南海实践的宝贵经验，讲述着海南疍民世代耕耘、守护南海的历史，这也是中国对南海诸岛拥有主权的铁证。

三亚南边海的石水德船长一生都与大海紧密相连，十几岁的时候就开始去往西沙捕鱼。"我喜欢把自己的捕鱼经历记录下来，就像是记日记一样，这样可以清楚地知道哪里有鱼、哪里没有鱼、哪里有障碍物要小心行驶。虽然现在捕捞技术发达，但这是自己的亲身实践，以后我不用了，还可以留给子孙。"[1] 以下内容摘自石水德船长的《航海记录本》：

> 北纬：16°45′500″，东经：112°11′800″
> 北纬：16°45′972″，东经：112°12′268″
> 北纬：16°44′700″，东经：112°13′000″
> 丑未南水深95米，放钓[2]，红哥利鱼最厚[3]。
> 北纬：16°52′762″，东经：112°13′000″
> 水深85米，有红哥利鱼。
> 北纬：16°21′100″，东经：112°31′210″
> 北纬：16°21′319″，东经：112°31′037″
> 北纬：16°21′421″，东经：112°30′900″
> 北纬：16°21′479″，东经：112°30′825″
> 北纬：16°22′034″，东经：112°30′109″
> 有高石[4]。
> 北纬：16°48′861″，东经：112°16′526″
> 北纬：16°34′24″，东经：112°42′73″

---

1 笔者根据三亚南边海疍民石水德船长口述整理。
2 放钓指的是放排钩的作业方式。
3 "最厚"在疍家话中指的是"最多"的意思。
4 这里有高出水面的石头，要注意行船的安全。

北纬：16°48′21″，东经：112°15′54″

北纬：16°49′20″，东经：112°14′75″

北纬：16°54′600″，东经：112°13′300″

开火位[1]。

水深 85 米，放钓红哥利鱼。

北纬：16°45′300″，东经：112°12′240″

水深 90 米，放钓红哥利鱼。

2006 年在西沙永兴岛几处：

北纬：16°49′204″，东经：112°15′781″

十二月初四晚，园池仔，1000 斤。

北纬：16°49′344″，东经：112°14′844″

十二月初五，竹贤仔，3000 斤。

北纬：16°51′124″，东经：112°12′124″

十二月十日，无鱼。

北纬：16°54′000″，东经：112°14′000″

十二月十一日，园池，158 船，6000 斤。

北纬：16°52′500″，东经：112°14′200″

十二月十二日，618 船，15000 斤。

北纬：16°51′244″，东经：112°12′744″

十二月十四日晚，有鱼。

北纬：16°49′344″，东经：112°14′168″

十二月十六日，无鱼。

北纬：16°51′429″，东经：112°12′863″

十二月二十二日，有鱼。

---

[1] 开火位指的是灯光围网的作业方式。

从石水德船长的《航海记录本》来看，西沙的渔业资源比较丰富，几乎每次都能满载而归。他主要采取灯光围网和放钓的作业方式，收获的鱼类主要以红哥利鱼、园池仔和竹贤仔为主。

西沙的鱼类很丰富，除红哥利鱼、园池仔和竹贤仔外，还有黎鳗鱼（疍家话称"傻瓜鱼"）、鳗鱼（疍家话称"辣追鱼"）、水车鱼、炮弹鱼、金枪鱼（疍家话称"黄玲甘"）、牙枪鱼（疍家话称"白甘鱼"）、石斑鱼和红鱼等。

老船长梁宁海曾经多次去往西沙捕鱼，"我们在永兴岛抓了很多水车鱼、金枪鱼、牙枪鱼、红鱼和石斑鱼等。小鱼就直接卖到西沙水厂，大鱼就用盐巴腌了带回海南岛再卖"。[1] 三亚南海社区疍民郑关平说："1992年，我和表哥带了两条渔船到永兴岛抓石斑鱼苗准备回来养殖，可这里的石斑鱼苗是杂苗，养殖了也卖不上好价钱。永兴岛海域的鳗鱼很多，我们抓的鳗鱼有七八十厘米那么长，鳗鱼做成鱼汤，味道十分鲜美。"[2] 陵水新村疍民郭科清凭着自己的努力造了一艘大船，每年都会去西沙的永兴岛捕鱼："我们白天休息，因为西沙的海水太清了，鱼看到有人不敢上来，所以，我们都是晚上钓鱼。钓鱼的饵料用小的竹池子，钓鱼的种类主要有白金枪、金枪和红鱼，直接卖到永兴岛。白金枪每斤能卖16元，金枪每斤能卖20元，中等的金枪鱼一般有三四十斤，大的有200斤。红鱼全身红红的，儋州人俗称为'儋州红'，红鱼一条基本有20多斤，每斤能卖20多元。去西沙虽然远了一些，辛苦了点，但收入还是很可观的。"[3]

（二）南沙群岛渔场资源

南沙群岛渔场一般是指北纬12°以南环绕南沙群岛的广阔海域，由200多个岛礁、暗沙和沙洲组成，周围还有很多沉没的海底山和珊瑚礁。

---

[1] 笔者根据陵水新村疍民梁宁海口述整理。
[2] 笔者根据三亚南海社区疍民郑关平口述整理。
[3] 笔者根据陵水新村疍民郭科清口述整理。

由于珊瑚礁众多，为鱼类提供了充足的饵料，也为鱼类带来了适宜的生存环境。同时，南沙海域经常会有局部的涌升流，把海底丰富的营养成分带到海面表层。因此，南沙群岛鱼类资源十分丰富，是我国重要的渔场之一，也是疍民生产作业的海域之一。

南沙群岛渔场众多，如南沙西部渔场、南沙东部渔场、南沙北部渔场、南沙南部渔场、南沙中部渔场、南沙中南部渔场、南沙中西部渔场、南沙中北部渔场、南沙东北部渔场、南沙西北部渔场。这里的捕捞对象主要有爬行动物海龟、玳瑁，贝类乌蹄螺、砗磲等，鱼类金枪鱼、带鱼、石斑鱼和鲨鱼等。这里的作业方式主要有潜水采捞、延绳钓、灯光围网和底拖网等。

南沙群岛虽然渔场众多，但是以砗磲、海参、海龟、马蹄螺为主，鱼类品种相对没有那么丰富，大型体积的鱼有石斑鱼、金枪鱼和鲨鱼等，体积较小的鱼如竹池子、石鱼和炮弹鱼等。南沙渔场与海南岛距离遥远，而且对于世代以捕鱼为生的疍家人来说，他们在南沙渔场的生产作业活动没有那么频繁。

1994年，林鸿志曾作为轮机长前来南沙开发渔业资源。"我们那次来南沙遇到了很多困难，渔船机器出现了问题，还遇到三次大的台风。南沙的水深不太适合灯光围网作业，我们收获不是很大，两个月一共抓了30000斤鱼，主要是红鱼和石斑鱼。"[1] 冯江方夫妇是陵水新村的疍民，他们也多次去南沙捕鱼。"南沙的水很清，水深20米之内都能看得清楚。在南沙，我们的作业方式主要是手钓，有石鱼、小石斑、金枪鱼和红鱼等。这里的金枪鱼很大，我们有一次钓的金枪鱼足足有200斤重。"[2]

（三）中沙群岛渔场资源

中沙渔场位于北纬14°30′—19°30′，东经113°20′—121°30′，面积约41

---

[1] 笔者根据陵水赤岭村疍民林鸿志口述整理。
[2] 笔者根据陵水新村疍民冯江方夫妇口述整理。

万平方公里。中沙渔场是南海的重要渔场之一,包括中沙群岛刺钓鱼场、金枪鱼延绳钓鱼场和深海虾场3个鱼场,鱼汛期为10月至翌年5月。该海域经常会有局部的上升流和涡旋流,为海洋生物带来了丰富的饵料和大量的营养。这里盛产旗鱼、剑鱼、长尾鱼、鲨鱼、大型金枪鱼、石斑鱼、红斑鱼等,以及各种名贵鱼类,作业方式适合手钓、灯光围网和放钩等。以下内容摘自石水德《海航记录本》:

> 2006年中沙位置:
> 北纬:15°27′855″,东经:114°03′299″
> 二月二十八日,竹贤仔,8000斤。
> 北纬:15°29′044″,东经:113°58′799″
> 二月二十九日。
> 北纬:15°28′720″,东经:113°56′870″
> 二月三十日,园池,200担。
> 北纬:15°28′580″,东经:113°55′618″
> 三月初二日,好位。
> 北纬:15°34′244″,东经:113°44′599″
> 三月初十。
> 北纬:15°28′813″,东经:113°57′622″
> 三月十一日,水位54米,有高波。
> 北纬:15°28′228″,东经:113°56′221″
> 三月十二日。
> 北纬:15°28′521″,东经:114°01′379″
> 三月十三日,园池,4000斤。
> 北纬:15°28′848″,东经:114°00′388″
> 三月十四日。
> 北纬:15°33′793″,东经:113°46′467″

三月十五日。

北纬：15°29′000″，东经：114°01′458″

三月十六日。

北纬：115°32′237″，东经：113°53′109″

三月十八日晚上。

北纬：15°33′768″，东经：113°53′020″

三月十九日晚上，同35号船照园池位。

北纬：15°34′231″，东经：113°45′688″

三月二十日晚上，水深72米，2000斤竹贤仔。

北纬：15°34′020″，东经：113°45′988″

三月二十一日晚上，8000斤竹贤仔。

北纬：15°34′020″，东经：113°45′988″

水深68米，有高墩。

北纬：15°33′809″，东经：113°45′298″

三月二十二日晚上，水深72米，有鱼。

北纬：15°33′700″，东经：113°45′899″

三月二十七日，12000斤池鱼仔。

北纬：15°34′518″，东经：113°44′054″

三月二十八日，水深68米，园池，23000斤。

北纬：15°34′283″，东经：113°44′812″

182船，失网[1]。

北纬：15°34′514″，东经：113°43′894″

三月二十九日，小园池，10000斤。

北纬：15°34′489″，东经：113°43′799″

三月三十日，园池，8000斤。

---

[1] 此处海底有障碍物。

北纬：15°34′620″，东经：113°47′250″

有高墩。

北纬：15°34′080″，东经：113°43′840″

有高墩。

北纬：15°34′210″，东经：113°43′394″

四月初七日，园池，200斤。

北纬：15°34′244″，东经：113°43′994″

四月初八日，园池、竹贤仔，1000斤。

北纬：15°33′944″，东经：113°43′944″

四月初九日，园池，2000斤。

北纬：15°34′306″，东经：113°44′109″

四月初十日，园池，1500斤。

从石水德船长的《航海记录本》来看，中沙渔场由于开发较晚，这里的渔业资源比较丰富。他主要采取灯光围网和放钩的作业方式，收获的鱼类以园池仔、竹贤仔、池鱼仔为主。

（四）东沙群岛渔场资源

东沙群岛渔场位于北纬19°30′—22°00′，东经114°00′—118°00′，面积约11.53万平方公里。东沙群岛渔场主要包括粤东外海渔场、粤东大陆架边缘渔场、粤东大陆坡渔场和东沙群岛附近海域4个渔场，全年均可作业。东沙群岛渔场资源的主要渔获为金线鱼、波纹唇鱼、石斑鱼、海参、鲍鱼、马蹄螺、龙虾和胶菜等。这里作业方式适合手钓、流刺网和围网等。

据史料记载，闽粤两省的渔民在明清时期前往东沙群岛开发经营日益增多，东沙群岛已经成为我国渔民的一个重要渔业基地。清宣统三年（1911年），《地学杂志》第一卷第三期《大东沙岛》一文中提及："大东沙……昔日本人未到该岛以前，沿岸渔船及闽粤渔户，通年均计，不下数百艘。

此外尚有捕鱼半捞海半采矿之小船，不计其数。每年获利，大船自数百金至数千金不等。"[1] 早期海南疍民在东沙群岛的开发经营虽未有正式的文献记载，但海南疍民的祖先几乎都是从广东、福建一带迁徙而来，其中疍民祖先往来于东沙群岛的可能性极大。笔者通过口述史的搜集发现当代海南疍民也活跃在东沙群岛，比如陵水赤岭疍民梁华欢就曾于1984年开始数次去东沙捕鱼和捡拾胶菜。

从上述论述可知，西沙渔场、南沙渔场、中沙渔场和东沙渔场是我国传统的渔场资源，中国的渔民包括海南疍民早在明清时期就开始有组织、有规模地去往南海各个渔场生产作业。海南疍民的南海生产生活或者未曾留下文献记载，或者在自己的"航海日记本"中留下了点滴记录，或者回忆往事之时向后代讲述曾经令人难忘的南海生活。他们每年都有规律地下南海诸岛，长期地、持续地在这里生产作业，用自己质朴的话语形象地命名了各个岛屿。他们了解南海诸岛一岛一礁的地貌，熟悉各个渔场资源的位置，对南海鱼的种类如数家珍，在危机四伏的大海之上依然能够勇敢地生存，慢慢地建设起了赖以生存的家园。这些足以作为海南疍民世代经营和开发南海的确凿证据。

二、海南疍民的南海捕捞技术

自古以来，生活在大海之上的海南疍民就以捕鱼为主，海洋成为疍民赖以为生的物质和精神家园。聪明的疍家人从蜘蛛织网等待虫子落入获得用手网捕鱼的灵感，在浅水海域把手网抛向鱼群出没的地方，就能收获成群的渔获。随着造船和捕捞技术的进步，海南疍民凭借勇气和智慧将捕鱼的线路扩展至南海诸岛，由此探索出适用于南海海域的各种捕捞技术，如放网、四角围网、放排钩、手钓、鲳鱼诱板、灯光围网和潜水等。

---

1 见《大东沙岛》一文，载《地学杂志》，清宣统三年，第一卷第三期。

（一）放网

放网是一种比较传统的作业方式，是海南疍民在 20 世纪 50 年代至 80 年代在南海海域的一种捕鱼方式。放网不同于围网，围网是把鱼群集中起来，而放网是提前选定目的地，一般是在岩石附近，在夜间放网，第二天再收网。

陵水黎族自治县赤岭村疍民黄仁香曾于 1972 年在西沙的东岛守岛一年，为了满足基本的生活需求，那时候的民兵经常会摇着小舢板去抓鱼改善生活。"我们一般在晚上下网，把四五厘米的渔网下到礁盘旁边，第二天白天收网。拉网的鱼一般比较小，有大眼筐、红友鱼和小石斑等。小石斑就像一个芭蕉那么大。这是我们那个年代在西沙最常用的捕鱼方式，因为这个不浪费时间，晚上下网，白天收网，就可以收获很多的小鱼。"[1]

文昌市铺渔村的冯文和曾于 1975 年随文昌铺渔大队前往西沙捕鱼："我们那次去了东岛、永兴岛、永乐群岛、大筐、二筐和北礁等。我们捕鱼的方式主要是放网，晚上把网放在石头边，第二天再来收网。西沙的鱼很多，鱼尤其喜欢在岩石边栖息，因为岩石边会有很多的鱼，小小的礁石就相当于一个小小的渔场。我们抓了很多鱼，有石鱼、红友鱼、石斑鱼和车矶鱼等。"[2]

由此可见，放网虽然是一种比较传统的作业方式，但因其西沙礁盘较多，放网比较灵活便捷，是海南疍民在特定时期比较喜爱的一种捕鱼方式。

（二）四角围网

四角围网是海南疍民深海作业的一种常见的捕鱼方式，尤其是在 20 世纪 50 年代至 80 年代，这种作业方式在南海诸岛最为盛行。用四角网作业时，需要把渔网分别绑在四条小船上，四条小船开往四个不同的方向，

---

[1] 笔者根据陵水黎族自治县赤岭村疍民黄仁香口述整理。

[2] 笔者根据文昌铺渔村疍民冯文和口述整理。

中间固定，成对角抛网下去，渔网在船的中间潜入海底形成漏斗状。这时候要派身手敏捷的疍民爬上桅杆在顶端俯瞰，或者让水性好的人带上疍家人自制的水镜游在海里，用水镜观察有没有鱼进网。一旦有鱼群进网，四条小船就往中间摇过来，从中间固定的地方把四个网角收紧。据疍民讲，运气好的时候，能收获几百担的鱼。

在茫茫大海中，渔网经常浸泡在海水中，这对渔网材质的选择有着很高的要求，必须能够防潮防虫。疍民渔网的原料主要取材于青麻树，将其树皮纤维经过浸泡等基础处理之后，手工撕扯为均匀的细条状，轧制成绳，继而编织为网，最后再用厚皮树树皮浸泡出来的红色汁液将其染成棕红色。经过浸染处理的渔网会提高耐受程度，也能在一定程度上减少网绳的吸水性，可以有效地延长使用寿命。随着现代化的聚乙烯、尼龙纤维材料在渔网编制中的普及，现代捕捞业使用的基本是这种用化学纤维制造出来的渔网，不管是耐受力还是抗腐蚀的能力都远胜于往昔的原始棉麻纤维网具。这种渔网已经没有旧渔网的缺点，只需定期检查修补，无须往日那样频繁的检修晾晒，大大地减轻了疍民的劳作强度。

四角围网是海南疍民在南海海域捕鱼非常传统的作业方式，早期在西沙捕鱼的疍民几乎都是选择这种捕鱼方式。三亚疍民张发结说："我们在永兴岛采取最传统的作业方式——四角围网，运气好的时候，一网下去有几千斤，水车鱼、桂鱼、石斑鱼等都能一网打尽。"[1] 陵水疍民林鸿志也曾经讲起在西沙的捕鱼方式："西沙的永兴岛、七连屿、东岛、永乐群岛，我们都去过，80年代的时候我们还在用四角围网的方式，收获的主要鱼类是水青鱼。"[2] 陵水疍民梁亚清是一名女船长，她就是那个站在桅杆高处观察鱼群的女英雄。她动情地讲起西沙捕鱼的经历："我们的三八号船上立着一根十多米高的桅杆，桅杆上有几十节的脚踏板，桅杆的中间和顶端分

---

1 笔者根据三亚南边海社区疍民张发结口述整理。
2 笔者根据陵水赤岭疍民林鸿志口述整理。

别修有座凳,这是用来观察鱼群的。随着渔船行驶至大海深处,我随着脚踏板一步步攀至桅杆最高处,双腿盘着坐在座凳,两手紧紧抱着桅杆。渔船行驶的时候会来回晃动,我也不会感到害怕,聚精会神地观察海面、寻找鱼群,当有鱼群出现的时候海面会发出微光。一旦有大量鱼群,我就通知女船员们驾驶着四艘小舢板向鱼群飞速撒网,将鱼群团团围住,四条小船开始缓缓向中间行驶,合围完成后就拉紧网绳,网中有红鱼、水青鱼、炮弹鱼、灯光鱼等。看着网中的鱼活蹦乱跳地,在太阳下发出耀眼的光芒,我们很高兴。"[1]

四角围网由四个小舢板集体生产,把四角网放置在珊瑚礁盘、浅海海域,等待鱼群进入渔网之后起网捕获。驱动模式以风帆获取动力,也可以摇橹推进,捕捞的以炮弹鱼、水车鱼、红鱼、石斑鱼等较小型体积的鱼类为主。四角围网这种集体的作业方式也是海南疍民在南海海域捕鱼的必然选择。南海诸岛风浪大,还经常有暗礁和台风等危险,这种集体的作业方式不仅能够分工合作,还能够在变幻莫测的大海上寻找心理的慰藉和安全感。

(三)放排钩

放排钩是海南疍民在南海渔场常用的另外一种传统的渔业作业方式,主线是用几百米长的丝线或者麻线制成,每隔一定距离就绑上一个鱼钩,鱼钩上挂上鱼饵。多的有几万个鱼钩,少的也有几千个鱼钩。鱼线上要拴上一定重量的坠砣和浮漂,借助坠砣和浮漂的相互作用,让鱼钩悬浮在一定深度的水层,如果钓取深层的鱼就可以只用坠砣不用浮漂。放排钩作业的时候需要注意,由于主钢线都很长,有时候长达几百米甚至上千米,上面挂满钓饵,必须按顺序放下海,隔一定的时间又按顺序把钓钩收上来,盘得整整齐齐,否则就会乱线。海南疍民在南海海域作业的时候,选定捕鱼位置,就用机船迅速地把排钩下到海里,凭借锋利的鱼钩和诱人的鱼饵,

---

[1] 笔者根据陵水新村疍民梁亚清船长口述整理。

能够捕获大量的鱼类。

放排钩的捕鱼方式会根据不同的季节、温度、鱼类选择不同的钓钩。排钩分为小钩、中钩和大钩。小钩主要钓一些10斤以内的小鱼，如石斑仔、珊瑚鱼等；中钩钓十几斤以上的鱼，如白鱼、红鱼、哥利鱼等；大钩可以钓上百斤的大鱼，如鲨鱼和金枪鱼等。小钩和中钩的饵料一般选择炮弹鱼、池鱼仔、鱿鱼等，大钩一般要用一两斤的大鱼块。

放排钩是海南疍民在南海常用的捕鱼方式之一。到了鱼汛期，每艘船上备有十几只小艇，母船到达目的地后，把小艇放入海中各自作业。小艇下海后将排钩投入海中，每隔一段时间收钩一次，随收随放，循环不息。三亚疍民石水德善于用放排钩："西沙、南沙、中沙我都去过很多次，我捕鱼时常用的捕鱼方式就是放排钩，这种方式收获大。放排钩是有选择性地钓鱼，这比起流刺网来说更有利于保护海洋生态。流刺网的杀伤力很大，捕捞作业时无论大鱼还是小鱼仔都难逃一劫，被一网打尽，放排钩只会钓稍微大一点的鱼。"[1]

（四）手钓

手钓是利用钓绳、钓钩及鱼饵等引诱捕捞对象吞食上钩，进行捕捞的一种作业方式。手钓没有钓竿，直接用手拉住钓线，钓线抖动了，鱼一般就上钩了。手钓不像围网或者放排钩那样可以收获大量的鱼群，而是适用于深海钓大鱼的作业方式，一般钓的鱼是金枪鱼、鲨鱼、石斑鱼和红鱼等。

陵水新村的梁小妹是一名疍家女性，因为父亲早逝，早早就承担起了养家的重任，她十几岁开始就去西沙捕鱼。"手钓虽然比较慢，但是手钓的鱼比围网或者拖网的好吃，因为钓的鱼不缺氧。但是手钓也很危险，有时候会有凶猛的大鱼上钩，常常也会有疍民被鱼拖入海底。"[2]

陵水赤岭村的黄仁香也曾经谈起东岛手钓往事："疍家人的手钓一般

---

[1] 笔者根据三亚南边海社区疍民石水德口述整理。
[2] 笔者根据陵水新村疍民梁小妹口述整理。

只有鱼线，没有钓竿，这是最原始的钓鱼方式。一是因为当时生活条件不好，不用鱼竿可以节省开销；二是只凭手来拉动鱼线，可以更清楚地感知水下传来的动静，极有趣味。在鱼钩上绑上一个螺丝帽来增加鱼钩的重量，这样更容易抛钩。鱼饵就是用小石斑或者把鱼肉切成小块。但手钓更加考验钓鱼者的技术，人鱼搏斗比较凶险，如果掌控不好，线易断，鱼容易跑掉。手钓的鱼主要有石斑鱼、红鱼和鲨鱼。鲨鱼只要小的，如果遇上大的鲨鱼，要把钓钩砍断，赶快撤走。大鲨鱼太凶险、会吃人，难以对付，之前曾经有人被鲨鱼吃掉过。"[1]

手钓的鱼一般都是比较名贵的大鱼，肉质鲜美。虽然手钓的作业方式充满危险，但是海南疍民常年在南海之上，早已形成成熟的钓鱼技术，适当的时候懂得砍钩放弃，所以，手钓依然是海南疍民在南海的主要作业方式之一。

（五）鲳鱼诱板

鲳鱼也是海南疍民非常喜欢的鱼类之一。由于鲳鱼的鱼刺比较少、所

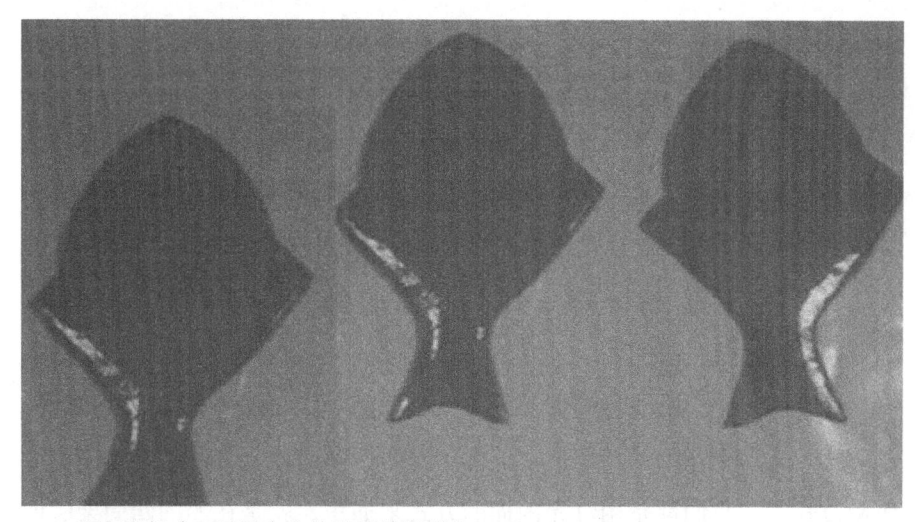

鲳鱼诱板（三亚疍家文化陈列馆提供）

---

[1] 笔者根据陵水赤岭村的黄仁香口述整理。

含的胆固醇比较低，所以深受老年人的喜爱。海南疍民在长期的捕鱼生活中，也总结出一套捕鲳鱼的经验，譬如鲳鱼诱板。据疍家文化陈列馆的相关负责人介绍，新中国成立以前，船上设备还不先进，他们就用木板制作成鲳鱼的模样，在船尾用线拉上十几块，用来诱引鲳鱼。走散的鲳鱼误认为是自己的同类，便跟着游走，越跟越多。

（六）灯光围网

改革开放之后，疍民生活有了很大的提高，渔船的规模和技术也有了质的飞跃，疍家人的渔船几乎都是设备先进的机械船了。与之相应的是灯光围网作业，虽然已经不再使用风帆借助风力驱动，但是船身依然有桅杆，用于悬挂夜间发光的标识灯，避免在视野不清及雨雾天气里与其他渔船碰撞，同时还可用来悬拉起网用的吊杆，起到杠杆助力的作用。随着渔业技术的加强及捕捞能力的增大，人力拉网已经不能满足一般作业需要，灯光围网渔船利用力学原理，借助机械和杠杆的力量，能够轻松地拉动重达千斤的渔网。

灯光围网是在渔船上方一个挨一个安装上几百盏的灯泡，把灯全部打开吸引鱼群靠近渔船。这些灯光发出耀眼的光芒，由于功率很高，灯光的穿透力也很强，几百米远的鱼群都能被灯光吸引过来。船上的鱼群探测器开始探测渔船周围的鱼群，一旦确定有大量鱼群靠近渔船，再把渔船上的灯全部关掉开始撤离。小艇开始上阵围网，小艇上安装两盏1000瓦的灯，小艇慢慢跑，让吸引过来的鱼群更加集中，把这片区域围起来，几乎每次都能够满载而归。

灯光围网由于其先进的捕捞技术，是海南疍民在南海捕鱼最常用的作业方式。林李金作为一名船老大，常年在西沙和南沙一带采用灯光围网的作业方式。"我们都是用灯光围捕的方式来捕鱼，就是在船的四周架起四排特别明亮的灯光，晚上将这些灯全部打开。每艘船上的灯数量会有所差别，我的船上总共有480盏1000瓦的灯泡。晚上将这些灯泡全部打开，海面会变得非常明亮，许多对灯光敏感的鱼就会游到渔船周围。等这些鱼集中起来，密密麻麻的，我们再进行捕捞。"[1]

灯光围网非常适合中上层鱼类的捕捞，中上层鱼类大都具有集群和趋光的特性，因此灯光围网在捕捞应用上具有极大的优越性，发展潜力巨大。

海南疍民在长期的生产作业中，还创作了不少反映捕鱼情况的咸水歌，简要记录如下：

拉 地 网

两头尖尖地网船，船头船尾难分辨。出海作业在海边，推开推迈多人见。

地网劳作分两边，两边拉网要看船。看船为了拉网齐，不看船来拉网偏。

地网作业力要坚，鸡藤拉到响声喧。响声惊下鱼团转，鱼进网尾又看见。

日落之后船开网，一网拉到水花红。鸡藤缆绳鱼乱拱，拱东拱西拱入网。

顺着流向拉地网，网卡套腰喊号浓。号声引来歌声起，一曲渔歌拉地网。

拖 网 劳 作

十月之后东风起，拖网劳作季节来。有风拖渔船速快，无风拖鱼海上捱。

二更天时驶向东，下网往西拖顺风。一卡拖到东州东，起头绞网号声冲。

拖网作业风浪涌，绞梗必须用真功。喊号翻梗力要齐，防止翻梗意不松。

---

[1] 笔者根据三亚南边海社区疍民林李金口述整理。

拖网劳作船两艘，早出晚归紧相靠。海上劳作双拍拖，犹如鸳鸯水一对。

拿白鱼（抓白鱼）

日落之后西红起，四撸齐摇浪花飞。州头州尾白鱼居，水花起后白鱼来。

水钟撞水水花红，白鱼行红走成居。白鱼罟网飞速下，围住白鱼随你起。

罟网作业真艰难，一夜摇到四五更。上夜摇过五个州，下夜穿越四个埠。

两船齐摇比翅飞，撸尾水声真有味。撸头摇湾撸迈断，撸迈绳断打崩鼻。

（七）潜水

潜水也是一种捕捞方式，海南潭门渔民比较擅长潜水，他们能够不带氧气瓶一个猛子扎到二三十米的海水深处，身手矫捷地抓活鱼、割海参、捡公螺，这三样被潭门人称为"潜水捞三宝"。对于疍民来说，他们世代以捕鱼为主，所以作业方式还是以围网和放钩为主。但是疍民出生在大海之上，生长在渔船之上，因此自幼也练就一身潜水的好功夫。

文昌市铺渔村的疍民曾于20世纪80年代的时候去西沙抓龙虾。香港和文昌县政府合作成立公司，组织疍民前往西沙抓龙虾。船长冯文和说："我们一共去了2条船，每条船上有11人。我们此行的设备如氧气瓶、手套、衣服和眼镜都是从香港带过来的。公司以为西沙会有龙虾，因为龙虾喜岩石，西沙的岩石很多，但实际上没有龙虾。我们待了20多天没有抓到龙虾，最后钓了一些鱼回来。"[1]

---

[1] 笔者根据文昌铺渔村疍民冯文和口述整理。

潭门渔民擅长潜水采砗磲、割海参，而海南疍民依然坚守着最传统的捕鱼作业。谈及原因，三亚疍家陈列馆馆长郑石喜讲道："虽然采砗磲、割海参让潭门渔民富了起来，但是我们疍家人历代就是以捕鱼为生，这是祖宗传下来的。"[1]

潜水作为一种捕捞方式，更适用于割海参和采砗磲。而以捕鱼为主的海南疍民不以潜水为主要的捕捞方式，毕竟人抓鱼的效率还是不如围网和放钩。但是西沙和南沙的水是如此之清澈，如此之蔚蓝，海南疍民还是会以娱乐的方式潜水抓鱼。三亚南边海疍民郑关平就为西沙海水的美而感到震撼："西沙的海水清澈得就像明亮的玻璃，水下的岩石、五彩缤纷的珊瑚、奇异的植物和游动的鱼群都看得清清楚楚，这些看似近在眼前的鱼群实际却深在水下二十多米。虽然我常年生活在海边，但还是被这里海水的美而感到震撼。所以，到了这里一定要潜水，否则会遗憾终生！我和表哥就潜水抓了鳗鱼，这是我最难忘的经历！"[2]

随着科技的发展，海南疍民的捕捞设备和捕鱼技术也突飞猛进。从传统的人力放网、拉网到全机械化放网、起网，大大提升了渔业生产效率，降低了渔民的劳动强度，这是适应海南疍家渔民在新的渔业时代不断向大海深处发展的需求，也是符合"造大船、闯深海、捕大鱼、赚大钱"的远海捕捞战略目标。

三、海南疍民的南海捕捞类型

南海诸岛的海洋物产资源十分丰富，蕴藏着数不尽的宝贵资源。早期的海南渔民去往南海诸岛最主要的目的并不是捕鱼，而是采捞珊瑚、砗磲、玳瑁、海龟和紫贝等珍贵物产。疍民作为海南渔民的一个特殊族群，历代

---

[1] 笔者根据三亚南边海社区疍民郑石喜口述整理。
[2] 笔者根据三亚南边海社区疍民郑关平口述整理。

以捕鱼为主要生存方式,他们有时候会捡拾海螺和胶菜,偶尔也会抓海龟饲养以祈祷好运。海南疍民凭着非凡的智慧和顽强的意志,与南海的风浪搏斗,成为南海的主人。

(一)捕鱼

南海渔业资源丰富,品种繁多。历代海南疍民生活在大海之上,以捕鱼为生,至少在清朝末期,海南疍民已经开始去往南海诸岛捕鱼。据《海南岛志》记载:"远洋渔业大多以清澜、新村、三亚等港为根据地,分赴西沙岛及其他远海。"[1] 到了鱼汛期,海南疍民根据不同的岛礁、鱼类、海水深度采取不同的捕捞方式,每次可以收获上万吨的渔获。下面是三亚疍民依据长期的捕鱼经验创作的有关歌谣:

纲罾七部口

头部纲鱼是正月,马鲛鱼成群走似飞。入网叫扯手要快,手慢扯迈无见晒。

二部纲鱼是二月,白鱼游礁又观月。无意观月已入网,扯迈拾鱼东天红。

州仔纲鱼是三月,吹鱼行部走成居。走入网内不回头,扯迈起鱼汗水流。

子排纲鱼是四月,四月青甘跟部游。青甘碰网往回走,跳入下海赶回头。

五月纲鱼白虎头,竹灌灿白表演游。桅尾看鱼叫齐手,齐手扯网渔网囚。

六月纲鱼岸章角,岸章纲鱼水急流。大铁迎流往前走,扯迈旁娘

---

[1] 陈铭枢:《海南岛志》,海口:海南出版社2004年版,第401页。

倒煤油。

七月纲鱼三元角，南流到迈鱼到街。手鱼行街巴林跟，一起入网窝上身。

七月南流好纲鱼

有种作业叫纲罾，四船合作不能飞。纲罾捕捞是疍民，纲鱼故事传到今。

一年之计在于春，疍民纲鱼七月份。七月南流水眼睛，青甘竹灌跟帮近。

七月南流鱼群多，疍民纲罾忙张罗。张好罾网等鱼进，喊号扯网似拔河。

捕捞作业有季节，纲鱼劳作在七月。七月纲鱼生产好，七月南流进元宝。

海南疍民在南海捕捞的渔获，或者就近卖到西沙水厂，或者运回海南岛，或者运往香港、澳门、新加坡等地。因南海诸岛距离海南岛较远，因此出海的时间会比较久，而鱼类容易腐烂，所以保鲜技术就显得格外重要。为了保存捕捞的鱼类，有些渔船专门负责把捕捞的鱼腌制和晒干。不同的鱼类有不同的腌制方法，在《海南岛志》中有专门的记载："红鱼于钓得时即剖去内脏，入盐腌制，每担鱼约需盐 50 斤，起岸后再行腌制，将鱼层叠压仓，逐层撒盐，经五六日，出鱼濯干晒之。已腌制之鱼，以竹篓或席包装裹，运往澳门、香港、海口、江门、文昌等处行销。"[1]

在以捕鱼为生的疍民家庭中，疍家男性在劳动中有明确的分工，就是出海捕鱼。而疍家女性除了照顾家庭的日常生活，还要参与整个的生产环节，比如摇橹、掌舵、上桅杆观察鱼群、拉网、捡鱼、腌鱼等工作。在海上劳作一天的男人随着捕鱼的结束完成了一天的劳动，而疍家女性的劳作

---

[1] 陈铭枢：《海南岛志》，海口：海南出版社 2004 年版，第 414 页。

还远远没有结束,她们要收拾家务、分类腌鱼、清洗船板,常常要忙碌到次日凌晨。

三亚南边海疍民张发结是一名老渔民了,他多次去西沙捕鱼。他们一般要在永兴岛待三四个月,收获的鱼多了,会派几艘大船把用盐巴腌好的鱼送回海南再返回去。"我们大概早上六点去打鱼,下午三四点回来,疍家妇女也会帮忙出海打鱼。西沙的太阳很晒,下船的时候人们的皮肤都晒出了泡。因为天气炎热,捕捞的渔获当天必须处理完,否则就会臭掉。男人白天出海累了,早早地就休息了。疍家妇女们把鱼杀开,用盐均匀地涂在鱼肚子里,一排排码好,还要把渔船打扫清洗干净,有时候凌晨才会处理完。"[1]

三亚藤海社区疍民梁定忠曾去过西沙和南沙,他说:"我们在永兴岛一般会停留一个月的时间,由于需要长时间的停留,因此必须把鱼保存好。我们前去西沙的时候,会带上十几吨盐,在岛上用盐把鱼腌了,回三亚来再卖掉。用盐腌好的鱼可以存放十几天,如果再晒干就可以保存很久。"[2]"我们去西沙要在那里待一年多,那时候的鱼很多,一网下去能收几百担。捕的鱼用盐巴腌着,凑够了量,会先派大一点的渔船把鱼送回广州水厂卖掉。我们出去时间很长,有时间也会拣一些海菜晾干,让回岛的帆船给家人都带回去。"[3]

陵水赤岭疍民林鸿志也曾和笔者讲起腌鱼的技巧:"20世纪50年代的时候还没有冰,抓的鱼要先处理好,否则就会坏掉。每一条鱼的嘴巴里都放上盐,在仓库码好放整齐,放一层鱼加一层盐,隔几天用石头或者木板压一下,这样鱼才能更充分地吸收盐分,肉质也会更加劲道鲜美。"[4]

随着造船和捕捞技术的进步,海南疍民的鱼类保鲜技术也更加纯熟。

---

[1] 笔者根据三亚南边海疍民张发结口述整理。
[2] 笔者根据三亚藤海疍民梁定忠口述整理。
[3] 笔者根据三亚藤海疍民杨大忠口述整理。
[4] 笔者根据陵水赤岭疍民林鸿志口述整理。

鱼类的保鲜从盐巴腌制到冰块保存再到现在的冷气储藏，这大大降低了疍民的劳作强度。早期盐巴腌制要先将鱼杀开，去除内脏，再均匀地涂抹，这对已经在海上劳作一天的疍家人来说是个艰巨的工程。20世纪八九十年代的时候已经有了冰块保鲜技术，"船上有专门储存鱼的大柜子，用泡沫做成保温层，里面放上冰块，鱼类不用处理，直接用冰块覆盖，可以保存20多天之久"。[1]"现在的保鲜技术更先进了，船上有像包厢那么大的冷气室，连冰块都不需要了，捕捞的鱼直接放在冷气室，鱼直接就冻好了。"[2]

南海诸岛距离海南岛路途遥远，如果不精心保存捕捞的鱼类，鱼会腐烂坏掉，海南疍民对鱼类保鲜技术的探索适合南海诸岛的捕捞行为。海南疍民利用海洋赋予的特有的智慧和勇气，大大提升了捕捞效率和保鲜技术，带来了更加轻松省劲的渔业生产模式。

（二）拣螺

南海诸岛的螺种类丰富，有红口螺、五指螺、鹦鹉螺等。螺的肉非常鲜美，可以食用；而且螺壳造型天然独特，可以做成各种各样的工艺品。海螺一般生长在岩石缝隙里或者石头堆积的洞穴里，每当海水退潮，海螺就忍受不了海底的沉闷，纷纷从石缝里爬出来，在半沉半露的水面上出没。这时候海边的螺大的如拳头一般大小，小的如黄豆粒似的那么大，品种很多。

拣螺一般是在大海退潮后，或者在岸边的沙滩上一边行走一边捡拾海螺，或者在石头缝里把手伸入海水中，往石头底部一扫，常常可以抓到一大把。笔者采访黄仁香时，他曾讲起在东岛的拣螺经历，说："东岛有很多海螺，尤其是下午五六点钟海水退潮的时候。在观察台对面的礁盘里，退潮的时候有很多红口螺，这种螺肉最好吃，肉质很鲜美。还有一种螺很奇怪，它长着脚，生活在岸上，白天跑到树林里躲起来，下午退潮的时候

---

[1] 笔者根据三亚南边海疍民张发结口述整理。
[2] 笔者根据三亚南边海疍民石水德口述整理。

会来海边喝水。鱼很喜欢吃这种螺肉，我们常常捡来做鱼饵。"[1]郭世荣也曾说："西沙的五指螺很多，陵水的疍民常抓五指螺，把螺肉晾晒干，可以作为零食吃。"[2]

海南疍民在南海诸岛捡拾海螺，并不是最重要的捕捞类型。他们享受着南海落日之后难得的凉风，光着脚在海边捡拾海螺，就着清风和明月，吃下劳累一天的美餐，明天他们又将是忙碌在各个岛礁之上的渔民。日复一日，年复一年，海南疍民在风浪之中不断历练和成长，成为开发经营南海的一群"海洋之子"。

（三）捉海龟

海龟是大型爬行类动物，主要生活在热带海域，有时也会随着暖流出现在温带海洋地区，不过这种情况极少。西沙群岛和南沙群岛常年高温，有着优质的海滩，是海龟生活和繁殖的最佳地区。每年夏秋季节，会有成群结队的海龟到西沙和南沙产卵。1946年，国民政府对南海诸岛进行资源调查时发现："海龟大者重逾百斤，平时居水中，产卵必在陆上。卵期多在春夏之间，故捕龟期约在4月至9月。捕龟者多在夜间行之，捕得后于海边掘池架棚育之，以供每日食用。载归后售之广州，肉可食，甲可制药。"[3]

抓海龟的方法主要有两种：一是在靠近海岛的礁盘下用粘网来网罗游向海岛的海龟；二是夜间守候在沙滩上伺机抓获上岛产卵的雌海龟。海南省陵水黎族自治县赤岭村的占道勇曾经于1972年在东岛有抓海龟的经历："我在夜间巡逻的时候，正赶上海水涨潮，突然看到一只大海龟正慢腾腾地向海边爬去。我和战友看海龟下完蛋后准备返回大海，就顶住乌龟的壳，用力把它翻过来，翻过来的海龟只能原地打转，不能再行走。我们好奇地去沙坑那里看了一下海龟的蛋，白色的就像乒乓球一样，数了一下是120个。

---

[1] 笔者根据陵水赤岭疍民黄仁香口述整理。
[2] 笔者根据陵水新村疍民郭世荣口述整理。
[3] 陈天锡、郑资约、杨秀靖：《南海诸岛三种》，海口：海南出版社2003年版，第190页。

海龟蛋软软的，富有弹性，所以100多个蛋经过碰撞也不会碎掉。我们又把沙坑埋上，过几天小海龟就会破壳而出，慢慢从沙坑中爬出来。天一亮，我们又找来几个战友，一起把足足200斤的海龟拖回去。我们在海边用木桩打了一个圈，用网围住，把海龟养在海边。一有台风，我们就会把海龟拉上岸保护起来，等到台风过后，再把海龟放进去。后来有一次台风比较大，把我们打的木桩打坏了，海龟就跑掉了。"[1]

占道勇说："那时候，国家还没有把海龟列为保护动物，2012年三沙市成立后，岛上成立了海龟保护站，重点保护海龟蛋，甚至人工帮助孵蛋，提升海龟的成活率。我们疍家人认为海龟是有灵性的，不能捕杀也不能吃。现在想想很惭愧，虽然把海龟养在海边，但还是让海龟失去了自由。"[2]

海南疍民不像其他地区的渔民那样捕杀海龟，他们捉海龟但会把它养起来，因为在疍家人心中海龟是有灵性的。"抓海龟是要讲究技巧的，先是把船开到海龟的附近，再下海到海龟的背后慢慢靠近，保持安静，抓住海龟前背的两边，避开脖子的地方。我们有时候抓海龟，但不会买卖或者屠杀，抓回来的海龟会精心喂养，希望海龟可以给我们带来吉祥和好运。"[3]

海南疍民历代以捕鱼为生，他们战胜自然的重重险障，远洋至南海诸岛讨生活。他们在捕鱼之余捡海螺、抓海龟、拾胶菜等，呈现出和其他渔民不同的采捞类型。通过回顾和了解海南疍民在南海诸岛的渔业文化轨迹，我们可以窥见他们曾经在开发经营南海的宏大图景中画出了浓墨重彩的一笔。

（四）西沙打捞沉船

西沙群岛地处南海航线要地，海上贸易频繁，是古代"海上丝绸之路"的必经之地。由于珊瑚礁盘众多，许多古代商船触礁沉没于此，形成了丰

---

[1] 笔者根据陵水赤岭疍民占道勇口述整理。
[2] 笔者根据陵水赤岭疍民占道勇口述整理。
[3] 笔者根据陵水新村疍民郭世荣口述整理。

富的水下文化遗存。随着华光礁 1 号沉船的面世，揭开了 800 年前沉船的秘密，重新再现了古代海上丝绸之路的繁荣，也证实了南海诸岛自古以来就是中国的神圣领土。这一巨大发现促使中国政府多次组织西沙水下考古行动，发现多处沉船遗迹。这些重要发现为古代海上丝绸之路的航线、古代的航海技术以及对外贸易等问题提供了丰富而又重要的实物资料。

由于西沙群岛距离海南岛只有 100 多海里，历代海南疍民常常往来于西沙群岛和海南岛之间开展渔业生产和贸易。西沙暗礁众多，一不小心就会触礁沉没，海南疍民曾于 1972 年在西沙生产作业的时候便发现一处沉船。沉船大约有 10 米高，一部分船身在礁石上，一部分在水下。沉船上装满了钢筋和铁片，钢筋就像电缆一样粗，大约 50 根为一捆，每根都有十几米的长度。钢材在 20 世纪 70 年代是异常珍贵的，因此海南疍民在公社的组织下，前后几年分批到此处打捞沉船钢筋。

据笔者调研，海南三亚、陵水和文昌的疍民都参与了此次打捞钢筋的行动。关于沉船的具体位置，参与打捞的疍民说："我们也不知道那里沉船的具体位置叫什么，我们只是叫'筐里'或者'圈里'，沉船在永兴岛的西南侧，距离永兴岛约 30 海里，从永兴岛开船，从早上 3 点多开到将近 9 点钟。"[1] 笔者根据被访者的回答推断沉船的位置应在玉琢礁。玉琢礁距离永兴岛 32.3 海里，在永兴岛的西南侧，玉琢礁周围有很多暗礁，而且附近又是国际航线，因此古往今来很多船只在这里撞毁。在西沙沉船遗址中，玉琢礁的沉船数量很多，出水文物品种丰富。笔者从位置、环境等诸多因素考察，20 世纪 70 年代海南各个公社曾分批组织疍民前往西沙玉琢礁打捞沉船钢筋。

三亚疍民郑森家回忆当年的场景说："钢筋浸泡过的海水颜色很浓，水下的情况看不清楚。船员在船头和船尾两边各放上几十斤的炸药，炸出两三米的大洞，洞炸开了，海水冲进去，两个小时左右水就清了，这样就

---

[1] 笔者根据三亚南边海疍民郑森家口述整理。

能清楚地看到钢筋所在的位置。那天我身体不适没有参与打捞，他们就潜入水下把绳子绑在钢筋上，船上的人一捆一捆地把钢筋拉上来，干了一天也没有把一条渔船装满，大家还都累得够呛。"第二天，郑森家的身体稍微好一些，亲自上阵带领大家打捞钢筋。他说："我看这样用人力一捆捆地打捞太慢，就带领大家把船开到旁边，抛5个锚，前面2个，后面2个，侧面1个，把渔船与沉船用绳子紧紧绑在一起，把滑轮吊在渔船的桅杆上，用滚轮机绞，吊一下就把成捆的钢筋打捞上来。用滚轮滑动的物理原理，打捞起来就轻松多了。经过两天时间，六条渔船全部装满了打捞上来的钢筋。回去之后，大队发给我360元钱作为奖励。拉回来的钢筋，机械厂用了一部分，一部分建房子用，现在没有拆的第一批疍家人在陆地上建的旧房子用的就是这批钢筋。"[1]

文昌铺渔村疍民杨许利也曾被指派到此处打捞钢筋和铁片。"我们是'西沙公'带路，去的时候沉船已经被炸开了，我们在清澜港部队要的炸药也没派上用场。潜水员下去，把绳子绑在成捆的钢筋上，再用船吊上来。沉船里面有白色长袖衬衫，还有缝纫机、袜子、自行车，这在当时来说都是时髦的好东西，我也捡回来一些用。衬衫的质量很好，我穿了十几年也没烂。"[2]

杨大忠说，三亚渔船在打捞沉船回来的路上，由于船上装的钢筋太重了，在万宁大洲岛附近发生了沉船事故，最后一个妇女和三个小孩丢了性命。谈起这段往事他的心情显得很沉重。回来后的第二天，鱼雷公社又派人前去把渔船拉回来，大家凭借记忆找到沉船位置附近，但只见海面上漂浮着被子、柴火，却不见了船的踪影。[3]

海南疍民在西沙打捞沉船钢筋的行动，在特定时期满足了国家对钢铁的急切需要，也是南海生产实践中的一次重大壮举。在那个物资匮乏的年

---

[1] 笔者根据三亚南边海疍民郑森家口述整理。
[2] 笔者根据文昌铺渔村疍民杨许利口述整理。
[3] 笔者根据三亚藤海疍民杨大忠口述整理。

代,一批批的海南疍民为了打捞沉船钢筋,甚至付出生命的代价,换来陆地上第一批房子的物料,逐渐过上了安稳的生活。如今,当年打捞沉船的年轻疍家人已经两鬓斑白,第一批陆地上的疍家居民也已经迈入老年。也许岁月模糊远去,但这已经成为历史中存在的一部分,成为海南疍民自知自觉开发经营南海诸岛的例证!

四、海南疍民南海生产实践的经验总结——《更路簿》

海南疍民一直以来地位低下,读书少,不识字,造船技术也不够发达,人们普遍认为海南疍民生产作业只是在近海至琼州海峡一带。但是笔者经过长期对海南疍民聚居地的田野调查发现,海南疍民的航海足迹不仅至广东、广西、福建一带,香港、澳门也曾有他们的身影,甚至到达西沙群岛、中沙群岛和南沙群岛。在帆船时代,疍民凭借一张海图、一只罗盘、一本《更路簿》在惊涛骇浪中勇闯南海。

一直以来,《更路簿》被学界认为是海南渔民创造发明使用的航海指南。随着学界对《更路簿》的研究热潮,《更路簿》陆续面世,现存的版本大多是潭门和文昌渔民的手抄本,主要介绍海南各港口到达西沙、中沙和南沙各个岛礁的航海线路及注意事项,其中涉及十分丰富的天文、地文、水文和航海等知识,是海南渔民耕作南海的珍贵航海知识记录。海南疍民是渔民的一个特殊群体,曾一度被列为"疍族",但后来又被归到汉族系统里来。笔者三年来奔赴海南疍民聚集地进行调研发现一个有意思的现象,海南疍民手中曾经也有《更路簿》,这是学界还未曾揭开的神秘面纱。

三亚市疍家文化陈列馆馆长郑石喜说:"我爷爷、我父亲都曾经去过南海打鱼,他们那时候主要靠航海图、指南针,还有'航海记录本'。老一辈的疍民几乎家家有'航海记录本',我小的时候就曾见到过。后来有一次发大水,大部分都被淹了。那时候也没人意识到'航海记录本'的重要性,毕竟出海已经是机器船了,就在那一次发大水的时候,大部分'航海记录本'都遗失了。"[1]三亚市咸水歌传承人张发结说："我见到过'航海记录本',现在很难找了。一来因为老人去世的时候,家人把老人的衣服、被褥连同'航海记录本'当作陪葬品了;再一个因为疍民逐海而居,颠沛流离,经历了从海上之家到疍家水棚,再到用珊瑚石造成的第一批陆地房子,再到现在的砖瓦楼房,数次搬家,一些旧物也就遗弃无从寻找了。"[2]

从疍民的口述中,我们发现疍民手中也曾经有《更路簿》,只不过他们称之为"航海记录本""航海日记本""航海日志"或者"流水簿",后来因为各种原因没有保存下来。这些珍贵材料的遗失,带走了海南疍民与南海之间的许多故事和秘密。

笔者在调研过程,有幸见到三亚市疍民梁清光保存的《更路簿》。梁清光家里一共有三本《更路簿》。一本是他20多岁,在海南文昌做艇仔时,别人借给他的,至今已有60多年了。据梁清光回忆,该本《更路簿》书写年代已经很久了,他只知道是别人家里世代相传的,当年一起的小伙伴看他勤劳好学,又爱动脑筋思考问题,就把家里祖传的这本《更路簿》借给了他。梁清光说,当时拿到这本《更路簿》是如获至宝,里面不仅记录了海口的涨潮退潮记录,还记载了从广东各港口到海南岛各港口的航程、航线,以及各港口的位置状况,非常有用。他看了很多遍,还认真地用铅笔做了注释。梁清光的第二本、第三本《更路簿》,都是他自己写的,分别记载了捕鱼的情况、怎么捕鱼、怎么撒网、出海捕鱼的位置,以及渔场资源、海底障碍物、流水情况等,并不断修正和补充。比如,在记载流水情况时,梁清光根据自己多年的捕鱼经验以及细心观察,认为实际流水情况与原来本子记载的流水情况有出入,他修改为"早一天"等等,可以看出梁清光对捕鱼的钻研和用心。笔记本里面有他自己手绘的渔网图,主要画的是拉网的位置,从哪个口拉,拉网的方向、硬度等,这是梁清光根据

---

[1] 笔者根据三亚疍家陈列馆馆长郑石喜口述整理。
[2] 笔者根据三亚疍家咸水歌传承人张发结口述整理。

自己捕鱼经验做的记录。这两本《更路簿》分别用黑色钢笔、蓝色钢笔、铅笔、蓝色圆珠笔、黑色圆珠笔等书写。《更路簿》所记载的内容，既有前辈们的经验总结，又有他自己的修改补充，里面包含的内容非常丰富，值得我们细细研究。

陵水黎族自治县英州镇赤岭村的梁华欢老船长，祖籍广西北海，现在已经是85岁高龄了。他一生多次作为领队和船长带领陵水的疍民下西沙、中沙、东沙和南沙，尤为难能可贵的是，他利用自己在海上流动小学的学习经历，把自己的航海经验写成四卷本的《更路簿》，为研究南海提供了极其珍贵的资料。目前，这四本《更路簿》已被海南省民族博物馆征走。梁华欢老人虽然已至耄耋之年，但头脑极为清楚，笔者无缘一睹梁华欢老船长的《更路簿》真容，但这位老船长当场熟练地写了一些去西沙和南沙的路线。

西沙航船渡表[1]

从海南清澜港放永兴岛 180 海里，放 150 度。

从永兴岛放回海南清澜港 180 海里，放 336 度。

从海南潭门港放永兴岛 176 海里，放 140 度。

从永兴岛放回海南清澜港 176 海里，放 320 度。

从海南大洲岛放永兴岛 162 海里，放 129 度。

从永兴岛放回海南大洲岛 162 海里，放 310 度。

从海南新村角放永兴岛 166 海里，放 130 度。

从永兴岛放回新村角 166 海里，放 330 度。

从梁华欢老人当场写成的这份《西沙航船渡表》中，可以看出从海南岛的几个重要港口到达永兴岛的距离，以及罗盘应该放置的角度。这些数字异常清晰地从梁华欢老人口中缓缓说出，显示了他对西沙群岛的熟悉和

---

[1] 笔者根据陵水赤岭村疍民梁华欢老船长口述整理。

了解，也印证了他几十年来在永兴岛上往返的历程，那些南海航行的岁月已经成为梁华欢老船长一生中最为珍贵和难忘的记忆。

南沙航行表[1]

自白屿子（注：又白峙仔）到双屿：驶：乾巽己亥平二十八更为定。

（今注：从西沙盘石屿开到南沙双子群礁，罗盘针正对着乾巽和己亥的中间，航程二十八更即可到达。）

自双屿到铁屿子：驶：子午癸丁平二更为定。

（今注：从南沙双子群礁开到南沙中业岛，罗盘针正对着子午和癸丁的中间，航程二更即可到达。）

自下屿仔到铁屿沙排：驶：壬丙己亥二线二更为定。

（今注：从南沙奈罗礁开到南沙铁峙礁，罗盘针指向壬丙加二线己亥，航程二更即可到达。）

自铁屿到库归：驶：乙辛辰戌二更为定。

（今注：从南沙铁峙礁开到南沙库归礁，罗盘针指向乙辛和辰戌的中间，航程二更即可到达。）

自库归到三角：驶：乙辛辰戌五更为定。

（今注：从南沙库归礁开到南沙三角礁，罗盘针指向乙辛和辰戌的中间，航程五更即可到达。）

自三角到双门：驶：乾巽二更为定。

（今注：从南沙三角礁开到南沙美济礁，罗盘针指向乾巽，航程二更即可到达。）

自双门到断节：驶：乙辛卯酉二更为定。

（今注：从南沙美济礁开到南沙仁爱礁，罗盘针指向乙辛和卯酉的中间，航程二更即可到达。）

---

[1] 笔者根据陵水赤岭村疍民梁华欢老船长口述整理。

《东琼州潮涨退定时志录》封面（笔者摄）

《东琼州潮涨退定时志录》第2页（笔者摄）

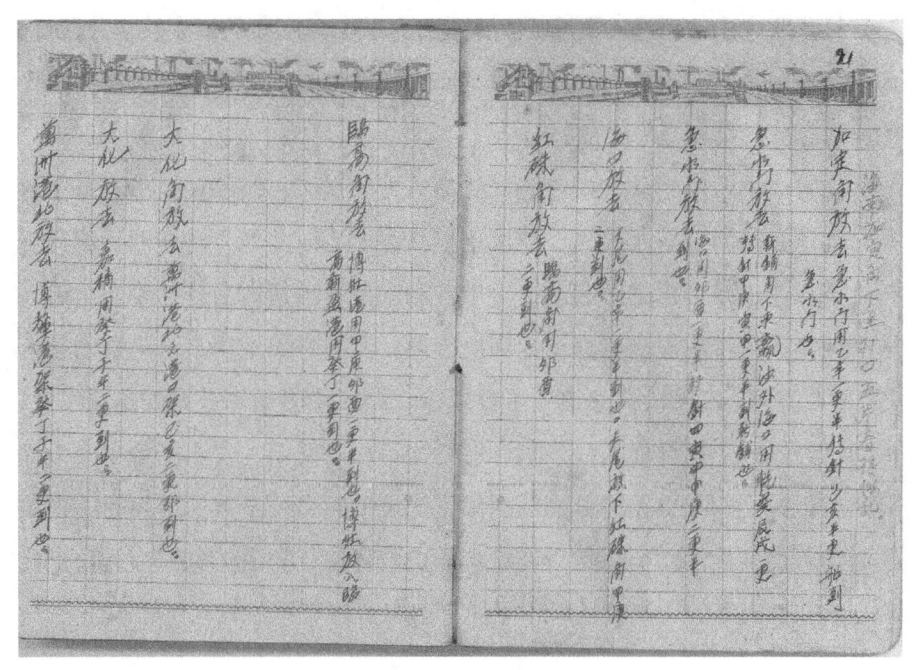

《水程志录》第 1 页（笔者摄）

　　自断节到牛车鹰：驶：乙辛二更为定。

　　（今注：从南沙仁爱礁开到南沙牛车轮礁，罗盘针指向乙辛，航程二更即可到达。）

　　自牛车鹰到脚坡：驶：乾巽二更为定。

　　（今注：从南沙牛车轮礁开到南沙海口礁，罗盘针指向乾巽，航程二更即可到达。）

　　自脚坡至石龙：驶：乙辛卯酉二更为定。

　　（今注：自南沙海口礁开到南沙舰长礁，罗盘针指向乙辛和卯酉的中间，航程二更即可到达。）

　　自石龙到鱼鳞：驶：癸丁四更为定。

　　（今注：从南沙舰长礁到南沙仙宾礁，罗盘针指向癸丁，航程四更即可到达。）

梁华欢老人的口述《更路簿》记录着有关南海诸岛的诸多故事和回忆，为海南疍民早期开发经营南海提供了有力的证据，其中更蕴含着海南疍民的航海经验总结和智慧结晶。

在古老的帆船时代，海南疍民凭借风力和水流，一般在过了春节之后乘东北风一路南下至永兴岛，再以永兴岛为中心向其他方向在西沙群岛进行生产作业，或者再继续起航去往中沙和南沙群岛耕海劳作，半年之后，再乘西南季风带着满满的渔获返回海南岛。海南疍民运用自己丰富的航海知识，在南海诸岛的险风恶浪中求得生存。如今，随着航海技术的迅速发展，渔船已经进入卫星导航时代，远洋航行变得相对简单，安全指数也大大提升，曾经风光的《更路簿》悄然退出了历史的舞台。虽然《更路簿》退出了海南疍民的生活，但仍然具有珍贵的史料价值，它讲述着海南疍民世代耕耘、守护南海的历史，也是中国拥有南海诸岛及其海域主权的铁证。

第三章 历代海南疍民对南海诸岛的海疆守护

从古至今，疍民与南海一直关系密切。古代，疍民作为封建王朝军队的有益补充，承担着运送军粮、打击盗寇、官方采珠等职责；还有一部分疍民以民间自发的形式纵横南海，从事生产生活的同时进行海上贸易。到了近现代，随着南海局势的日益紧张复杂，疍民在政府的领导下，担负起巡洋三沙、捍卫国家主权的重任。

第一节 封建王朝时期疍民武装对海疆的开发与维护

一、五代十国时期：设"媚川都"官方采珠

在封建王朝时期，疍民虽然社会地位低下，但因为他们水性极好，善于操舟弄潮，故而被封建王朝所倚重，成为王朝军队的一部分。疍民武装最早出现于什么时间，目前学界尚未有定论。但从已有的史料来看，五代十国时期南汉刘鋹的军队中应该有疍民。《续资治通鉴长编》载："刘鋹于海门镇募兵能采珠者二千人，号'媚川都'。凡采珠，必以石缒索系于足而没焉，深或至五百尺，溺死者甚众。"[1]《宋会要辑稿》中也有相似记

---

1 〔宋〕李焘：《续资治通鉴长编》，北京：中华书局1979年版，第283页。

载："刘铢之据岭南也，于其管内海门镇招置兵士二千余人，目为媚川都，惟以采珠为务。"[1] 在这里，"媚川都"的设立，是值得注意的现象。"都"是唐末五代至宋朝的一种军事编制单位，如后梁朱温的亲军"厅子都"、后唐李存勖设置的"金枪都"、泰宁节度使朱瑾于唐昭宗初期设置的"雁子都"、前蜀王建设置的"决云都"等。这些以"都"命名的侍卫亲军大多以勇猛善战而闻名，而"媚川都"以"采珠为务"，即以从事经济活动为主，这样的军队是比较少见的。"媚川都"具体的人数，历史记载并不完全一致，在《南海百咏》《隆平集》中记载两千人，《舆地纪胜》《九朝编年备要》中则说三千人，而在《渑水燕谭录》中称八千人。但不论人数多少，其中疍民参与国家军队编制的身份是不容置疑的，这在宋代诸多文献中可以佐证。在宋代的史料中，明确提到能采珠者非疍民莫属。范成大《桂海虞衡志》上说："蜑，海上水居蛮也。以舟楫为家，采海物为生，且生食之。入水能视，合浦珠池蚌蛤，惟蜑能没水探取。"[2] 周去非《岭外代答》"宝货门·珠池"条中也写道："合浦产珠之地，名曰断望池。在海中孤岛下，去岸数十里，池深不十丈，蜑人没而得蚌，剖而得珠。"[3] 由此可见，在南汉时期，政府就已经利用疍民熟悉水性的特点将其征募为兵，从事官方采珠。南汉采珠业发达，除了在传统的采珠基地雷州、廉州沿海以及珠江口大力经营外，又开发广西合浦、东莞大步海区域，牢牢控制了整个南方近海区域的资源开发。

二、宋元时期：编入水军 守卫海疆

如果说南汉时期政府利用疍民熟悉水性的特点让他们主要从事采珠这一类的经济活动，那么到了宋朝，疍兵承担了更多的社会责任。宋太祖"诏

---

1 〔清〕徐松：《宋会要辑稿》，北京：中华书局1957年版，第5559页。
2 〔宋〕范成大：《桂海虞衡志》，北京：中华书局1991年版，第28页。
3 〔宋〕周去非著，杨武泉校注：《岭外代答校注》，北京：中华书局1999年版，第258页。

废岭南道媚川都，选其少壮者为静江军，老弱者听自便"[1]，也就是说有一部分身强力壮的疍民进入了北宋的军队。此后，疍兵在守卫海疆、维护地方稳定、沟通地方与中央方面发挥着比较重要的作用。

北宋时期，官府将疍民编制成军有明确的史料记载。据万历《琼州府志》记载："宋步军制曰澄海，以戍海、崖、儋。曰清化，以戍黎、琼、儋，三处俱建隆以来设。曰清江，天圣后增置。皆诸州戍兵。"[2]"后三军额通改清化。统以指挥，属广西路。"[3]这段文字明确介绍了北宋王朝在海南岛的兵员配备以及始建时间。除了有"澄海""清化""清江"三军外，还有"土军""黎兵""疍兵"。其中疍兵，"以疍为之。至道间尝令具州辇粮海北"。[4]疍兵护送漕粮，在《宋史》也有记载："先是，岁调雷、化、高、藤、容、白诸州兵，使辇军粮泛海给琼州。其兵不习水利，率多沉溺，咸苦之。海北岸有递角场，正与琼对，伺风便一日可达，与雷、化、高、太平四州地水路接近。尧叟因规度移四州民租米输于场，第令琼州遣蜑兵具舟自取，人以为便。"[5]北宋时期，海南岛地处偏远，农业落后，粮食供应紧张，军民口粮主要依靠大陆运输。苏轼就曾作诗："北船不到米如珠，醉饱萧条半月无。"而原来负责粮食运输的雷、化、高、藤、容、白诸州兵，多不通水性，经常舟沉人亡。时任广南西路转运使的陈尧叟决定将粮食送到海峡北岸递角场，然后让琼州府派疍兵驾船自取，大大提高了粮食运输效率。疍兵利用自身通水性的特点，解决了军粮运输的困难，也保证了政府对琼州海峡对岸海南岛的有效控制和管辖。

南宋时期，疍民依旧是水军的重要来源。据《天顺东莞县志》记载："大奚山在县南大海中，有三十六屿，居民不事农桑，不隶征徭，以鱼盐为生。

---

1 〔宋〕李焘：《续资治通鉴长编》，北京：中华书局1979年版，第283页。
2 〔明〕戴熺、欧阳灿、蔡光前：《万历琼州府志》，海口：海南出版社2003年版，第320页。
3 〔明〕戴熺、欧阳灿、蔡光前：《万历琼州府志》，海口：海南出版社2003年版，第320页。
4 〔明〕戴熺、欧阳灿、蔡光前：《万历琼州府志》，海口：海南出版社2003年版，第320页。
5 〔元〕脱脱：《宋史》，北京：中华书局1977年版，第9584页。

宋绍兴间，朝廷招降朱祐等，选其少壮为水军。老弱者放归，立为外寨，差水军使臣一员弹压，官无供亿，但宽鱼盐之禁，谓之腌造盐。"[1]大奚山即今天香港西南的大屿山，其地多疍民。因常年生活在水上，善于操舟弄船，故而被选入水军。而熟悉风涛、身强体壮恰恰是南宋王朝征召水兵的基本标准。《宋史全文》载，宋理宗绍定三年（1230年）十一月丁卯，"招濒海渔业惯熟风涛少壮趋捷之人"。[2]大奚山海岸线漫长，是粤洋中路的重要岛屿，政府对此地的重视，恰恰反映出这一时期王朝海洋意识的提升。

宋朝虽然结束了五代十国分裂割据的局面，但终其一代，一直面临着领土受北方少数民族不断进逼骚扰的窘境。在这种强大压力下，宋朝政府经济中心逐渐南移，视野也开始从内陆拓展到海洋。特别是宋金战争后，无论是出于经济考虑还是军事考虑，宋王朝对海洋的重视都达到前所未有的高度。经济上实行鼓励对外开放的贸易政策，积极与南海诸国进行海外贸易；军事上建设强大的海军，以确保王朝的海疆安全。疍民作为南宋水军的重要来源，在保卫海疆的过程中发挥着不可忽视的作用。

宋灭亡后，一部分水军归入元朝军队。如《正德琼台志》"海道篇"就记载"元白沙水军，系浙军自宋末从祥兴帝船遁至本州，为元兵所败，遗卒收为水军。后于白沙津置镇设官管领，给粮巡防海上"。[3]同样的材料也可见于《康熙琼州府志》："收宋末祥兴败兵，置镇设官，管领防海。"[4]也就是说，元朝作为一个北方游牧民族建立的王朝，其水军成员相当一部分来自南宋水师。南宋兵败后，水军被元朝政府收编，并设立专职部门，职责就是负责海上巡防，守卫海疆。同时，在与南宋的战争中，元朝海军力量迅速扩张，甚至一度具备远海作战能力。在国内战争尚未完全结束的

1　《天顺东莞县志》卷一《山川》，广州：岭南美术出版社2007年版，第14页。
2　无名氏：《宋史全文》，哈尔滨：黑龙江人民出版社2004年版，第2169页。
3　〔明〕唐胄：《正德琼台志》，海口：海南出版社2006年版，第270页。
4　〔清〕焦映汉修，贾棠纂：《康熙琼州府志》，海口：海南出版社2006年版，第327页。

情况下，忽必烈就着手进行海上扩张。至元年间先后发兵征占城、安南、爪哇。"占城，近琼州，顺风舟行，一日可抵其国。"[1] "安南，一路自骦州东，二日行至唐林州安远县，南行经古罗江，二日行至环王国之檀洞江，又四日至珠崖。"[2] 爪哇即今天印度尼西亚的爪哇岛，古称阇婆国。占城、安南离海南岛都不远，而要跨海远征爪哇，海南岛是必经之地，也是距离最近的地方。在当时，海南的军队归湖广省统辖。在进攻占城、安南、爪哇时，元政府均调湖广兵参与作战。在《正德琼台志》卷二十一"海道·番方"篇中就有琼州兵参与海战的记录。显然琼州水军中是有疍民存在的，也就是说疍民应该也参与了元朝初年的这几次对外作战，甚至是跨海远征。有意思的是，在战争中，其他国家的降将有一部分后来也加入元朝的军队，甚至拖家带口，驾舟来到海南岛、散泊海岸，成为疍民的一员。《康熙琼州府志》记载，元朝时，"又籍占城降人为兵，立其酋麻林为总管，降四品印信，世袭。今俱为疍"。[3] 这段记载明确说明了在元朝与占城的战争中，占城被俘人员曾来到海南，其首领还被元朝政府封为四品总管，世袭。这些占城人的后代都是疍民。

三、明清时期：抗御外夷 平息倭患

明清时期，随着环球新航路的开辟，大航海时代到来，中国政府的海防意识明显增强。明朝初年，政治、军事形势严峻。一方面，倭寇大肆入侵。明朝建国时，日本已经分裂，进入战国时期，诸侯纷争不断。许多日本平民失去土地沦落为匪，他们与浪人、封建诸侯相互勾结，形成海盗集团，"倭奴数掠海上，寇山东、直隶、浙东、福建沿海郡邑"[4]；另一方面，国内政

---

1 〔明〕唐胄：《正德琼台志》，海口：海南出版社2006年版，第464页。
2 〔明〕唐胄：《正德琼台志》，海口：海南出版社2006年版，第464页。
3 〔清〕焦映汉修，〔清〕贾棠纂：《康熙琼州府志》，海口：海南出版社2006年版，第327页。
4 〔明〕张翰：《松窗梦语》，北京：中华书局1985年版，第57页。

局不稳。"方国珍踞温、台、处，张士诚踞宁、绍、杭、嘉、苏、松、通、泰，诸军皆在海上。"[1]为了进一步巩固政权，加强海防，明太祖"乃遣信国公汤和筑登、莱至浙沿海五十九城，调民戍兵；江夏侯周德兴筑福建漳、泉等十六城，亦募戍卫所。又命南雄侯赵庸招蜑户、岛人、渔丁、贾竖，自淮、浙至闽、广几万人，尽籍为兵"[2]。之所以将"蜑户"编入军籍，在《明太祖实录》中有说明："时蜑人附海岛，无定居，或为寇盗，故籍而用之。"[3]此外《明史》中也有赵庸奏请将蜑民编入水军的记载：洪武"十四年，闽、粤盗起，命庸讨之。逾年悉平诸盗及阳山、归善叛蛮，戮其魁，散遣余众，民得复业。奏籍蜒户万人为水军"[4]。

蜑民由于常年生活在水上，并且生活贫困，"贫乏者一叶之篷，不蔽其身；百结之衣，难掩其体"[5]，很容易沦为匪盗。为了更好地对他们进行管理又发挥其所长，明朝政府多次下令征召蜑民为兵。"洪武二十五年十二月甲子，广东都指挥使花茂奏：'东莞、香山等县大溪山、横琴山逋逃蜑户畲人凡一千余户，附居海岛，不习耕稼，止以操舟为业，会官军则称捕鱼，遇番贼则同为寇盗，隔绝海洋，殊难管辖。其守御官军，冒山岚海瘴，多疾疫而死。请徙其人为兵，庶革前患。'从之。"[6]洪武时期，面对东莞、香山、大溪山一带的蜑民，政府采用的措施就是征召为兵，将其纳入封建王朝的军队之中，既解决了以往管理不便的难题，还可以发挥其优势，守卫海疆。所以到了永乐时期，当政府需要抗击倭寇之时，蜑兵又一次发挥了作用。"永乐六年，命丰城侯李彬等，缘海捕倭，复招岛人、蜑户、贾竖、渔丁为兵，防备益严。"[7]李彬抗击倭寇，有蜑兵参加，有明确史料依据。

---

1 〔明〕张瀚：《松窗梦语》，北京：中华书局1985年版，第57页。
2 〔明〕张瀚：《松窗梦语》，北京：中华书局1985年版，第57页。
3 《明太祖实录》，台北："中央研究院"历史语言研究所1962年版，第2252页。
4 〔清〕张廷玉：《明史》，北京：中华书局1974年版，第3807页。
5 〔清〕邹兆麟：光绪《高明县志》卷十六《杂志·蜑户》，清光绪二十年刊本，第18页。
6 《明太祖实录》，台北："中央研究院"历史语言研究所1962年版，第3262页。
7 〔清〕张廷玉：《明史》，北京：中华书局1974年版，第2244页。

另外，值得注意的是，明朝的疍兵并不是零星地散布于各军队，而是存在编制的，且有一定的规模。康熙时期巡视海洋大臣杜臻调查，明朝在广西钦州龙门岛常驻水师中，"设疍总一，兵一百八名，战舰六"。[1] "疍总"，应该是水军的头目，"兵一百八名"，应该是疍兵。《肇庆市志》载，"明末，广东水师提督、疍户张月参加了永历皇朝的抗清斗争"。[2] 这里明确指出"水师提督"是"疍户张月"，疍民能够做到提督一职，可见疍民在明朝水军中的作用是非常大的。

清初，政府对疍民实行剿抚并用，一方面采用武力镇压反抗的疍民，另一方面对愿意与清政府合作的疍民武装力量进行招抚，这种情况一直持续到清朝中期。清中叶以后，由于西方列强不断侵扰中国海疆，疍民再次受到清朝部分官员的注意。乾隆五十八年（1793年），英国派遣马嘎尔尼使团以祝寿的名义到达中国，希望与中国进行谈判，以扩大中国市场，谋求商业利益。然而，此次中英双方的首次外交接触以失败而告终，这其中与清王朝闭关锁国、盲目自大不无关系。但此次英国使团的来访还是给清政府敲响了警钟。于是，清政府一方面督促英使团离京回国，"毋得托故逗留"；[3] 另一方面指示沿途官员做好防范与监视。同年九月，新任两广总督长麟上奏，欲"招募采取蛋鱼之人，于有水师各省，拨给一二十名，分派赏给双分战粮，以备制胜夷船之用"。[4] 虽然长麟的这一奏请没有得到批准，因为乾隆帝认为"该国远隔重洋，即使妄滋事端，尚在二三年之后"，[5] "若即招募蛋户备用，此等于营伍技艺，本不谙习，若令伊等舍其本业，入伍食粮，即赏给双分战粮，亦恐不副其愿。而在营久候，转致入水生疏，于事尤属无益。且各省营制，向无此等蛋籍，今以之分隶各营，

---

1 〔清〕杜臻：《闽粤巡视纪略》，台北：文海出版社1983年版，第23页。
2 《肇庆市志》，广州：广东人民出版社1996年版，第837页。
3 《清实录·高宗纯皇帝实录》，北京：中华书局2008年版，第28227页。
4 《清实录·高宗纯皇帝实录》，北京：中华书局2008年版，第28227页。
5 《清实录·高宗纯皇帝实录》，北京：中华书局2008年版，第28227页。

顶补额缺,岂不贻笑营伍。况各省拨给一二十名在营,为数甚少,焉能得力",[1]但乾隆帝也意识到"英咭唎夷性狡诈,此时未遂所欲,或致寻衅滋事,固宜先事防范",[2]"英咭唎或有衅端,不妨临时加价雇用"。[3]面对长麟想要招募疍民充实水师的提议一事,乾隆帝并没有马上批准,原因一是认为英国离中国比较远,即便发生冲突也是两三年之后的事情了;二是觉得疍民对营伍技艺并不了解,现在就招募入军营,恐怕时间久了,对水上生活反而会生疏,真有事情发生也不能起到大的作用。虽然乾隆帝没有批准长麟的提议,不过他也认识到英国生性狡诈,不得不防,真要发生战争之时,不妨临时加价雇佣疍民。

道光时期,海防形势更加严峻。为了加强海上防卫力量,清政府一度寄希望于招募疍民。林则徐在《议覆团练水勇情形折》中说:"臣等查粤东渔人蜑户以及滨海居民,多以采捕为生,不畏风涛之险,土人所称为水鬼者,随在有之。如新安县之大澳、香山县之淇澳、陆丰县之高螺、饶平县之井洲,向有善泅之人。传闻能于海底昼行夜伏,并能于船底凿漏沉舟。上年粤省驱逐鸦片疍船,臣林则徐与臣怡良暨调任督臣邓廷桢密商,即拟资以为用。"[4]可见,一旦战事吃紧,官府总是寄希望于疍民,只是现实情况与传言尚有差距,"迨经雇募多名,逐加演试,亦仅能于内洋浅港往来凫泛,求其深泅数丈,潜伏多时者,实乏其人。始知向所传闻,乃系言过其实。兹臣阿精阿到任后留心谘访,并据副都统臣宗室奕告知前署将军时,亦曾于操练旗营水兵之便,会同副都统臣宗室英试过水勇,记忆所见远不及所闻。"[5]尽管如此,官府还是认为,"然当防夷吃紧之时,恐此辈被其勾作汉奸,或为盘运鸦片,利之所在,不免争趋,仍惟收而用之,在官多

---

1 《清实录·高宗纯皇帝实录》,北京:中华书局 2008 年版,第 28227 页。
2 《清实录·高宗纯皇帝实录》,北京:中华书局 2008 年版,第 28227 页。
3 《清实录·高宗纯皇帝实录》,北京:中华书局 2008 年版,第 28227 页。
4 〔清〕林则徐:《林文忠公政书》,台北:文海出版社 1966 年版,第 1138 页。
5 〔清〕林则徐:《林文忠公政书》,台北:文海出版社 1966 年版,第 1139 页。

一水勇，即在洋少一匪徒。"¹"自上年以来，或由民间自行团练以保村庄，或由府县雇觅壮丁以资捍卫，即如中路一带所雇练勇用以协防炮台隘口，并配入拖风红单等船者，已有一千五百余名叠次随同焚剿英夷，借可以壮军威而助兵力。"²

林则徐总督两广时期征召疍民的史实在《防海纪略》中亦有记载："其国货船，先后起椗扬帆，驶出老万山者约十余艘，并续至之艘，多观望流连，寄泊外洋不肯去。而粤洋渔船蛋艇亡命之徒，贪薪蔬之厚值，与鸦片之交易，趋者如鹜。时林则徐已奉命两广总督，与水师提督关天培密筹，师船未可遽出大洋，不如以毒攻毒。遂招募渔艇、蛋户，授以火船，领以弁兵，于二十年正月杪，先赴各洋屿潜伏，约候月晦之夜，乘退潮往，乘涨潮还。游击马辰等四路分进，出其不意，突攻之于长沙湾，烧毁运烟济夷匪船共二十有三、岸上篷寮六，生擒奸民十余名，其焚溺死者无数。夷船带火仓皇开避，我兵勇乘潮急还，无一伤者。"³林则徐招募疍户，授以火船，领以弁兵，先乘退潮之时悄悄赴海上各个岛屿潜伏，等涨潮之时，再出其不意杀回。长沙湾一战，烧毁众多运送鸦片的匪船，我军在战争中无一伤亡。"林则徐自去岁至粤，日日使人刺探夷事，翻译夷书，又购其新闻纸，具知夷人极藐水师，而畏沿海枭徒及渔船、蛋户。于是募丁壮五千，每人给月费银六圆，赡家银六圆。"⁴这段文字记载了林则徐自从到了广东，天天派人打探西方国家的动静，通过翻译西方书籍、看西方报纸，得知西方人并不害怕中国的正式水兵军队，反而畏惧沿海的渔船疍户，于是林则徐就招募五千名疍户，并且每人每月给一定生活补贴。《清史稿》也记载了疍民参与军队作战的情况："虎门为广州水道咽喉，水师提督驻焉。其外大角、沙角二炮台，烧烟后，益增戍守。师船、火船及蜑艇、扒龙、快蟹，悉列

1　〔清〕林则徐：《林文忠公政书》，台北：文海出版社1966年版，第1139页。
2　〔清〕林则徐：《林文忠公政书》，台北：文海出版社1966年版，第114页。
3　〔清〕芍唐居士：《防海纪略》，上海：上海书店出版社1987年版，第20页。
4　〔清〕芍唐居士：《防海纪略》，上海：上海书店出版社1987年版，第22页。

口门内外，密布横档暗桩。"[1] "蜑艇"正是疍民驾驶的船只。这段材料说明，在鸦片战争时期，疍民已经成为中国抗击外国侵略者的一支重要力量。

晚清时期，疍兵在水师中的影响日渐突出。咸丰十年（1860年）六月，劳崇光称"现在粤省受雇水兵，率多无业蜑民"。[2] 也就是说咸丰时期，广东水师绝大部分都已经是疍民了。到了光绪时期，这种情况更胜以往，疍民比内地士兵更吃苦耐劳，更能适应海上作战，所以保卫海疆的重任也就自然而然落到疍民肩上，各地水师都在紧急招募疍民。光绪三年（1877年）正月，丁日昌上都察院条陈，"至于各省沿海水师，但知安泊内港，不能拒御外洋，积习之深非一日矣。……沿海渔人蜑户熟习风涛之险者，其根柢较内地之兵为能耐劳"。[3] 光绪六年（1880年）六月，"两广总督张树声等奏添募沿海沙民蜑户二千人，驻扎各炮台及险要之处。"[4] 光绪九年（1883年）七月，张佩纶奏"请将广东水师改用兵轮，募琼廉蜑户、粤海舵工，以为管驾"。[5] 甲午战争时期，瞿鸿禨"上四路进兵之策，请兼募沿海渔人蜑户编为舟师"。[6] 此外，《肇庆市志》记载，"清代肇庆水师营系水军劲旅，光绪年间被彭玉麟改编为广安水军。辛亥革命后改广东江防司令部，系南中国海军前身，中多蜑户子弟"。[7]

四、炮轰英国军舰的疍民女英雄：郑一嫂

在明清时期，疍民除了加入政府军队之外，还有一部分凭借着波涛之便、地利之险，啸聚江海，成为当地影响巨大的海上武装力量。这其中以嘉庆时期的粤洋旗帮海盗集团为代表。粤洋海盗的兴起有多种原因，如广

---

1 〔清〕赵尔巽：《清史稿》，北京：中华书局1997年版，第1195页。
2 《清实录·文宗显皇帝实录》，北京：中华书局2008年版，第47319页。
3 〔清〕葛世浚：《皇朝经世文续编》，台北：文海出版社1972年版，第2608页。
4 《清实录·德宗景皇帝实录》，北京：中华书局2008年版，第56399页。
5 《清实录·德宗景皇帝实录》，北京：中华书局2008年版，第57077页。
6 〔清〕赵尔巽：《清史稿》，北京：中华书局1997年版，第3175页。
7 《肇庆市志》，广州：广东人民出版社1996年版，第838页。

东土地兼并、自然地理环境、境外安南国的战乱等。经过几次大的兼并与重组，最终形成了红、黄、青、蓝、黑、白六个大的海盗旗帮。旗帮之间属于盟友关系，活动有分有合。合，则联宗行动，或互相支援共同行动；分，则各踞海域，自行活动。在粤洋六大旗帮海盗中，红旗帮与黑旗帮实力最强，两路旗帮活动范围涵盖粤洋东路和中路；西路则为蓝旗、黄旗、青旗、白旗四帮海盗活动海域。各帮海盗在自己的势力范围内活动且互不干扰，如果偶有越界，因为彼此之间属于盟友关系，也不会受阻。

粤洋海盗的成员不少是长期生活于水上的疍民，比如黑旗帮首领郭婆带，他就是番禺县蜑家子；另一位海盗头领张保，据传原是新会县江门渔民的儿子。由于疍民靠海而生，而明清之际又多次厉行靖海，所以在海盗群体中疍民占有相当高的比例。粤洋海盗在进行武装劫掠的同时，也会进行海上商业贸易，因为疍民的这种商业贸易确实在某种程度上给沿海人民带来一定的经济利益，因此一度得到沿海州县人民的支持，势力发展迅速。《东莞县志》卷三十三《前世略》五记载："东莞、番禺、顺德、香山、新安濒海之地，去县窎远，贫蜑奸民或搭寮于山凹，或驾艇于水次，形迹诡秘，迁徙无恒。村中间有富监耆老，类多由盗劫起家，大者驾红单船，装载酒米糖果，赴各路贩卖；小者家置虾笱艇出洋采捕鱼虾……以致张保、郭学显、麦得胜诸匪横行无忌……四邻往往交结羽党，潜出为盗，上下两路滨海地方，民多贫瘠，盗风犹不甚炽。六县沙坦之富甲于通省，而商船之趋省会贸易者，莫不满载货物交易往来。"[1]

在旗帮海盗纵横粤海之际，也曾开展抗击西方侵略者的战斗。红旗帮头领郑一嫂就曾率领旗帮船队在海上拦截西方船舶，在珠江口炮击英国军舰，赶走侵略者。郑一嫂，原姓石，广东新会疍家人，是海盗郑一的妻子。嘉庆十二年（1807年）十月，郑一在一场强台风中不幸坠海身亡，郑一嫂就担负起领导红旗帮海盗集团的职责。虽然郑一嫂身为女性，但是非常有

---

[1] 《东莞县志》，台北：成文出版社1966年版，第1106页。

能力，颇孚众望，海盗及沿海民众都尊称她为"郑一嫂"。

英国自17世纪中叶凭借着工业革命而崛起，成为当时西方最强大的资本主义国家。为开辟世界市场，英国积极开拓殖民地，进行侵略与掠夺。中国作为东方文明古国，富庶一方，自然也成为英国觊觎的目标。清康熙年间，英国商船频频到达中国沿海，要求和中国进行商业贸易。雍正三年（1725年）英国商船到达广东沿海。乾隆年间，英国商船已经不满足仅仅在广东开展贸易，要求扩大互市范围，将势力向中国沿海其他城市拓展。乾隆五十八年（1793年），英国遣使臣马戛尔尼等到中国，要求在北京设立办事处，通市浙江宁波、珠山、天津、广东等地，并且要求减少关税，遭到乾隆皇帝的拒绝。英国人不肯放弃他们所追求的利益，因而加紧侵略中国，舰船相继而来，由虎门入口，直驶广州，进行掠夺性的贸易活动，并从事贩卖鸦片毒品的勾当。对英国人的恶行，中国人极为气愤。

至嘉庆时，英国人开始动用武力威胁中国。嘉庆七年（1802年）春三月，英国军舰六艘驶抵香山县鸡颈洋，停泊达数月之久，至六月始去。嘉庆十年（1805年），英国借口粤洋海面时有盗匪，表示愿协助清王朝攻剿海盗。与此同时，英国人还与澳门的葡萄牙人勾结，出动兵船四艘，泊虎门外，声称要支援清朝政府攻剿海盗。英国侵略者的意图是，扫清海上航线的障碍，保护军舰与商船的安全，使他们能自由进出广州内河。嘉庆十三年（1808年），英国侵略者企图以澳门作为侵略广东的跳板。七月二十一日，英国派兵千人到澳门，占据三巴寺、龙须庙和东望洋、西望洋炮台，又以军舰八艘泊鸡颈洋和九州洋。九月一日，英国军舰驶入虎门，进泊黄铺。二十三日，英军持械，乘几十条舢板驶到广州城外十三行上岸，以武力觐见两广总督吴熊光，要他代奏请朝廷允许他们居住澳门，随后又占据香山县大屿山。在英国侵略者武力进逼的形势下，广东官府不敢抗拒，吴熊光竟下令撤香山虎门兵，回营自卫。此时，海盗奋起抗击英国侵略者。

广州湾海域与珠江内河是红旗帮海盗活动的势力范围。郑一嫂石氏看到英国舰船横冲直撞，任意进出省河，入侵肆虐，决定伺机打击入侵者。

嘉庆十四年（1809年）十月初三日，郑一嫂石氏率领红旗帮海盗武装船队，在珠江口海上对英国舰船发动攻击，大败侵略者。此事《东莞县志》上也有详细记叙："石氏之令贼入内河也，自乘大舰浮于海，而据守港口，防官军掩袭。时有夷船三艘归其国，遇之。贼击获一船，杀夷人数十。其二船逃回，遇香山知县彭恕率所募眾船百艘，夷人与约同击贼，又自雇夷船六艘。觇石氏舟少，往围之。石氏偃旗息鼓，使长龙船入内河，呼张保出港合战。十月初三日，内河贼船尽退。夷船与保战，大败，眾船尽逃。"[1] 郑一嫂在张保的帮助之下，合击英国舰船，英军大败而归。

虽然作为官方文献，《东莞县志》在记录此事之时，对郑一嫂、张保等人以"贼"称之，但正如学者所言，中国的海盗与西方意义上的海盗还是有着本质上的不同，中国的所谓海盗、海贼，大多是沿海地区的渔民疍民。他们以海为生，一方面从事海洋生产经营，另一方面从事抢劫活动。但同时，他们也在与官府与地主富豪作斗争。而此次嘉庆年间郑一嫂痛击英军的历史事实更是带有反抗外国殖民侵略的色彩。

第二节　近代以来海南疍民对南海诸岛的守护经营

自晚清以来的 100 多年间，南海及其周边各岛屿一直被多国所觊觎，争端不断。在维护中国的海防安全、捍卫海疆完整方面，海南疍民，无论是在晚清，还是国民政府时期，抑或是新中国成立以后，都发挥着积极的作用。

一、1909 年海南疍民随清政府查勘西沙

近代以来，西方势力开始不断侵入南海。19 世纪，英国、德国先后对

---

[1]　《东莞县志》，台北：成文出版社 1966 年版，第 1103 页。

南海诸岛的地质、水文、生物标本展开考察与测量。甲午战争后，日本也将势力伸向中国南海，投入大量人力、物力展开对南海诸岛的调查与开发。其中，日本商人西泽吉次的活动非常典型。

1907年，日本商人西泽吉次带着200多人非法占据我国东沙岛，并用武力驱逐在东沙捕鱼的我国渔民，拆毁了岛上我国渔民修建的天后庙，他们在岛上建筑码头和小铁路，肆意掠夺该岛资源。同时，西泽吉次还在东沙岛上悬挂了一面日本国旗，将东沙岛改名为"西泽岛"，将东沙礁改名为"西泽礁"，企图长期占据。日本的非法侵占行为，引起了清政府及全体中国人的关注。时任两江总督、南洋大臣的端方得知这个消息后，立即告知外务部。外务部高度重视，电告两广总督张人骏，要求他复查此事。张人骏接受命令后，一方面派人搜集整理有关东沙岛的相关文字资料，一方面两次派遣军舰前往东沙岛进行调查。在掌握了确切证据后，张人骏照会日本驻广州领事，要求日本商人撤出东沙岛。面对强横的日本，张人骏据理力争，最终迫使日本政府承认东沙群岛属于中国的事实。

日本入侵东沙群岛的事件，无疑给清政府敲响了警钟。为了非法侵占东沙事件不再重演，1909年4月，两广总督张人骏在向日本交涉归还东沙岛的同时，便派人前往西沙勘查。此次勘查的人员有170多人，有水师提督李准、广东补用道李哲濬、署赤溪协副将吴敬荣、尽先副将李田、水师提标左营游击林国祥、广东补用知府裴祖泽等，另外随带的还有测绘学生、化验师、工程师、医生、技术员以及工人等。其中小工100名，都是在三亚榆林港万县（即今天的万宁市）陵水一带雇募的疍民、渔民。因为此时正值4月，渔船均不出海，所以有足够多的人可以参加此次勘查工作。他们的主要任务就是发挥善于操舟弄潮、熟悉南海的特长"兼作引水"[1]。这些海南疍民、渔民和清政府的官兵一起，分乘"伏波""琛航""广金"三艘兵轮，用20余天时间，先后查勘了西沙群岛上的14个岛礁。每到一

1　陈天锡：《西沙岛成案汇编》，北京：商务印书馆1928年版，第12页。

岛，就会在岛上立碑为记，并竖高五丈余之白色桅杆，上挂清朝之黄龙旗，以宣誓中国之主权。可以说正是海南疍民、渔民的加入保证了此次勘查的顺利进行，用实际行动为保卫中国的海疆完整作出一份贡献。

二、1946年海南疍民随南京国民政府接收南沙

一战结束后，对太平洋地区利益分配的讨论随之展开，在1921年的华盛顿会议上，美国、英国、日本、法国签订了《关于太平洋区域岛屿属地和领地的条约》，共同瓜分太平洋地区。南海诸岛在这样的国际局势下成为被列强觊觎的对象。1933年，法国非法侵占中国南海九处岛礁，遭到中国人民的强烈抗议。1939年，日本出于称霸东亚的战略目的，公开介入南沙九小岛之争，派遣军队将法国人驱逐，并以"新南群岛"重新命名。等到日本战败，南京国民政府派兵接收南沙群岛，已经是7年后了。而在接收工作中，疍民又一次发挥了重要的作用。

1945年8月15日，日本战败投降。根据《开罗宣言》和《波茨坦公告》的相关规定，日本窃取的中国领土应当归还中国。于是在南京国民政府收复台湾之后，包括九小岛在内的南沙群岛的接收工作迅速提上日程。当然，当时的南京国民政府之所以行动迅速，也是基于当时错综复杂国际形势所作出的决定。在日本投降后，菲律宾企图将南沙群岛划入其版图，法国也想重新占领西沙、南沙群岛。在这种国际形势下，1946年广东省政府奉命接收南沙群岛。为了保证接收工作的顺利进行，海军总部还特别调遣了两艘军舰保驾护航，一艘为护航驱逐舰"太平号"，一艘为坦克登陆舰"中业号"，由林遵上校任指挥官，全面负责接收南沙群岛的工作。在这里特别要说明的是，"太平号""中业号"皆由美国建造、美国赠送，舰上人员也在美国培训。国民政府能够抽调最先进的军舰参加，足以说明中国对南沙群岛收复工作的重视，以及收复工作的复杂性和危险性，但是接收南海诸岛，在当时可以说困难重重。据"太平号"护航驱逐舰副舰长

何炳材回忆，前往南沙群岛，面临着四大难题：一是缺少航海资料。由于南沙群岛远离大陆，很少有文献资料能够涉及。相关的航海资料都没有详细的记载，只笼统地说这是一"危险地带"。而且当时海面上还经常会出现二战时遗留的漂雷，南沙海区也没有灯塔或航标，因此在此处航行，危险系数是非常大的。二是南沙群岛气候恶劣，春季风力一般在4、5级，夏、秋季多雨、多台风，冬季风力非常大，可达7级以上。恶劣的气候条件曾经让中外船只望而却步。收复工作原定在1946年的11月10日，军舰从海南岛榆林港起航，但前两次均不成功。11月19日的第二次出航，船队已经航行了100多海里，但是由于台风太大，为了保障安全，船队不得不返回榆林港停靠，以待更好的机会。三是前往南沙群岛的途中缺少避风锚地。因为南沙群岛水底大多是碎石、沙子和珊瑚，如果停船抛锚，容易走锚，非常危险。四是气象预报不准。当时，南海气象站在抗战期间遭到严重破坏，还没有恢复，没有办法给舰队提供及时可靠的气象预报。

虽然前往南沙群岛会有诸多不确定的危险因素，但是收复南沙群岛事关中国主权及领土完整，刻不容缓。怎样才能克服困难，不辱使命呢？林遵想到了曾多次去南沙捕鱼作业的海南疍民。

在榆林港驻扎时期，林遵专门向当地的渔民了解南沙群岛的情况，并添置了一批适应珊瑚礁区域航行的渔用木船，此外还雇用约40名熟悉各岛情况的崖县渔民组成运输民工队，随舰行动。"据当时负责此事的舰队作战参谋张君然回忆，当时听说舰队需要雇人，崖县政府和渔民是大力支持，踊跃报名，把最好的水手集中起来，让舰队挑选。"[1] 后来，中国海军成功收复南沙群岛，在岛上举行了隆重的升旗、鸣炮、立碑、驻军仪式。崖县随舰的40名渔民都参加了这次活动，成为这一重大历史事件的亲历者和见证人。在这40人中就有海南疍家渔民的身影。黎祥荣，生于1919年，一生从事渔业捕捞，新中国成立后曾在初级社、高级社、人民公社担

---

[1] 郑石喜：《疍家岁月》（内部资料），三亚疍家文化陈列馆2015年版，第401页。

任过副社长,70年代曾担任榆港大队机拖第一生产队队长,参加了1946年国民党军队收复南沙的行动。梁亚拾,新中国成立初期多次带领船队开赴西沙、中沙、东沙渔场捕捞生产,60年代任榆港大队党支部书记,1946年的这次南沙之行他也有参加。除他们二人之外,有名姓可查的还有石玉珠、梁成发二位,石、梁二人在新中国成立后都是榆港大队的骨干积极分子,海洋捕捞生产能手,有很好的航海技术。疍民参加1946年国民党海军部队收复南沙群岛的这一历史事实,无论是根据三亚市政协原主席陈人忠的介绍,还是渔村老人梁清光的回忆,抑或是后来《疍家岁月》一书作者郑石喜的走访调研,都得到证实。在此次收复西南沙的行动中,疍民虽然不是战斗人员,但因为其对地理、水情的了解,直接参与整个行动之中,作为保障力量为国家主权完整作了重要贡献。

三、新中国成立初期海南疍民对西沙群岛的守岛开发

新中国成立之后,美国、日本、法国等国屡次侵扰南海诸岛。为了维护我国在南海的权益,政府采取了多项措施,加强对海疆国防的建设。在新中国捍卫南海诸岛主权的各项行动中,不乏海南疍民的身影。

据中华人民共和国外交部文件显示,1950—1956年"广东省海南行政区有关部门不断派遣人员到西沙群岛调查勘测、捕捞水产、开采磷肥、建立气象台,并对西沙群岛的渔民进行管理"。[1] 据《新海南报》1954年8月11日报道,海南积极恢复远洋渔业生产,不少渔船远航到西沙、南沙群岛一带海域作业,时间和次数比过去增加很多。

1956年,三亚疍民初级合作社的青年梁亚拾、黎兴永、罗香带、钟亚带、王水带、郑亚喜等人自愿报名到西沙建设守岛,为保卫西沙、建设西

---

[1] 张良福:《南沙群岛大事记(1949—1995)》,"八五"国家南沙考察专项、中国科学院南沙综合科学考察队内部资料。

沙贡献一份力量。

1957年，三亚疍民高级合作社成立，同年即组织4艘80吨的翘尾渔船到西沙群岛、永乐群岛捕鱼作业。此次西沙群岛生产作业由梁亚有任指导员带队，梁亚拾、叶振芳、卢志荣、卢志安、张发结、梁亚伍、陈马岭等社员一起参加。年仅13岁的陈马岭就是在这一次远航作业时，保卫了祖国的五星红旗，捍卫了祖国的尊严。当年陈马岭只是以半劳动社员的身份随船队同去西沙捕鱼，当船队顺利抵达西沙永乐群岛后，各队各组按照原计划开展罾网捕鱼生产，陈马岭因为年纪小被留在大船上看船，大人们都摇小船在离大船不远处的礁盘作业。接近中午的时候，一艘载有4名越南士兵的汽艇开来，直接登上了陈马岭所在的船只，宣称此处是越南领海，不允许中国渔船在此处捕鱼，要求其立刻离开。小马岭不服，坚称此处是中国疍家人世世代代抓鱼的地方。4个越南兵没有搭理陈马岭这个小姑娘，开始在船上到处乱搜，随心所欲拿走船上的东西。其中一个越南兵看见渔船桅杆上的五星红旗，便摘下想要拿走。小马岭不顾一切冲上去从越南兵手中夺回五星红旗，并大声呼救。小马岭勇敢地和越南士兵对峙，直到大人们赶回来赶走越南兵，在这个过程中，小马岭自始至终都怀抱着五星红旗。当第二年（1958年）4月份船队载着丰收的喜悦返航回到三亚港后，疍民高级合作社召开全体社员大会，号召大家向陈马岭小姑娘学习，学习陈马岭爱旗爱国、捍卫国土和主权的精神。

1958年10月，三亚成立疍民南海人民公社。12月，疍民南海人民公社组织第二批社员开发西沙，在张学能、叶振芳和陈联志的带领下，社员张发结、何石碌、林超雄、林超结、何礼英、杨秀明、卢志荣、郭亚光和张亚元等分别驾驶12艘机帆船，从陵水的新村港出发，历时两天一夜到达永兴岛。这次远行的12艘船里，有4艘30吨的小船，每艘船约有6人；8艘60吨的大船，每艘船约有15人。同年，三亚的鱼雷公社也组织了两条帆船，船长约20米、宽约3米、高约2米，每条船上有8人，共16人，前往西沙永兴岛捕捞生产。当时条件还比较落后，再加上路途遥远，帆船行驶速度较慢。据笔者访谈，鱼雷公社的社员在西沙住了4个多月。1959年，鱼雷公社又从临高买了十几条帆船，大一些的帆船有30多吨，小一些的帆船约有20吨。公社组织几十名社员在过完春节后乘东北风一路南下到达永兴岛。

四、1974 年西沙自卫反击战中的海南疍民

1951年，中国政府在《关于美、英对日和约草案及旧金山会议的声明》中指出："西沙群岛和南沙群岛的主权和整个东沙群岛、中沙群岛一样，自古以来，为中国领土。"这一声明得到国际社会的公开承认。

然而到了20世纪50年代后期，越南、菲律宾、马来西亚、印度尼西亚和文莱等国纷纷将目光投向南海，他们不仅在南沙群岛进行大规模的资源开发活动，甚至以军事手段占领南沙群岛部分岛礁，提出主权要求。

以越南为例，自20世纪50年代后期，多次侵入我国的西沙和南沙群岛。1956年4月，南越派兵侵占珊瑚岛；7月，南越军舰7艘侵占甘泉岛；8月，南越海军侵入南沙群岛并升起南越国旗；10月，南越将中国的南沙群岛编入福绥省（原巴地省）；1957年1月，盘踞甘泉岛的南越军队炮击中国渔民；2月，南越声称对西沙和南沙群岛拥有所谓主权；1959年，南越炮艇拦截、盘问中国渔民，并登上深航岛撕毁中国国旗，掠走中国渔民82人和渔船5艘；1960年至1967年，南越在双子礁、中业岛等15个南沙岛礁进行测量、摄影、地图制作等非法行为，并恶意篡改岛名，破坏岛上中国石碑和建筑物，设立"主权碑"，在建筑物上刻写越文和漆涂南越国旗，妄图为其侵占南沙群岛制造"领属标志"；1959年4月，南越护卫舰"同石号"非法侵占我国深航岛和晋卿岛；1961年7月，南越政府颁布命令，将中国西沙群岛并入广南省；1963年5月，南越在南威岛、安波沙洲、南子岛、北子岛、南钥岛设立"主权碑"；1971年5月，南越海军侵入中建岛勘测；7月南越政府发出通告，声称南越拥有西沙和南沙群岛主权；1973年8月，南越

在鸿庥岛驻军，并在该岛设置司令部；9月，南越出版新地图，将西沙群岛划入其版图；12月，南越再次登陆南沙群岛的南威岛、鸿庥岛等5个岛屿。正是在南海局势日益紧张的情况之下，为了捍卫中国的主权及领土完整，1974年西沙自卫反击战正式打响。

1974年1月15日，南越阮文绍集团派其驱逐舰16号（"李常杰号"）侵入我国西沙永乐群岛海区，并出动武装人员占领了属于永乐群岛的甘泉岛和金银岛，对在甘泉岛附近捕鱼作业的我国南海水产公司402、407号渔轮进行挑衅，无理要求我国渔船离开甘泉岛。1月17—18日，南越政权又先后派驱逐舰4号（"陈庆瑜号"）、驱逐舰5号（"陈平重号"）及护航炮舰10号（"怒涛号"），强行进入永乐群岛海区，并撞坏在该海区作业的我国南海水产公司407号渔轮。

面对南越当局的侵略行为，我国驻海南岛陆、海、空军部队，在中央军委和广州军区的指挥下，对西沙自卫反击作战作了部署。1月17日，由我国海军南海舰队副部队长魏鸣森带领的38002部队组成海上指挥所，并率领38141部队的猎潜艇271、274号艇进抵西沙永兴岛。与此同时，38001部队的396、389号扫雷舰加入巡逻编队，进入永乐海域。随后猎潜艇281、282号也相继到达西沙海域集结待命。1月19日，南越4、5号舰44名武装人员又向我国的琛航岛、广金岛进犯。我国在琛航岛的民兵和渔民，奋勇反击，与南越军队战斗，迫使南越军队狼狈撤离。与此同时，我国海军进抵永乐群岛海区的271、274号艇和396、389号舰迂回堵住4艘敌舰的退路，距越舰只有二三百米。1月19日10时23分，敌舰突然向我国军艇开火，我国4艘舰艇各咬住1艘敌舰猛烈还击。经过4个多小时的激战，南越10号军舰被击沉，驱逐舰4、5、16号被击伤后逃逸。这次海战共毙、伤南越军队117人。1月19日，我国海南军区副司令员江海率领部队和舰艇，从三亚榆林港向西沙永乐群岛开进。1月20日，我国军队分别在西沙群岛的甘泉岛、金银岛、珊瑚岛登陆实施反击，在航空兵的掩护下，打败了侵占我国甘泉岛、金银岛、珊瑚岛的南越军队，俘获少校范文鸿以下官兵 48 名（其中美国顾问 1 人）。西沙海战于 1974 年 1 月 20 日 14 时 40 分正式结束，以我国收复甘泉岛、珊瑚岛、金银岛三岛胜利告终。中国海军在装备处于劣势的情况下，采取灵活的战术，创造了以小艇打大舰的成功战例。随着五星红旗再次插上甘泉岛、珊瑚岛、金银岛三岛的最高处，西沙诸岛回归祖国怀抱。

此次的西沙海战，虽然规模不大，但意义非常重大：经过这一场海战，我国从此牢牢控制了西沙群岛的核心区永乐环礁，为后来控制西沙边缘岛礁及控制中沙群岛，进而进军南沙群岛奠定了重要基础。

1974 年西沙西沙自卫反击战的胜利，既是中国海军浴血奋战的结果，也与广大的海南民兵、渔民的支持密不可分，这里面不乏优秀的疍民子弟兵，[1] 现简要介绍如下：

陈兴勇，三亚市南边海社区居民，疍家人，曾在西沙自卫反击战中荣获三等功。在陈兴勇的立功证上赫然写着："该同志在西沙自卫反击战中，立场坚定，自觉执行命令，听指挥，表现了党员的先锋作用和模范作用，有一不怕苦、二不怕死的精神。紧密配合人民解放军和民兵收复甘泉等三岛，出色地完成运送物资的任务。当我船被南越军舰撞坏，南越伪军把全部火力指向我船，威胁着每个人的生命安全。他面不改色，心不跳，站在甲板上拍着胸膛和敌人进行说理斗争，为保卫西沙群岛作出了应有的贡献。"

1974 年西沙自卫反击战开始时，陈兴勇刚刚从二一〇部队退伍，被分配到广东儋县白马井水产公司（全称是广东省国营南海水产公司。南海水产公司成立于 1954 年，1958 年从广州搬迁至儋县白马井镇，拥有船只 100 多艘，具有远航捕捞能力，曾先后远渡重洋到达南太平洋、莫桑比克、南也门和哥伦比亚等海域进行渔业生产作业）。1974 年 1 月，南海水产公

---

[1] 有关疍民参加 1974 年西沙自卫反击战的详细情况，见本书下编：《我的南海记忆——海南疍民口述史》。

司的402和407号渔轮参加了著名的西沙自卫反击战。陈兴勇当时在407号渔船做水手。据陈兴勇回忆，当南越军舰主动挑衅，用炸弹炸飞我国五星红旗，并蛮横撞击渔船之时，他义愤填膺，站在甲板上，通过大喇叭义正词严地与南越兵据理力争，坚决捍卫国家权益。后来在我国海军与南越军舰激战之时，他又与广大的渔民民兵一起配合部队作战，从事通信保障、物资补给、探察敌情、协助运送和救治伤员等工作，为收复西沙立下赫赫战功。

叶德英，海南省昌江黎族自治县海尾镇新港人，疍家人。16岁在新港大队民兵营做步兵，1972年，叶德英报名应征西沙民兵参加建设和保卫西沙的活动。西沙海战爆发时，叶德英刚刚从东岛调回永兴岛不久。1974年1月17日晚上，叶德英和三个班的民兵一起，在苏敏京部长和罗予孝排长的带领下，冒着狂风巨浪，乘南渔402号和407号渔船前往琛航岛和广金岛修筑工事。为夺取战争的胜利赢得宝贵的时间，叶德英与战友砍树开路、修挖战壕，尽管双手磨出血，依旧马不停蹄。18日夜间，南越官兵趁夜黑之际，偷偷把西贡的黑旗插在琛航岛上。当时叶德英晚上巡逻，看到后怒火中烧，端着冲锋枪冲上前把西贡人的黑色旗帜一把扯下来。南越官兵准备用发报机向外联络请求增援之时，叶德英冒着生命危险抢下了敌人的发报机。西沙海战后不久，叶德英同志被中国人民解放军广州军区授予三等功："叶德英同志在西沙永乐群岛反击作战中，坚决执行命令，发扬一不怕苦、二不怕死的革命精神，出色地完成了任务，荣立三等功，特此报喜。"

黄桂忠，海南省陵水黎族自治县英州镇赤岭村人，疍家人。曾在210部队服役，1973年退伍后又加入了陵水县人民武装部组建的民兵队伍，专职守卫西沙。据黄桂忠介绍，他的日常工作是驾驶一艘约3吨重的小机艇作业，负责西沙诸岛的交通运输。西沙海战爆发时，黄桂忠参加了救援389舰的工作，驾驶交通艇抢救伤员。在战斗中，我方海军389号军舰不幸中弹负伤，带着熊熊大火。民兵们纷纷驾着小艇，飞速赶去救援。当时389舰的弹药库已经着火，随时都可能爆炸，舰身也可能会沉没，形势非常危险。可是民兵们依然奋不顾身地冲上军舰，将全部伤员安全转移。1月20日，在我军火速收复甘泉岛、金银岛和珊瑚岛的关键时刻，黄桂忠驾驶着小机艇，在几米高的海浪中穿梭，将军用物资运送到西沙的各个岛屿。后来，黄桂忠也因为西沙海战中的出色表现，荣立三等功。

黎世路，疍家人，现居三亚市南边海社区。1972年入选西沙民兵。1973年黎世路从西沙群岛的东岛回到永兴岛，几个月后，西沙海战爆发。1974年1月18日晚上，黎世路和其他民兵一起登陆晋卿岛，连夜开始挖战壕。第二天又马不停蹄赶往广金岛，在广金岛与敌人遭遇，激战半个小时，后来与战友一起，将敌人赶出广金岛。

梁婆带，疍家人，现居三亚市光明社区。1972年，他和黎世路一起入选西沙民兵，被分配到三连三排五班的炮兵营。1974年1月19日，南越军舰登上琛航岛，包括梁婆带在内的守岛民兵们用刺刀逼退了西贡兵。1月20日珊瑚岛解放，为开辟水下通道，梁婆带被调去从事爆破，炸掉海底礁石。与他同行的两位爆破兵是吴泽养和黄学养，他们也都是三亚的疍家人。炸礁是一项很危险的工作，当时的爆破技术还不是很先进，主要采用裸露爆破，把炸弹排好后，采用电雷管起爆，这种炸弹威力很大，瞬间就可以把礁石炸得粉碎，极易发生事故。但梁婆带、吴泽养、黄学养早已把生死置之度外，为转运战备物资，承载登陆海军和民兵作出巨大贡献。

此外，在战争打响之际，三亚的疍民大队还组织了四艘大机船、一支基干民兵排支援西沙。100多民兵砍木头修工事，在这次行动中民兵排长卢志民表现突出，日夜奋战，累倒现场。

以上这些同志还只是众多在西沙自卫反击战中英勇向前的疍家子弟中的一部分，疍民子弟和广大的战士、民兵、渔民一起，发扬高度的爱国主义精神和革命英雄主义精神，为捍卫祖国领土完整和主权，在前线作战、抢救伤员、后勤支援、通信联络等各个方面作了重要贡献。

五、20 世纪 70 年代以来海南疍民对南海诸岛的守岛开发

中国南海海疆面积广阔，在守卫海疆的过程中，海南疍民组建了民兵组织，疍民在进行渔业生产捕捞的同时，也会成立民兵组织，和海军、海警一起，用实际行动践行捍卫祖国南海主权的职责。

1970 年 8 月 3 日，《人民日报》发表文章《海上铜墙铁壁——记人民解放军海军某部护卫艇大队和南海渔业公社榆港大队团结战斗、保卫海防的事迹》。南海渔业公社榆港大队的成员都是疍民，曾因多次出色地完成军事训练任务，被广东省、广州军区、海南军分区表扬嘉奖。20 世纪 70 年代被广州军区授予"南疆民兵"荣誉称号。南海渔业公社榆港大队长期和人民解放军海军南海舰队某部护卫舰大队军民共建，他们几年如一日，清晨，战艇和渔船迎着朝阳并肩驶向海洋，傍晚披着彩霞双双凯旋归港。在万盏灯火的渔场上，渔民捕鱼，战艇巡航；在炮火连天的战斗中，战艇歼敌，渔民配合。军民共同在辽阔的海防前哨，筑起了一道坚不可摧的铜墙铁壁。

20 世纪 70 年代初，西沙局势紧张，海南当地武装部曾多次征召民兵去西沙守岛巡逻。以永兴岛为例，岛上一共 5 个民兵连队，主要负责放哨、巡逻和打鱼等工作，有时候也会主动向西沙党委请求参加岛上的建设任务。5 个民兵连分别是一连、二连、三连、机关连和高炮连。一连负责永兴岛上的固定岗位，二连轮流守卫东岛，三连负责永兴岛的流动岗位。另外，永兴岛上还有 2 个海军工兵连和海南建筑公司，负责岛上的各项工程建设。武装部和各连队的连长、指导员都是从海南军区所属部队中的现役军官调任的，民兵都是从海南 18 个县征召的。西沙民兵的审查非常严格，一般都是部队退役军人或大队的民兵，要求家庭成分好，有文化，在部队或者民兵营表现优异。从各地选拔上来的民兵先在文昌迈南训练基地进行为期两个月的军事训练，主要训练高炮打飞机，然后再从清澜港乘船下永兴岛。民兵在西沙的主要任务就是守岛，永兴岛和东岛面积不大，一般 2 个小时

就可以巡逻一圈。虽然主要任务是守岛巡逻，不过偶尔也会帮忙搞建设。当时，永兴岛的建设工程主要是挖地道、建碉堡和码头。东岛上基本不搞建设，怕惊了岛上的鸟。

在各批次的守岛民兵中都可见优秀疍民子弟。1970年至1974年，昌江县昌城、昌化、海尾和南罗4个公社的民兵先后分4批共38人到西沙群岛，参加建设和保卫西沙活动。海尾公社新港大队入选的疍民有1970年高志帮和石乾德二人，1972年叶德英一人，1973年李南宁和石乾红二人。六七十年代，陵水县人民武装部要在新村公社赤岭大队挑选守卫西沙的民兵，疍民梁定学（1963年）、林亚林（1969年）、梁定和（1969年）、梁秋学（1971年）、占道勇（1972年）、黄仁香（1972年）、梁海彪（1972年）、黄桂忠（1973年）应征入选。1972年6月，广东省崖县人民武装部在三亚征西沙民兵。西沙民兵在崖县三亚有5个公社共15人参加，分别是南海公社3人、水上公社3人、马岭公社2人、港门公社4人和梅山公社3人。其中，南海公社和水上公社（航运公司）是疍家子弟。南海公社入选的西沙民兵为：黎世路、梁婆带、黎学文；水上公社入选的西沙民兵为：黄学养、吴泽养和符明德。其中，梁婆带、黄学养、吴泽养正是凭借疍家人良好的水下憋气技能入选为爆破兵，负责炸礁石、开航道。

在西沙守岛必须经历多重考验。首先就是高温。西沙的太阳很毒辣，夏季的地表温度有时候高达60摄氏度以上，即使冬天，紫外线也很强，皮肤晒得很疼，经常脱皮。"西沙黑"成为守岛民兵脸上特有的标记。再有就是淡水严重缺乏。岛上的淡水都是从海南岛上运输过来的，洗衣服、洗澡、洗碗严禁用淡水，只能用井水。井水黄黄的，含盐量也很高，再加上有鸟粪污染，喝了会拉肚子。用岛上的井水洗完澡后，身上又黏又痒。刷完牙的搪瓷杯风干之后，可以看见海盐留下的白色痕迹。同时，岛上的蔬菜也非常紧张。永兴岛上的土质很差，种不了菜，再加上高温缺水，蔬菜基本都是由补给船从海南岛运来，即便有青菜因为长途路远，等运到也差不多都黄了甚至腐烂变坏。要是碰上台风天，补给船无法出海，往往连续几个月时间吃不上蔬菜。除了这些困难之外，与世隔绝的寂寞也是民兵面临的一大考验。岛上的生活单调枯燥，一成不变。业余时间除了能收听中央人民广播电台的新闻联播外，几乎没有什么娱乐项目。就是在这种条件下，守岛民兵们经受着常人不能想象的艰辛与考验，抑制着对父母、妻儿的思念和忘不掉的乡愁，面对着风浪呼啸的艰苦环境，接受着一线更为严格的管理和刻苦的训练，在枯燥单调的生活中担负起保卫南海海疆每一寸土地的重任。

除了定期守岛之外，海南各公社还会组织疍民去南海捕捞作业以宣示主权。1972年，在郑用清老船长的带领下，6艘渔船（后海大队2艘，榆港大队4艘）前往西沙海域。每艘船上有10多个从各大队里精挑细选的有知识、有技术的青年人。从万宁的大洲岛出发航行30多个小时到达目的地。在西沙海域一般会停留半个月到一个月的时间。1976年，陵水新村的2条80马力的"三八号"渔船和赤岭的2条20马力的渔船，为响应政府号召，前往西沙开发渔业资源。

在茫茫南海宣示主权的队伍中还可见女性疍民的身影，陵水县新村公社海鸥大队的"三八号"渔船就是一支疍家女人船队。渔船除了1个轮机长和2名顾问是男性外，船长和水手共20余人，全部是清一色的疍家姑娘，大的不过20岁，小的刚刚年满16岁。这些疍家姑娘和男人一样，乘风破浪下海捕鱼。"三八号"的女船员在公社里就是优秀的女民兵，没有风的时候出海捕鱼，有风的话就在部队的带领下训练，当时的训练项目一点儿也不比男民兵少，不仅有政治理论学习还有军事训练，像射击瞄准、拆枪、投弹、布雷、爆破、肉搏刺杀和攀爬等都是常见的训练科目。1975年11月底，"三八号"渔船开始正式向西沙扬帆起航，向世人宣示着疍家女性征服大海的壮举。她们从新村港出发，途经万宁大洲岛，历经26个小时，到达西沙的永兴岛，受到西沙驻军的热烈欢迎。在海鸥大队的带领感召下，1974、1975年，陵水县新村公社海燕大队先后成立了"青年号"渔船和"妇女号"渔船。"青年号"和"妇女号"都是由海口国营造船厂制造的木机船。

"青年号"的机型是6160,载重75吨,功率为135马力,共两条船,每条船有12名男性和7名女性。"妇女号"也是两条船,机型为6235,载重65吨,功率为150马力,除了顾问和轮机长是男性外,其余的都是疍家女性。1977年,海鹰大队也成立了"共青号"渔船,大家都投入到轰轰烈烈的渔业生产中。

20世纪八九十年代,海南疍民依然在守卫南海海疆方面默默作着贡献。1980年海燕大队派出两条20马力的小船再去西沙开发渔业资源。1984年2月,赤岭两条120马力的木机船(梁华欢带队)和三亚两条120马力的木机船、一条150马力的铁船再次前往西沙的永兴岛、东岛、永乐群岛和七连屿等岛屿捕捞作业。1994年6月,赤岭村委会的240马力渔船和新村管理区海鸥村委会的210马力渔船从赤岭港出发,途经万宁的大洲岛和西沙的永乐群岛,最后到达南沙。1997年3月份,三亚疍民组织8艘木机船前往西沙的永兴岛,张发结任船长。

进入新世纪之后,南海形势依旧复杂。2011年10月18日,菲律宾一艘炮艇在南海黄岩岛附近,撞击了一艘正拖曳25艘小船航行的中国大型渔船。2011年12月3日,菲律宾海军在菲律宾巴拉望岛南端靠近巴拉巴克海峡的海域,以"非法捕鱼"为名扣留了5名中国渔民。2012年4月10日,12艘中国渔船进入黄岩岛附近海域躲避恶劣天气,突然有菲律宾海军炮艇出现,菲舰派出12名士兵(其中6人携带武器),骚扰中国渔船。菲律宾海军欲在黄岩岛附近抓扣中国渔民,被赶到的中国潭门海监船制止。

在这种复杂的形式下,疍民为了国家利益多次前往南海海域宣示主权。以三亚为例,2006年榆港大队和南海大队大批购置钢渔船进入北部湾深水区进行远洋作业。2006年到2015年间大概有12批钢制渔船到西沙中沙捕鱼。2012年8月为响应省委号召,三亚海榆渔民专业合作社组织多艘船开赴南沙黄岩岛维护国家领土主权,鲜红的国旗在蓝天碧海间格外醒目。

同时,疍民在南海的守岛巡逻工作也一直没有停歇。据曾于2015、2016、2017连续三年去过南沙的陵水黎族自治县新村镇人梁玄芬介绍,疍民的主要任务就是 24 小时轮流守岛巡逻，一旦发现外国渔船试图驶入我国领海，中国的渔船就会把他们驱逐出去。疍民们常年与大海打交道，渚碧礁、仁爱礁、南薰礁、兰仙礁和美济礁都留下了他们的足迹。自古行船半条命，疍民们在中国南海劈波斩浪，为耕耘南沙、建功南沙、捍卫国家主权作出巨大贡献，谱写了一曲曲动人的壮丽凯歌。

第四章　海南疍民民间文化中的南海

南海处处是渔歌
开船唱歌歌满船，唱歌放网鱼满网。
万里大海万里歌，南海处处是渔歌。
开船唱歌出远海，沿海渔船又多来。
鱼儿多来放网捕，一网围得鱼满舱。
渔民出海唱渔歌，唱起渔歌鱼又多。
……

一首首咸水歌谣道出了海南疍民与南海的深厚情谊。浩瀚的南海富饶多产，神秘莫测。长期生活在大海上的海南疍家人，根据自己的历史渊源、风土人情、生活习俗，创造了瑰丽多彩的、与南海有关的民间传说、故事和歌谣，形成了海南疍民特有的民间文化。

中国最早的创世传说《盘古开天辟地》就与南海有着不解之缘，传说南海有一座盘古墓。"南海海螺姑娘的传说""西沙群岛的传说""寻哥礁的传说""一百零八个兄弟公""陈马岭与五星红旗的故事"等，这些故事既有神话传说，也有真实事件，反映了南海地域的历史风貌和风土民情。

咸水歌中也有不少与南海有关的内容，《去番歌》以背井离乡远涉重洋到各地谋生为主题，曲调哀怨，催人泪下；《望夫归》写了丈夫出海作业18年，妻子在家苦苦等待的辛酸故事；新时代的咸水歌，如《三沙繁荣快人心》《三沙，我可爱的家乡》《中国领土不得侵犯》等，则突出了疍家人热爱南海、自觉维护国家主权的爱国意识。

近些年来，在南海诸岛的考古发现了海南渔民留在岛上的庙宇等遗迹，这些庙宇大多是妈祖（天后）庙、土地庙、孤魂庙（兄弟公庙）等，这些遗迹恰恰是海南疍民通常祭拜的对象。海南疍民保留的一些习俗，如光脚在船上，喜欢穿黑色、蓝色衣服，喜欢吃偏甜的食物，等等，也都和海洋有关。海南疍民民间文化中的这些南海因素，论证了海南疍民世世代代前往南海生产作业的事实。

第一节　海南疍民民间文学中的南海

来海南定居后的疍家人，男女老幼均在南海周边生产生活。他们对南海有着无比的眷恋，他们以简单、朴实的方式表达对这片海域的热爱和期待、好奇与猜测。在这些疍民中间流传的一个个传说，吟唱的一首首民歌，都不同程度地体现了疍家人在做海生存中对南海海域的守护与热爱。

一、海南疍民故事传说中的南海

古代的疍民，由于种种原因，读书识字的人很少，他们很少能够参加科举考试，文化教育程度很低，但是，这并不妨碍他们独有的疍民文化发展。笔者在采访中，听到诸多疍民口口相传的故事、传说，这是疍民非常珍贵的文化遗产。遗憾的是，有关这些优秀的文化遗产，目前尚未有人系统整理研究，笔者将与南海诸岛有关的记录如下：

西沙群岛的传说[1]

传说在很久以前,海南的疍民大多生活在今天三亚市的崖城一带。他们世世代代以捕鱼为生,还要缴纳沉重的赋税,日子过得非常艰难。

有一户人家,父母因为出海打鱼不幸遇难,只留下三兄弟相依为命。因为家里穷,三兄弟不得不租用渔霸的渔船和网具维持生计。三兄弟辛辛苦苦打来的渔获,大部分都用来缴纳赋税和还债,生活很艰辛。

有一年除夕,渔霸又上门逼债。由于近海打鱼收获很少,三兄弟商量着决定去远海打鱼,碰碰运气。

谁知道这一路很是奇怪,也不知道是不是连海里的鱼也回家过年,他们一路撒网,却连一条鱼的影子也没看见。就这样一直将船驶到长沙石塘一带(今天的西沙群岛海域),终于功夫不负有心人,三兄弟从海里捞起了一个非常大的蚌。

三兄弟费力地将这个巨蚌拉到船上,这个巨蚌不仅个头非常大,而且还一直张着大口,里面银光闪闪,有一串串的珍珠。三兄弟高兴坏了,他们知道珍珠价格非常高,有这些珍珠,就可以还债了。

三兄弟高兴地将巨蚌身体中的珍珠取出来,数了数,一共15颗。他们将珍珠放好,准备返回海南岛。

谁知道,正在他们准备返航时,突然从天空飞来15只海鸟,每只海鸟叼起一颗珍珠就飞走了。三兄弟顿时慌了神,连忙驾船就追。这些海鸟把珍珠吐落在广阔的海面上,每颗珍珠落下的海面,很快便变成了一片片的银滩,形成了一座座小岛。就是今天西沙的上七岛(宣

---

[1] 该传说来源于三亚市海棠湾疍民郑用清老船长(2018年已逝),笔者整理。

德群岛）和下八岛（永乐群岛），海南渔民俗称上七下八十五岛。[1]

由于没有捕到鱼，加上珍珠丢失，三兄弟为了躲避渔霸的逼债，便在岛上居住下来。慢慢地，后来陆续有人来到岛上，三兄弟便在岛上结了婚、安了家，并在岛上开垦种植，撒网打鱼，十五个小岛树木葱葱，变成了宝地，就像是洒落在碧波中的一串珍珠，这串珍珠便是当今的西沙群岛。

"西沙群岛的传说"反映了海南疍民对西沙群岛的认识和熟悉，"上七下八十五岛"，是他们对西沙群岛地形地貌形象生动的描绘。传说中三兄弟的遭遇，实际上是当时疍民的真实写照。疍民不仅生活贫苦，还要缴纳沉重的赋税，并受到渔霸的欺凌与压榨。在这种背景下，海南疍民不得不远海捕鱼，以求获得较好的生活来源；而美丽富饶的西沙群岛，给了他们生活的动力和追求幸福的资本。

寻哥礁的故事

在美丽的南海，一座座岛屿像一颗颗珍珠，散落在宽阔的海面上。海南疍民对这些岛屿都比较熟悉，他们还给每个岛礁起了名字。其中，东岛由于远离西沙群岛中的其他岛屿，又是一座孤零零的石岛，人们称它为"寻哥礁"。关于它的故事，疍民几乎是家喻户晓。

相传在很久以前，有疍民兄弟俩，住在海南省崖县三亚的小渔村中。每年鱼汛季节，兄弟俩便随着乡亲们一起，从三亚港出发，前往七洲洋（今天的西沙群岛）捕捞生产。由于七洲洋距离海南比较远，

---

[1] "上七下八十五岛"，即今天西沙群岛的宣德群岛和永乐群岛。"上"是渔民使用的方位词，特指东、北方向；"下"也是渔民使用的方位词，指西、南方向。西沙群岛位于海南省的东南部，有50多万平方公里的海域，依照地理位置分为东、西两部分。东部为宣德群岛，西部为永乐群岛。因为两个群岛相距较远，而且宣德群岛位于永乐群岛的东北方，因此海南渔民又称宣德群岛为上七岛、东七岛或上峙，称永乐群岛为下八岛、西八岛或下峙。

所以大伙儿就结伴在圆峙（今天西沙群岛的甘泉岛）住下来。

古代，西沙群岛很是荒凉，但是那里的鱼很多，鸟也多。三亚的疍民白天捕鱼、捉鸟，晚上就在岛上住下来，有时候会种植一些树木、蔬菜。

有一年春天，兄弟俩又来到了西沙捕鱼。这次撒网的时候，网特别重，兄弟俩费了好大力气，才把网捞上来，原来网里有一只特别大的海龟。这只海龟有六七尺长，400多斤重。

兄弟俩从来没有见过这么大的海龟，非常高兴，准备将大海龟杀了，卖一个好价钱。

可是，当兄弟俩取来刀子，准备杀大海龟时，大海龟拼命地用前腿拍打胸口，又拍打背脊，泪珠儿一滴一滴地流了出来。当哥哥刚举起大刀，大海龟便"哇哇"大哭起来。

兄弟俩很是奇怪。虽然以前他们也捉过不少海龟，但是从来没有见到海龟如此伤心、哇哇大哭的。兄弟俩仔细看着这海龟，发现海龟背脊四角带着不少"牌子"，有"唐贞元元年""宋××年"等字样。

兄弟俩明白了，这海龟不是一般的海龟，而是历代人放生的海龟，海龟身上的牌子，是放生的标记。疍民一向心地善良，兄弟俩商量后，决定也把这个大海龟放回大海中。大海龟被放回大海后，依依不舍地绕着渔船游了三圈，像是在感谢兄弟俩，然后离开了。

很快，西南风刮起，兄弟俩随着乡亲们开始返回三亚。谁料天有不测风云，刚起航不久，大家伙便遇上了台风。波涛汹涌，海浪滚滚，兄弟俩的小帆船很快便被吞噬了。

第二天，风平浪静，弟弟紧搂着一个破船板，在圆峙靠了岸。但是，他登上岛后，没有看到哥哥。于是他就到处呼唤着寻找哥哥。他的眼泪哭干了，声音也喊哑了，哥哥始终不见踪影。

乡亲们很同情他，帮他把破船修补好了。于是弟弟驾着小帆船，在西沙群岛各个岛礁寻找，可是过了半个月还是一无所获。

这天中午，弟弟驾着小帆船，又开始漫无目的地寻找着。不知道走了多久，忽然看到远处有一个洁白的孤零零的小岛，隐隐约约地看到一个黑点。弟弟大声喊着哥哥的名字，没想到岛上也传来了回应，原来哥哥就在那座岛上。兄弟俩紧紧地拥抱在一起，泪流满面。

哥哥是怎么来到这座小岛上的呢？这块孤零零的小岛，荒无人烟，哥哥这半个多月，是怎么活过来的呢？

原来哥哥被突如其来的台风吞噬后，昏迷不醒。这个时候，一只大海龟出现了，把他驮到这座岛上，这只大海龟就是兄弟俩放生的那只大海龟。哥哥被驮到岛上，大海龟又衔来了鱼虾等物品。由于这座小岛远离其他岛屿，只有光秃秃的石头，西沙的烈日把这座石岛晒得像蒸笼一样，哥哥就把海龟衔上来的鱼虾放在石头上面烫熟来吃。由于岛上没有其他人居住，岛上低洼处积储着不少雨水，哥哥就喝着岛上的雨水，幸存了下来。

兄弟俩驾驶着小船，一起回到圆峙。乡亲们都围了过来，纷纷询问哥哥这半个多月来的经历。哥哥一一细说，乡亲们都很感动，纷纷感叹海龟的知恩图报，都说海龟是有灵性的。他们还给哥哥幸存的那座石岛起了个名字，叫作"寻哥礁"。

如今，疍民每次去西沙群岛海域捕鱼，经过"寻哥礁"时，都会感叹一番。如今的"寻哥礁"已经不是光秃秃的荒无人烟，而是树木成阴、海鸟成群。岛上也有水井，可以饮用，还有房屋和庙宇。

南海海螺姑娘的传说[1]

螺女故事是中国比较流行的民间故事之一，其主要情节是一男子（一般是比较贫困的孤儿）偶得一螺，藏于家中，螺化为女子为该男子洗衣做饭、

---

[1] 该故事讲述人为三亚疍民杨军，笔者有所整理。

操持家务；后来螺女身份被识破，被迫离去。这一故事不仅在中国广泛流传，在日本、韩国等也大量存在。第五届亚细亚民间文学叙事学会曾以主题为"中日韩三国螺女型故事研究"召开学术会议，由此可见该类型故事的学术价值与意义。

在海南疍民口口相传的故事传说中，海螺姑娘的故事是影响比较大的，"南海海螺姑娘的传说"被列为海南省第三批省级非物质文化遗产。1995年10月6日，海南省政府向韩国济州道赠送了一尊铜雕作品"海螺女"，用来纪念海南省和济州道之间的友好关系。"螺女型故事在亚洲广大时空背景上的演变情况及其巨大生命力，是民间文学史上一个饱含学术价值的课题，有待研究者作进一步探求阐释。"[1] 笔者对海南疍民的螺姑娘传说进行分析和解读，重点分析其在海南疍民中的流传与变异，从而挖掘海南疍民世代相传的南海海螺姑娘故事的独特意义和价值。

据已有的文献记载与研究，螺姑娘传说已有约2000年的传承史，有上百篇异文。钟敬文先生曾归结了"螺女型"故事的四个母题：

A. 一人在水滨得一螺（或其他小动物）。

B. 其人不在家，螺幻形为少女，代操种种工作。他归而置之。

C. 某天，其人窥见螺女正在室中工作，乘其不备，搂抱之，因成夫妇。

D. 若干时后，螺女得其前被藏匿的螺壳，遂离去。[2]

后来丁乃通先生在《中国民间故事类型索引》中，运用 AT 分类法，将此类故事命名为 AT400C 田螺姑娘，主要情节为："仙侣是男主角蓄养在水池里的田螺，或其他甲壳类的生物，或水生动物变的。她出水后变成人形，为他做饭理家等，被发现了捉住，通常让其当她的儿子，因为有一个'田螺母亲'而受其他男孩奚落时，她便离去，不再回来。"[3]

---

[1] 刘守华：《中国民间故事类型研究》，武汉：华中师范大学出版社2002年版，第374页。
[2] 钟敬文：《钟敬文文集·民间文艺学卷》，合肥：安徽教育出版社2002年版，第627页。
[3] 〔美〕丁乃通编著，郑建成等校：《中国民间故事类型索引》，武汉：华中师范大学出版社2008年版，第77页。参看刘魁立：《论中国螺女型故事的历史发展进程》，《民族文学研究》2003年第2期。

南海海螺姑娘的传说，在海南疍家人口中，代代相传，主要情节如下：

南海观音娘娘龙年寿诞，各路神仙都来祝贺。南海龙王也备上珍宝命海螺姑娘前去送礼。

海螺姑娘是龙母的掌上明珠。她美貌出众，乖巧动人。这天，风和日丽，碧波万顷。海螺姑娘一路走来，但见石花万簇，珊瑚成林，群游的鱼虾或操纵队或排方阵穿游其间。过了双鱼排，前面是东、西瑁岛，右边有亚龙湾，大、小东海和鹿回头；左边则是天涯海角和南天一柱。南寿山的大小洞天是仙翁常来下棋的地方。此地四季如春，环境优美，景观奇妙，风情浪漫，以致海螺姑娘玩得如醉如痴，误了送礼佳辰。龙王气得大发雷霆，掀起滔天大浪，把小海螺打上岸来。渔夫阿胜和妻子阿花也被这场风暴卷上海滩，幸好都还活着。这次劫后余生，使他们深深体验到生命的珍贵。他们看见小海螺在烈日下挣扎，阿花对丈夫说："这海螺是个生灵，把它放生好吗？"阿胜亦有此意，二话不说，遂把小海螺送回海里。

阿花和阿胜是一对新婚宴尔的夫妻，靠捕鱼捞贝过日子。阿花未及17岁就长得珠圆玉润，楚楚动人。渔霸黑鲨头早已对她垂涎三尺，经常寻借口要阿胜出海，不顺意就要封船。有一次，黑鲨头要给母亲祝寿，眼看台风将至，也硬要阿胜出海，结果阿胜一去不归。阿花因身怀六甲而幸免于难。那夜，黑鲨头偷偷摸进阿花住棚想施暴，阿花被邻村渔民救起。后来生下阿龙，在阿花言传身教下，阿龙继承父业，成为一个捕鱼能手。母子相依为命。阿龙是一个勤劳勇敢而又老实孝顺的孩子，深得村里人喜爱。他的未婚妻阿娇就是救过阿花那个邻村渔民的女儿。

一天，天气很好，阿龙赶流水驾艇来到双鱼排。一网下去，捞上来一个大海螺。此螺七彩夺目，油光发亮，令人爱不释手。回到家里，阿龙免不了把海螺的事炫耀一番，欲与母亲分享。阿花因丈夫英年早逝，过度悲伤，双目失明。她接过海螺摸了又摸闻了又闻，总觉得此螺有股灵气。说这螺吃不得也卖不得，得送回海里去。母亲的话不是恳求而是命令，阿龙嘴上答应可心里难舍。他瞒着母亲，把海螺养在浴缸里。

阿龙一有空闲就蹲在缸边跟海螺玩。一日出海归来，他见屋里屋外打扫得干干净净，桌凳杂物摆放得整整齐齐，以为老妈摸着干的，也不放在心里。再一日，他发现缸里水满、米也满，心中好生纳闷，但转念一想，兴许是左邻右舍好心帮助，也就不便多问。又一日，阿龙晚归，肚子饿得呱呱直叫，一开门直见桌上饭茶飘香，猜是未婚妻阿娇送来。可母亲却说："阿娇每次来都与我聊上两句，怎么这次不声不响就走了呢？"

这天，阿龙刚回到家就遭母亲责备："你以为我眼瞎好骗是吗？刚才水缸响我就去摸，那海螺还在缸里，你说了假话，要再不把海螺放回海里，我就与你没完。"见母亲动了气，阿龙只好承诺："等明天出海，一定把它带走。"话音刚落，忽听哗啦啦一阵水响，一位姑娘正从水缸里出来，身着七彩霓裳，与那海螺颜色一模一样。阿龙不禁一怔，忙护着母亲，怕她遭伤害。姑娘微笑着说："我乃龙宫螺仙，修行多年，叫我海螺姑娘就是了。18年前，大浪把我冲上海滩，幸得你家怜惜放生。今日炼成正果，龙母娘娘准我前来报恩。"母子俩这才明白，这段时间家里发生的一切原来是海螺姑娘所为。接着姑娘又说："本想多待些时日，报答恩情，怎奈你定要把我投归大海，情急之下，我只好露出真相，不便久留了。"说着海螺姑娘从怀里取出两粒珠子，要阿龙母子吞服，并留下螺壳，说只需轻敲三下螺壳，能生五谷物品；若发生危难灾祸，可连呼三声海螺姑娘，定赶来相救。说罢对母子深深一礼，退身出门踏波而去。

海螺姑娘走后，阿龙吞了珠子，顿觉身体强壮；阿花吞了珠子，双眼重现光明。再试那螺壳灵性，果然三响之后，要瓜得瓜，要豆得豆。

从此，每逢天气恶劣或者淡季不能出海，阿龙皆如法炮制，把粮食瓜果送给村民，解决了不少困难。

阿龙诚实，从无奢念，尽管有了螺壳，仍然早出晚归与村民一起下海。这天，他正准备返航，突然一艘大船从岛后绕过来，拦住阿龙归路。来人正是渔霸黑鲨头。他站在船头，一帮打手立在两边，个个凶神恶煞。只见黑鲨头用手画了个圈儿说："这海域是我的，这里的鱼虾鲜螺归我所有。"他命阿龙交出渔获，否则封船捉人。阿龙见势不妙，扯起满帆夺路溜走，黑鲨头驱船随后紧追。追到白排礁群，眼看快追上了，突然电闪雷鸣，狂风大作，海面水急浪高，小船似浪里蛋壳，逐波起伏，随时都有翻船的危险。情急中，阿龙想起海螺姑娘，连呼三声海螺姑娘，但见海螺姑娘飘然而至。顿时风平浪静，小船越过礁群，大船触礁沉没。黑鲨头平日多行不义，得到了应有的报应。

这时，海螺姑娘立在白排头，高举夜明珠照亮航道，护送渔民们安全返港。后来为了纪念海螺姑娘，人们在白排头修建一座灯塔。塔身活像海螺姑娘，云鬟水袖，在碧波中亭亭玉立。多少年来，灯塔为来往航船大开绿灯。风里雨里日夜不息，守护着渔人的生命财产安全。[1]

我们将内地的螺姑娘故事与海南疍民的螺姑娘故事进行对比，便发现除了在故事的母题与大陆的螺姑娘保持一致外，其他细节方面发生了较多变异，如主人公身份地位的变异，故事情节的变异等。

首先是螺姑娘形象的变化。在"螺类"传说中，"螺姑娘"的身世是一般是海神侍女，但到了疍家人这里，海螺姑娘变为龙母的掌上明珠，身份地位有了明显提高。另外，螺姑娘的行为，也发生了很大变化。螺姑娘在内地版中，一直承担着被动的角色，被救——被报恩——被离开。而到了疍民这里，螺姑娘已经变成了主宰自己命运的主动者，被救——主动报

---

[1] 此篇故事来源于三亚海螺姑娘传承人钟志平老师。

第四章　海南疍民民间文化中的南海　165

三亚疍民杨军书记（杨军提供照片）

海螺姑娘故事传承人钟志平（杨军提供照片）

恩——主动离开——疍民的保护神。

其次，男主人公也发生了很大的变化。以前的故事中，男主人公大多是贫困的孤儿，如"晋安帝时，侯官人谢端，少丧父母，无有亲属，为邻人所养。至年十七八"，"少孤，无兄弟。为县吏，性恭顺"。[1]到了疍家人这里，男主人公"阿龙"不仅有父亲母亲，还有未婚妻阿娇。只是父亲因为恶霸的作梗而死于海难。

最后是故事情节的变异。疍家人的螺姑娘故事，已不仅仅是螺姑娘和渔夫之间的爱情故事或者报恩故事，而是演变为一个族群故事，螺姑娘与渔夫两代人乃至一个族群的故事。螺女因犯错被惩罚，被渔夫父母所救——螺女二度被救（被渔夫所救）——螺女报恩——螺女主动现身消除渔夫母子之间的矛盾——螺女救渔夫智斗恶霸。在这个故事系统中，与内地螺姑娘很明显的一个区别，就是内地版都有"结为夫妻""被偷窥"这一重要情节，反映的是内地人"仙妻"情结和男权至上的文化心理特征。而海南疍民的螺姑娘并没有这两个非常重要的情节。在海南疍民这里，渔夫是有青梅竹马的未婚妻的，这也是海南疍民的一个独特的文化认同。海南疍民世代生活在海上，海上漂泊不定的生活使得他们格外注重家庭的温暖与和谐，注重脚踏实地的务实精神。而螺女作为一个仙人，是与他们的信仰一样的存在，他们没有想到把她作为家庭中的一员，而是当作他们的心灵寄托和护佑。因此，也不存在"螺女被偷窥"的情节。螺女主动现身，是因为她要消除渔夫与他母亲之间的争执与矛盾。最后，螺女与恶霸争斗，也不是自身被恶霸所占，而是为了保护被恶霸欺负的渔夫。

人类学家普遍认为族群的意义不是关于社会生活或人类个性的某种基本事实，而是一种社会建构物。族群记忆就是一个族群（并不一定具有血缘关系）对相似性认同的一种主观的信念，一种在特定聚落范围内的共同记忆。

---

[1]〔宋〕李昉、扈蒙等：《太平广记》卷六十二《白水素女》，北京：中华书局2020年版。

疍家人口中代代流传的海螺姑娘，承载着疍家文化的血脉，凝聚着他们共同的族群记忆。首先，追求家庭的幸福与圆满。疍家人生活在海上，大海以及台风的喜怒无常，常常给疍家人的生命带来威胁，疍家人深深体会着生命的珍贵，他们珍惜每一个生命的存在。因此，当海螺被龙王打上岸，艰难挣扎时，阿龙的爸爸妈妈就毫不犹豫地将它救起，因为它也是一条小生命。疍家人非常渴望家庭的安全和温馨，注重家庭的温暖与和谐。因此，故事中的渔夫不再是孤儿，而是有着父母以及青梅竹马的未婚妻。

　　其次，女性地位的提高。在故事中，我们可以看到，螺姑娘已经变成了主宰自己命运的主动者，被救——主动报恩——主动离开——疍民的保护神。螺女地位的变化，正是疍家人尊重女性的反映。疍家人世世代代生活在海上，妇女在生产生活中都起着不容忽视的作用，她们对家庭的奉献是巨大的，在疍家人的口头传说中，无疑显示出对女性的尊重。

　　最后，反映了疍民知恩图报、脚踏实地的务实精神。海南疍民世代生活在海上，海上漂泊不定的生活使得他们格外注重知恩图报、脚踏实地。所以在传说中，当海螺姑娘因为贪玩误了送礼时辰时，她被龙王打上岸，是因为海螺有错在先，应该受到惩罚；男主人公善良、勤劳勇敢，得到海螺姑娘的宝物后，仍然勤劳捕鱼，并且和邻里一起互助互爱，体现了疍家人互相帮助、团结向上的美好品德；最后，螺女与恶霸争斗，也不是自身被恶霸所占，而是为了保护被恶霸欺负的渔夫。这一系列情节的变化，处处显示着海南疍民知恩图报、脚踏实地的务实精神。

　　海螺姑娘的传说，充分显示海南疍民与南海的密切关系。南海给了疍民连神仙也羡慕的环境——此地四季如春，环境优美，景观奇妙，风情浪漫，引得龙母的掌上明珠海螺姑娘玩得如醉如痴；南海满足了疍民的生存需求——新婚宴尔的阿胜、阿花夫妇靠捕鱼捞贝过日子；南海神灵为疍民追求美好、惩凶除恶而保驾护航——阿龙在电闪雷鸣、狂风大作、水急浪高遭到黑鲨头驱船追赶的危急时刻，想起海螺姑娘离别时的嘱咐，连呼三声海螺姑娘，危机顿解。而神仙海螺姑娘与这一家的交集始于阿胜、阿花的善意，疍民尊重生命、珍惜生命也因此得以显现。

勤劳的疍家人在南海采海生存，却遭受到群体中恶势力的压迫，这是旧社会疍民社会生活的真实写照。在面对残酷的社会现实时，善良的疍家人将改变现状的期望寄托于南海神灵。海螺姑娘的传说根植于南海，在南海这片海域塑造了神灵惩恶扬善的形象，为疍民们走向美好生活提供精神支柱。这显示出疍民采海活动的重要区域在南海，南海是他们生存的依赖，也是他们信仰的源泉。南海龙王之女海螺姑娘感念疍民的善举，为更多的疍家人带来福报，这正是疍民在南海采海经营时所追求的理想生活。这是大陆农耕文化对海南海洋文化的影响，也是海南疍民长期生产生活实践中创造出来的"文化特产"，反映了海南疍民独特的族群生活、族群文化以及族群认同。

渔郎和花螺姑娘父女的故事[1]

传说很久以前，在崖州宁远河下游的岸边，有一位自小没爹没娘的疍家孩子渔郎，他每天驾着小渔船到附近的港口去捕鱼。

有一天，这个孩子张开了渔网捕鱼，收网时，网中却裹住一块大石头。他觉得奇怪，这么重的大石头，怎么会流进网中来呢？他搬开石头向一旁扔去。第二次张开渔网，中午收网时，同样又裹住那块石头，他更加奇怪了，便又搬起那块石头，这回是向着下游扔去。他第三次张开渔网，下午收网时，网中又裹住那块大石头。渔郎大惊，分明是这块大石头从下游爬上来进入网中的。他知道，这块石头一定是一块不平常的石头，便把它抱上小船，细细地观察，觉得这石头的一面，有点像一位和善老人的脸孔，便叫他为石公公。渔郎说："石公公既然瞧得起我，就和我回家吧。"

渔郎就在附近的一棵几人合抱的大古树下，筑起了一座神坛，把

---

[1] 苏盛伟：《跋涉履痕集》内部刊物，第80—84页。笔者做了整理。

石公供奉在神坛上。在这荒僻的地方，经常闹蛇闹鬼，说也奇怪，自从石公坐上神坛后，恶蛇、魔鬼都远远遁逃了。附近一带人家都知道这是得到石公的保佑。于是妇女们抱着孩子来向石公祈福。说来又是奇怪，凡是向石公虔诚祝福的孩子，人人平安、健康。此事轰动了远近，人们就把这里叫作石公坊。

且说渔郎把石公供奉好后，仍然天天到港口捕鱼。有一天，他张开了渔网，收网时却捕到一只大花螺。他看了看这只大花螺，自言自语地说："这样的大花螺是在深海里才会有的，怎么会出现在溪港中而且进入我的渔网中来呢？这样漂亮的大花螺一上市，人人都要争着买来煎汤，贝壳留作纪念品呢。"说罢，他忽然听到螺中轻微的声音，便贴近耳朵一听，那是呜呜咽咽的哭泣声，而且从螺中流出水来，那就是泪水。这位善良的渔郎，立即起了怜悯之心，对着花螺说："请放心吧，我不会为了赚钱而把你卖出，赶快回到你老家去吧，这里对你有危险。"说罢，他把花螺放入水中。

下午渔郎收网回家，忽然看见一位漂亮的、穿着花裙的姑娘，从厨房中走出来，向渔郎恭恭敬敬地行了一礼，说道："恩人回来了，我已经把饭菜做好，请吃饭吧。"

渔郎觉得奇怪，便对这位陌生的姑娘说："你怎么叫我恩人？又怎么给我做饭呢？"姑娘说："你不但有恩于我，还有恩于我爹爹，你是我们父女的大恩人呀。"渔郎听了，更加茫然不解，说道："这是怎么回事啊？"

姑娘说："今天早上，你网中捕到的花螺便是我，你不为了赚钱而将我放生，这不是给我再生的大恩大德吗？"渔郎记起了早上的事情，才明白姑娘的来历，便问："你爹爹是谁，我怎么会有恩于他？"姑娘说："大古树下，神坛上的石公是我爹爹呀。我们父女原来居住在深海中，一个月前，爹爹说要到溪港中来一趟，不料竟然一去不回。我着急赶来，不巧误入你布下的网中。你心地善良，把我放生后，还劝我离开这危险的地方，可是我要找到爹爹的下落才放心，便悄悄地从长着芦苇丛中的河岸边爬了上来，一路上打听，才知道你将我爹爹照顾得很好。我见到爹爹了，也和爹爹商量过了，你一个人生活得很孤苦，没有人照顾，因此我想终生伺候你，给你做饭、缝补衣服。"

渔郎说："我很穷，连累姑娘受苦不好。"姑娘说："就是因为你穷，所以我才来帮助你呀。另外我还有一件非常重要的事情，要和你商量。等吃完饭后，我再详细告诉你。"

等他们吃过了饭，花螺姑娘便郑重地对渔郎说："近几年来，我们海族世界突然出现了一场大劫难，有一伙强盗鲨鱼，从远方的大洋那边，横冲直撞过来，如今窜入了我们的南海，为非作恶。这伙强盗鲨鱼，经常追逐着群鱼，张开大嘴巴，吞吃我们无数的兄弟姐妹，把海族世界搞得鱼心惶惶。我想，只有借助你的力量，我们合作，共同除恶救善，不知你的意见如何？"

渔郎说："除恶救善很好，但是怎么去做呢？"

"明天你到崖城的打铁店去，请铁匠打几把锋利的钩镰飞镖，再买来一捆黄麻，我就有办法了。"花螺姑娘说。

次日渔郎买回了黄麻和几把飞镖，花螺姑娘说："我们把黄麻一片片地撕开来，搓织成一条很长很长的麻绳，把这麻绳的一头系在一把飞镖的尾部，这把飞镖就叫作拉绳飞镖，其余的飞镖用来辅助。我们找到大鲨鱼后，你拿起这把拉绳飞镖，用最大的力气向它投射过去，飞镖便扦入它的肉体，因为镖上有钩镰钩着，这强盗虽然力大无穷，也不能挣脱出来，它逃到哪里，麻绳便跟到哪里，这叫作放长绳钓大鱼。但是，我知道你心地善良，恐怕用不出大力气来。"

渔郎说："请你放心，对于那些野性不改的，专事戕害他人的恶类，我一定使出最大的力气来。"

花螺姑娘听了，满意地笑着说："很好，等到风平浪静的时候，那些强盗就出现了。"

风平浪静下来，海面上波平如镜，他们就驾着小船向海上驶去。花螺姑娘指着远方对渔郎说："你看，在一片蓝色的海面上，那里翻滚着一层层的白沫，一定是那些强盗在追逐我们的兄弟姐妹了，快把船摇过去。"渔郎便飞快地摇起小船，渐渐近了，只见一群群的鱼儿，仓皇地拼命逃生，有一条巨大的鲨鱼张开了血盆大口，不断地吞噬着鱼儿。

花螺姑娘对渔郎说："快做好准备。"渔郎立即拿起拉绳飞镖，等到靠近鲨鱼了，他便将飞镖"嗖"的一声，向着鲨鱼飞射出去，镖锋深入鲨鱼的身体。鲨鱼突然负了痛，立即掉转头，"呼呼呼"几声飞逃而去。花螺姑娘急忙说："快松开麻绳，不然，不是绳子断了就是我们的小船被拖翻了。"渔郎连忙松开麻绳，鲨鱼一路上流着鲜血，负伤狂奔，渐渐地跑不动了。花螺姑娘又叫渔郎慢慢地把麻绳收回来，船儿随着收回的麻绳慢慢向鲨鱼漂流过去。他们看见大鲨鱼昏昏沉沉地在那里挣扎。渔郎又拿起第二支飞镖，向它猛投过去，鲨鱼又中了飞镖，再负痛地呼的一声，又流着鲜血奔跑而去。渔郎同样又松开麻绳让它逃去，不过这次鲨鱼逃跑的速度没有那么快，也没有那么远。渔郎用同样的办法补上第三支、第四支飞镖，鲨鱼终于一动不动了，花螺姑娘和渔郎欢欢喜喜地把大鲨鱼拖回港。

花螺姑娘对渔郎说："把鲨鱼身上的鳍割下来，这是很珍贵的鱼翅。我们把它晒干后，卖掉，再买来新茅草，就可以盖起我们的新居了。至于鲨鱼的皮、肉、油等，都让乡亲们拿去分享。"

后来他们又陆续射杀了几条大鲨鱼，花螺姑娘说："把这些鱼都卖出去，将得到的钱买来一条有风帆的大船，这样既省力气，又可以到远海去追杀那些强盗。"

他们买到了大船，渔郎撑起了风帆，花螺姑娘把舵，船儿向着茫茫无边的大海开去。他们所到之处，鲨鱼都被击杀，几年后，这伙强盗几乎绝迹，幸存者都逃回它们远方的老家去了。从此，鱼儿安定下来，都欢欢乐乐自由自在地畅游。

花螺姑娘对渔郎说："如今海族世界太平了，我们给这片广阔无边的海洋取个名字，叫作太平洋好吗？"

"很好呀，"渔郎拍手赞成，"我们把这些鱼翅都卖出去，得到一笔钱，我们分送给贫穷的乡邻，让大家都生活得好一些。"

花螺姑娘说："但愿世界太平，人人都幸福地生活就好了。"停了一停，她又对渔郎说："我们恩恩爱爱相处了几年，可是，在这里我不能给你生儿育女，实在对不起你。要是我俩到海底世界去生活，我们就会子孙成群，享受天伦之乐了。同时也让你看看五光十色的海底世界。我爹留在这里，人人都敬爱他，我们可以放心走了。"

渔郎问："海底世界有这么美丽吗？"

花螺姑娘看着他，大笑说："你以为海底世界是死气沉沉的吗？告诉你，根据科学家考证，地球最初形成，首先是有海洋，然后才有陆地；是海洋里首先有动植物，然后陆地上才有动植物。所以海洋起步早，当然建设得特别漂亮。"渔郎听了高兴地说："我们去那里定居吧。"

他们择了一个风和日丽的日子，便扬起了风帆，向着茫茫大海开去。

时间如流水似的一天天过去了，渔郎和花螺姑娘的情况怎么样了，没有人知道。但是从大海中出产大量的海螺来看，除了繁多的花螺之外，还有白螺、红螺、黄螺、粗皮螺、马蹄螺、喇叭螺、尖尾螺等等。那些数不尽的海螺，不就是渔郎和花螺姑娘的子子孙孙吗？可见他俩是非常幸福的。

至于花螺姑娘的爹爹石公，他在石头坊的神坛上，世世代代都受到人们的尊敬。直到300多年前，港门成了村庄，人口多了，神坛更是香火不断。前几年（1996年）一场台风把石公坊这棵千年古树吹倒了，石公的神坛也倒塌了，石公坊一带的乡邻，都积极地张罗着重建神坛。陈有义先生出资，买来瓷砖瓷片，请来工匠，建成一座漂亮的新神坛和一围圆墙。神坛上供奉着石公公，圆墙中种上了青树。陈有义先生还买来一块大理石，请苏盛伟撰写《石公碑记》，勒石立碑以传其事迹。

三亚神洲庙的故事[1]

神洲庙位于三亚市鹿回头山脚下一个小岛上，凤凰岛东对面的海滩上。小岛面积约 2000 平方米，海拔高 8 米，涨潮时与陆岸分离，退潮时与陆岸相连，岛上全部都是花岗岩石，石缝有少许沙土，长满仙人掌和杂草。在岛上，有一棵酸梅豆树，还有一块被称为龟石的大石头。之所以称作龟石，是因为远远望去，这块石头好像一个海龟头伸向大海，后面山体像海龟的身体，整个小岛犹如一只海龟镇守在三亚港口，因此人们把小岛称为龟石州。

传说在明朝末年，有一卢氏疍家人遭海盗抢劫被打死，尸体漂流到龟石州海滩。这一天，有一位叫陈大海的抛鱼佬（疍家人习惯叫他海伯）到龟石州抛鱼。但是很奇怪，一上午一条鱼也没有抛着。陈大海很是纳闷，自言自语道："平时这里是很多鱼抛的，怎么今天一条鱼也不见？"他想，如果现在空手回家，全家人今天的生活怎么过？他决定去龟石州歇歇脚再继续抛鱼。

就在他走近龟石州时，发现海边躺着一具尸首，被岸边的海浪拍打着。他很害怕，转身离去，离开了一百余步远，想到今天没有鱼抛可能是这个尸首在作怪。于是他又向尸首走去，把尸首拉到岸边草地上，面对尸首说："不要怪我，等我回去告诉船上人，明天大家过来让你入土为安。"之后他提着抛网回去。离开没多远，他发现了一群"天际鱼"（疍家方言），于是他赶紧装好抛网，低头、弯腰、慢步

---

[1] 该故事由三亚疍民郑石喜讲授，笔者做了整理。

靠近鱼群，一步，两步……五步，到了抛网距离，他将抛网抛向鱼群，抛网落处正着鱼群中心，这一网获足足一鱼篓，有 30 多斤。

海伯很高兴，满怀喜悦地提着抛网背着鱼回船去。到船后，老婆问他今天抛鱼怎么"咁晚"（疍家方言"这么晚"的意思），他把今天的事一五一十地讲给老婆和子女听，家里人听了十分惊讶。他叫老婆"汤鱼"（疍家方言"杀鱼"的意思），他吃完饭后又把今天的经过讲给经常一起抛鱼的伙伴，大家听了觉得很神奇，就议论开了。后来，海伯和大家讲，我们明天将这个尸体埋了吧，让他保佑我们抛鱼有奔头。大家都赞同海伯的建议。

第二天，大家买了布匹，做了衣服，备了草纸、香烛，拿着工具去龟石州。海伯等人给尸体换了衣服，用草纸和白布把尸体裹起来，就埋在了龟石州岸边的草地，摆上了祭品，点上了香烛，向尸首祈求道：只要今后保佑我们和家人平平安安，抛鱼见鱼，以后逢年过节都会给你上香、烧钱……葬礼毕后，海伯与几个伙伴提着工具回家了。

之后，这几位抛鱼佬到龟石州抛鱼，每次都是满载而归，从来没有空手过。一传十，十传百，消息很快就传遍了三亚港。那个年代疍家人非常迷信。在海里淹死的人，疍家人称之为海鬼，海鬼要超生的话，就要找一个活人，将他淹死，来做替身。疍家人生活在海上，最怕海鬼作怪，有不吉之事都要带上一些贡品去祭拜。在很长的一段时间里，疍家人饭前饭后都议论这个神奇的故事。

又有一天，海伯和另一位抛鱼佬德叔到龟石州抛鱼，顺便带上香烛、纸钱祭奠这位亡灵，并祈求今天让他们多抛一些鱼。祭拜完毕，他们俩精神抖擞离开了亡灵处，向海边走去。

刚走了大约有五六十步远，海伯与德叔同时见到了鱼群。成群结队的鱼在他们前方漫游，就好像在等候着他们一样。俩人高兴极了，很快就装了满满一篓。

海伯对德叔说，看来这个亡灵很神，我们没有白埋葬了他。话声刚落，德叔用手指着前方对海伯说："前面有鱼。"海伯望去，又是两群鱼在漫游。他们俩都是有经验的抛鱼佬，动作很麻利地靠近了鱼群，这一网又渔获半鱼篓。两网下来，俩人鱼篓都满了。俩人兴高采烈地提着抛网、背着渔获又向龟石州走去，到了亡灵处，他们跪下感谢亡灵赐恩。他们俩在龟石州转了一圈，想给亡灵设一个灵位，方便大家以后来祭拜。俩人正讨论着，突然海伯全身发抖，自言自语，神志不清。德叔当时很紧张，片刻间德叔意识到海伯可能是神灵附身了，问道："海伯，你有什么事要讲？"海伯回答："我不是海伯，我是南海大王，是龙王派来镇守三亚港的，你们要马上建一个庙宇给我住。"德叔听着海伯的话口呆无言，汗毛也直了起来。海伯清醒后，德叔对海伯说："你刚刚吓死我了。"海伯问发生了什么，德叔把刚刚的经过讲给海伯听，海伯说他刚才身上一抖就什么也不记得了。他们俩你望我，我望你，一时间都说不出话来，感觉是亡灵显灵的兆头。海伯对德叔说："我们计划给他设一个灵位，神灵要我们给他建一个庙宇，我们跟神都想到一起了，看来这个庙宇是非建不可了。"海伯在嘴里唠叨着："真是神，真是神。"连续说了好几下，德叔受海伯说的"神"字的启发，对海伯说："南海大王的庙宇就叫'神洲庙'如何？"海伯镇静片刻，对德叔说："就叫'神洲庙'吧。"

  时间已接近中午，海伯与德叔提着抛网，背着渔获回船去了，边走边商量回去找一个道师问"神灵"意见。如果神灵同意给三个不同，结果占了三次，三次都不同。道师对他们俩说，神灵同意叫"神洲庙"。海伯很高兴，当晚和几个抛鱼佬商议到深夜。在海伯的牵头下，大家捐钱捐物，在龟石州建了一间庙宇，面积2平方米，雕刻了菩萨供奉，从此"龟石州"更名为"神洲庙"。

  神洲庙大约是明朝末年人们的普遍叫法，到了清朝初年，神洲庙又有了新的称呼。传说清初，广东佛山地区有五位武士到三亚来开设武馆，传授武术，馆名叫五龙武馆。很多人认为通过习武能够摆脱被统治、被压迫的命运。五位武士都是讲白话（广东话），与疍家人关系很好，在开馆期间帮助疍家人解决不少难题。有五位武士在的日子里，疍家人找到了依托，有了靠山。

疍家人在旧社会是一个被歧视的弱势群体，没有社会地位，不准上学，不准穿鞋，不准与陆上通婚，不准在陆上通商，不准在陆上建房屋，不准与陆上同庆节日。除了六个不准，黑恶势力渔霸、渔揽子（指通过欺霸的手段低价收购渔获的商贩）还对疍家人进行敲诈、勒索、压迫，官府的苛捐杂税更是多如牛毛，疍家人过着水深火热的生活。五武士觉得这些很不公平，经常找渔霸、渔揽子评理。当疍家人遭到欺压、欺负时，他们站出来为其打抱不平。由于五武士经常帮助疍家人解决问题，得罪了当时的黑恶势力，他们为了达到长期统治压迫剥削疍家人的目的，想尽办法铲除这五位武士，拆他们的武馆。渔霸、渔揽子勾结官府，开始在社会上给五位武士施加压力，借题发挥，百般刁难，向官府告发了五位武士，状告五武士召集疍家人习武，有造反意图。后以勾结刁民，反官府罪，杀害了五位武士。

五武士被杀害后，渔霸为了更好地控制疍家人，采取了截断疍家人粮食来源的做法。疍家人过去的粮食来源主要有两部分，一部分是物质交换，拿鱼与黎族、苗族同胞换米或农作物，这是主要的交换方式；还有一小部分是货币交换，把渔获卖给渔霸、渔揽子换取大米。在当时，疍家人是深受渔揽子的压榨的。疍家人拿大约5斤（十六两秤）鱼的钱，才能换取一斤米。有时候，他们还不准疍家人拿鱼换粮食，实行制裁，十几斤鱼也换不到一斤米，甚至说没有米。疍家人被迫到荒岛挖山薯、摘野豆，采山米子、海带、海菜等作粮食充饥。经过一段时间，官府下令取消制裁疍家人的粮食，疍家人恢复了非正常的低层生活。

疍家人为了感谢这五位武士的恩情，将五位武士的灵位安放在神洲庙内供大家祭拜，祈求五位武士做人雄、做鬼灵，保佑疍家人。后来神洲庙的叫法就多样化：神洲庙、神洲五龙公庙、龙王神洲庙。虽然叫法多样化，从称谓来看却没有离开"神洲"，所以神洲庙沿用至今。

神洲庙历史悠久，几百年来伴随着疍家人繁衍生息，折射了疍家人的沧桑岁月，见证了疍家人开垦三亚港的变革。几百年来风吹雨打，多次损坏，多次修缮。日本人侵占三亚港期间，有三件东西没有破坏：一是神洲庙，二是龙盘古井，三是南海小学旁的铁灵树。岁月流逝，神洲庙已经成为人们拜神祈祷的圣地。

不幸的是，在"文化大革命"时期，神洲庙被拆除，神洲庙遭破坏牵动着疍家人的心。1983年，在大家的努力下，人们投资20多万元，神洲庙得以重新修缮，庙宇建设面积100多平方米，逢年过节前来祭拜的群众人山人海。2013年，在三亚疍家传统文化协会的牵头下，投资了200多万元，神洲庙又重新修缮，庙宇建筑面积达200多平方米，庙宇建筑更加宏伟壮观。

港塘团西沙破案[1]

据传在明末清初的时候，海南沿海一带的盗贼很多，特别是在遥远的南海上，海盗特别猖獗。这些海盗不仅抢劫渔船、杀人越货，有时候还在崖州的大蛋港和保平港登陆，抢劫居民，搞得人心惶惶。

为了保护百姓、维持秩序，崖城的首府着手组织一支州城的海防民团，这个民团是由居住在南海崖州湾海边的渔村港门中挑选出来的12名精悍强健、水性极好的青年组成，称为港塘团，成员称为团勇。由于疍民世居大蛋港，又自幼生活在水上，不少疍民被选中进入港塘团，成为团勇。

在12名团勇中，陈明和周开儒为正、副团首。政府派人组织训练，如波涛上的凌波功夫，海底下的蛙人功夫，飞镖、射箭、格斗、擒拿等等，另外，政府还派出两艘大帆船，编为甲号、乙号，由正、副团

---

[1] 该故事参见苏盛伟：《跋涉履痕集》内部刊物，第104—110页。笔者做了整理。

首各自率领5名团勇驾驶。团勇也分别按照名词编号，以利于侦查工作。这些团勇免缴渔业税，政府还给与适当补助。

港塘团的团部，设在港门中心的文昌庙（也叫双塔庙，庙宇已毁坏，废墟和墙基犹在）。他们的主要任务是保卫州府前沿，从港门村到红塘村一带的海上安全。甲、乙两船日夜轮流值班，巡逻海上。

有一次，正团首领陈明率领的甲号船，在早上值班时发现远海有一条没有风帆、两头稍尖的船只，正快速行驶。出于保护海上安全，陈明便命令团勇挂起风帆，向船只驶去。

谁知这艘船只看见有船驶来，便开始放箭。陈明见状，判断该船可能是海盗船，便紧急命令1号、2号、3号、4号行动。其中1号林刚负责拿钢凿和水斧头去破坏海盗的渔船，其他三人负责拿盾牌、飞镖和匕首，掩护林刚前进，并准备搏斗擒拿。

四人接到命令后，立即拿起家伙，来个墩身弹跳，跃下大海，他们展开凌波功夫，飞快前进。船上的团首和5号团勇，分别撑风帆和把舵，顶着逆风，把船"之"字形迂回前进，作为接应。

那条船果然是海盗船。他们发现团勇们投水追来，而且渐渐接近，便腾出一个人来，站在船尾放箭，阻挡团勇前进。这时1号林刚在三人的掩护下，立即潜下水去，展开蛙人功夫快速向前。负责掩护的其他三名团勇，一手举起盾牌挡箭，一手划水前进。海盗们都拼命划船和射箭，他们哪里料到，林刚已经潜到他们的船底，把底板凿开了一个洞口，海水很快地灌进了船舱，船渐渐地沉了下去。这时海盗们才知道上当了，都乱作一团，他们慌张地拿刀准备搏斗。这时三名作掩护的团勇，抓住这个好机会，立即射出一阵飞镖，击中了三贼头部，三贼落海身亡，剩下两贼持刀攻击林刚。林刚力战两贼，毫无畏惧，最终杀了两贼。但自己也中了几刀，昏死了过去。

当掩护的三名团勇赶到时，林刚与强盗的白刃战已经结束，只看到一片血红红的海水，波浪翻滚着五个盗贼的尸体。三名团勇在四周游来游去，但是并没有见到林刚。等到帆船开来，他们将情况向团首报告，团首开船在附近转了几周，也没有找到林刚，知道他很可能是殉难了，遗体可能是被大鲨鱼吞噬了。他们怀着沉痛的心情，将五贼的尸体拖上船，回崖州城报告。

崖州知州接报告后，立即呈文上报，清政府给崖州港塘团颁发立功嘉奖，并把殉难的林刚，追封为忠烈团勇，并发给他的家人优厚的抚恤金。

但是林刚并没有死去。在他杀贼过后的第三天，他慢慢地苏醒过来，发现自己躺在一个珊瑚礁洞里，身边坐着一位慈祥的、白发披肩的老人，正在低头抚摸着两只大海龟。那两只大海龟，每只的背壳像一口大铁锅一样。林刚心想，天呀，自己从来也没有见过这样大的海龟，心中非常惊奇，仿佛自己在梦境中一样，在另外一个世界。他不禁问道："老仙翁，这里是仙洞吗？我怎么躺在这里啊？"

老人家见他苏醒过来，欢喜地说："好呀，你醒了。这里是人世间，是礁洞，是我的两只灵龟把你背来的。"

林刚听了更加惊奇，他记起在大海中和海盗搏斗时的惊险场面，一定是自己受伤，这两只大海龟把自己救过来的，自己才得以生还，于是他慢慢站起来，双掌合十，向海龟深深一作揖，说道："谢谢神龟。"然后他又问："老人家，听你的语音，是我们琼崖人吧？"

"我是儋州人，你一定是崖州人了。"老人说。

林刚说："我是崖州港门村人。"

"啊，是港门村兄弟，"老人高兴起来，"港门村的渔民兄弟，以前经常和我们来这里捕鱼，大家都很要好的啊。"

林刚也欢喜地说："那我应该称您老人家为阿伯了。"他又问："阿伯，这是什么地方啊？"

老人说："这里是西沙，过去叫作七洲洋，也叫作千里长沙。"

林刚听了，忽然"啊"了一声，他记起了宋朝人所著的书中，都说我国南海之中有千里长沙和万里石塘,《明史》中也记载史弼将军当年南巡,"过七洲洋,万里石塘",也就是现在的西沙和南沙。想到这里,林刚说:"啊,原来这里就是千里长沙,是七洲洋,西沙群岛呀。"说罢,他情不自禁地忘记了伤口的疼痛,走出洞门一望,只见茫茫的大海一片碧蓝,像一张广阔的、平铺着的蓝地毯一样,远接苍穹,而大大小小岛礁琳琅满目,像是镶嵌在蓝地毯上的珠玉;更有那粼粼的波光,荡漾着五光十色。他深深地感到,祖国的南海之疆,是多么壮美啊!

林刚又问老人:"那万里石塘南沙群岛在哪里呢?"

老人指着南方遥远的海天说:"南沙那边我没有去过,我的祖父、父亲和村邻们,以及你们港门村的渔民,在每年农历十月到来年二月没有风暴的强风的季节,常常到那里捕鱼。"

林刚接着说:"我们港门村的渔民,流传着一句古老的谚语,'三月西南四月浪,五六月后坐着看。十月以后天收工,适去长沙与石塘'。"

老人说:"这句民谚我们那里也流传,那是说,从农历三四月起,海上常刮西南方向的强风,不能开船去远海捕鱼;五六月以后,波浪翻天,并且常常发生风暴,渔民不能出海了,只能眼巴巴地看着大海而叹息;十月以后,天收工了,不下雨了,不刮大风了,就可以到我国南海的西沙和南沙捕鱼了。"老人说到这里,轻轻叹了一口气,又说:"话虽然是这么说,可是天有不测风云,海有突然变化啊,渔民的生活艰苦又危险啊。"说罢,老人饱经风霜、布满皱纹的脸上,笼上了一层悲戚的神情。

林刚关切地问:"阿伯,那是怎么回事啊?"

阿伯叹了一口气,沉思了片刻,像是在追忆往事,说:"我青年时期常来这里捕鱼。明朝灭亡那一年甲申农历十月,我们两条船来到这里,不料突然刮起了风暴,船破人亡。我幸好抓到一块木板,漂流到岛礁上,才死里逃生。此后,我天天都望着大海,盼望看到渔船来捕鱼，顺便和渔民回家。不料遭逢乱世，海盗群起，没有人敢来这里捕鱼。"老人又叹了一声，便问林刚："现今是什么朝代了？"

林刚答道："今年是清朝顺治辛丑年。"

老人屈指一算，说："差不多二十年了。"

林刚同情地说："这么多年，阿伯是怎么生活下来的呢？"

"生活不成问题，这里的鱼、螺、虾、蟹和鸟类都很多，礁凹间积有雨水，礁缝隙之间还有补品燕窝呢。至于火，我们渔民出海，一定备有火柴，我随身带着。礁石边有漂流的船板、枯木，可以烧水……"老人滔滔不绝。

"这两只大海龟多么慈驯，是阿伯养的吗？"林刚问。

老人说："海龟是水陆都能生活的动物，这里的海龟很多，我觉得这两只很可爱，便养下来，可以与我为伴。我经常拿鸟肉和燕窝喂它们。它们不但长得大，而且有灵性。它们虽然不能说话，但很了解人的意思。"

林刚说："古诗有'龟因壳灵'，《易经》也说，卜卦要用龟壳，卜出来的爻卦才灵准，所以龟是有灵性的动物。"

当林刚引经据典地说明灵龟时，老人才记起一事，便问："你是怎么受伤的，我的灵龟才把你背回来？"

林刚把杀贼的经过详细地向老人说了。又说："至于灵龟怎么把我背回来，当时我已经昏死过去，不晓得了。"

老人听了，不断地点头说："是了是了，原来我这两只灵龟失踪几天，就是被这伙海盗偷窃，准备拿出去卖的。他们一定是借卖龟的名义，有意探听政府对他们的通缉情况，并且准备购买一条双桅的大渔船，装置他们多年来抢劫的财物，再逃到日本。可是人算不如天算，半路杀出个程咬金——遇到了你们。当你把船凿开时，我的灵龟获救了；当你和敌人同归于尽时，它们把你救了。从那么遥远的海上，经过两天三夜把你背到这里。"说到这里，老人很激动："这是报答和报应的兑现，好报和恶报到此分明了。"

林刚听了，向灵龟点了点头，再次表示感谢，然后问老人："海盗的这个秘密，阿伯是怎么知道的？"

老人说："这五个海盗，两个是日本倭寇，三个是我们中国人，他们还是我的邻居呢。"老人一边说着，一边用手指着前方："那边的岛礁是他们的巢穴啊。那些抢劫来的东西，都藏在礁洞中。一个月前，他们来我这里打听，问我本地渔村有没有双桅的大渔船。当时我就料到他们要买大渔船潜逃日本。"

林刚听了，觉得这是跨国大盗，远比一般海盗严重得多，就说："这几年来，政府不断地通告我们，要严查往来可疑船只，特别要注意倭寇和勃尼番等外来船只。"

老人听了，又不断点头说："是了，是了，这伙强盗前几年又干了一桩大公案呢。他们竟然胆敢抢劫安南（今越南）向天朝（清政府）联系的官船。他们把船员和官吏都杀死，把船凿沉，便逃到这里来。"

林刚觉得案情重大，强盗又那么狠毒，不禁为老人的安危担心起来，便问道："阿伯居住在这里，了解他们那么多事情，知道他们的底细，他们不会加害你吗？"

"我不骂他们，没有能力杀死他们，更不能渡海去告他们的密，他们有时候还要向我了解一些情况，所以他们绝不会加害于我。而且，他们如今都已经死掉了呢。"老人说罢，哈哈大笑起来。

林刚说："这伙海盗被斩除了，一定轰动社会，震慑其他海盗，海上暂时安全了，我们要想办法回去报案。阿伯离家多年，也要设法回去和亲人团圆啊。"

老人想了想，忽然高兴起来，说道："有办法了，想不到我的灵龟这么有力量，又熟识海路。它们既然能够把你从南海的那边背过来，当然也能够把我们从这边背过去。等过了两三天你伤好后，我们各乘一只海龟，就能完成我们的心愿了。"说罢老人和林刚这一老一小，高兴地拥抱起来。

陈马岭与五星红旗的故事[1]

如果说以上的故事传说，都是海南疍民口耳相传的珍贵的文化遗存，那么陈马岭与五星红旗的故事，则是海南疍民陈马岭亲身经历的事情。陈马岭的行动再一次证明，海南疍民在自觉维护南海主权方面作出了英勇的贡献。

陈马岭[2]（1945—2006年），是三亚疍民的巾帼英雄。她出生于1945年4月，谈起她的名字，别有深意。陈马岭的父母都是勤劳的疍民，她是

陈马岭（三亚疍家文化陈列馆提供照片）

---

1 该故事讲述人为三亚疍民郑石喜，笔者作了整理。
2 陈马岭于1945年4月出生，2006年10月因病逝世，享年61岁。

母亲在马岭沿海渔场捕鱼时分娩的，因此父母给她起名"马岭"，以示纪念。

与众多疍民孩子一样，陈马岭很小的时候就跟着家人一起出海捕鱼。1957年12月，三亚市的疍民在社长何石禄的带领下，组织了四艘翘尾船开辟西沙渔场。当时年仅12岁的陈马岭，以半劳动社员的身份随父母一起前往西沙捕鱼。20世纪50年代，疍民使用的仍旧是完全依靠洋流季风的风帆船，从三亚港起航前往西沙，一般要用60个小时左右。

1957年12月15日，船队顺利抵达西沙永乐群岛，大家休息了一晚后，第二天各队各组按照原计划开展扛罾捕鱼生产（扛罾捕鱼是疍民主要的作业方式，具体方法是，用四艘小船把网的四个角张开，安置在礁盘上，等鱼群进入网里，起网捕获）。陈马岭由于年龄太小，就被留在大船上看船，大人们都摇小船在离大船不远处的礁盘作业。

20世纪50年代的西沙群岛，鱼汛非常好，各类资源都很丰裕。大人们按照事先的安排，忙着在各礁盘捕鱼生产。

接近中午的时候，突然有一艘汽艇向陈马岭所在的船开来。当时小马岭在船上的房间玩，不知道有船开来，当汽艇靠上大船相撞的时候，小马岭以为是去作业的小船回来，便从房间出来，却看见四个荷枪实弹、全副武装的陌生人爬上了船来。陈马岭有些紧张，用疍家话问："你们是什么人？"其中一个人用不太流利的白话回答："我们是越南兵，这里是我们越南的领土，不准你们在这里捕鱼，你们马上离开！"小马岭上前说："这里是我们疍家人世世代代抓鱼的地方。"四个越南兵见小马岭是个小姑娘，就不搭理她，便开始在船上到处乱搜，随心所欲拿走船上的东西。其中一个越南兵看见渔船桅杆上的五星红旗，便走过去想爬上桅杆取下五星红旗。小马岭看出越南兵的意图，冲上去拉着越南兵的衣服，不让越南兵爬上桅杆，越南兵粗暴地一把将小马岭推倒在船甲板上，爬上桅杆并取下五星红旗。小马岭又奋不顾身冲上去从越南兵手中夺回五星红旗，并大声冲越南兵说："不准拿我们的五星红旗！"同时对在礁盘上作业的大人们不断地大声喊："越南兵抢东西啦！越南兵抢东西啦！……"大人们听到小马岭的喊声，弃下渔网，摇小船赶回大船。这时越南兵又跑过来还想从小马岭的手上夺走五星红旗，被小马岭狠狠地咬了一口，越南兵松开手，小马岭趁机跑回船房间锁上房门，把五星红旗紧紧地抱在怀里。这时被咬的越南兵愤怒地追过去敲房门，而另一个越南兵手指正往回赶的渔船，说了几句越南话，意思是，他们快回来了，我们要马上离开。之后，听见汽艇马达响声离大船远去，小马岭便从房间走出来，怀抱着五星红旗向赶回来的大人们招手。

很快，大人们赶回来登上了大船，看见小马岭没事，还怀抱着五星红旗，就问小马岭船上刚才发生了什么事。小马岭把刚才发生的事给大人们讲了一遍，大家听了都非常感动。何石禄社长控制不了自己激动的心情，走过去把小马岭抱起来，眼角有些湿润，对大家说："小马岭真勇敢，是我们的小英雄！"大船上一片掌声，接着人们把五星红旗重新挂起来，桅杆上五星红旗又高高飘扬在西沙的渔场上。

1958年3月20日，船队载着丰收的喜悦返航回到三亚港，何石禄社长召开全社社员大会，在会上陈述陈马岭与越南兵英勇夺国旗的事迹，号召全体社员向陈马岭小姑娘学习，学习小马岭爱旗爱国、捍卫国土和主权的精神。之后，广东省委、广州军区、海南军分区等有关领导接见了陈马岭。

陈马岭的故事在三亚疍民中代代相传，她是疍家人的好女儿，是疍家人的骄傲。而现实生活中，像陈马岭这样维护南海安全、守护海疆的疍家儿女数不胜数，他们的事迹再一次证明了海南疍民世世代代经营、开发、守护南海主权的事实。

二、海南疍民民间故事的守护人：杨军

杨军，出生于1948年8月，现居住在海南省三亚市南海社区，八九岁时开始在南海小学读书。小学毕业后，1964年前去崖县中学读书，1966年"文化大革命"时期，终止了学业。1968年到生产队捕鱼，1972年在

大队机械维修厂工作，1975年任民兵营长团总支书记，1982年经过考试，前往县组织部及南海办事处武警部工作。现退休在家，致力于疍家文化，尤其是咸水歌谣和民间故事的传承和传播，曾经执笔撰写疍家《大事记》等文章，对疍家文化有着很深厚的感情。

杨军老伯说，他很小就喜欢听民间故事和传说，听着这些故事学到了不少道理。他熟知的故事传说，除了"南海海螺姑娘"已经被列入海南省非物质文化遗产名录外，还有"麻风仔的故事""阿赖头的故事"等等。这些故事不仅喜闻乐见，而且通俗易懂，反映的都是老百姓的喜怒哀乐，为老百姓所喜爱。

麻风仔的故事

从前，有一个小伙子，自幼父母双亡，只有一艘小船。小伙子很聪明能干，不仅有一身捕鱼的好本领，而且还有生意头脑，他除了捕鱼外，还卖甘蔗和糖水，有着一定的积蓄。同时他也很善良，常常帮助在一起打鱼捕捞的渔民，渔民都很喜欢他。但是，美中不足的是，小伙子的脸上长满了麻子，人称麻风仔。所以，虽然已经到了谈婚论嫁的年龄，但是麻风仔一直还没有成家。

麻风仔的邻居是一位老船长和一个女儿。船长的女儿年龄和麻风仔差不多，两家有时也互有来往。船长的女儿和一个在船上打工的外地打工仔谈恋爱，但是老船长一直不愿意。

这天，麻风仔有些累了，便将船停下来，坐在船上休息。无意间，他听到邻居的姑娘和一个小伙子谈话。原来是姑娘的父亲一直不同意姑娘和那个打工仔的婚事，俩人商量好晚上一起出逃。打工仔敲三下门，姑娘就出去。

麻风仔听到了这个消息，晚上提前来到姑娘所在的船上，轻轻敲了三下门，姑娘听到敲门声就出去了。麻风仔没敢吭声，他接姑娘到自己的小船上，就将船开走了。

等姑娘看到麻风仔时，小船已经到了一个荒无人烟的小岛上。姑娘大吃一惊，就哭泣起来。麻风仔给姑娘道歉，并拿出东西给姑娘吃。但是姑娘一直哭泣，什么东西也不吃。

就这样过了几天，麻风仔看到姑娘一直哭泣，就说："我很喜欢你，都是我不好，如果你还是不乐意，我就送你回家。但是你先把饭吃了，有了力气才能回家啊。"

但是两人不知的是，麻风仔在煮粥的时候，一条海蛇掉到粥里。麻风仔喝了粥之后，脸上的麻子都不见了，变成了一个非常帅气的小伙子。

姑娘见麻风仔变了样子，又想起麻风仔的种种好处，他的善良、勤劳，就不再嚷着回家了，跟着麻风仔在岛上过上了快乐的生活。

杨军说，这个故事在三亚疍民中是非常受欢迎的，一方面，说明在以前，三亚疍民的婚姻还是受传统的婚姻观影响，疍民喜欢在族群中找对象，比较排斥和外人结婚；另一方面，疍民都是非常勤劳善良的，他们相信好人有好报这一传统美德，无论海螺姑娘，还是麻风仔，他们都是非常善良的人。这样的人，最终一定会得到上天的眷顾，会有好运的。

阿赖头的故事

除了麻风仔的故事外，杨军说，三亚疍民还比较喜欢"阿赖头的故事"。这个故事也流传了很久了，可惜的是，到目前为止，还没有人搜集整理。

阿赖头是一个聪明的疍家孩子，与母亲相依为命，尽管母子俩一直辛辛苦苦地捕鱼劳作，但是家中依旧很贫穷。

阿赖头长到十几岁的时候，有一次随着母亲去财主家缴纳赋税，无意中看到了财主家漂亮的女儿，十分中意她，回家就托母亲，让母亲去财主家提亲。

母亲一听直摇头，说与财主家结亲是不可能的事情，让阿赖头死了这颗心。但是阿赖头不肯罢休,一直缠着母亲。

母亲被阿赖头缠得实在无法,也为了让他断了这个念想,就找了一个媒婆,去财主家提亲。

财主听了之后,并没有大怒,而是开玩笑地说:"其他什么贵重的礼物我也不要,我只要一个10担[1]重的大虾和一个南山那么大的螃蟹。"

媒婆将财主的话带给阿赖头和他的母亲,母亲一听,说:"世界上哪有10担重的大虾、南山那么大的螃蟹?你不可能找到这两样东西,趁早算了吧。"

阿赖头听了却是非常高兴,他说:"这还不容易。"他推起家中的水车,一路小跑到海边,对着大海使劲搅起水车来,只把海底搅得翻来覆去。

南海龙王正在水龙宫中休息,忽然觉得宫殿好像翻山倒海似的,摇晃得昏天黑地。他连忙派手下的虾兵蟹将,出来看看到底怎么回事。

虾兵蟹将走出南海龙王的宫殿,看到阿赖头正在用力地搅拌着水车,连忙让阿赖头停下来,并仔细询问原因。阿赖头说:"这里的大海是我们疍家人捕鱼做海的地方,我在这里搅拌水车,只是为了将大虾和螃蟹赶出来,好去财主家里提亲。"

虾兵蟹将听了阿赖头的话后,又详细地问了整个经过,让阿赖头先住手,他们向南海龙王汇报。

南海龙王为了宫殿的安宁,便答应了阿赖头的要求,给了他10担重的大虾和一个类似南山的螃蟹。阿赖头高高兴兴地将大虾和螃蟹放到水车里,直接来到了财主家里。

财主没有想到阿赖头真的找到了大虾和螃蟹,觉得阿赖头不简单,肯定不是一般的人,便答应了阿赖头的提亲要求,将女儿嫁给了他。

---

[1] 一担相当于100斤,10担重就相当于1000斤重。

阿赖头结婚后，每天都要和妻子在一起。可是他还要出去捕鱼。后来，他找人给妻子画了一张画像。这样他出去捕鱼的时候，就把妻子的画像挂在船头，就好像妻子陪在自己的身边。

有一天，阿赖头和村里的疍民一起出海打鱼。由于这次要去远海打鱼，阿赖头便把妻子的画像又挂在船上，对自己的母亲、妻子叮嘱了一番，便和村里的人一起走了。

不巧的是，刚走出去没多久，忽然刮起了一阵大风，把阿赖头妻子的画像刮走了。阿赖头着急了，紧紧追着大风，企图把妻子的画像追回来。可是，不知道追了多久，也不知道船驶到了什么地方，阿赖头也没找到妻子的画像。

阿赖头沮丧极了，可是也没办法，只好一边打鱼，一边准备回家。

阿赖头妻子的画像，飘飘悠悠地被大风刮着，后来就刮到了水龙宫中。龙王的儿子一看画像，心中大喜，便派人寻找画中之人。没过多久，龙王儿子手下的人便找到了阿赖头的妻子，把她抓进了水龙宫中。

阿赖头由于追赶妻子的画像，不小心迷了路。他一边在外面打鱼，一边寻找回家的路线。大约一个月后，终于回到了家中。

可是到家一看，他大吃一惊，妻子不见了。母亲也由于担心自己的安危和妻子的被抓，伤心过度，卧床不起，多亏了邻里朋友的照顾，才勉强支撑着。

阿赖头打听到是海龙王儿子抓走了妻子，顿时大怒。他推起家里的水车就冲向了大海，使劲地摇动着水车，翻滚着海水。

海底中的宫殿，被阿赖头摇晃得厉害。南海龙王派人出来查看，阿赖头一见，指着龙王手下大将大喊："快把我的妻子送出来，否则我要把整个海底宫殿掀翻。"

龙王手下的人向南海龙王报告，南海龙王派人调查，原来是自己的儿子抓走了阿赖头的妻子，非常生气，儿子触犯了天条，抢夺民女，应该重罚。于是,他命人将儿子带到阿赖头身边,让阿赖头处置。

南海龙王的儿子自知犯了天规,便向阿赖头请罪,并命令自己的手下将阿赖头的妻子送出来,说自己只是抓走了阿赖头的妻子,但是阿赖头的妻子宁死不屈,他将她关起来,并派人给她吃喝,并没有欺负她。

阿赖头见到自己的妻子安然无恙,再想想平时海龙王也经常保护自己的族人,便不再追究海龙王儿子。

海龙王过意不去,命令儿子给阿赖头 10 马车黄金珠宝赔罪。阿赖头收到了海龙王儿子的黄金珠宝,并没有留给自己,而是将它们分给了一起捕鱼的疍家子弟,感谢他们一直帮忙照顾自己的母亲,并帮助自己寻找到妻子。

杨军讲到此故事,告诉笔者,疍民很多流传下来的民间故事,都会宣传一个思想,那就是为人一定要勤奋、善良,要踏踏实实地做好事、做好人,上天一定会帮助你实现自己的愿望的。疍家人在旧社会地位很低,经常受到官府以及陆上其他人的欺凌,于是他们相信"好人有好报"这一传统观点,很多民间故事也都会讲到这一点,教人要善良,不做坏事。还说,他们相信自己生产生活的广袤海域,都是自己的祖先世世代代生活的地方,不管是近海的三亚湾一带,还是远海的西沙、中沙、南沙,都是他们美好的家园;而海底世界,是他们家园不可分割的一部分。在海底世界生活的海龙王以及整个海底王国,都是他们的好邻居、好亲戚。

三、海南疍民咸水歌谣中的南海

咸水歌被誉为疍民的精神食粮,疍民由于识字不多,其文化大多以歌谣形式传承下来。陈序经在《疍民的研究》中说:"疍民是很爱唱歌的……他们平时摇舟海中,触景生情,随时随地,都有歌唱。尤以女子为甚。俗谣所谓'窑炉唱歌将过海'正即指词。所以疍民足迹所到的地方，都流传着他们的歌谣。"

确实如此，无论是谈情说爱，还是婚丧嫁娶；无论是白天，还是黑夜，到处都可以听见疍民们的歌声。只要兴趣一来，就可以大展歌喉。劳作时，一边摇着橹一边唱《拿起橹来又唱歌》；遇到心爱的人，就唱《哥妹结成双》；送爱人外出，就唱《相送十里坡》……可以独唱，可以对唱，也可以斗歌。或高亢，或低婉，或兴奋，或伤心，充分展示着疍家人的生机和活力。

早期的海南疍民民歌留存已不多，笔者将搜集整理的疍民咸水歌中和南海有关的，目前保留或流传度较广的曲目记录如下：[1]

望 夫 归

妻：无风驶船帆角齐，丢低麻篮望夫归。行开海边请只舢板仔，摇到大船格勒底，各个前行无个系。第一问船主老板仔，第二问船上火头仔，第三问船上个班伙计兄弟，为乜我夫同船去吾见同船归。

夫：你夫到了新州安南埠，休了前配取个安南妻，手尖尖脚细细，身材生似黄丝蚁。

妻：我夫在新州安南取了妻，有乜书信托你带回归，有乜信物让我睇，有乜吩咐快快提。

夫：你夫在新州安南取了妻，生下孩儿养宝仔，没有书信托我带回归。没有信物让你睇，叫我劝你把他放低。

妻白道：无良心的马骝，害我等了十八年，天打雷劈。

夫：你夫是个风流仔，到了安南忘了妻，忘恩负义不用提，不要伤心做人给他睇。

妻白道：他的儿子都十八岁了，我生是他的人，死是他的鬼，我

---

[1] 本书所收录的咸水歌，主要由三亚疍家文化陈列馆、陵水新村郭世荣、昌江郭玉光等提供，在此表示感谢。

如何有脸做人？不如一死百了。

夫：你夫离家十八年，你不偷心想别人？是否同叔常陪饮，是否同叔共床枕，泥耙犁田没石迹，水井打水没旧痕。

妻：我夫离家十八年，未曾偷心想别人，吾叔在家已有妻，做嫂怎会同叔枕，泥耙犁田有人跟，水井打水有声音。是我丈夫拿物睇，不是丈夫不要跪，持有信物是夫归，没有信物是过路仔。

夫：妻啊……妻，妻你莫伤心，夫在安南无别人，刚才试探把话引，是夫久别起疑心。

夫妻：雨过天晴真相白，乌云已过认亲人，今后夫妻长相依，白年皆老共天伦。

这首《望夫归》是海南疍民流传比较久的一首歌谣，也是疍民在举办咸水歌比赛中经常演唱的一首歌曲，它记录的是疍家男人远下南洋——新州安南埠，妻子在家守望的故事。安南为越南古名，得名于唐代的安南都护府，自公元前3世纪的秦朝开始成为中国领土，至五代十国时吴权割据安南脱离南汉，正式独立，此后越南长期作为中国的藩属国存在。《望夫归》一曲表明疍家人在南海经营的范围早已不拘于南海海域，还拓展到了邻近的国土，疍家人在南海海域的主动权和主导权也因此得以显现。

海南人的去番现象，从众多"过番歌"中可窥见一斑。

这是一首流传于文昌市冯坡镇的"海南调"歌谣的"送别歌"[1]：

送郎送到后排山，夫妻离别泪溲溲[2]，欲问侬泪流多少？眼汁[3]滴路滑难行。

送郎送到青草坡，手捻草尾记心上。草如无心草也死，人欲反良[4]

---

1 歌谣转引自赖青寿：《摇篮歌与送郎"去番"》，《今日海南》2002年第2期，第47—49页。
2 溲，原为水流动的样子，这里指眼泪。
3 眼汁，指眼泪。
4 反良，即反骨，背叛之意。

命不长。

　　送郎送到码头旁，眼看船去心更闷。郎你去番欠[1]忆侬，常回书信问冷暖。

琼海市长坡镇的《送郎过洋》：

　　鸡啼一阵子一阵，夫妻俩人欲相分。讲起离分眼汁出，流浸床前驶得船。

　　送郎送到海祀庙，捻支草尾当香烧。求得苍天来保佑，风平浪静过海洋。

　　两首歌谣均描述了年轻小夫妻即将分别的场景，对女性来说，丈夫走了，留给自己的就是遥遥无期的等待和期盼；对男子来说，则意味着离开温馨家园，在外艰辛打拼。"送郎送到码头旁，眼看船去心更闷"，把情郎送到海祀庙，拿支草尾为香柱，求得情郎一路平安，风平浪静下南洋。

《何时郎归得团圆》（文昌市文城镇汪洋村）：

　　一别九年断鸿雁，日夜怀念泪不干。梦见你回三更半，喜破梦魂不见郎。

　　睡也不甜吃不香，夜头望月依栏杆。牛郎织女七夕约，何时郎归得团圆？

　　这些诗歌，则描写了丈夫前往南洋谋生，妻子在家苦苦等待的情景。

　　除了这些过番歌，海南疍民还创作了众多与南海、海洋有关的现代咸水歌谣。

保 护 海 洋

　　美丽的新村港，珍珠宝贝在海上。

---

[1] 欠，要。

>　　大海茫茫，疍家渔排建在海上。
>　　大海故乡，我永远不会忘。
>
>　　美丽的新村港，疍家渔船抛成行。
>　　大海茫茫，渔民捕鱼在海洋。
>　　大海大海，我永远保护你。
>
>　　美丽的新村港，珍珠宝贝在海上。
>　　大海茫茫，疍家渔排建在海上。
>　　大海故乡，我永远不会忘。
>
>　　美丽的新村港，疍家渔船抛成行。
>　　大海茫茫，渔民捕鱼在海洋。
>　　大海大海，我永远保护你。
>　　大海大海，我永远保护你……

《保护海洋》将新村渔港、渔港渔民与南海的关系表达得淋漓尽致。美丽的新村港犹如海洋中的珍珠宝贝被大海守护，疍家渔排建立在茫茫大海上，新村疍家渔民在南海耕耘作息，海洋是疍家人生存的所在，大海为他们提供了生存的家园，也是他们的精神家园，是他们守护的领地。"大海大海，我永远保护你"是散落在南海周围的所有疍民的心声，也是所有渔民群体的心声。

中国领土不得侵犯

>　　三沙是个好地方，
>　　三沙渔民的好渔场。
>　　几大风浪顶岩上，

渔民稳吃在海上。

三沙国旗真是威,
国防出兵来保卫。
乜人够胆来侵犯,
三军出动真是齐。

中国有只钓鱼岛,
渔政日夜守海埠。
日本胆敢来侵犯,
中国决不让每一步。

三沙市是自 2012 年伴随海南省西沙群岛、南沙群岛、中沙群岛办事处的撤销而建立的新行政区。歌谣《中国领土不得侵犯》赞扬了三沙是渔民们的好渔场,颂扬了国家在三沙市的主权神圣不可侵犯。"渔民稳吃在海上"一句中的"稳"字,既表明三沙市的富饶,也是渔民心安的真实写照,与"此心安处即吾乡"有相同的效果。

祖先漂泊到海南

祖先漂泊到海南,生活条件好艰难,
住在水棚茅盖顶,族外称俺疍家人。

出海捕鱼小旧船,风大浪高漂天涯,
天不下雨没水喝,遇上台风难回头。

疍家捕鱼织麻网,麻网易破心惧慌,
不晒麻网又怕闲,日日晒网更艰难。

疍家解放心里欢，建造铁船运大洋，
铁船捕鱼大丰产，大风大浪能回头。

三沙设在永兴岛，前往南沙遥相望，
故乡就在三沙市，有情有爱世代传。

《祖先漂泊到海南》前三段感念祖先当年漂泊南下的艰难，住宿水棚，风急浪高。后两段颂扬随着新中国的成立，疍民做海工具不断改良，不止渔业丰收，生活也大有奔头。该曲前部分沉闷、压抑，后部分激昂、明快。祖先的漂泊无定与如今的安居乐业形成了鲜明的对比，对南海的热爱、对三沙的忠诚都凝结在歌词中。最后一段表达对故乡的眷恋，直截了当表明三沙是疍家人的故乡，是疍家人心心念念之所在，是疍家人世代耕耘南海的佐证。

南 海 渔 民

滔滔南海水连天，群群海鸥追渔船。
千里海鸥任我行，百里渔场捕鱼忙。

党的政策指航向，铁船捕鱼出远洋。
歌满海来鱼满舱，南海渔民心欢畅。

鹿岭山下新渔村，建起一片新楼房。
夜来家家电灯亮，好似明珠撒海旁。

咸水歌堂歌声响，咸水歌声四海扬。
男女老少齐欢唱，咸水歌声世代传。

这首《南海渔民》的咸水歌谣，将南海与渔民融为一体，滔滔海水、群群海鸥都是疍家人生活中最美的风景。鹿岭山下亮灯的楼房犹如颗颗明珠点缀着南海，生动地描绘了南海是疍家人的依靠，疍民为南海建设添砖加瓦的情景。

南海是个聚宝地

正月天时起东风，三亚渔场鱼最多。
渔人唱歌表心愿，唱得年年好彩运。

二月天时流水好，渔场频频报佳音。
铁船加油日夜干，开足马力追鱼群。

三月天时海势威，机船远征战鼓催。
旗开得胜鱼满载，高产捷报响春雷。

四月天时海情差，万里江洋是渔家。
南海是个聚宝地，龙宫献宝又招财。

五月天时潮水高，龙舟佳节赛龙舟。
果粽飘香龙鼓响，饮酒猜拳庆丰收。

六月天时船塞港，水产码头鱼满舱。
顺风顺水顺人意，得胜得利得吉祥。

南海处处是渔歌

开船唱歌歌满船，唱歌放网鱼满网。

万里大海万里歌，南海处处是渔歌。

开船唱歌出远海，沿海渔船又多来。
鱼儿多来放网捕，一网围得鱼满舱。

渔民出海唱渔歌，唱起渔歌鱼又多。
鱼多钱多生活好，吃好健康捕鱼多。

渔民捕鱼真是难，渔场转到北部湾。
御风遇浪常有事，为了安全开船返。

赞 歌

正一二月好春光，渔家儿女鱼汛忙，
抓紧鱼汛努力干，生活小康有希望。

政府做事合民心，季节性休渔为渔民，
各级部门要抓紧，保护海洋为后人。

开放政策放金光，新建房屋一行行，
渔家鱼景真好看，渔民歌声随风扬。

这些反映海南疍民生产生活的现代咸水歌谣，语调欢快明朗。"南海是个聚宝地，龙宫献宝又招财"，"鱼多钱多生活好，吃好健康捕鱼多"，"政府做事合民心，季节性休渔为渔民"，通过南海是个聚宝地，给采海的疍民提供了丰富的海洋资源，为他们的富足生活提供了保障等细节描述，抒发了海南疍民对国家的感恩之情，对南海的热爱之情。

除了这些生产生活的歌曲，海南疍民还创作了不少有关爱情以及家庭的咸水歌，其中，也不乏疍民对爱情的渴望，对南海的深情。

抒情歌你妹

南流泊街头，哥嗳，财香到寨，南流到迈。
妹无惹哥，哥嗳，你亦无味趣，新加坡甘蔗，亦无批皮。
日忧夜忧，妹嗳，你用乜而瘦，我哥问妹呀，口青面碎，因乜何由。
日忧夜忧，为哥而瘦，我哥遇到，解妹心头。
三亚湾咁辉，妹嗳，渔村咁靓，居然又想玩，等哥你同行。

这首《抒情歌你妹》虽然写的是男女之间的相互爱恋以及思念之情，但是"新加坡甘蔗"一语写出了海南疍民下南洋的事实。

水仙花·青楼悲曲

水仙花以及香芹菜，昨晚应承今晚开来。
难为舍心丢妹咁耐，并无书信寄封开来。
北风呀去南风呀返，问郎出路几时还。
快者离娇三两晚，迟者离娇半个月间。
君呀你出到埠头，钱财不要尽散。
钱财尽散实见艰难，有情酒斟落无情杯。
饮过此杯不知何时回，四海江湖尽在此杯。
临行玉手拍下郎腰背，去舍难返别舍难回。

这首《水仙花》是海南疍民传统的咸水歌谣，其中"北风呀去南风呀返，问郎出路几时还"，写出了海南疍民随季风洋流，前往南海诸岛生产作业的情况。

这些咸水歌谣从三亚到陵水、从昌江到文昌，黄发垂髫，无一不倾吐着他们爱海、恋海、卫海、护海的家国情怀，展现出勤劳善良的疍民群体天然去雕饰的朴素，追求美好和自由的果敢，这正是疍家文化务实的重要表现，也是他们耕耘南海主权的有力证据。

第二节　海南疍民民俗文化中的南海因素

"这片横无边际的水面是绝对地柔顺的——它对于任何压力，即使是一丝的风息，也是不抵抗的。它表面上看起来是十分无邪、驯服、和蔼、可亲；然而，正是这种驯服的性质，将海变做了最危险、最激烈的元素。"[1]

先辈累积的海洋经验给了耕耘海洋的人民深入探索海洋的信心和底气，但是，当人民还没有充分了解海水运动及其存在规律前，这些有限的经验，难以完全规避人民被海洋驯服的表象所迷惑的危险。海洋的柔顺令人们心向往之，而海洋突如其来的变化，也往往让人们束手无策，由此对海洋无邪驯服下的风起云涌、和蔼可亲下的诡谲神秘继续产生恐惧和敬畏，从而在人们心目中产生了对海洋的崇拜。面对着大海的喜怒无常，海南疍民在出海实践中，形成了一套自己的海神信仰体系：包括海洋水体本位神灵、海上航行保护神、海洋渔业专业神的海洋神灵家族；陆地家园、海上、船上、岛屿的神灵信仰空间；出海前、归航后、渔船到达某一海域捕鱼前、海难、逢年过节的时间信仰谱系。

海南疍民身居南海海滨，生存的需求、海洋的富饶让他们停驻眷恋这片海洋，不可控的海洋又给他们带来恐惧和害怕，当祖辈的经验不足以解决海洋探索的现实问题时，有关海洋的民间信仰就支撑起他们继续在南海经营和采海的信念，这些有关海神、祖先的崇拜占据着海南疍民的生活，成了他们海洋精神文化的重要内容，也成为他们开采中国南海的重要精神支柱。

---

[1]〔德〕黑格尔：《历史哲学》，北京：生活·读书·新知三联书店1956年版，第135页。

一、海南疍民海神信仰中的南海因素

（一）海神信仰的历史源流与演变

我国海神信仰历史悠久，且海神家族庞大而丰富。早在远古时代，我国古人就已经对海洋产生疑惑与好奇。当屈原看见墙壁上画有"图画山川神灵，琦玮僪佹，及古圣贤怪物行事。……因书其壁，何而问之"。他问道："九州安错，川谷何洿？东流不溢，孰知其故？"为什么九州大地山川如此错落有致，使所有江河之水川流不息向东流入大海？大海里的水为什么永远都不会溢出来呢？有谁知道这其中的缘故呢？又是什么力量在冥冥之中支配着呢？由于海洋如此神秘，难以把握，古人对大海有着敬畏之感，逐渐形成系统的海神信仰体系。

尧舜时期，我国古人认为自己所居之处四周有海洋环绕，"予决九川，距四海"。[1]舜接受尧的让位后，非常隆重地举办了祭祀仪式，"肆类于上帝"，祈求上天保佑，同时又"禋于六宗，望于山川，遍于群神"。[2]《周礼·大宗伯》疏引《五经异义》："《古尚书》载，'六宗，天地神之尊者，谓天宗三，地宗三。天宗：日、月、星辰；地宗：岱山、河、海'"，又载："《春秋》鲁郊祭三望，言郊天，日、月、星、河、海、山，凡六宗。……六宗与《古尚书》说同"。[3]也就是说，在尧舜时代，我国古人就已经有了对海洋的崇拜与祭祀。

到了先秦时期的《山海经》，已经出现了东海、西海、南海、北海之神。《山海经·大荒东经》中明确提到，东海诸神中，有一海神，有着人的面貌和鸟的身体，名字叫作禺䝞。[4]《山海经·大荒南经》有记载："南海渚中，

---

1 李民：《尚书译注》，上海：上海古籍出版社2012年版，第10页。
2 李民：《尚书译注》，上海：上海古籍出版社2012年版，第33页。
3 〔清〕孙诒让：《周礼正义》，北京：中华书局1987年版，第1312—1313页。
4 《山海经·大荒东经》记载："东海之渚中，有神，人面鸟身，珥两黄蛇，践两黄蛇，名曰禺䝞。黄帝生禺䝞，禺䝞生禺京。禺京处北海，禺䝞处东海，是惟海神。"王学典注译：《山海经全鉴（珍藏版）》，北京：中国纺织出版社2016年版，第256页。

有神，人面，珥两青蛇，践两赤蛇，曰不廷胡余。"[1]《山海经·大荒西经》："西海陼中，有神，人面鸟身，珥两青蛇，践两赤蛇，名曰弇兹。"[2]《山海经·大荒北经》："北海之渚中，有神，人面鸟身，珥两青蛇，践两赤蛇，名曰禺强。"[3] 即东海之神禺䝞，南海之神不廷胡余，西海之神弇兹，北海之神禺疆。后来，《太公金匮》明确提出"四海之神"，即南海的祝融，东海的句芒，北海的玄冥以及西海的蓐收。[4]

到了汉代，有关"海神世界"的图像逐渐变得清晰。汉代政府不仅把祭海列入官祭，而且民间出现了"四海神君"及相应的"夫人"，东海之神叫作冯青，其夫人名为朱隐娥；南海之神叫作赤视，其夫人名为翳逸寮；西海之神叫作勾丘百，其夫人名为灵素简；北海之神叫作禹帐里，其夫人名为结连翘；[5] 宫廷及官僚府宅的壁画也用海神来装饰并炫耀，《后汉书》有相关记载，当时的郡尉府衙和居住之处都有雕饰，雕饰画主要是以山神海灵为主，还有一些面目凶恶的奇禽异兽，以此来祈求神灵的庇护。[6]

到了唐朝，朝廷对四海之神更为重视，册封四海海神为王。天宝十年（751年）正月，对四海海神进行了晋封，东南西北四大海神分别被封为广德王、广利王、广润王、广泽王。[7] 需要明确的是，在隋唐时期因为佛教的传入，一些神仙的性别逐渐与中国社会相联系而发生相应的变化，主要表现为佛教的观音由男性神向女性神转变，观音也被封为南海的海洋之神，非常受民间百姓的爱戴和尊敬。同时道教也创造了"龙王"，海龙王信仰

---

1 王学典注译：《山海经全鉴（珍藏版）》，北京：中国纺织出版社2016年版，第265页。
2 王学典注译：《山海经全鉴（珍藏版）》，北京：中国纺织出版社2016年版，第279页。
3 王学典注译：《山海经全鉴（珍藏版）》，北京：中国纺织出版社2016年版，第290页。
4 "四海之神，南海之神曰祝融，东海之神曰句芒，北海之神曰玄冥，西海之神曰蓐收"，见袁珂：《中国神话传说词典》，上海：上海辞书出版社1985年版，第127页。
5 "东海君姓冯名青，夫人姓朱名隐娥；南海君姓赤名视，夫人姓翳名逸寮；西海君姓勾大名丘百，夫人姓灵名素简；北海君姓是名禹帐里，夫人姓结名连翘。"《重修纬书集成》卷六《龙鱼河图》。
6 "是时郡尉府舍皆有雕饰，画山神海灵奇禽异兽，以眩耀之"，《后汉书》卷八十六《西南夷传》，《二十四史》（缩印本），第3册739页。
7 "东海为广德王，南海为广利王，西海为广润王，北海为广泽王"。〔唐〕杜佑：《通典》卷四十六，《礼六·沿革六·吉礼五》，第二册，第1283页。

在民间流行。

宋元时期是我国历史上海神信仰演变的重要时期。宋太祖在完成对中国的统一后，就派人到广东祭祀南海神，"遣司农少卿李继芳祭南海"。[1] 宋仁宗对"四海海神"重新进行晋封，加封东海海神为渊圣广德王，加封南海海神为洪圣广利王，加封西海海神为通圣广润王，加封北海为冲圣广泽王。[2] 南宋王朝由于地处江南一带，对南海海神非常崇拜，特别是渡江之后，"惟南海王庙，岁时降御书祝文加封至八字王爵"。元朝继续对"四海海神"加以祭拜，不仅对祭祀的日期、祭祀的地点都作了规定，而且还重新加封号，东海海神为广德灵会王，南海海神为广利灵孚王，西海海神为广润灵通王，北海海神为广泽灵佑王。[3]

宋朝，由于海洋交通与海上贸易的繁荣发展，我国沿海一带的海上信仰更为活跃，各地普遍出现了"祈风"仪式。如广州港每年春秋时节，都会在黄埔以东珠江三角洲的南海神庙举行祈风仪式。[4] 福建的泉州港，每年春秋两季也会由知州偕提举市舶举行公祭，举行"祈风"与"祭海"仪式。祈风祭典仪式之后，还要将此事刻在石头上记录下来，今天南安九日山的山上还保留着当年的祈风石刻。海南省万州市也有飓风亭在天妃庙前。[5] 福建莆田湄洲岛的"妈祖"，也是在宋朝被封为海神，"商人远行，莫不来祷"。[6]

明清时期，随着民间海洋贸易的发展、海洋移民潮流的涌现与海洋渔业的发展，地方性的海神逐渐增多，外国宗教也开始加入中国海神家族中，中国的海神家族增添了"洋兄弟"。据报道，"有意思的是，当时前来新

---

[1] 《宋史》卷一《二十四史》（缩印本），第14册，第663页。

[2] 《宋史》卷一《二十四史》（缩印本），第14册，第663页。

[3] 《元史》卷七十六《二十四史》（缩印本），第18册，第499页。

[4] 《波罗外记·宋碑》，转引自泉州港与古代海外交通编写组：《泉州港与古代海外交通》，北京：文物出版社1982年版，第66页。

[5] 〔清〕李琰纂修，〔清〕胡端书总修，陈智勇点校：《康熙万州志》，王若点校：《道光万州志》，海口：海南出版社2004年版，第81页。

[6] 〔宋〕方略：《宋兴化军祥应庙记》，郑振满、丁荷生：《福建宗教碑铭汇编》，福州：福建人民出版社1995年版，第13页。

加坡传教的基督教传教士，曾不遗余力地对前来贸易的中国帆船船员，进行传教。传教士将在新加坡刊印的基督教教义小册子，不辞劳苦地带到中国帆船上去派发。其中著名的近代华人传教士梁发（1789—1855年）在新加坡布道时，于1839年2月14日至3月19日之间曾和其他传教士登上许多停泊在新加坡海面的中国帆船，分发宣传基督教的册子。梁发还将到过的帆船船名、船主及帆船始发港详细记录下来"。[1] 而海南万州的"昭应庙在莲塘港门。其神名曰舶主。明洪武三年，同知乌肃以能御灾捍患，请敕封为新泽海港之神。祀用羊鸡鹅鸭，甚忌豚肉。往来船只必祀之，名曰番神庙"。[2]

与此同时，海神妈祖的影响力进一步扩大，朝廷屡屡册封妈祖，使之由"天妃"升格为"天后"，乃至"天上圣母"。妈祖成了全国普遍信奉的海神。

（二）海南疍民的海神家族

海南疍民在长期的耕海实践中，形成了庞大而系统的海神家族信仰，据史料记载"每坊中莫不有所祠之神，各村各乡亦莫不有所建之庙"[3]。海南疍民信奉的神灵，大致可以分为海洋水体本位神灵、海上航行保护神以及海洋渔业专业神。

1. 海洋水体本位神灵

该类神灵指的是由于对海洋水体的崇拜产生的神灵，以及由此延伸出来的神灵，还有对海洋中的水族崇拜而产生的神灵，如鱼神、龟神等。[4] 古人云："自有天地以来，即有此海；有此海即有神以司之。"[5] 我国古人信

---

[1] 柯木林：《新加坡华人通史》，福州：福建人民出版社2017年版，第74—75页。
[2] 〔清〕李琰纂修，〔清〕胡端书总修，陈智勇点校：《康熙万州志》，王若点校：《道光万州志》，海口：海南出版社2004年版，第81页。
[3] 〔清〕李文烜修，〔清〕郑文彩纂：《咸丰琼山县志》卷五，海口：海南出版社2003年版，第245页。
[4] 王荣国：《海洋神灵：中国海神信仰与社会经济》，南昌：江西高校出版社2003年版，第29页。
[5] 蒋维锬编校：《妈祖文献资料》，福州：福建人民出版社1990年版，第227页。

奉"万物有灵"意识，他们把自身周围的一切都看成是有灵性的，同样大海也生活着"神灵"。在这些海洋神灵中，龙王是影响比较大的海神。

龙王信仰历史悠久，我国民间有名称繁多的各种龙王，例如道教创造的"五方龙王"，分别是东南西北中五个方位的镇海龙王，即东方的青帝、南方的赤帝、西方的白帝、北方的黑帝，黄帝居于中央方位。[1]这些都是海洋神灵。到了北宋末年，朝廷正式册封民间的五龙神："青龙神封广仁王，赤龙神封嘉泽王，黄龙神封孚应王，白龙神封义济王，黑龙神封灵泽王。"[2]

海南的龙王信仰比较丰富，据记载，文昌的龙王庙建于明朝永乐年间，"有木每于朔望自海随潮浮上，乡人奇之，刻像立祠祀焉。嗣后祷雨立应"。儋州的"龙王庙，在东门外观音庵前。嘉庆十九年，知州言尚炜捐修"[3]，万州的"五龙庙，在周村小海边"。[4]在三亚地区，也有龙王庙，如三亚鹿回头半岛的南边海路，有祭拜五龙公的神洲庙，崖城也有五龙大王庙。

除了龙王之外，风神雨神也是海南渔民祭拜的重要海神。古代的渔船都是帆船，"海船利在风"，[5]人们认为风神主宰着风力的大小。渔船在海洋上航行，如果遇到狂风巨浪，常常会船毁人亡，因此很多地方都有祭祀飓风的信仰。中国古代的风神崇拜起源较早。《周礼》有"以燎祀司中、司命、风师、雨师"。其中有关"风师"，郑玄注曰："风师，箕也。"东汉蔡邕《独断》则称，"风伯神，箕星也。其象在天，能兴风"。箕星是二十八宿中东方七宿之一，此当以星宿为风神。宋朝"宣和加封显灵。又封附祀风神曰宁顺侯，雨神曰宁济侯"。[6]海南渔民也都有风神、雨神信

---

1 刘志雄、杨静荣：《龙与中国文化》，北京：人民出版社1992年版，第265页。
2 〔清〕徐松辑：《宋会要辑稿》第十一册，"礼四之一九"，北京：中华书局1997年版，第465页。
3 彭元藻、曾又文主修，王国宪总纂：《民国儋县志·儋县志初集（上）》，海口：海南出版社2004年版，第249页。
4 〔清〕李琰纂修，〔清〕胡端书总修，陈智勇点校：《康熙万州志》，王若点校：《道光万州志》，海口：海南出版社2004年版，第82页。
5 〔清〕周学曾等：《晋江县志》，福州：福建人民出版社1990年版，第109页。
6 吕宗力、栾保群：《中国民间诸神》，石家庄：河北教育出版社2001年版，第307页。

仰，如《万州志》记载："飓风之神，设亭致祭，数年不作。一不祀，而一年数作。果其造祸造福切于民。若是，则无嫌数数祀之，良有司事耳"[1]，海南万宁海边的人们设立亭子，给飓风神祭祀献贡，每年一次，如果不祭，就会一年发生好几次飓风。海南的雨神很多。琼山县的灵山庙，祀灵山、香山、琼崖、定边、通济、班帅等六神，"能兴风雨、御灾患"。新官到任，必先到此庙中祭祀。龙庙，"祷于庙，甘霖立应"；东昌庙，"祈年祷雨屡应"；雷祖庙，"天旱求雨，甚应"；调龙庙，"祈雨多应"。[2] 文昌县的玉阳山神坛，"每旱，祈雨立应"[3]。祷雨之时，多用牛作为牺牲，"每旱，乡人携一牛，立断其首以祷，以血之多寡，占雨之大小，无不奇应"。[4]

鱼虾龟鳖等海洋生物的崇拜是海洋水体本位神的重要构成部分，我国沿海地区对海龟、海鳖的崇拜和敬奉非常普遍。辽东半岛的先民们主要把海龟当作海神来供奉，也称之为元神，如果渔民捕捞到海龟要还送回大海中；山东长岛渔民也自觉养成不捕捞海龟的习惯；福建地区的渔民如果在捕捞过程中发现海龟，要非常恭敬地送回大海中，不能冒犯海龟，渔民通常会将海龟当作吉祥物。[5] 海南渔民也有此信仰，《儋县志》记载："龟，《大戴礼》：甲虫三百六十，龟为之长。《宋史》：太宗时，万安州（即万州）献六眸龟。或又云有红白二龟，在文昌北石井中。旱祷之，红出则雨，白出则否，亦神龟也。又海中有封龟如岛，洋舶畏之，小者亦重二三百斤。"[6] "海和尚，人首鳖身，足差长而无甲。舟行遇者，率虞不利。弘治初，吾广督学、淮阳韦彦质先生将视学琼州，陆至徐闻，方登海舟，此物升鹢首，

---

1 〔清〕李琰纂修，〔清〕胡端书总修，陈智勇点校：《康熙万州志》，王若点校：《道光万州志》，海口：海南出版社2004年版，第83页。
2 〔清〕李文烜修，〔清〕郑文彩纂：《咸丰琼山县志》卷五，海口：海南出版社2003年版，第237—245页。
3 〔清〕马日炳纂修：《康熙文昌县志》卷二，海口：海南出版社2003年版，第44页。
4 〔清〕李文烜修，〔清〕郑文彩纂：《咸丰琼山县志》卷五，海口：海南出版社2003年版，第650页。
5 王荣国：《海洋神灵：中国海神信仰与社会经济》，南昌：江西高校出版社2003年版，第29页。
6 彭元藻、曾又文主修，王国宪总纂：《民国儋县志·儋县志初集》，海口：海南出版社2004年版，第206页。

举舟皆泣，议将禳之。……试毕，泛海而还，若履平地。"[1]

此外，海南渔民还有对山石和石洞的崇拜。海南三亚有东大、小玳瑁州，"洲在临川场海中，离三亚二十余里，周围三十里。有居民百四十户。四围多礁，前有路，可通小舟。偏西，潮大，亦有一路可入。洲后皆巨石，高七丈许。内有深洞，产燕窝。洞吼，有飓风。西南别起石岛，潮落石出，与大洲相连。东十里有小洲，周围十三里，与大洲对峙。地宜椰，大洲人种植其上。二洲中间有二石，高八丈，状如两扉。海船从中出入，名曰双帆石。海浪冲击，必主飓风。"[2] 又如《大明一统志》卷八十二记载："息风山，在感恩县东一十里，山下有巨穴，深不可测，每飓风作，黎人祷之，则止。……小海港，在万州东北二十里，港口有二山峙如门，上有石神庙，舟往来，多祷之。"这说明在明代，传说当台风出现时，海南黎民对息风山下的深穴进行祈祷，台风就会停止。海南万州（今万宁）境内的小海港海面上有石神庙，过往的舟船都要到此进行祈祷。

在海南儋州以北洋海之中有一大石块"将军印"，"在州治北六十里。生在海洋之中，通体皆沙，潮流不能没。周围三四五，团圆如印。昔有训导黄世魁曾作亭其上，名砥柱亭，久已倾圮。后有临邑人复于故址结庵读书，生徒十八人，成名者九。现在庵亦并废。惟渔人立有广德明王坛一所，渔船来往皆祷祀焉。"[3] 渔民在该石上立有广德明王庙，过往的船只都要对此石进行祈祷。儋州北部海岸还有一座狮子山："狮子山，在广润里公堂村之左。孤立海中，高约二十丈，状如狮子。一名神尖，又名神头。明指挥高卓御寇殁此。凡船只经此者，皆叩祷焉"[4]，也是过往船只祈祷的地方。

---

1 彭元藻、曾又文主修，王国宪总纂：《民国儋县志·儋县志初集》，海口：海南出版社2004年版，第200页。
2 〔清〕钟元棣创修：《光绪崖州志·外一种》，海口：海南出版社2006年版，第61页。
3 彭元藻、曾又文主修，王国宪总纂：《民国儋县志·儋县志初集》，海口：海南出版社2004年版，第69页。
4 彭元藻、曾又文主修，王国宪总纂：《民国儋县志·儋县志初集》，海口：海南出版社2004年版，第256页。

海南《万州志》中也记载有此类信仰："东南三十里曰樟树岭，在临涛都，脉从小南山来。半枕海中，峰势斗峻。前后有两海，上有一石，亦名头巾石，渔人登石祭海鱼。……二十里曰新潭岭，在新安都，脉自小南山来。近海处一巨石，上有人迹及牛马蹄迹。海沙填没，则岁丰。海水崩则岁歉……有港四，曰港门港，一名莲塘港，州东三十里。港口二山并峙。南北如门，开塞神速，舟出入颇险。其山咀有一石船、三石番神，不知其所由来。商贾祷之，极灵。忌猪肉。"[1]记载了海南万宁渔民登石祭海鱼，过往商船对巨石祈祷。

2. 海上航行中的保护神

在海上航行，不可控制的因素很多。在航海交通工具不够发达的情况下，渔民对神灵的信奉非常虔诚，希望神灵能够保护渔民在出海的时候风平浪静，庇护航海安全，因此就产生了众多的保护神。这些海上航行中的保护神可以进一步划分为全国性的航海保护神、区域性的航海保护神、镇海神和引航神。

全国性的航海保护神以观音和妈祖最为盛名。六朝时已经有全国大部分地方民间普遍祭奉的海洋保护神，"船神"孟公、孟姥属于这类海洋保护神，据说乘船出海前三呼三拜就可除百忌保平安。[2]唐宋时期主要盛行观音、妈祖等海神。观音可以称得上我国第一位女性海上保护神。[3]观音是随着佛教一起传入我国的。她原是佛教中四大菩萨之一，与普贤、文殊、地藏齐名。一方面因其道场位于浙江的普陀山，这里有着广袤无垠的大海；另一方面，观音有着大慈大悲的心肠，普度众生，其样貌非常慈祥，散发着母性的光环，救人于危难之际，被百姓认定是大慈大悲的救星和保护神，所以，海洋经商人员和渔民都把观音奉为海上保护神。海南的观音庙就有

---

1 〔清〕李琰纂修，〔清〕胡端书总修，陈智勇点校：《康熙万州志》，王若点校：《道光万州志》，海口：海南出版社2004年版，第40页。
2 〔唐〕段公路：《北户录·笔记小说大观》，台湾：新兴书局有限公司影印版1983年版，第190页。
3 王荣国：《海洋神灵：中国海神信仰与社会经济》，南昌：江西高校出版社2003年版，第42页。

文昌清澜的观音堂，"在清澜城内，前令何健、知县马日炳重建后屋三间，为省耕劝稼歇息之所，并新其大门"。[1] 儋州的"观音庵，在城南门内马王庙后。东向正座五眼，祀观音，左右祀罗汉，及左右两廊。中有四角亭"。[2] 万州的"观音堂，在东关。曾永泰、曾永和、林应命捐募建。前堂大士，后祀地藏，两廊祀十王。曾永泰又捐田塘、奉香灯。明季庠生苏可诰又捐，买田六十亩入焉"。[3]

妈祖是另外一位全国闻名的女性海上保护神。妈祖本名叫林默或者林默娘。据说她"生弥月不啼"，便取名"默"。[4] 有关林默的事迹很多。据说她"圣母生而神灵，能伏诸水怪，援人危难之际"，[5] "八岁从塾师读，悉解文义，喜诵经礼佛。年十六，随父兄渡海，西风甚急，狂涛怒撼，舟覆。孝女负父泅到岸，父竟无恙，而兄没于水。又同嫂寻其兄之尸，遥望水族辏集，舟人战栗，孝女戒勿忧，鼓枻而前，忽见兄尸浮水面，载之归葬，远近称其孝女。屿之西有曰门夹，石礁错杂，有商船渡北遭风，舟人哀号求救。孝女谓人宜急拯，众见风涛震荡不敢前，孝女自驾舟往救，商舟竟不沉。自是矢志不嫁，专以行善济人为己任，尤多于水上救人。殆海滨之人习于水性，世因称道其种种灵异，流传不衰。里人立祠祀之，号曰'通贤灵女'。厥后，庙宇遍天下，累膺封赐。生于建隆元年三月二十三日，卒于雍熙四年九月九日"。[6]

北宋宣和年间被赐庙额名为"顺济"，到了南宋被封为"灵惠夫人"，之后也一直被加封，由夫人到天妃，到天后、天上圣母。其庙宇分布全国，"庙食遍天下，赫濯所昭，代有显应"，尤其是渔民对妈祖格外敬奉和崇拜，

---

[1] 李文烜修，郑文彩纂：《咸丰琼山县志》卷五，海口：海南出版社 2003 年版，第 116 页。

[2] 彭元藻、曾又文主修，王国宪总纂：《民国儋县志·儋县志初集》，海口：海南出版社 2004 年版，第 252 页。

[3] 〔清〕李琰纂修，〔清〕胡端书总修，陈智勇点校：《康熙万州志》，王若点校：《道光万州志》，海口：海南出版社 2004 年版，第 82 页。

[4] 蒋维锬编校：《妈祖文献资料》，福州：福建人民出版社 1990 年版，第 323 页。

[5] 蒋维锬编校：《妈祖文献资料》，福州：福建人民出版社 1990 年版，第 323 页。

[6] 蒋维锬编校：《妈祖文献资料》，福州：福建人民出版社 1990 年版，第 323 页。

"海疆岛屿之间,灵感尤著"。[1] 海南也有众多的妈祖庙,仅万州就有"天妃庙,在城东迎恩街,万历中,廪生曾绍科募建。后庙三间,知州范廷言捐修门楼五间。东澳天妃庙,在东澳市。草子坡天妃庙"。[2]

区域性的保护神更是名目众多,海南渔民的地方保护神包括昌江一带的峻灵王,海口一带的伏波将军,文昌铺前的蔴蓝婆,[3] 陵水一带的三江娘娘、七爷公,等等,其中,尤其以一百零八兄弟公和水尾圣娘最为有名。

一百零八兄弟公信仰是包括孤魂、兄弟公两位主神,主要分布在海南东部、南海诸岛和东南亚华人社区,是和海南地区渔民生产作业、商人贸易以及日常生活都有着非常紧密联系的海神信仰。一百零八兄弟公主要靠民间习俗与口头相传,渔业、渔商兼顾,有学者认为其带有草莽英雄的本色,被认定为地方海神。[4]

有关兄弟公信仰的来源,主要有以下几种说法:

第一种说法,很久以前,108个潭门渔民前往南海生产作业,不幸途中遭遇恶劣天气,船毁人亡。遇难的这108人死后变为海神,多次显灵,营救海上渔民。每当渔民遇到海难,都会请一百零八兄弟公保佑,每次都很灵通。于是渔民自发建庙祭祀这108位渔民。潭门一带的渔民都比较认同这种说法,他们认为这108个渔民是他们的祖辈。据韩振华调研,"一百零八个兄弟公"指的是72个孤魂和36个兄弟。72个孤魂是渔民先辈在航海作业过程中死去的,36个兄弟是遭遇风暴遇难的。[5]

---

1 蒋维锬编校:《妈祖文献资料》,福州:福建人民出版社1990年版,第325页。
2 〔清〕李琰纂修,〔清〕胡端书总修,陈智勇点校:《康熙万州志》,王若点校:《道光万州志》,海口:海南出版社2004年版,第82—83页。
3 蔴蓝婆,即靖海夫人。蔴蓝庙建于元代,清朝重修。据光绪元年《蔴蓝庙序引》记载,蔴蓝婆,史姓,诞生于元朝至正辛巳年(公元1341年)。在她28岁那年,她和妹妹及一只家狗,在近海的水边洗衣服。忽然狂风大作,雷雨交加。风雨过后,只剩妹妹和家狗,而蔴蓝婆不知去向,村人都说她升仙了。她仙逝后,在附近海域救渔民于海难,成为庇佑一方的神灵。元朝末年,当地民众便在蔴蓝村南史家地建蔴蓝庙祭祀她,称她为蔴蓝婆。庙宇建成,香火之旺,闻名遐迩。
4 李庆新:《海南兄弟公信仰及其在东南亚传播》,李庆新:《海洋史研究》第十辑,北京:社会科学文献出版社2017年版。
5 韩振华:《我国南海诸岛史料汇编》,北京:东方出版社1988年版,第417页。

《琼海县文物志》也对兄弟公信仰进行了介绍，但有所区别：

在很久之前，有一艘渔船上一共有109位渔民，他们在出海的过程中，遭遇到非常强烈的强台风，在这样的紧急之下，突然出现了一群鲨鱼，抵住渔船，不让渔船沉下去。其中有一位渔民跳下海，想要奉献自己，让鲨鱼把自己吃掉。鲨鱼被他这种精神所打动，没有吃他，而其他108位渔民兄弟都不幸遇难，葬于大海之中。后来，琼海县以及西沙群岛的渔民就修建庙宇来祭祀死难的弟兄。[1]

还有一种说法，讲的是一次海南渔民在南海作业，完成海货捕捞之后，满载而归，打算下南洋去销售，来换取银钱。不料在途中受到越南士兵的围剿，把他们当作海盗全部杀掉，一共有108人。后人为了纪念这些渔民，就建庙进行祭祀。但是笔者在琼海调研时，潭门渔民并不认同这个说法。不过，《民国文昌县志》记载了这件事情：

咸丰元年夏，清澜商船由安南顺化返琼，商民买椁附之。六月十日，泊广义孟早港，次晨解缆，值越巡舰员弁觊载丰厚，猝将一百零八人先行割耳，后捆沉渊以邀功利，焚舟献馘，越王将议降，心忽荡，是夜，王梦见华服多人喊冤稽首，始悉员弁渔获污良。适有人持赃入告，乃严鞠得情，敕奸贪官弁诛陵示众，从兹英灵烈气往来巨涛骇浪之中，或飓风黑夜扶桅操舵，或汹浓沧波，引绳觉路。舟人有求必应，履险如夷，时人比之灵胥，非溢谀也。[2]

笔者在海南陵水调研兄弟公庙时，还听到了另外一种说法：[3]

兄弟公并不是108个人，而是102个人，都是海口、琼海一带的

---

1 何君安：《琼海县文物志》，广州：中山大学出版社1988年版，第16页。
2 林带英等纂修：《民国文昌县志》（上册），海口：海南出版社2004年版，第129页。
3 笔者在海南陵水新村调研，该村村民郭世荣老师口述。

左图为兄弟公神灵牌位，右图为琼海市潭门村兄弟公庙，建于明朝（笔者2018年摄）

渔民。100多年前的一个农历十月二十二日的晚上，从海口、琼海一带过来了18艘渔船，载有102个渔民，来到陵水。

十月二十二日那天晚上，当地刮起了台风，这18艘渔船，由于没有防范措施，全部被打翻落水，船上102人全部死亡。后来，琼海一带的渔民把这102人埋葬，并修建了小庙来祭祀死去的渔民。这就是兄弟公庙的来源。后来，时间久了，102人就误传为108人了。而至今管理陵水新村兄弟公庙的人，还是从海口过来的琼山人管理。

虽然三种说法互不相同，但仔细推究起来，是蛮有意味的。盛行于潭门一带的说法，是渔民在生产作业过程中，遇到台风或者海盗或者下水作业而亡，这是在风帆船时代，渔民群体生存状态与生活状态的一种真实写照。当时渔民船上设备和捕捞技术都比较落后，远海作业是非常危险的，遭遇台风天气、遇到强盗，或者捕捞过程中死亡是很常见的。许多老船长都说过类似这样的话："葬身在大海里面的渔民很多，祖祖辈辈都有，很多很多，说不完的，也说不清的。"[1] 潭门渔民之所以相信这种说法，也有力地证明了他们是祖祖辈辈前去南海诸岛生产作业。而流行于文昌一带的说法，则反映了文昌一带渔民"下南洋"的传统。这则故事中，渔民在从

---

[1] 笔者在琼海调研时，卢家炳、苏承芬等人均说过这样的话。

南洋归来的途中,"值越巡舰员弁舰载丰厚,猝将一百零八人先行割耳,后捆沉渊以邀功利,焚舟献馘"。而第三种说法,则从侧面证明了兄弟公信仰是与琼海一带的渔民有关,但是与第一种说法不同的是,此种说法,强调遇难的具体时间是十月二十二。据调研,此次台风,属于二次登陆台风,破坏性非常大,有数千人遇难(三亚也有此说法,还专门创作咸水歌来纪念)。

水尾圣娘[1],又称"水尾圣母""南天夫人""海南神"等,主要在海南省东北部的文昌、琼海、海口、定安、屯昌等地流行。

海南有两种不同的水尾圣娘信仰体系,一个是定安岭口莫氏水尾圣娘,另一个是文昌东郊水尾圣娘。两种不同体系的水尾圣娘,反映的其实是两种不同的生计方式和地域社会,[2]这里只论述文昌市东郊镇椰海村委会坡尾村水尾圣娘庙。

水尾圣娘庙在"文革"时期被铲平,20世纪80年代,当地群众和海外侨胞捐钱修复此庙宇,正门牌匾上赫然醒目写着"水尾圣娘庙"五个大字,主牌位供奉水尾圣娘,有"敕赐南天闪电感应火雷水尾圣娘神位"字样;主牌位左右增设12尊神像,据庙宇管理者介绍,这12尊神像是水尾圣娘的文臣武将。正殿前书写的是"沐恩亭"。内墙上有一块牌匾,《水尾圣娘史迹简述》,主要对水尾圣娘的来历和传说故事进行介绍,内容比较详细;还有一块碑铭《水尾圣娘史迹简介》,也是介绍水尾圣娘的主要事迹,内容比较简略。祖庙中有捐款人的碑铭,从捐款人来看,有美国、澳大利亚、马来西亚、新加坡、印尼、泰国等,还有香港同胞、台湾同胞,庙中还有一块碑铭专列"华侨乐捐",可见该庙与海外联系密切广泛。

---

1 海南有两种不同的水尾圣娘信仰。一个是安定岭口莫氏水尾圣娘,一个是文昌东郊水尾圣娘。据考证,安定县岭口镇水尾田村水尾圣娘,属于莫氏的家族神或祖宗神。可参考石沧金:《海南侨乡和东南亚华人的水尾圣娘信仰考察》,《世界宗教研究》2019年第2期,第113—124页。

2 有关水尾圣娘的两体系,可参考石沧金:《海南侨乡和东南亚华人的水尾圣娘信仰考察》,《世界宗教研究》2019年第2期,第113—124页。海南人的水尾圣娘 2015-6-30. http://bbs.tianya.cn/post-224-23451-1.shtml. 南海第一女神——水尾圣娘_文昌_论坛_天涯社区 2015-11-23http://bbs.tianya.cn/post-189-588911-1.shtml

《水尾圣娘史迹简述》牌匾是1998年水尾圣娘文物保护委员会制作，比较详细地说明了文昌水尾圣娘信仰的来历，为了更好地了解水尾圣娘，现将内容概括如下：

> 相传在明末清初，清澜所东岸（今东郊镇）北港村的渔民潘敏理遇到了一件神奇的事。有一天，他来到海边瓦铺湾去捕鱼，结果渔网撒下去，只捞上来一根木头。他把木头扔回海里，继续撒网，结果又把那根木头打捞上来。如此反复数次，潘敏理很惊奇，于是对木头说，如果你能够让我捕获很多的鱼，那么我就建庙把你供奉起来。结果这一网下去，他捉到了很多鱼，收获满满，他非常高兴。后来，他又做了一个梦，梦见他被人领入一个官殿之中，正殿上坐着一位头戴金冠的慈悲娘娘，还有男女四个服侍的将领。潘敏理醒来后将此事告知他的父亲，并依父亲而言，将"异木雕为金身供奉"，从此家境和顺。

> 婆祖神灵之事一夜间轰动岛内、岛外，使得水尾圣娘的名声大振，很多信徒都来此信奉和膜拜，并希望建造一座庙宇来祭拜。一开始，将香炉立在村子西头。哪里料到，三天之后，香炉突然不见了。村里人到处寻找，桃李村人说，他们村后山有一棵古树，每天晚上都能够看见香火闪烁，飘出非常香的味道。大伙儿一致认为这座山就是建立神庙的莲花宝地。这就是被后人传扬的"飞炉选庙"。众人齐心协力，不到一个月的时间就建成了三进庙宇，并且选定十月十五日作为婆祖的开光日。

> 海南省著名才子张岳崧，因为梦见水尾圣娘给他托梦，从而中了探花。后来回到海南，亲自到水尾圣娘庙来还愿，并且还题字"慈云镜海"挂在殿内。他返回京城后，把圣娘显灵的事情禀告给皇帝，嘉庆皇帝赏赐"南天闪电感应火雷水尾圣娘"的封号。之后，两广总督张之洞和其他官吏也都纷纷前往此地，虔诚膜拜，并且题字献联。进士谢宝为了答谢圣娘的庇佑，赠100首签诗来还愿。不料后来时局多变，

很多文物不幸丢失，谢宝的 100 首签诗只剩下 65 首，实在可惜。

《水尾圣娘史迹简述》的后半部分主要介绍了水尾圣娘信仰的相关仪式，以及水尾圣娘显灵的诸多故事：

> 圣娘庙会日是每年的十月十五日至十七日，也被世人称之为"发军坡"，会举行三天三夜的盛会，非常热闹。人们祭拜圣娘，有的时候是盛会的时候祭拜，有的是日常生活中祭拜，几乎都是有求必应。码头的许范某夫妇经常祭拜圣娘。一次他的车子被偷，找了好久都没找到，后来他们来到圣娘庙前祭拜，按照圣娘的指示，他们找到了丢失的车子。还有一次，渔民的船只不幸触礁，经圣娘的保佑，船只顺利脱险。如此种种圣娘显灵事迹数不胜数。有人请她赐子，有人请她治病。不管是任何人来供奉，只要心诚，圣母都会如其所愿。人们都称她为南海的第一灵神，赞颂她"圣德遍施中外，娘恩普照古今"。

根据已发现的文献来看，比较早记载"水尾圣娘"的是《新建水尾圣娘桥记》碑刻，由清朝同治三年（1864 年）的进士符朝选撰文，记叙了水尾圣娘桥的建造过程。该碑高 170 厘米，宽 67 厘米，厚 10 厘米，现藏于

水尾圣娘庙宇

东郊水尾圣娘庙。

镇海神与引航神,也是航海保护神中的重要组成部分。在古人看来,大海是非常神秘的,被一种超自然与超社会的力量控制着,它常常会卷起惊涛骇浪,威力无比,是人们无法控制的,人们称呼它为海龙王。洪灾就是海龙王对人类的惩罚。因此,人们希望出现一种神灵,能够镇住海龙王,使人们少遭受海龙王发起的海难之灾。海边的石头,尤其是那些巨石,就成了人们的首选。因为石头非常坚硬,虽历经狂风海浪的猛击,却仍然能够巍然屹立。人们认为石头是有灵性的,能够镇压住脾气暴躁的大海,因此对其心怀敬畏,从而产生了石头崇拜。如苏轼《峻灵王庙碑》:"自徐闻渡海,……有山秀峙海上,石峰巉然若巨人,冠帽西南向而坐者,里人谓之山胳膊……封其山神为'镇海广德王'。"[1] 这里的镇海广德王实际上就是镇海神。

除了石头崇拜之外,人们还认为一些建筑也具有镇海性质,如上海有座"法华塔",人们称它为镇海塔。据碑文记载:

> 昔塔之兴也,官长迁而人文盛,如陈口口年即擢科道,归赵申须诸先生,俱发巍科,历显仕。今塔之衰也,不独官长艰屯,而本邑绅士亦俱寥落,甚至海潮泛滥,民为鱼鳖。形家者云:浮图远镇,则蛟龙不惊,海不扬波。而梵经云:海神阿修罗等夜瞻塔灯,遥为眠礼。诚哉阴阳之理,未可忽也。[2]

引航神主要指的是能为渔民指明正确的航线、航向,保佑渔民安全行驶的神灵。行驶在茫茫大海中,辨识正确方向是非常重要的。稍有不慎,就有可能触礁,船毁人亡,"笼裤菩萨"就是浙江舟山一带非常有名的"引

---

[1] 彭元藻、曾友文主修,王国宪总纂:《民国儋县志·儋县志初集》,海口:海南出版社2004年版,第49页。

[2] 〔清〕马翼:《重修法华塔捐助督公碑》,上海博物馆资料室编:《上海碑刻资料选辑》,上海:上海人民出版社1980年版,第58—59页。

航神"。曾经有这样一个传说,一个福建人到浙江去打鱼,但是在晚上遇到了暴风雨,渔船撞上了暗礁,沉下海底,只有一位老渔民平安上了岸。他想着因为岛上没有灯塔,所以导致很多夜行者容易发生事故。于是他就每天黑夜举着火把为海上的其他船只指明方向。老人去世后,渔民非常感谢他的所作所为,于是把他的雕像供奉起来,当作"笼裤菩萨"来祭祀。[1]

海南渔民则有这样的故事:

> 据说在天气恶劣时,船上桅杆的顶部会有一颗星星。在这种情况下,可以用饭团向大海投食来辨识方向,保自身平安。有人说这颗星星是海南一位女子所化。传说很久以前,有一个海南女子要去南洋,但是船上有规定不能够带女人上船,否则就会有坏运气,可能面临整条船颠覆沉没的危险。在那个女人的哀求下,一些人不忍心,偷偷地把她藏在箱子里,每天去给她送饭,结果被船主人发现了,船主人把那个女人推到大海中。女人死了之后就化成星星,给人提示凶险。如果天气不好的情况下,桅杆对应的天空中就会有一颗星星。[2]

3. 海洋渔业的专业神

海洋渔业的专业神,主要指的是那些能够保佑捕鱼丰收、造船顺利等等的神灵,如"渔师爷""长年公""鲁班大师"等。

"渔师爷"也被渔民称作"渔师菩萨",相传他原来是一位船老大。一次,他在冬钓结束后,来年春季,首先发现了黄鳂发季节。他能够根据水色、气温、潮流、风候因素变化来找到鱼发地点。如果跟着他出海捕鱼,每次都能够满载而归,渔民们尊称他为"渔师"。后来渔师去世,渔民建庙供奉他,并尊称他"渔师菩萨"。[3]

"长年公"则是广东潮汕沿海渔民信仰的渔业神。在潮汕一带,渔民

---

[1] 王荣国:《海洋神灵:中国海神信仰与社会经济》,南昌:江西高校出版社2003年版,第58页。
[2] 韩振华:《我国南海诸岛史料汇编》,北京:东方出版社1988年版,第418页。
[3] 王荣国:《海洋神灵:中国海神信仰与社会经济》,南昌:江西高校出版社2003年版,第58页。

常常把船长和有技术有经验的渔民称为"长年"。这里也有一个典故，据民国时期《潮州志》记载，在明朝崇祯年间，潮汕一带的渔民在冬季作业中，常常采取桁槽捕鱼的方式，将椿木当作桁杆插入海底，固定住，然后在椿木之间挂上渔网，等众多鱼随着水流进入渔网之内，就起网收鱼。一开始，桁杆一放进去就被水浪冲坏，渔民不知道怎么办。一位40多岁、自称英姓、来自福建连江的渔民自告奋勇，说自己擅长插桁桩，并传授给当地渔民插桁桩的经验，按照他的方法，果然插桁桩非常顺利。渔民都称他"英长年"，长年，即老大的意思。

第二年再次插桁桩捕鱼的时候，长年公说道，如果想要让桁固定，那么我必须下到海中。可是之后就不见他再出来，渔民都很震惊，多方寻捞，却毫无踪影。派人到福建连江，想告知其家人，连江渔民说当地并无此人。而英长年下海的地方，桁位扦插非常稳定，也没有被冲坏。渔民非常感激英长年，为其塑雕像、建庙供奉。[1]

无论"渔师爷"，还是"英长年"，生前都是渔业生产中的能手。对他们的祭拜，实际上就是渔民的行业神崇拜。

而海南渔民，也有自己的行业神崇拜，譬如"红嘴公""西沙公"。据笔者调研，在海南文昌、琼海一带的渔民，常常会说起红嘴公、西沙公的事迹。相传琼海、文昌的渔民当年去南海岛礁远航作业，常常会跟随红嘴公、西沙公的渔船一起前去。他们俩航海经验很丰富，还会跳神。无论遇到多大的风浪，只要他俩在船上，渔民就什么也不害怕。船开到哪里、怎么开，都由他们吩咐。《更路簿》就是这样记载他们经过的航线，一代代传下来的。后来当地渔民还称有经验的船长为西沙公、红嘴公，他们实

---

[1] "明崇祯年间，南澳岛之云澳史掘海域，渔人设桁位捕鱼，布插椿木于海底，多被浪冲坏，渔人苦之。崇祯年间，有一人年约40岁，身穿蓝布衫，头缠青布帕，称福建连江人氏，英姓，善插桁椿。渔人延请扦插。是岁遂不坏，人称为英长年。次岁仍延之。英云：此桁欲固，必余下海。遂不复起。舟人惊异，捞寻无踪，乃专人往连江报其家属。而连江无是人焉。至今桁位扦插，皆无冲坏之患，咸谓英公显佑所致。云澳人建庙、塑像祀之，有祷辄应。"周巍峙：《中国节日志·渔民开洋谢洋节》北京：光明日报出版社2014年版，第98—99页。

际上就是海南渔民崇拜的专业神。

另外还有打鱼用具的神灵，如网神等。而海南渔船普遍信奉"鲁班大师"。在过去，渔民造船时要拜"鲁班大师"。渔船上设有"鲁班大师"的牌位，并且在每次撒网之前都要给"鲁班大师"上香，祈祷此次捕捞能够大有收成。

4. 个案：海南疍民的海神信仰举例

由于疍民民间信仰比较广泛，下面简要介绍至今在疍民中间普遍流传的海神信仰。

能力非凡　开疆辟海的五龙王

清晨，三亚南边海社区的疍民周林平就已经来到鹿回头山脚下的龙王神洲庙开始祭拜，他明天要出发去西沙打鱼，前来祭拜五龙王，叩请龙王保佑出海平安，丰收归来。这是周氏祖辈流传下来的老传统了。五龙王，更是三亚疍民世世代代祭拜的神灵。

五龙王栖身的龙王神洲庙历史悠久，几百年来伴随着疍家人繁衍生息，折射疍家人的沧桑岁月，见证了疍家人开垦三亚港、扎根南海的历程。

五龙王是三亚疍家人重要的信仰之一。疍家人亲切地称其为"五龙公"，也有人叫它"五龙大王"，有人身、龙身两种基本造型。逢年过节，疍家人都会对五龙公进行祭拜；出海捕鱼时，也要绕道五龙庙祈愿保平安，日常生活中遇到种种问题也都会向它寻求帮助。

三亚现存的祭祀五龙王的庙宇主要有两座：一座位于崖州区港门村的龙王庙，另一座位于三亚南边海社区的龙王神洲庙。龙王神洲庙在1983年时修缮，面积约为100平方米，直至2013年重新修葺，面积达到近300平方米，庙内设有专人管理。据三亚疍家一位船长回忆，龙王神洲庙中的五龙，有两种不同的说法。一种说法是，五龙代表民间流传的五龙王。另外一种说法是，五龙是清朝初年在三亚开设武馆的五位兄弟。相传清朝初年，在广东顺德一个叫五龙武馆的五位兄弟来到三亚，因看不惯地方官对当地疍家人的欺压，为疍家人仗义执言并奋起反抗，却遭到官方的四处追杀，最终全部遇害。他们的故事在三亚疍家人中广为传播，三亚疍家人为了纪念和感恩这五兄弟，为他们专门设立了灵位，而五龙王的信仰也因此流传开来。

祭祀五龙王的重要活动——游公，以神像巡游和迎神为主要内容。所谓"游公"就是五龙公巡游，时间在每年农历四月初八、端午节前夕或是农历正月十五。疍家人通过在巡游活动中祭祀五龙大王，以期获得整年的丰收和平安。因此，一年一度的"游公"是三亚疍家人重要的迎神活动。

疍民出海前祈愿出海平安、捕捞丰收，以及平安归来后必有祭祀，出海过程中或在渔船上祭拜，或在南海岛礁上选取珊瑚石设立神龛或直接在岛上旧庙祭拜。

三亚疍民对五龙王的祭拜习俗是一项传承已久、影响深远的民俗活动。他们出海过程选取珊瑚石设立神龛和小庙、直接祭拜岛礁旧庙的方式，说明疍民们在五龙王信仰上已世代传承，他们在历代做海中感念五龙王的恩赐，也祈祷五龙王的庇佑。

自1983年重新修缮以来，龙王神洲庙逢年过节都要接受海南疍民的祭拜，五龙王信仰的传承将继续绵延下去。

两次赐名　庇佑疍民的神山爷爷

神山爷爷是峻灵王的民间称呼，峻灵王的全称是"敕赐神山广德峻灵明王"，它是琼岛沿海（尤其是西海）一带渔民祈求风平浪静，实现"出海捕鱼鱼满舱，归家创业业兴隆"美好心愿的寄托，被视为护海神明。

峻灵王石是耸立在昌化大岭半山腰约200米处，高约15米，宽约4米，顶盖似官帽的一块薄石，面向西南，坐在似桌、长宽约20米的中石上，状似威武的将帅，形态庄严，气魄雄伟，故古人称之为"峻灵王"，历来备受人们景仰。

关于峻灵王的来历，苏东坡在《峻灵山庙碑》载："自徐闻渡海，历

昌江海尾镇新港村的神山爷爷庙（笔者 2017 年摄）

琼州至儋耳，又西至昌化县西北二十里，有山秀峙海上，石峰巉然若巨人，冠帽西南向而坐者，里人谓之山胳膊，而为汉之世，封其山神为镇海广德王。……元丰五年七月，诏封山神为峻灵王。"[1] 苏东坡记录的这位山神，汉代封为镇海广德王，宋代封为峻灵王，实际就是镇海之神，一块巨石被赋予灵性而受人崇拜。

为什么古时的皇帝诏封此石为"峻灵王"石？苏东坡在《峻灵王庙碑》云："古者，王室及大诸侯国皆有宝。周有琬琰大玉，鲁有夏后氏之璜，皆所以守其社稷，镇抚其人民也。"据史料记载，自古以来，朝野上下，都把峻灵王石看得神乎其神。于是，大小官吏、文人墨客、庶民商贾、农夫渔民，以及考学求嗣，直至赌博者都络绎不绝地来朝拜峻灵王石神祈求保佑。

关于神山广德峻灵明王爷爷，神山爷爷是民间称呼，峻灵王、广德王是两次赐名的称号，它被认为是海南道教的根源所在。民间传说有云：东

---

1 转引自司徒尚纪：《中国南海海洋文化》，广州：中山大学出版社 2009 年版，第 183 页。

汉时期曾有军队经过琼州海峡时，遇到强风，于是朝着峻灵石的方向朝拜，因此整个军队都得以安全度过，由此得到了东汉皇帝的第二次赐名，这也成就历史上唯一一个两次封王的经典。还有人说峻灵王石头旁边有一棵大榕树，如果榕树枝叶高过峻灵石，就会引起雷雨天气。

昌江新港村历来信奉广德明王（峻灵王），村内的广德明王庙已反复修建数次，第五次翻修已于2017年底完工。神山广德明王是新港村民们的精神寄托。在旧时天气预报不发达的情况下，它是渔民出海祈求平安的寄托。

祭拜往往在出海前，丰收后，农历初一、十五等时间进行。祭拜时使用15根线香，祭拜有两个香炉、两个令牌还有一个神位，祭拜的贡品包括香烛、元宝、鸡和猪，隆重时杀整条猪祭拜。每年神山爷爷的诞辰日（农历二月二十四日），是新港全村的大日子，人们用上10头猪用作贡品祭拜。祭拜时简单时燃放鞭炮，摆放祭果（时令水果），燃烛烧纸钱，敬奉茶、酒；隆重的祭拜除这些外还会带上鸡牛鱼肉等。新港村的广德明王庙有专人管理，当民众前来祭拜时还会击鼓以告知神灵，也会借用贝壳制作的卦向神灵祈祷。

据了解，村人都十分信奉广德明王，因为在新村港附近海域有过其他渔民的遇难事件，但本村从未有过出海身亡的事件，村人都认为广德明王居功至伟。全村人甚至认为本村能在短短100多年发生翻天覆地的变化，部分原因也是"神山广德明王爷爷"的恩赐，它庇护着新港村民家和丁旺、事业风起云涌。也因此，广德明王庙还引来了众多的渔民甚至游客朝拜，庙内香火旺盛，不时响起鞭炮声，前来朝拜的人不仅杀鸡宰猪、担酒端茶，还敬送锦旗、镜屏等礼品以示诚意，跪求神山广德明王爷爷保护他们在海上生命安全、生产丰收。

乘风破浪　救苦救难——妈祖神

"大年初一出发去西沙，途中遭遇大雨，原本打算大年初二到达西沙群岛，但是因为天气原因，超过时间没法抵达西沙，并且无法传递和接收外界信号，漂泊在西沙群岛附近 8 天时间无法登陆，一直到第八天决定问道公。当时使用番薯作卦、竹片作香，'妈祖'（上身到道公身上）手臂摆动，呈飞翔姿态。开始大家不懂含义，'妈祖'就不断叹息，捶胸顿足。后来猜测是不是要按照鸟飞的方向走，'妈祖'马上显出高兴的表情，于是大家决定三点钟后按照鸟飞的方向前进，不到两小时就找到了岛屿。这是妈祖神拯救整条船员性命的事迹。"

问起信仰，陵水新村的疍家人马上就会把祖辈流传下来的"妈祖救人"故事告诉问询者，妈祖不止在陵水，在海南疍民的家家户户都有着极高的地位。

妈祖，姓林氏，福建莆田湄洲人，叫林默娘，少有异术，30 岁而亡，当地人尊为神，为其建庙。北宋年间，给事中路允迪出使高丽，在途中遇到风暴，传得到妈祖保佑，顺利抵达目的地。回来后他向朝廷为妈祖请封。此后，妈祖多次显灵，也多次受封。到宋末，妈祖得到的封号有 14 次之多。

到元代，海运非常发达，海神崇拜盛行，妈祖信仰在福建达到独尊地位。元世祖忽必烈册封妈祖为"护国明应天妃"，自此确立了妈祖为全国海神的地位。此后，明永乐帝、清康熙帝相继赐封妈祖为天妃、天后，直至清咸丰七年（1857 年），妈祖得到朝廷的封号长达 64 字，妈祖崇拜至此在朝廷和民间达到历史巅峰。

在闽粤地区，渔民在茫茫大海中被风浪抛得迷失方向时见到天后像，就会如见到救星般欣喜，似乎能听到天后的呼唤，望着救星归航，亲切安全之感油然而生。随着妈祖在官民心中地位的稳固，清后期的海船中还有为其增加的陪祀神"顺风耳、千里眼"。

作为闽粤人的后代，海南疍民善水，是航海能手，同时他们也深知海洋危险。因此在开采海洋的过程中，他们传承了闽粤对海神的崇拜，妈祖作为航海保护神的地位也始终被凸显。因妈祖是源于民间的神祇，比官封的南海神更贴近群众，庙宇众多、祭祀旺盛。

三亚、陵水、文昌、昌江新港都有膜拜妈祖的习俗和传统，而妈祖济世救人，她对世人一律平等宽容的胸怀，是她在海南疍民祭祀的庙宇中与其他神灵共同接受膜拜的缘由。

三亚后海旁蜈支洲岛的妈祖庙，占地虽不大，最初专为后海疍民祭拜所建，祭拜常在出海前进行，当船头到达庙口方向时行祭拜礼，烧宝钱，打鞭炮。今天除了当地疍民会有固定的祭祀节日外，妈祖庙也对前来旅游的客人开放。

在南海东沙岛上发现的妈祖庙，多为海南疍民先辈所建，而今天在南海渔猎生产的疍民们也依旧传承着膜拜妈祖的信仰。

孤魂零落　庇佑后人——一百零八兄弟公

一百零八兄弟公相传为 108 位从海南前往南洋的"新客"，在七洲洋海面遇难，其冤魂成神，称为昭烈一百零八兄弟公，是海南渔民、疍民的海上保护神。

一百零八兄弟公庙在海南，是海南渔民包括疍家人在海南许多海岸旁建筑的专供渔民祭祀朝拜的重要场所，目的是为纪念琼山县出海捕鱼遭遇台风失去性命的 108 兄弟。

兄弟公的故事在海南多处渔民区广为传诵，海南各疍民聚居地关于兄弟公的事迹还有着可考的记录与清晰的记忆。兄弟公的故事在渔民包括疍民的认识中，它代表着旧社会海南渔民在南海作业的艰难与面对自然灾害的无能为力，因此它警诫着后人要时刻保持对自然、对海洋的敬畏之心，努力提升渔业生产工具的优良性。同时，兄弟公作为开辟南疆海域的先驱，他们的英勇事迹和抗争精神也令后人为之起敬。

一百零八兄弟公的故事在陵水新村，三亚的南边海、后海和文昌铺渔村都广为流传，陵水新村港建有专门的一百零八兄弟公庙且香火十分旺盛。有关一百零八兄弟公的传说非常多，笔者根据采访人口述，摘要记录如下：

一百零八公，许多国家都有纪念他们，141年前农历十月二十二日，实际人数可能是102位，他们都来自琼山县寅丰镇。在新村港8—11海里的外港，台风把18条船全部打翻，因此在新村港建了第一个庙，纪念102兄弟，寅丰镇记载共找寻到65具尸体，在当初的庙内均有专人进行了记载，寅丰镇也有类似的历史记载。蜈支洲的妈祖庙也是为纪念兄弟公而设，海口的庙宇记载为一百零八兄弟公。（陵水新村郭世荣口述）

　　一百零八兄弟庙，是新中国成立前琼山区为纪念108兄弟所建的庙。先琼山区红霞沙上村，一艘拖风船在陵水县近海打鱼遭遇大风，船被掀翻，死了108个渔民，为了纪念他们，就盖了兄弟庙。（陵水新村黄继明口述，67岁，2017年为陵水新村港网格员）

从陵水新村的兄弟公传说以及兄弟庙的建筑、祭祀情况看，疍家人除了在近海作业外，还曾极力往南海更深、更远处探索，在探索的路上应该是有过数次血与泪的抗争的，而一百零八兄弟公事件因涉及人数众多，故此影响较为深远，因此而形成的祷祝和祈盼仪式也更成规模。

陵水村的兄弟公庙在海难之后不久就设立，非常直观地表现了当地人们对该事件的沉痛心情。关于一百零八兄弟公的传说一直延续到今天，意在时刻警示出海渔民注意安全。

三亚南边海虽然没有专门设立供人们祭拜的一百零八兄弟公的庙宇，但关于这段惨痛的经历，老一辈的渔民均耳熟能详，且当地今天仍有专门的咸水歌传唱，意在提醒人们铭记往事、小心谨慎出海作业。

疍　家　魂

（郑石喜）

十月廿二天地暗，

超强台风横扫尽。

数千疍民变鬼魂,
疍民悲伤泪流尽。

十月廿二是忌日,
谈起此事心头震。
遇难同胞归西去,
百年亡魂嘱后人。

十月廿二不能忘,
季节行船要谨慎。
小心行船筑福运,
粗心行船祸来临。

十月廿二是历史,
历史时刻要记住。
悲惨历史不重演,
对海祭拜疍家魂。

十月廿二

(郑石喜)

十月廿二真是惨,
无情台风吹船翻,
浪打尸体海边躺,
草席卷尸就地办。

十月廿二真是惨,
船翻人亡家又散,

余生人仔孤单单，
可怜人仔无家还。

十月廿二真是惨，
妻离子散无人关，
亲人西去不回还，
思念亲人泪夜间。

十月廿二真是惨，
无亲孤儿把娘喊，
喊哑声音娘不见，
夜来见娘泪湿衫。

一百零八兄弟公在三亚咸水歌的传唱中明确了事件发生的时间——阴历十月二十二日，艺术化地重现了超强台风来临时在海上作业的疍民渔船被吹翻的惨况，并且在两首表现主题一致的咸水歌中都选择了将疍民失去性命与家属悲伤痛苦二者并重。

陵水新村兄弟庙（笔者 2017 年 6 月摄）

前一首《疍家魂》除了上述情节的描写外警诫后人的意味更加强烈，如"十月廿二不能忘，季节行船要谨慎。小心行船筑福运，粗心行船祸来临"这一段，主要就是以提醒疍民们出海作业应注意季节，并强调了在海洋这个危险系数高的生存环境下必须小心谨慎。

后一首《十月廿二》主要把疍家人离世后子女妻儿的孤苦和无助加以描写，读来令人潸然泪下。

据考证，南沙岛屿上的孤魂庙(兄弟公庙)，庙宇供奉石质或木雕神像、香炉、陶瓷酒壶酒杯，另设有抽签的签筒，庙宇对联。陵水新村港的兄弟公庙与之有着极高的相似性，这是疍民在兄弟公祭祀仪式上的沿袭与传承。

游灯送子 人丁平安——三江娘娘

三江娘娘是海南陵水新村疍民对三娘庙中供奉的海神的称呼。至于三江娘娘的来历，众说纷纭，有说是妈祖，有说是观音。陵水新村三江庙关于三江娘娘的来历是这样介绍的：三江娘娘，民间传说是个海神。据说，其为莆田林愿之六女，死后显灵于海上，救死扶伤。渔民尊为海神，设庙立祀，祈求保佑。元至元年间封为天妃，有天妃庙、天妃宫等称；清康熙时又加封为天后，有天后宫之称。

三江庙内供有三尊神像，左右两侧牌匾写有"圣娘施德千秋盛，神明招恩万代兴"，疍民准备出海前常杀猪杀羊，在三江庙前祈求好运；出海时祭拜三江娘娘的仪式更是隆重，当出海船只船头到达庙口位置时行祭拜礼，烧宝钱，打鞭炮，祭拜时还会将神像请到船上，绕船头祭拜后，渔船才驶向大海；耕海回来后杀猪杀羊在三江娘娘前还愿，也已成为经常性的祭祀活动。

陵水新村元宵节历来有游灯的习俗，一般活动在农历正月十二举办，规模盛大的时候有13个渔业单位参加，队伍由100盏灯组成，持灯者均为5—12岁的儿童（男孩、女孩均可），持灯者身旁有至少一名家人陪伴

陵水新村的三江庙（笔者 2017 年摄）

以保障安全，排头有 20—30 盏灯，游灯时间从晚上 6 点开始到凌晨 1 点，由四个生产队组成，轮流举办。游灯过程有各种各样的灯笼，如鱼、龙等造型，灯笼直径约 60 厘米，以前是点蜡烛，现在是点灯。

在元宵节游灯活动举办这天，村民们也会将三江娘娘抬出来游街，用意是祈祷一年的风调雨顺，人丁平安。因发灯是发丁的谐音，所以家里没有生养男孩，很希望生男丁的家庭就会在游灯这个环节"偷"灯，"偷"到灯后要保证在一年内家里常亮，一直到生养出男孩。而且要在游灯的晚上家里设置案头摆祭品、水果，祭拜三江娘娘，上香、打鞭炮等也不能少。因此，"偷"灯成了元宵节游灯一个非常有特色的环节，因为游灯队伍盛大，也为"偷"灯者提供了诸多机会，并且"偷"灯也成了当地人们心知肚明，但却不会宣之于口的求子行为。在元宵节来临前的正月初十，整个村委会为三江娘娘打造临时庙宇，没有男丁的家庭为了求得子嗣，往往买两个灯，将之涂红，放在三江娘娘的临时庙里。偷灯和备灯的习俗背后，都蕴藏了人们对三江娘娘的信仰与寄托。

与民同乐——参将爷爷

在三亚后海村村委会旁，有一口古井、一棵老枇杷树，树下有个三藏公庙（又称海神庙）。海神庙里住着参将爷爷，本地人流传着海神的神奇故事：在很久之前，有一天，一艘出海回来的渔船搁浅了，由于当时的风浪特别大，后海的百姓想尽办法救援，但都无法使这只渔船离开。后来村民们想到了海神庙，希望能得到海神的帮助，于是他们带上贡品，祭拜海神，求海神能让那只搁浅的船离开。就在祭拜仪式结束没多久后，奇迹出现了，那艘船慢慢地从礁石边离开了。得到海神的帮助，当地的百姓们尤为开心，对海神也越发尊敬。

三藏公庙里住着的神灵有参将爷爷以及他的夫人三江娘娘，其余的都是他的副将，都是武将，后海疍民家里一般供奉的是家神，三藏公庙里的参将爷爷是保平安、辟邪的。

每年大型的节日如端午节，村民们会有各种活动，其中一项则是请琼剧团来表演，连唱三天。琼剧主要是唱给三藏公庙内的神灵们听的，是村民们在喜庆的节日里感谢神灵们的方式。到了琼剧表演的时间，村民们会用轿子将他们抬到舞台的前方，专门为神灵们建两个小房子相当于两个庙，给参将爷爷们（神灵们）临时避风挡雨。三藏公庙里有一位名叫天主玉皇的神，每次离开庙都要给他打伞遮阳或遮雨，

三亚后海村村委会旁的一口古井、一棵老枇杷树（笔者 2017 年摄）

因为他是天上的神，所以在庙内没有雕像，只是在侧面墙壁上挂两把伞代表他的神位。因为这是五月节，演唱琼剧既为庆祝节日，更是要祈求神灵保佑出海时多抓鱼、平安归来。

后海渔村元宵节

二业后海村的三藏公庙（笔者摄于2017年）

有游神的风俗，专门选定年轻力壮的村民抬神灵绕村转圈，这是一年的开始，游神的目的是借助神灵的威力将妖魔鬼怪赶走，每到一户人家，就要由这家的代表出来迎接，打鞭炮、祭拜并且给神灵敬上红包。

在后海渔村，有两位参将爷爷，铁炉港旁边还有一座参将爷爷庙。据了解，铁炉港附近的庙，是由亚龙湾搬迁而来。两座庙里的都是参将爷爷，村委会内的姓陈，铁炉港里的参将爷爷姓钱。

（三）南海诸岛上的疍民庙宇遗迹

海南疍民不仅在岸上建立庙宇祭祀神灵，还把这种信仰带到他们历代生产作业的南海诸岛礁。据调研，南海诸岛很多岛屿都有海南渔民/疍民修建的小庙，这也证实了海南渔民/疍民前去南海生产作业是一个历史延续的过程。

1. 东沙群岛上的庙宇遗迹

东沙群岛是中国渔民较早开发的岛礁之一，上面有中国人建立的小庙。据记载，在光绪三十二年（1906年）八月二日，有9名日本人乘坐一艘小输轮来到东沙岛，在输泊岛边上岸，居住了10多天，随身带着干粮等物资。这些人每天都在四周查看，有时候会进入深林树木之中。后来有轮船过来，将这9个人接走了。到了光绪三十三年（1907年）八月二十日，又来了一艘日本的大兵轮，船上有200多名日本人，都是西装革履，不清楚是否有士兵。这些人有的拿着剑，有的拿着刀和枪，来到中国渔民的渔船，驱赶中国渔船，让他们离开，还将中国渔民捕捞生产作业的4只舢板船破坏掉，木料还漂浮在海上。过了三四天，就看见有日本人登陆东沙群岛，肆意地毁坏大王庙、兄弟所，还把岛上的坟冢全部破坏掉，把尸骨挖出来，用火焚烧，简直惨不忍睹。[1]

文献介绍了中国渔民在岛上修建的大王庙、兄弟所，被日本人拆毁。同时，"岛东尚有渔人筹资建筑之洪圣庙一座。在捕鱼时期，以便储粮之用"。[2]"该岛原有一天后庙，为日人占据后即拆毁之，以图埋灭中国境地之痕迹"，[3]这些史料，都记载了东沙群岛上海南渔民/疍民作业生产留下的痕迹。南海渔民/疍民兴建的洪圣庙，祭拜的应为南海神祝融，也称洪圣大王。因此，东沙岛被日人所毁坏的大王庙所祭当是南海神洪圣大王或者龙王（五龙大王）。陵水黎族自治县县城的龙王庙与三亚南边海渔村的龙王神洲庙，都塑有五龙大王神像，香火鼎盛，为疍民出海前祷祝的重要场所。

2.西沙群岛上的庙宇遗迹

据在西沙群岛的考古调查发现，在大多数岛屿上都有珊瑚石砌成的古

---

1 "光绪三十二年八月初二日，有小输轮一只，见有日本人九名到东沙岛，输泊岛边上岸，带有干粮等物，居住十余天。每日四围盼望，又入深林树木之中，追后有输船来接九人而去。又至三十三年八月二十日，有大兵轮一艘，载有日本人二百余，俱西装服色，有无士人，难以分辨，车至小的大渔船，走过船来，有携剑者，有携刀枪者，要赶小的等不准在此岛左右捕鱼，即刻要小的开行，小的等不允，遂将舢板四只打烂，木料浮于海面。此三四日间，又见兵输日人登岛，将大王庙、兄弟所，尽行毁拆，用火焚化。又见岛上有坟冢百余座，用铁器掘开，取出各骸骨，将胶菜木栏尽拆，又砍伐岛上树木堆起，将百多具尸骨，架着火棚尽行烧化，推入水中。"陈天锡：《西沙岛东沙岛成案汇编之东沙岛成案汇编》，上海：商务印书馆1928年版，第65—66页。

2 韩振华：《我国南海诸岛史料汇编》，北京：东方出版社1988年版，第286页。

3 韩振华：《我国南海诸岛史料汇编》，北京：东方出版社1988年版，第284页。

庙遗存，共13座。[1] 其中，珊瑚岛1座，该庙内原有1尊石雕女像，通高1.57米，托三脚炉1件。甘泉岛2座，两庙南北并列。琛航岛2座，一座位于琛航岛东南角，庙门前有一些清代青花碎瓷片；另外一座位于琛航岛西北角，庙内供有一件明代龙泉窑的观音像，双手捧净瓶，渔民俗称"三脚婆"。广金岛有2座，南北并列，南边的庙内有一件青花双狮戏球小碗，是清代景德镇民窑产的，还有一件铁筒，用来当作香炉供人烧香；北边的庙内有一对陶烛台，经辨认是近代黄釉材质的。永兴岛也有1座，渔民称为"孤魂庙"。赵述岛有1座。北岛有1座，有木制神主牌两个，但是字迹不能辨认。和五岛有2座，一座位于东北角，龛内有近代酱釉陶三足香炉一件；另外一座在岛的西南角，1973年因建房被拆毁。甘泉岛有1座，为红灰沙砖墙，庙顶已毁坏，1928年琼海渔民苏德柳、黄家秀、邓开志、邓学相、庄论仁等5人所建。[2]

关于庙的名称，没有统一的称呼。据渔民介绍，如果庙内供有佛像，他们就称作娘娘庙；其他的没有佛像或者只有牌位的就称为公庙、石庙、

左图为西沙群岛东岛东北角珊瑚石小庙里的石板小龛，右图为甘泉岛北部珊瑚石板小庙（图片来源于《西沙文物》）

1　庙宇数量稍有出入。据《西沙文物》报道，共发现13座小庙。1976年8月31日第4版的《人民日报》报道，考古人员还在西沙群岛的北岛、南岛、赵述岛、和五岛、晋卿岛、深航岛、广金岛、珊瑚岛、甘泉岛等地，先后发现了14座明清以来的"孤魂庙"。详见韩振华：《我国南海诸岛史料汇编》，北京：东方出版社1988年版，第116页。

2　广东省博物馆：《西沙文物：中国南海诸岛之一西沙群岛文物调查》，北京：文物出版社1975年版，第25—26页。

神庙、土地庙等等,最常见的是"孤魂庙"或"兄弟孤魂庙"。[1]这些小庙除了"甘泉岛南面一座是砖墙外,其他都是就地取材,用珊瑚石垒砌而成",一般规模比较小,结构简单。[2]

有关庙的具体年代,哪一年修建的,文献上没有明确的记载,但是如果从庙宇遗址,庙里遗留下来的各种佛像祭祀用具,并结合渔民/疍民口述和渔民/疍民传说等方面进行考察,可以推断这些庙有的是明代建造的,大多数是清代所建。这也反映出最迟在明朝至今,我国渔民/疍民一直不间断地在这里居住和从事生产活动。

3. 南沙群岛上的庙宇遗迹

根据渔民/疍民的口述以及考古发现,南沙群岛上的庙宇是很多的。在南沙各岛,凡是有人住的地方,一般都有他们建造的庙宇。譬如,在鸟子峙、黄山马、铁峙等岛屿,都有海南渔民/疍民祖先建造的珊瑚庙。在过去,按照渔民/疍民的传统,他们到南沙群岛后,第一件事就是找到岛上的庙宇祭拜,祈求神灵保佑出海平安、满载而归。[3]

南沙群岛的庙宇遗迹,主要有:

太平岛和中业岛都有一座土地庙,这两座庙是用几块比较宽大的石板建造的。庙宇不大,有3尺多高,2尺多宽。在小庙的中间供奉着土地神像,也是石质材料。其中,太平岛的庙门上悬有"有求必应"四个大字。[4]

在西月岛的海边,也有一座小庙,这座小庙同样是由石板架成的,但是已经破旧不堪,上面所刻的文字非常模糊、无法辨认。[5]

在南威岛的西部,也有一座小庙,这座小庙大约有一丈高,是土地庙。

---

1 韩振华:《我国南海诸岛史料汇编》,北京:东方出版社1988年版,第117页。
2 广东省博物馆:《西沙文物:中国南海诸岛之一西沙群岛文物调查》,北京:文物出版社1975年版,第8页。
3 "渔民到南沙后都要到庙里去祈求保佑平安和生产丰收。渔民习惯,一到林岛,必先往祭一百零八兄弟孤魂庙(该庙犹存),门侧有对联上书'兄弟感灵应,孤魂得恩深',此俗由来已久,惜无史可稽。"韩振华:《我国南海诸岛史料汇编》,北京:东方出版社1988年版,第253页。
4 韩振华:《我国南海诸岛史料汇编》,北京:东方出版社1988年版,第119页。
5 韩振华:《我国南海诸岛史料汇编》,北京:东方出版社1988年版,第120页。

里面有一只香炉,但是没有神像,推想可能是因为年代久远,已经被湮化了。[1]

在南钥岛也有一座土地庙,与其他的庙宇相同,也是用石块架设而成。庙宇里面供奉着土地神像,同样是石质。在庙里面,还有一把酒壶、两个酒杯、四个饭碗,这些都是瓷器的。[2]

在鸿庥岛中央的丛林中,也有一座土地庙,庙内有香炉也有神像,在庙的旁边,还有对联。虽然经过多年风雨侵蚀,但隐约可以辨认。[3]

通过以上南海诸岛上的庙宇遗迹,以及笔者的调研,可以推断出,海南疍民在南海的开发、经营是一个长期持续发展的过程。南海诸岛在发现、命名、开发以及宣示中国主权的历史证据上,离不开南海疍民的重要历史贡献。今天,在三亚红沙、陵水新村、昌江新港村等地的海上疍家,仍然可以看到移动的"渔船祠堂"或"渔船庙宇",疍家在渔船上供奉神灵和祖先的神主牌位,并每日烧香敬奉。譬如,海南陵水疍民在渔船上张贴"恩光普照、财丁兴旺、水陆均安,三江娘娘、龙门大爷除瘟疫、灾难、灭煞"或"恩光普照、人丁清吉、六畜均安,五龙大王斩除瘟疫灭煞"等平安符。

在中国民间传统中,叶落归根的观念根深蒂固,而疍民去世后被同伴埋葬于这些岛屿,应该跟岛上有着疍民们浓厚的信仰崇拜有关,妈祖和五龙王等神灵的护佑,方能在疍民群体中形成"此心安处即吾乡"的观念。这种日日在家或宗祠礼拜的祖先神,到了疍民社会,因其在海洋漂泊流动的特点,落地生根于南海各岛礁,妈祖庙、大王庙、兄弟庙是海南疍民发现和开发南沙诸岛,并在诸岛礁渔猎劳作的证明。疍民们在这些岛屿上祭祀祈祝、建庙筑宇,显示了疍民是最早参与南沙群岛开发开采的群体之一。海南疍民今天的日常生产、生活的信仰传统,也是对疍家先辈在南海诸岛祭祀膜拜的传承,至今仍绵延不绝。

1　韩振华:《我国南海诸岛史料汇编》,北京:东方出版社1988年版,第120页。
2　韩振华:《我国南海诸岛史料汇编》,北京:东方出版社1988年版,第121页。
3　韩振华:《我国南海诸岛史料汇编》,北京:东方出版社1988年版,第121页。

（四）海南疍民南海远航仪式的传承

祭典仪式正式开始，钟鼓齐奏，礼炮齐鸣，主祭官、陪祭官、经乐团、仪仗队、唢呐队就位，经过迎神、上香、升祭旗、献供等仪式，众人行三跪九叩礼，主祭官恭读疏文："祈保南海澄清，国泰民平，乐业如意，福康无疆……圣化无边，功勋南海，扶危安民。"仪式结束后，群众向白玉蟾祖师、妈祖、关公、龙王四位神灵虔诚进香，祈愿远航平安。

以上是南海伏季休渔期结束后，南海开渔节仪式的现场。南海开渔节每年都受到全国各地群众、社会各界人士的关注和期待，已成为南海开渔、渔港开港的重要历史时刻。在每次仪式上，五龙庙、妈祖庙会组成方阵队伍举行渔家传统民俗活动"龙王巡游"，渔民们穿着民俗盛装，抬着三牲五谷，一路唱歌跳舞，敲锣打鼓，巡游结束后，"祭海仪式"紧接着上演。祭祀区幡旗飘动，由主祭官宣布祭海大典开始并点燃祭火。伴随着锣、鼓、八音和螺号齐鸣，升祭旗、献供品、上香烛、读祭文、跪拜礼、焚祭文、起乐舞等一套仪式一一进行。在主祭官宣布祭礼告成时，现场鞭炮齐鸣、乐器齐奏。

在海南疍民中，除去南海开渔节，还有诸多的仪式和节日，妈祖、龙王、兄弟公等的祭祀活动早已成为传统。海南的渔民或疍家出海或遇到危险时必祭兄弟公，俗称"做福"。[1] 陵水新村疍家人也叫出海打鱼为"开深"，谐音"开心""开新"（这与海南疍民来自闽粤地区，闽粤方言为他们增添了吉祥的想象），因陵水新村疍家人有大年初一出海捕鱼的习俗，"开深"是为保吉祥平安，而"开深"也将往深海进发很形象地展示出来。他们祭祀海神的仪式活动，主要有做海仪式（包括出海、返航、海难祭拜）、南海诸岛的祭神仪式、日常实践中的仪式活动等。

1　陈进国：《南海诸岛庙宇史迹及其变迁辨析》，《世界宗教文化》2015年第5期，第16页。

1. 做海仪式

海南渔民/疍民称出海生产作业为"做海"。做海仪式自古有之，考古工作者在广东珠江三角洲发现一幅岩画《古越人平安海航祈祷图》，从此画中的各种情景可以看出，我国古代越人在航海前会举行隆重的祈祷仪式，请神灵保佑航行平安、出海顺利。

海南疍民的做海仪式主要包括出海仪式、返航仪式，以及遇到海难时所作的祭祀活动等，这三种祭祀仪式大同小异，只是规模不同。祭祀时都是以肉、饭、酒等祭拜各位海神，然后焚烧纸钱和燃放鞭炮，请神灵保佑。其中，出海仪式最为隆重，一百零八兄弟公出海仪式已有几百年的历史，并被列为海南省级非物质文化遗产名录。

海南疍民的出海仪式有小规模和大规模之分。小规模的出海仪式，一般分为庙宇祭拜和船上祭拜两种形式。祭拜的庙宇，主要有土地公庙、一百零八兄弟公庙、妈祖庙等。海南疍民出海前一般要到庙里祭拜，请各位神灵保佑出海顺利、平安，能有好的收获等等。

船上祭拜，一般是疍民在出海当天，在船头对着神灵祭拜，主要祭拜神灵有一百零八兄弟公、妈祖等，此外，还要祭拜祖先。这种出海仪式一般由船长一人负责。船长先在船头摆上供品，一般有鸡、猪肉、米饭、茶等，这些供品在祭拜仪式结束之后分给大伙食用。贡品摆好后船长点香叩拜，然后将燃着的香分成三份，分别插在船头、船中和船尾。最后船长在船头燃放鞭炮，宣告祭拜仪式正式结束。

遇到海难时举行的祭拜仪式是比较特殊的。当遇到狂风骇浪时，疍民常常会拿出携带的大米，站在船头朝大海里扔，目的是驱赶制造大风大浪的妖魔鬼怪；如果遇到的风浪特别巨大，扔大米已经不能镇压大风大浪，疍民就会拿出一杆秤站在船头，搬出一副用秤杆抵挡风浪的架势；同时，疍民还要站在船头朝家乡方向叩拜，请家中的祖先和兄弟公施展法力，保佑他们平安。据一些老疍民介绍，这种祭拜方式由来已久，而且也很灵验。

渔船远航归来后，也需要举行祭拜仪式，目的是感恩神灵的庇护，向神灵还愿。一般情况下返航归来的仪式选择在白天举办，会屠宰一头肥猪或鸡鸭等作为祭品，还会放一些水果，接着就是烧香、祭拜，之后放鞭炮。这种仪式一般规模较小。海南疍民如果是在浅海捕捞，当天出海且丰收返航的时候，通常也会在返航归来到兄弟公庙进行祭拜。船主一般会拿来一条大鱼用来祭祀，祭祀前准备一些米饭团，接着就是蒸熟大鱼，把饭团和大鱼放在神灵供奉台上，然后就是烧香祭祀。祭祀完成后把贡品拿给大家享用。

在所有的做海仪式中，以一百零八兄弟公出海仪式最为隆重、神圣。一百零八兄弟公出海仪式通常分为：做福，即远航启程前的祭祀，疍民也称为"祭兄弟公出海仪式"；洗咸，远航归来后的祭祀，这种仪式主要是感恩"兄弟公"保佑船只满载而归、平安回家；还有一种仪式叫作"做兄弟公"，就是逢年过节和航船到达某一新海域时的一般祭拜。

一百零八兄弟公出海仪式，一般有从兄弟公庙到船上两个场所，一般会请专门的道士来主祭。在一百零八兄弟公庙，船主或长者烧香求神，道士施法敬请"一百零八兄弟公"和诸神到坛。众神归位后，道士便进行施法驱邪消灾和祈祷。然后，焚纸钱酬神和燃爆竹谢神。

在老一辈人的回忆中，一百零八兄弟公出海仪式相当庄严和肃穆，也非常热闹。道士吹着牛角号，敲着铜锣在前面开路，在众多渔民前呼后拥下来到船上。道士及众渔民登上渔船，继续由道士主祭。在渔船的甲板上会摆上祭祀用的"浮炉"[1]，还有其他的祭品，一般有熟猪、酒水和饭团等。

祭品摆好后，一般由船主先上香，跪在一百零八兄弟公神位前默默祈祷，请求神灵保佑一路平平安安。船主上香之后，道士开始施法。

首先，是需要驱赶渔船上的妖魔鬼怪，让他们都远离船只，驱邪消灾。道士手中拿着火炬，在船上走来走去，凡是瘟神魔障可能的藏身之处都撒上硫黄，然后嘴中含油喷射，将硫黄燃烧，目的是驱逐船上的妖魔鬼怪，使他们不能再兴风作浪。道士一边做法，一边念念有词，喊着各路神灵前

---

[1] 临时使用可移动的香炉。

来助威，勒令瘟神魔障马上离开该船，不得有误！

道士施法把瘟神魔障通通驱逐离船后，接着点燃椰叶火把，由疍民划着小船，把火把丢到深水中，意味着道士已经通过自己的法力，将渔船上的妖魔鬼怪都赶跑了，船只已经安全了。

驱逐完船上的妖魔鬼怪外，道士会拿出事先写好的红色字符贴到船的相应位置。船头上贴着"昂首藐浪日行千里"，桅杆上贴着"一帆风顺"，船尾上贴着"顺风万里行"，舵杆上贴着"大吉大利"等等。

贴好红色的字符后，接着开始焚烧纸钱，并且鸣放鞭炮，在一声声的爆竹声中，渔船启动出航，"祭兄弟公出海仪式"宣告结束。

"祭兄弟公出海仪式"对于远洋航海的海南疍民来说，是一种精神寄托和心理安慰。"祭兄弟公出海仪式"活动中的祭祀和扫除瘟神等，都是在祈求远航船只的往返平安。活动中渔船的出征启航，就是模仿"108兄弟"出征打海盗、平倭寇时的壮举，也算是试航。

2. 南海诸岛的祭神仪式

海南疍民前往西沙、南沙生产作业，岛上祭祀也是其祭神仪式的重要一环。南海诸岛上的祭神仪式主要有：

见岛拜岛，建庙拜庙。疍民有些祭祀活动在岛上进行，南海诸岛上的各种小庙，都是他们祭祀的场所。西沙群岛的永兴岛，是疍民必拜的岛屿之一。笔者在海南三亚调研时，该地老疍民回忆说，以前到西沙群岛作业，到永兴岛的第一件事情，就是先去庙里向一百零八兄弟公报到，告知一百零八兄弟公他们来西沙了，请兄弟公保佑他们出海平安顺利，捕鱼丰收。据介绍，20世纪50年代以前，疍民将渔船开往西沙群岛生产作业时，他们到达永兴岛后，会将一头猪杀掉煮熟，然后将煮熟的整头肥猪抬到一百零八兄弟公庙中祭拜，称为"烧香割红"，有时他们也会杀鸡祭拜。

南沙群岛上的杀猪祭拜。据介绍，在以前，海南疍民如果去往南沙群岛，一般会随船带上两头大肥猪和一些公鸡。当渔船到达南沙群岛的双子群礁时（即南沙群岛的第一个岛礁），船主会宰杀一头肥猪，上岛进行祭拜。

据疍民介绍，渔船到达南沙后，"就杀猪拜佛，使大家高高兴兴，当时迷信，若不拜佛的话，就不平安，下海会被鲨鱼咬"。[1]另外一头猪则会放到岛上，做好记号，让他们在岛上生活。待到春节来临之际，疍民在岛上过年，这个时候会将这头猪杀掉，祭祀兄弟公。这头猪祭拜完毕后，会发给大伙一起吃，作为春节时候的大餐。渔船一直作业到次年四月份左右，有时候也会在春节前后将装有海货的船只驶往东南亚各国进行交换，等西南季风刮起的时候，顺着季风返回到海南。

3. 日常实践中的仪式活动

海南疍民日常实践中的仪式活动，主要分为两种情况。一是定期举行的祭祀仪式活动，譬如，在众神灵的诞辰、重要节日等举行的活动；二是疍民将海神信仰融入日常生产生活中，当生活中遇到重要事情，或者天灾人祸等，不定期前往庙宇进行祭拜的活动。

（1）定期祭拜

海南疍民的定期祭拜，一般都有固定的祭祀日期，如农历每个月的初一、十五；诸神灵的诞辰，农历三月二十三日是妈祖的诞辰日；十一月十九日是一百零八兄弟公的生日等。每逢众神灵的诞辰日，疍民都会举行隆重的祭祀活动。另外，在这些祭拜活动中，男性往往占有重要的地位。疍民认为，一百零八兄弟公是专门护佑他们出海安全的海神，逢年过节必须亲自前往，才能显示诚意、感动海神。

（2）日常祭拜

海南疍民除了定期祭拜外，还将海神信仰融入日常生活中，譬如家中盖新房、孩子入学、家里添丁等等，也会进行祭拜活动。很多海神祭拜，除了保佑海上顺利、平安、有好收获外，还增添了许多其他功能。譬如水尾圣娘显灵的故事很多，"码头许范某夫妇凡举必祈，经营日旺。许某于羊城轿车被盗，久查未获而返。报知其妇，立至圣庙祷告，指点火速赴穗。

---

1 韩振华：《我国南海诸岛史料汇编》，北京：东方出版社1988年版，第404页。

依示急追，当其轿车将被改装之时而复得"等等。妈祖也成为渔民求子嗣时祭拜的重要神灵。海南疍民信奉"有求必应"的心理诉求，也寄希望于诸多海神之上。五龙王、兄弟公、峻灵王、三江娘娘等信仰崇拜形成了疍民以祈求出海平安为目的的群体性活动，反映了生活在海南地区疍民们祷求风调雨顺、满载而归的良好愿望，而祭祀仪式也源远流长，传承至今。无论是信众无数、历久弥坚的妈祖，还是盛行在南海地区的地方神，它们都是海南疍民开发开采南海的精神依靠。

二、海南疍民其他民俗中的南海因素

（一）饮食文化中的南海因素

依据笔者对海南疍民的调研，以及疍家文化陈列馆的相关负责人介绍，疍民由于长期生活在大海上，深受海水之苦，因此食补观念较强，口味偏重、甜和清淡，譬如，喜欢喝甜汤，喜欢原汁原味的海鲜，等等。另外，长期的海上漂泊再加上居住环境的潮湿，不少疍民易患风湿等病，疍民就用从南海等海域中捕捉到的海马、海参、海蛇等来泡酒，预防治疗风湿，形成独特的"疍家酒文化"。如海马仔酒有温肾壮阳、散结消肿、舒筋活络、除湿祛寒等功效；海龙酒有舒筋活络、补肾宜精、消炎止痛、祛寒止咳等功效；鳝鱼胶酒具有健胃养肺、补中益气、温阳益脾、滋补肝肾等功效；鲨鱼翅酒具有健胃养肺、益肾健脾、抗癌细胞、抗动脉硬化等功效。

（二）生活器具中的南海因素

海南疍民还利用鲎壳制作水瓢，利用水字螺挂衣服，利用油螺壳和夜光螺壳制作汤匙，利用牛耳螺壳制作饭勺，等等。

三亚疍民用鲎壳制作的水瓢 　　　利用北贵螺挂衣服

利用油螺壳制作汤匙 　　　利用夜光螺壳制作汤匙

（以上照片均为三亚疍家文化陈列馆提供）

（三）节日民俗中的南海因素

海南疍民在长期的做海生涯中，也形成了自己独特的节日民俗，其中蕴含着浓浓的南海因素，下面简要举例做一分析。

1.端午节

疍家人从古至今，世代以捕鱼为生。海既是他们的衣食之母，也是他们的保护之神。因此，在众多的节日活动中，端午节是疍家人最为重视，也最为隆重的节庆之一。据疍家文化陈列馆的相关负责人介绍，以前，三亚的疍民每年都会以各种方式庆祝端午节。疍家人的端午节活动内容很多，大多与其生产生活习惯有关，如摇舢板仔、浮游、沉游、拔河、顶棍、唱咸水歌、抓水鸭、抱油猪等，每一项活动都凝聚着疍家人不忘祖先、感谢神灵、其乐融融的感情。其中，"抓水鸭"和"抱油猪"是疍民们比较喜欢的比赛。"抓水鸭"是在比赛水域放上一二百只水鸭，让当日洗龙水的人徒手去抓水鸭，谁抓到了鸭子就归谁，营造现场节日气氛；"抱油猪"是把一头80斤左右的生猪剃光毛，涂上猪油让参赛者去抱，谁抱到就归谁。

在众多的端午节活动中，"赛龙舟"是最吸引人也是最令人兴奋的活动。因为疍民世代以船为家，因此划龙舟比赛是疍家人格外重视的大型比赛。在过去，由于条件不好，没有正规的龙船，都是用渔船代替，在渔船上装上龙头、龙尾。另外，疍家人龙舟赛活动的仪式和规矩很多，重要的环节有比赛前的开赛仪式、"接龙"仪式以及比赛后的"送龙"仪式。每次在比赛前，都要举行开赛仪式，有舞狮、擂鼓、放炮等等。然后举行"接龙"仪式，"接龙"仪式指的是各个比赛船队都要到泥塘把龙船接回来（每年比赛完把龙船埋在泥塘里，防止被晒坏），划到龙王神洲庙举行仪式，祈盼比赛取得第一名。龙船接来后，要给龙船点睛，然后宣布比赛要求和有关事项。比赛结束后，要把龙舟划到庙宇举行"送龙"仪式，意思是龙王观赏完龙舟比赛要回去，各队都要去送，祈祷龙王保佑，祈盼生产丰收、家人平安、生意兴隆。"送龙"仪式结束后把龙船划到泥塘处埋好，整个活动才算结束。

在赛龙舟比赛中，疍家人将龙舟比赛输赢看得非常重要，有"宁愿输老婆，不愿输龙船"的歌谣。而龙舟比赛中的《赛龙歌》，更是将比赛推向了高潮：

嗬嘿，嗬嘿，嗬嘿嘿，划龙船嘿，大家齐嘿，心要齐嘿，全出力嘿，争第一嘿，勿后退嘿，听鼓声哟，节奏齐啰，快划快划快快划哟，男子汉啰，争口气啰，想媳妇哎，抱红旗哟！嗬嘿！嗬嘿！嗬嘿！

嗬嘿，嗬嘿，嗬嘿嘿，划龙船嘿，不怕累嘿，拼老命嘿，当好汉嘿，怕落后嘿，争上游嘿，桨要齐哟，力要齐啰，快划快划快快划哟，男子汉啰，不丢人啰，想爹娘哎，争冠军哟！嗬嘿！嗬嘿！嗬嘿！

调子高昂欢快，疍家人一边争先恐后地划船，一边气势高昂地唱着咸水歌，一艘艘赛船犹如真龙出水，你追我赶，两旁的观众呐喊助威，场面甚是壮观。

由于赛龙舟比赛对疍家人来说非常重要，因此龙舟比赛也有诸多禁忌与规矩，如：疍家人龙舟比赛获胜，获胜者是不能将桨举起来，他们认为将桨举起来是对他人的蔑视，会造成打架事端；另外，疍家人用手摸龙头祈祷龙王带来好运，但是女人是不能摸龙头的，任何人都不能从龙头跨过，这是对龙王的不尊重，否则拜庙时的祈祷就不灵了；获胜队的龙头红布大家会一起分享，每个人拿一块回去系在自己的船头上，意盼今年"好海"（是指生产好）。

三亚疍民的"赛龙舟"比赛，在"文革"开始时中断了，直到1986年比赛才得以恢复，这个时候的比赛用船已经不再用渔船了，疍民用木材建造了3艘龙船；后来到了1993年，疍民又重建了5艘龙船；2010年，疍民改建了5艘玻璃钢国际标准龙船；2013年又增加3艘玻璃钢龙船。2007年起，疍民的龙舟赛活动改名为"渔家乐"杯，至2014年已举办了八届"渔家乐"杯龙舟比赛活动。

2. 元宵节

元宵节也是疍家人主要的节庆之一，又称"年仔"或"正月十五"。在疍家人的风俗里，过了元宵节才是过完年，新的一年才算开始。

疍家人闹元宵与其他地区有所不同，有家庭式和大众化两种形式。家庭式的叫过元宵或者玩元宵，主要是各家各户在自家的神台上摆上贡品，祈祷列祖列宗保佑；玩元宵指的是疍家青年男女借新一年第一个月光之夜出去谈情说爱，还有就是"细路仔"（小孩）带着春节的喜悦在第一个月光之夜玩耍，捉迷藏。

大众化的叫闹元宵，主要指的是一种集体活动。各地闹元宵方式有所不同，在海南一些地区闹元宵是游花灯，或是游龙舞狮，而疍家人的闹元宵是游神，拜龙盘古井，抬着各大神灵游街，游海。

疍家人闹元宵与他们的生活风俗有着特殊的意义，疍家人从古至今，世世代代都是以捕鱼为业，与风斗，与浪斗，有"出海三分命，遇风全家惊"的说法。过去没有气象预报，在海上捕鱼遇到台风、强风是常有的事情。如果幸运的话，疍民就死里逃生；不幸的话，全家都会藏身大海。而那时候的疍家人大多没有文化，又是被歧视的弱势群体，一旦遇到不测之事，都是以求神拜佛保佑平安，并将其视为安全生产的有效保证。游神是感恩神灵，祈祷神灵保佑新的一年风调雨顺，海水好（生产好），行船平安，家人健康。拜古井是感恩古井哺育之恩，龙盘古井是疍家人迁来三亚港挖的第一口水井，至今已 600 多年。2011 年在陈人忠老书记（崖县委原书记）牵头下重新修缮古井，现被三亚市政府列入保护文物。

在陵水新村，疍民则选择在正月十二日过元宵节。其中，非常重要的一项仪式就是抬着三江娘娘的神位举行游神活动。游神活动一般从晚上八点开始，村民们从三江庙中将诸位神灵请出来游行，直到把整个村子里的街道走完为止。村民们事先都准备好祭拜的贡品，等到神灵来到自己家门前便燃放鞭炮，开始祭拜，祈祷新的一年生活更美好。

3. 中元节

中元节也是海南疍民非常重视的一个节日。据海南疍民口述，他们的兄弟公信仰就与中元节有一定的关联。在永兴岛有一间孤魂庙，门前有一副"兄弟感应灵，孤魂得恩深"的对联，也印证了兄弟公信仰与孤魂之间的关系。

海南疍民由于长期生活在船上，向大海讨生，大海的喜怒无常使得他们对大海持有一种非常敬畏的感情，而以祭奠鬼神为主的中元节，成为他们向大海祭拜的重要节日之一。据疍民讲，他们称中元节为"鬼节"，这个节日是阎王爷给他的子孙后代放的一个小长假，从七月初一到十五，阎王爷的鬼子鬼孙会结伴来到阳间，像世人一样逛街游玩、走亲访友。世人为了不让这些鬼子鬼孙打扰、妨碍他们的生活，就会摆出贡品祭奉他们，让他们吃好喝好，不来家中闹事。

笔者在海南做田野调研时，陵水的一位疍民讲，他的爷爷大约是在清朝末年的时候，和文昌、琼海的一批渔民前往西沙群岛打鱼，后来不幸遇难，尸体也不见踪迹，只是听说大约在西沙群岛附近。因此，每次中元节的时候，他都会朝向西沙群岛的方向祭拜，并摆上鱼、肉、水果等丰盛的祭品，请老祖宗保佑一家平平安安，同时也请老祖宗在中元节吃好喝好，能够回家看看。

在"鬼节"期间，不同地区的疍民，进行的祭拜活动也不尽相同。有的地区疍民选择农历七月的初一和十四祭拜鬼神，也有的在七月的初二和十五祭拜。由于这个节日是鬼的节日，因此人们也约定俗成了一些规矩：不能理发、不能做寿、不能婚嫁，也不能开张开业等。在个别地区，有"送水灯"的风俗，用彩色的纸做成各式各样的小船，然后在船上插上蜡烛、香火，并将之点燃，让小船顺水漂流，目的是给一些不幸遇难的落水鬼或者孤魂引路，让他们不再孤单、害怕。海口的疍民，则有传统的"施孤"活动，就是施舍给孤魂野鬼。"阴间"的鬼也和世间人一样，分为不同等级、不同阶层。有的鬼在世间有亲人，有朋友，在"鬼节"的假期，他们就会回到阳间的家团聚，享受家人准备的美食佳肴、金银财宝等；还有一批孤魂野鬼，即在阳间没有家人朋友的野鬼，他们无家可归，只好在"鬼节"这个假期，在阳间到处游荡，惹是生非。海口的疍民由于常年出海打鱼，经常会遇到船翻人亡的事情，因此人们对这些孤魂野鬼往往抱着一种同情的心情，在"鬼节"期间，都会在门外摆上一小桌贡品，供野鬼享用。农历七月十五晚上，走在疍民居住的捕捞社区，常常会看到一些阿公阿婆在自家的房前屋后烧香燃烛，或者焚烧一些用纸做的元宝，用纸糊的衣服，等等，给那些无家可归的小鬼，让他们有衣穿、有钱花。

中国传统节日是中国老百姓在长期的生产生活中形成的，反映的是他们对天地万物的信仰、对祖先自然的尊崇以及对幸福生活的追求。我们从海南疍民的节日活动可以看出，无论是端午节的龙舟赛，还是丰富多彩的闹元宵，以及中元节的祭祖与"施孤"活动，都是与疍民长期的海上生产生活密切相关的，是他们长期做海生涯的一种心灵寄托，也是他们在风帆船时代，远航南海的一种心灵安慰。

下编

我的南海记忆——海南疍民口述史

西沙海战篇

西沙群岛是我国南海诸岛的一部分，历来是我国的领土。据史料记载，在汉代，中国人已经在南海领域航行，首先发现和管辖南海诸岛；宋代，中国政府派遣水师巡视南海诸岛，将其纳入中国版图并宣示主权，实施行政管辖；明代，郑和下西洋，勘察南海诸岛，标绘岛屿地理位置。清代，广东水师提督李准亲率船舰前往西沙群岛巡视，对西沙15座岛屿一一命名并升旗鸣炮，行使主权。

西沙是南海航线的要道，是太平洋中的一把利刃。这里不仅有令人惊叹的美景，还有数不尽的珍奇宝藏，丰富的海洋资源等。永兴岛是西沙最大的岛屿，面积2.6平方公里。岛上有遍地的椰子树，还有生命力极其旺盛又可做牲畜饲料的麻枫桐树和耐旱固风沙又可做柴烧的羊角树。东岛是西沙第二大岛，面积1.7平方公里，呈长方形，岛上植被繁茂，有成群的海鸟和野牛。与永兴岛相连的石岛是西沙群岛的制高点，也是西沙群岛中历史最久远的岛屿。

南海地理位置独特，历来是侵略者垂涎的对象。中华人民共和国成立前，西沙被日本侵占。日本的炮楼、修筑的码头还矗立在此。日本二战投降后，中国派兵收复西沙，此时西沙又被法国侵占。1946年，中国收复宣德群岛，在岛上竖立纪念碑。1956年，党中央号召开发西沙，海南渔民响应号召建设西沙，建码头和机场。1973年底，广东省南海水产公司在上级政府的指示下，由张秉林带领97名捕捞队乘南渔402、407号渔轮开赴西沙，以捕鱼名义进入永乐群岛，宣示中国主权，这是收复永乐群岛的大好时机。

1974年1月15日，南越西贡当局派出16号驱逐舰炮击甘泉岛上我国国旗，试图驱逐我国渔船。17日，西贡敌军疯狂侵占金银岛和甘泉岛。18日，西贡4号舰撞坏南渔407号渔船的栏杆、左侧窗户和照明灯等设备。19日，西贡4号和5号驱逐舰妄图登上琛航岛和广金岛，并向我们开了第一枪。面对敌军的入侵，驻岛民兵、渔民民兵和海陆军全力配合，进行了英勇的自卫反击战。这次海战，我军以389舰重伤、轻伤3艘、负伤67人、牺牲18人的代价击沉敌舰10号、击伤驱逐舰3艘、俘虏49人，收复了永乐群岛。从此，鲜艳的五星红旗又在西沙永乐群岛高高飘扬，宣示着中国对西沙群岛的主权。

在建设和守卫西沙群岛的过程中，有那么一群年轻人响应国家号召，背井离乡，远离亲人，化身为一群"不穿军装的民兵"。在高温缺水缺菜、四周是茫茫大海的孤岛上，时常面临敌军的出没，他们发扬一不怕苦、二不怕死的革命精神，夜以继日地修筑工事、巡逻放哨，进行严格的军事训练，他们早已经把生死置之度外。在西沙海战中，他们更是英勇杀敌、冲锋陷阵、机智果敢，打退了敌人的多次进攻，取得了西沙自卫反击战的伟大胜利。战后，中央军委、国务院向他们发出嘉奖令，海南军区发来了慰问信。众多的西沙民兵受到了嘉奖，荣获立功证书和勋章。媒体纷纷报道他们的英雄事迹，称他们是"不穿军装的解放军"，是"毛主席的好战士"。

1974年9月，美国从越南撤军，越南国内战争已经接近尾声。至此，西沙民兵完成了自己的历史使命，渐渐地淡出了人们的视野。笔者走访了海南疍家聚居地，了解到从20世纪60年代至70年代中期，几乎每年都有派往西沙的民兵。海南疍家人常年生活在海上，从小跟随父母做海，练就了划船、潜水、抓鱼等海上生存的本领，只有这样才能在条件异常艰苦的西沙生存。他们在海南岛本就是大队的民兵，平时巡逻放哨、打靶训练，这样才能在西沙海战中机智灵活、沉着应对，打退敌人的侵犯。他们把自己最美好的青春奉献给了西沙，奉献给了祖国，为维护国家南海主权作出了重大的贡献。如今，这群参加西沙海战的疍家民兵已近古稀之年，他们对西沙充满了特殊的感情，回首往事，不禁潸然泪下。笔者选取几位疍家民兵代表进行了访谈，他们讲述了在西沙的生活，讲述了那段青春和激情荡漾的岁月，讲述了在西沙海战中如何与敌军斗智斗勇、针锋相对。笔者被他们的爱国情怀和英雄豪情深深感动！

陈兴勇：南海一岛一礁、一鱼一虾都是中国的

陈兴勇，疍家人，1953年1月出生，现居三亚市南边海社区。他在水上小学读到六年级，小学毕业后在水上公社第一船队做搬运工。水上公社是航运公司的前身，主要从事海上运输业，运输货物为糖、米、油、盐、木头和水泥等。1969年12月，广东省崖县人民武装部来招兵，陈兴勇很激动，他从小就有军人梦，幻想着自己穿上军装英姿飒爽的样子。他毅然报名参军，经过一系列的考核，陈兴勇成为二一〇部队的一名战士，那一年，他刚满17岁。

在二一〇部队期间，陈兴勇表现积极，思想进步，不怕苦不怕累，真正发扬了军人的精神，在部队受到两次表扬。1973年3月退伍后，陈兴勇被分配到广东儋县白马井水产公司，曾传全称是广东省国营南海水产公司。

陈兴勇所在的南海水产公司有着辉煌的历史。南海水产公司成立于1954年，1958年从广州搬迁至儋县白马井镇，拥有船只100多艘，职工最多的时候超过6000人，具有远航捕捞能力，曾先后远渡重洋到达南太平洋、莫桑比克、南也门和哥伦比亚等海域进行渔业生产作业。1988年，海南建省后，更名为海南省海洋渔业总公司。2006年，海南省海洋渔业总公司改制重组，成立海南南海现代渔业开发有限公司。2009年，海南省政府批准组建海渔集团，建立打造渔港经济区，通过组建南沙补给船队的模式，

陈兴勇（笔者2018年摄）

"打政治鱼、撒主权网"，组织和带动渔民大规模奔赴南沙开辟新渔场，让五星红旗飘扬在南沙海域，彰显我国的主权。

1974年，南海水产公司的402号和407号渔轮参加了著名的西沙自卫反击战，近百名渔民民兵配合部队作战，提供通信保障、物资补给、探察敌情、协助运送民兵和救治伤员，为收复西沙立下赫赫战功，407号渔轮荣立集体三等功，近百名渔民民兵荣立三等以上战功，在企业的发展史上写下了浓墨重彩的一笔。

让五星红旗飘扬在西沙海域

1973年底，中国南海水产公司组织南渔402号渔船（船长黄亚来）、407号渔船（船长杨贵）到西沙永乐群岛进行渔业生产作业。南渔402、407号渔船是300吨的铁质机动船，抗风和航行的稳定性都很好，陈兴勇就在407号渔船做水手。此行配有2艘机艇、10艘玻璃钢小艇，由公司党委常委、革委会副主任张秉林同志带队，共计97人的捕捞队进驻西沙永乐群岛羚羊礁附近海域进行生产作业。南海水产公司在琛航岛开设加工厂和后勤组，架设通信电台，建立与海南白马井公司的联系。陈兴勇说："我们虽然名义上是捕鱼，实际上是为捍卫国家主权，为收复永乐群岛作好准备。我们带了很多竹子和绳子，这些可以用作国旗的架子，我们要让中国的五星红旗飘扬在西沙各个岛屿。"

1974年1月9日夜，南海水产公司10多名渔民民兵登上永乐群岛，在各个岛上搭起高架，升起了我国的国旗，高高飘扬的五星红旗染红了广阔的西沙海域，并且竖起"中华人民共和国领土不容侵犯"的木牌。1月10日驻守在珊瑚岛上的西贡人看见中国国旗，急忙向越南政府发报，请求支援。1月11日晚上，收音机里突然传来了南越西贡当局蛮横地将我南沙群岛的南威岛、太平岛等划入其版图的消息。当听到自己祖祖辈辈经营的海域被敌人侵占时，陈兴勇说："南海原是我们世世代代打鱼的地方，这里的一岛一礁、一鱼一虾，这里所有的一切都属于中国。现在竟然有人想抢走，我们很愤怒，拼了命也要夺回来。"

与敌舰周旋斗争

1月15日早晨，407号渔船去永兴岛接回参加渔业捕捞训练的23名渔民，402号渔船仍然留在甘泉岛附近海域，正在紧张有序地进行捕捞作业。渔民民兵们有的在捕捉肥大的海参，有的在钓鲨鱼，有的在抓龙虾，这里的渔业资源很丰富。这时，南越16号舰看到我国的国旗飘扬在永乐群岛，渔民还在悠游自在地捕鱼，敌舰气急败坏，朝着五星红旗连发10颗炮弹，国旗顷刻间被炸成碎片。陈兴勇说："我当时就站在甲板上，拿出喇叭朝他们喊叫：'整个西沙群岛都是我们的，滚出我们的海域。'当时我们和西贡人争吵得很厉害。"

15日17时左右，西贡军看我国渔民照常作业，并没有离开永乐群岛的意思，于是敌16号舰放下一艘小艇，载7名士兵，其中1名扮作海关人员带着报话机尝试登上402渔船进行临检。402渔船立即起锚，拿起船桨不让其登船。在402号渔船船员的激烈反抗下，南越的小艇无法接近402渔船，只好调头驶回。面对敌舰的入侵，革委会主任张秉林同志意识到问题的严重性，只靠渔船的周旋恐怕不能把敌舰赶走，于是通过岛上电台把情况及时报给白马井公司。南海水产公司高度重视，立即上报给海军榆林基地，以便国家掌握西沙情况并派兵来保卫永乐群岛。

1月16日9时30分至14时，敌16号舰一直徘徊在金银岛和甘泉岛海域，还不时放烟雾弹，登岛企图十分明显。16日下午，陈兴勇所在的407渔船从永兴岛回到永乐群岛与402渔船会合，两渔船继续坚持在羚羊礁附近海域进行生产作业，与敌舰始终处于对峙状态。"在此期间，张秉林主任还带领我们去侦察敌情，我们发现东三岛只有珊瑚岛和金银岛有驻军，大约七八十人，看起来也不像能打仗的人，甘泉岛没有驻军。我们对敌情有了大致了解,就没那么心慌了。"陈兴勇说起张秉林主任竖起了大拇指。

1月17日上午,402、407号渔船仍然坚持生产作业,敌舰见没有我国海军舰队出现,开始疯狂侵占永乐群岛。1月17日上午8时左右,敌16号舰派兵侵占了金银岛,15时左右,敌4号舰又侵占了甘泉岛,他们降下了我国的国旗,并在岛的周围插上了南越的国旗。至此,永乐群岛西部甘泉岛、金银岛、珊瑚岛已全部被南越军队收之麾下。西贡人侵占三岛后,敌4号驱逐舰仗着其舰大炮多的优势,继续对402、407号渔船进行堵截驱赶,两艘渔轮在敌舰面前照常航行作业,与敌舰进行周旋。

就在局势万分紧张的时候,我海军271、274猎潜艇于1月17日17时30分左右到达永乐群岛。在271编队的帮助下,敌舰退回到珊瑚岛,解了渔民的围。指导员让所有船员站在甲板上开动员会,准备组织十五六人先登甘泉岛,因为之前甘泉岛没有驻军,结果被西贡人抢先登岛。陈兴勇说:"他们有三十多人,穿着红色的救生衣。他们抢先登岛,我们就不能登岛了,指挥部命令我们继续漂流观察。18时左右,我们跟着271编队驶向晋卿岛,帮助把民兵和物资运上晋卿岛。趁着夜间,我们用小舢板先把民兵运上岛,然后把271猎潜艇上的帐篷、弹药和物资装载在7艘小舢板上,划着桨前进。遇到水浅的地方,我们就跳下水,用手推着小舢板。到了距离晋卿岛100多米的地方,小舢板推不动了,我们就全部跳下海,用肩膀扛着、用头顶着这些珍贵的物资上晋卿岛。当时风浪很大,水很凉,我们冻得瑟瑟发抖,海草和礁石把皮肤划得鲜血直流,这一切我们都顾不上了,记不清来来回回跑了多少趟,终于在天亮前将所有的民兵和物资运上了晋卿岛。"

针锋相对,逼退敌舰

1月18日已经是农历的腊月二十六,按照传统习惯,大家都要回家过年。402、407号渔船已经在永乐群岛生产作业一个多月了,船上的油料、食物和淡水都所剩无几，本来他们是要回家过年的。陈兴勇说："虽然盼望与家人团圆，但此刻西沙需要我们，我们必须留下来，配合海军保卫西沙群岛。"

按照既定安排，402号渔船留在晋卿岛，协助民兵登陆琛航岛，并且要为晋卿岛、琛航岛上的守岛民兵补给淡水。船员和海军密切配合，用水桶、椰子壳、塑料袋等一切可以盛水的工具，把淡水从271编队的猎潜艇搬到小舢板，再运到晋卿岛和琛航岛。在惜水如金的岛上，402渔船给守岛民兵补给了4吨淡水，保障了岛上民兵的用水问题。

与此同时，407号渔船到甘泉岛海域一边捕鱼一边侦察敌后情况。上午8时左右，敌16号舰开到407渔船附近，把炮口对准渔船，用喇叭呼叫："附近的岛屿属于我们，你们赶快离开，否则我们就开炮了！"船员拿着喇叭高声回应："整个西沙群岛都是我们的，你们敢开第一枪，就把你们喂鲨鱼。"在渔民民兵数小时的坚持下，敌16号舰退回珊瑚岛。

陈兴勇说："西贡人不肯罢休，敌16号驱逐舰刚离开，敌4号舰又向我们的渔船驶来，距离渔船200米的时候，西贡人打手势，意思要渔民离开甘泉岛。我们立刻挂起国际信号旗，要西贡军队离开。西贡人用大拇指朝着自己的舰队，又用小拇指朝着我们渔船，意思是我们打不过他们，露出轻蔑的姿态。我们渔民民兵毫不畏惧，鸣笛警告令其离开。忽然，近2000吨的4号驱逐舰如同一座大山似的向我们渔船撞过来，渔船的船身和驾驶楼被撞得剧烈震荡，好几个人摔倒了。4号驱逐舰调转船头，再次撞上我们渔船左舷。敌4号舰的锚勾住了我们驾驶台的左侧窗户，左侧玻璃、照明灯和栏杆都被撞坏了。西贡人把枪炮对准渔船，威胁我们要开火。我们也不是好惹的，我们并不是普通的渔民，都有过演习训练的经验。我们渔船也有部队配发的武器，冲锋枪、步枪、手榴弹都有。我们拉响船上的汽笛，背着步枪，把武器全部搬上甲板一字排开，迅速进入战位。西贡军队大概被我们的阵势给吓住了，对峙20分钟后，4号舰炮口归零。所谓炮口归零就是火炮身管由瞄准状态转为上扬45度，表示友好，不会动武。随后，他们挂出 OD 旗，表示操作失灵，撞船纯属意外。敌舰 4 号退回离开。"

西贡 16 号舰和 4 号舰试图把 407 号渔船赶出永乐群岛海域，先后组织多次恐吓、冲撞。面对凶恶又野蛮的敌舰，英勇的渔民民兵与敌舰斗智斗勇，誓死奋战在西沙群岛，保卫着祖国不容侵犯的海域。

西沙海战见闻

1 月 18 日，猎潜艇 74 大队 281、282 号赶到永兴岛备战。14 时 30 分，敌 5 号驱逐舰向珊瑚岛行驶。18 时 18 分，敌 4 号舰陈庆瑜、5 号舰陈平重、6 号舰李常杰排成三角队形向中方驶来，10 分钟后敌三舰被逼退。20 时，396 编队带着 389 扫雷舰赶到琛航岛。22 时 30 分，敌 10 号舰赶到永乐群岛与敌三舰会合。双方对峙已达到极限，西沙海战一触即发！

1 月 19 日 10 时 23 分，敌 5 号舰下达旗语，与敌 4 号舰同时向我方一起开炮，我军立即开炮还击，西沙海战在潟湖内外正式打响！我军战备设施比较落后，战斗策略是重点打击敌舰的"耳""眼""嘴"三处要害，即通信天线、雷达和指挥所三处。

271、274 号猎潜艇主要攻击 4 号和 5 号舰，396、389 号扫雷舰主要应对 16 号和 10 号舰。刚开始冲锋，274 艇被击中，政委和副艇长当场牺牲，多人负伤，但 274 艇毫不减速，紧紧跟随 271 艇。在接敌过程中，274 艇被打坏，操舵设备失灵，转为人力操舵，全速后退。274 艇重新占据有利战位后，击坏 4 号主炮。271 艇信号旗柜被射中，一名战士当场身亡。271 艇火力全开，重伤敌 5 号舰司令官，敌 5 号舰向外退去。

战场另一方，389 舰开火不久就中弹起火，但它仍然拖着烈焰坚持战斗，炮击敌 16 号舰，敌 16 号舰被击伤，退回珊瑚岛。389 舰和 396 舰集中精力攻打敌 10 号舰，敌 10 号舰受到重创，失去控制，撞上 389 舰的后部。389 舰经过激战，受了重伤，3 个舱室进水，舰身开始倾斜，不得以准备去琛航岛冲滩。

11时30分，281、282艇赶到，经过三次冲击，合力围截，敌10号舰被打沉在羚羊礁海域。

原本喧嚣的海面一下子平静了，除了389舰的熊熊大火，似乎看不出战斗过的痕迹。我军以弱胜强，以389舰、274艇重伤，271艇、396舰轻伤为代价击沉敌舰10号，击伤敌4号、5号和16号舰。此时，已经是农历腊月二十七，马上是举家团圆的日子，可是海军、民兵和渔民接下来还有更重要的任务！

救助伤员

陈兴勇说："在激战的时候，我们402、407号渔船自始至终不曾离开战区。我们在琛航岛上搭起帐篷，把渔船上的医疗设备搬到岛上，设立临时救助站，我们渔船上有懂基本医疗知识的人，随时准备抢救伤员。大约中午12时，我们看到389舰烈火熊熊在琛航岛冲滩，弹药库已经爆炸。我们想要去救火，但是火势太大，渔船根本靠近不了，十分危险。我们就划着十几条小船，带着灭火器和水桶向389舰靠近。弹片从身边飞过，阵阵热浪扑面而来，当时顾不上自己是否有危险，看到我们的人受伤心如刀绞，我们只有一个信念，要把我们的英雄从烈火中救出来。我们有的人灭火，有的人把受伤的战士抬到小船上送往琛航岛救治，有的协助海军撤退。伤员被送往琛航岛立即得到抢救、包扎。"

西沙海战后，部队的后勤补给很紧张，这时候海军已经两顿没有吃饭了。陈兴勇说："我们煮了大米饭和热腾腾的鱼汤，在70年代的时候，大米异常珍贵，一顿饭下来，我们的大米吃得就差不多了。吃完饭，我们接到任务，用407渔船把琛航岛上的伤员送往永兴岛治疗。海军为保卫祖国受了伤，我们像对亲人一样照顾他们，对行动不便的伤员，我们还会亲自喂水喂饭，把舍不得吃的苹果也拿出来，切成片送给伤员吃。我们还帮忙把伤员血染的衣服清洗干净。伤员在永兴岛经过第一轮的治疗，避免了伤口感染，后来被送回海南岛做进一步的治疗。"

运输物资，协助登岛

西沙海战我方取得重大胜利，指挥部决定一鼓作气于1月20日收复甘泉岛、珊瑚岛和金银岛。1月19日夜，西沙的渔民和驻岛民兵就开始行动了。民兵负责挖战壕，渔民负责把物资和弹药运上岛。杨兴勇说："夜里海面很黑，我们为了不暴露目标，把渔船上的灯都熄灭了。我们摸着黑，蹚着海水，扛着一包包的大米、油料和弹药，在天亮之前，把物资和弹药全部运输完毕。"

1月20日9时30分左右，我军首先集中兵力攻打没有坚固工事的甘泉岛，先用炮轰，再派侦察兵冲上岛，不到10分钟，甘泉岛就被收复。接下来是解放兵力较多、有工事防御的珊瑚岛。杨兴勇说："我们带了6条小船把部队的人运到珊瑚岛，在登岛之前，我军先用炮往岛上打。珊瑚岛上有一座三层的楼房，上面竖着西贡人的军旗，战友把枪炮对准黑旗一阵打，眼看房子就要塌了。老将军下令不让打了，房子留着还可以住人。当时西贡人没有还击，他们吓得撤到岛后面的树林里藏身。我们在珊瑚岛俘虏了18名西贡士兵，把他们转交给西渔705，再由西渔705押送到榆林基地。"收复甘泉岛和珊瑚岛后，最后一步是收复金银岛，侦察兵上岛后，竟发现金银岛已经空无一人，西贡人逃得毫无踪影。至此，我国收复甘泉岛、珊瑚岛和金银岛，五星红旗又飘扬在西沙永乐群岛。大家围绕着五星红旗欢呼，朝天空鸣枪，以枪声代替鞭炮声表示收复三岛的喜悦。

陈兴勇说："海战过后，部队的供给很紧张，食物和淡水都供不上。我们送部队的人登陆金银岛，把仅剩不多的淡水送给了他们。金银岛中央位置有一棵很大的海棠树，那里原本有一口淡水井，后来被泥沙埋没了。我们让部队的人上岛之后把那口井挖出来，虽然井水没有那么甘甜，但是还是可以食用的。大年三十，我们给部队送去很多新鲜的鱼虾，我们本来就是捕鱼的，不能让军人饿着，前前后后送给部队的鱼虾大概有两吨吧！"

　　西沙自卫反击战的胜利，离不开解放军的勇敢坚毅，离不开驻岛民兵无畏的英雄精神，更离不开渔民民兵的紧密配合。陈兴勇在西沙自卫反击战中不顾自身安危，发扬渔民的爱国奉献精神，荣获三等功。立功证书上赫然写着："该同志在西沙自卫反击战中，立场坚定，自觉执行命令，听指挥，表现了党员的先锋作用和模范作用，有一不怕苦、二不怕死的精神。紧密配合人民解放军和民兵收复甘泉等三岛，出色地完成运送物资的任务。当我船被南越军舰撞坏，南越伪军把全部火力指向我船，威胁着每个人的生命安全。他面不改色、心不跳，站在甲板上拍着胸膛和敌人进行说理斗争，为保卫西沙群岛作出了应有的贡献。"

陈兴勇立功证（陈兴勇提供）

陈兴勇讲起那段往事很平静，却也透出隐隐的自豪。笔者仿佛看到了渔民民兵站在甲板上跟敌军据理力争、斗智斗勇的样子；看到他们划着一艘艘小船穿梭在永乐群岛的各个岛屿，背着、扛着、举着物资和弹药，蹚着海水艰难地运上小岛；看到他们把一批批的民兵和解放军战士安全运上各个岛屿；看到他们在烈火中不顾自身安危救出伤员，如亲人一般悉心照料；看到他们给部队一次又一次送去珍贵的大米、新鲜的鱼虾和淡水；看到他们望着海上跳跃的鱼群，黝黑的面庞露出丰收的喜悦……

叶德英：被遗落的战斗英雄

叶德英，疍家人，1950年9月出生，昌江黎族自治县海尾镇新港人，现居昌江黎族自治县石碌镇。叶德英兄妹七人，8岁才开始在新港小学读书，因为家庭贫困，两年之后辍学。10岁跟随父母在新港一带做海，14岁随别的渔船开始做工，年幼的他很早就承担起了家庭的责任。16岁在新港大队民兵营做步兵，当时大队里有专门的仓库，仓库里有步枪和轻重机枪，年轻的民兵们专门负责训练打靶。

1973年6月，广东省昌江县人民武装部在新港大队征召西沙民兵保卫西沙，

叶德英（笔者2018年摄）

报名西沙民兵必须是部队退役军人和大队的民兵，审查过程很严格。叶德英说："1970 年至 1974 年，昌江县昌城、昌化、海尾和南罗 4 个公社的民兵先后分 4 批共 38 人到西沙群岛，参加建设和保卫西沙的活动。1970 年海尾公社新港大队入选的西沙民兵有高志帮和石乾德二人，1972 年有叶德英一人，1973 年有李南宁和石乾红二人。在那样一个年代，大家都怀有一腔报效祖国的热血，很多人都积极报名。我在新港大队民兵营表现就很突出，绝对服从命令，人也比较老实，所以我很幸运地入选了，命运在那一刻也被改写。"

1973 年 8 月，叶德英怀着激动的心情和海南 18 个县选拔上来的民兵乘坐西渔 705 前往永兴岛。叶德英被分配至二连一排三班做步兵，负责重机枪。二连负责守卫东岛，他在永兴岛待了几个月便被派往东岛一年，回到永兴岛不久，西沙海战就爆发了。

登陆琛航岛，修筑工事

1974 年 1 月 17 日下午，叶德英正在永兴岛站岗巡逻，突然一阵紧急集合的哨音把岛上的民兵都集合起来。西贡人于 17 日疯狂侵占了金银岛和甘泉岛，还妄图霸占琛航岛和广金岛等岛屿。一经动员，大家争先恐后报名要求去永乐群岛参战。叶德英说："西贡飞机经常盘旋在西沙领空，西贡军撞坏我们渔民的船，还拔掉我们的五星红旗，罪恶简直罄竹难书！保卫西沙是我崇高的使命和责任，我一定要上前线杀敌！"

1 月 17 日晚上，苏敏京部长和罗予孝排长带领民兵三个班乘南渔 402 和 407 号渔船前往琛航岛和广金岛进行部署。叶德英说："那晚风浪很大，船颠簸得厉害，不过我从小随父母做海，不晕船。在航行过程中，敌舰突然向我们的渔船撞过来。现在不是跟他们打仗的时候，我们更重要的任务是登上琛航岛和广金岛修筑工事。苏敏京和罗排长一边叫船长加大马力冲出去，一边把民兵都叫出来携带武器站在甲板上。敌舰见我们的气势很足，就掉头回去了。"

1月18日早上，苏敏京部长带领二班和三班20名民兵登陆琛航岛，罗予孝排长带领一班的10名民兵登陆琛航岛附近的广金岛。广金岛面积较小，所以只分了10个民兵过去，剩下的都留在琛航岛修筑工事。叶德英是二班民兵，随苏敏京部长在琛航岛部署工作。

叶德英说："琛航岛上的树太多了，一人多高，灌木丛和藤蔓遍地丛生，还有坚硬的珊瑚礁石，岛上的路都堵死了，我们的首要任务就是砍树开路。砍树没有斧头，我们就用铁锹劈。在砍树开路的同时，还要挖战壕，铁锹不够用，大家就用饭碗和螺壳挖土。手上磨满了水泡，水泡破了，满手渗的都是血。我们顾不上叫苦叫累，顾不上吃饭喝水，因为时间太紧张了。我们马不停蹄，因为岛上丛生的草木和坚硬的礁石，白天也就开辟了一半的路。晚上我们就住在帐篷里，琛航岛一共三个帐篷，一个二班住，一个三班住，一个是苏部长和几个领导住。我们还算幸福的，罗予孝带领的一班民兵连帐篷都没有，就在沙滩上铺了一块帆布露营。"

扯黑旗，抢电台

18日夜间，岛上民兵加紧巡逻，密切关注海面以防敌舰登岛，叶德英和二班班长吴先锋负责19时至21时的巡逻。19号凌晨5点多，炊事班班长突然发现敌舰4号从东南方向驶过来。炊事班班长跑回来大喊："同志们，快起来，敌人要上来了。"苏部长当即命令二班班长吴先锋和三班班长王业权带领民兵出来打仗，每个民兵扛着一箱子弹冲出去。

叶德英说："由于工事艰难，我们只开了一半的路。扛着子弹跑的时候，前面没有路了。我就和吴宏全战友第一个冲出去爬着上了坡，随后陈作祯、黄业明和王业权也赶了过来。我们看见敌舰在离琛航岛500米的地方停泊，西贡20多名士兵戴着潜水镜乘2艘橡皮艇向琛航岛和广金岛驶来。他们以为岛上没有人驻守就悄悄下水，从礁盘缝里钻过，蹑手蹑脚地爬上海滩,猫着腰前进。我们立即堵住不准他们上岛。西贡军队准备强行登陆琛航岛,态度蛮横,要求我们撤走,说琛航岛是他们的领海。我们几个人对着他们大喊:'西沙群岛是中国渔民世世代代、祖祖辈辈捕鱼为生的地方,你们说这是西贡的地方,完全是颠倒黑白,胡说八道!告诉你们,中国人民是不好惹的!你们快滚回去!'他们见我们不害怕就开始耍赖,甚至开始坐在礁石上抽烟,有的装作捡贝壳,企图让我们放松警惕。

"过了一会儿,有五个敌人端着枪悄悄钻入丛林妄图登岛,被埋伏在树丛中的三班班长王业权发现,眨眼工夫,枪已经顶到敌人的胸口,敌人吓得跑掉了。这时,一名西贡军官趁机爬上了琛航岛,把西贡的黑旗插在坡上,那个位置有一口井和两棵椰子树,其中一棵椰子树已经死了,井里的水只能洗澡不能喝。我看到敌人的军旗插在我们的领土上,心中涌起怒火,端着冲锋枪立即冲上前去把西贡人的黑旗一把扯下来。对着他们喊:'这里是中国,不许在中国的领土插黑旗!'他们见阴谋没有得逞,西贡发报员准备发报联络求援。我对着战友大声喊:'敌人带着发报机过来了,不能让西贡人把消息传递出去!'我把手榴弹的盖子打开,对着吴宏全说:'党和人民养育了我,今天我要为党和人民作贡献。'说完跑到敌人面前去抢发报机,对他们喊:'这是中国的领土,不是你们西贡的,不许通话!'西贡人不敢开第一枪,他们就拿枪狠狠地戳我的肚子,我再疼也死死抱住电台不松手。他们一共有六七个人,在争夺的过程中,发报机掉在地上,我用脚狠狠踩敌人发报机的线路,他们就拿枪使劲儿戳我的脚,我的脚被他们戳肿了。我看到发报机已经坏了,才放心离开,整个过程大概持续了20分钟,后来在战友的支援下,西贡人才退走了。

"我们对着敌人喊:'琛航岛是中国领土,西沙群岛自古以来就是我们的领土,不给你们侵犯!'

"敌人指指琛航岛,再指指自己,意思说琛航岛是他们的。在二班和三班民兵顽强的斗争下,西贡军开始动摇,用手比比画画,表明他们空手回去不好交差,请求写个纸条回去交代。苏部长写下纸条:'琛航岛自古以来就是中国的领土，决不容许任何人侵犯。'敌人把纸条装在帽子里，准备撤退。这时，一名军官气急败坏，大声骂了准备撤退的敌军，拦住退路。吴宏全带领的几个民兵拿起明晃晃的刺刀对着那名军官，敌军军官不敢再说话，民兵用刺刀逼着他们走下小坡，退出琛航岛。

"西贡人登陆琛航岛的阴谋没有得逞，仍不死心。过了几分钟，敌5号舰又带领20多名士兵乘2艘小船登陆广金岛。罗予孝排长带着仅有的10名民兵掌握好时机，利用好地形，在短时间之内就击退了敌人。自17日从永兴岛出发，琛航岛和广金岛的民兵已经几天几夜没有好好吃饭，没有好好休息了。逼退敌军之后，他们也没有放松警惕，又紧张地投入加强修筑工事中，以防敌军再来侵犯。"

战斗结束后，苏部长问："同志，你是哪个班的？"

叶德英回答："二班。"

事后，苏部长找到二班班长吴先锋了解叶德英同志的情况。21日上午，海南军区三位领导（笔者查阅资料得知三位领导是江海副司令，西前指的朱崇绎副处长和毛政发参谋）来到晋卿岛、琛航岛和广金岛来看望驻守的民兵，并检查岛上工事修筑情况。

三位领导通过苏部长知道了叶德英同志的事迹后，亲切地握着叶德英的手说："叶德英同志，我们向你学习！"

叶德英回答："向领导们学习，向毛主席学习！我的父亲是新港革命老区的地下工作者，为老区作了很多贡献，自己也深受影响。我从电影中看到很多英雄，学习电影中的英雄，坚决打击敌人。"

事后不久，叶德英同志由于不顾自身安危扯下西贡黑旗，勇敢抢夺敌人发报机，被立为三等功，调至琛航岛做通信兵，直到1974年6月光荣退伍。叶德英的英雄事迹被编写成小人书《寸土不让》，《海南民兵》和《民兵生活》等杂志也对他的光荣事迹做了报道。叶德英由于参战立功，退伍后被安排在南罗社区工作。

小人书《寸土不让》对叶德英英雄事迹的描绘

叶德英立功证书（笔者 2018 年摄）

叶德英退休后，儿子罹患白血病去世，现在和唯一的女儿相依为命。这名战斗英雄已近古稀之年，身体已大不如从前，提起往年的战斗经历，却依然充满豪情。他动情地说："还想再回去看一看，很怀念保卫西沙的日子。"他的心声或许是众多民兵的心声。在艰苦的岁月里，他们在茫茫大海中为保卫国家的疆域洒下热血，为驱逐敌人不顾自身安危，他们的心早已经和西沙紧紧地凝结在了一起！

黄桂忠：小小交通艇无惧风浪，为收复和建设西沙提供保障

黄桂忠，疍家人，1949年2月出生，陵水黎族自治县英州镇赤岭人，现居三亚市红沙中学。黄桂忠的爷爷从广西迁至陵水赤岭，到他已经是第三代了。黄桂忠出生在渔船，兄妹一共九人。当时，疍家人生活窘迫，在陆地上没有住房，对教育也不够重视，疍家人的孩子一般读书都比较晚。黄桂忠12岁才开始在赤岭小学读书，四年级之后又去渔业中学读了几个月书便辍学了。之后，黄桂忠跟随父母在新村港、蜈支洲岛、后海、亚龙湾和赤岭一带捕鱼。疍家人大人有大人的工，小孩有小孩的活儿。黄桂忠从小就在渔船上给大人帮忙，做鱼饵、捡鱼、拉缆绳、摇橹、刷船板等，在他还没有长大成人的时候已经成为渔船的主要劳动力，直到可以独当一面。

黄桂忠（笔者2018年摄）

1969年2月，黄桂忠在陵水县人民武装部报名入伍。在二一〇部队服役期间，他前期主要做给养员，负责买菜和大米以保障部队的生活。后来，在战斗班做班长，工作积极，刻苦训练，表现优秀，曾获嘉奖两次，1973年3月光荣退伍。

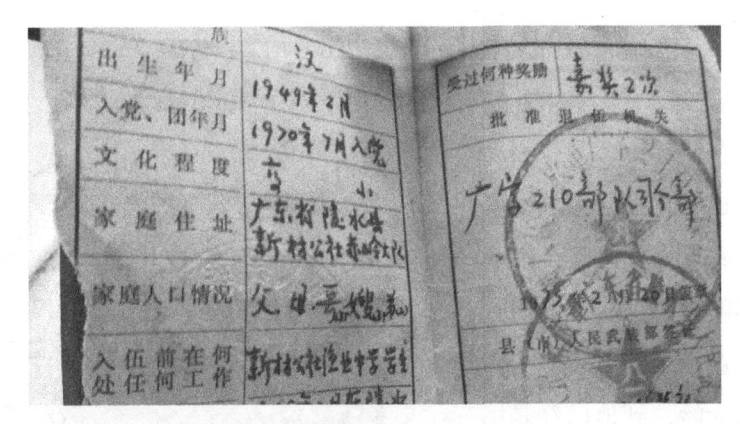

黄桂忠退伍证书（笔者 2018 年摄）

走到哪里，就睡在哪条船上

1973 年，陵水县人民武装部准备挑选退役士兵和渔民民兵组建一支武装部队保卫西沙，经过部队正规训练的退伍士兵可以带领渔民民兵，从而保证作战任务的顺利完成。6 月，黄桂忠又重新成为一名战士，只是这次是不穿军装的西沙士兵。他在永兴岛被分到一连，几个月之后调到机艇班，驾驶一艘 3 吨的小机艇，负责西沙诸岛的交通运输。

黄桂忠说："没有码头停泊的地方，运输就要靠小机艇。大船运来的物资，要先运输到小机艇上，再搬到岛上。晚上没有固定的地方睡觉，帮哪条大船运输物资，就睡在哪条大船上，我的小机艇就绑到大船上。"

苏部长命令我守好交通艇

1974 年年初，南越当局驱逐南海渔民，不断挑衅我南海主权。西沙前线临时指挥部分批派出民兵前往琛航岛、广金岛和晋卿岛修筑工事。18 日凌晨，黄桂忠和第二批民兵在苏敏京部长的带领下乘坐西渔 705 号渔轮到达琛航岛。一上岛，大家顾不上休息就开始挖战壕，砍树开路，积极备战。

19日早上7点多，西贡人乘坐2艘橡皮艇向琛航岛和广金岛驶来。海水退潮，20多名敌人沿着裸露的礁盘走过来。黄桂忠看到那么多敌人登陆琛航岛，没有多想便端着冲锋枪赶过去帮忙，刚好看到叶德英正在和西贡人争夺发报机的一幕。苏敏京部长看到黄桂忠，把他训斥一通："你在这里做什么？我命令你立刻回去，把交通艇管好，若交通艇出现什么闪失，我们靠什么运输粮食和民兵？"黄桂忠回到交通艇坚守自己的岗位，不久就看到西贡人从琛航岛退出。黄桂忠说："南越鬼子是很怕死的，我们就是不怕死，我们心中有信念、有勇气！现在想想还是觉得那时候胆子真大！"

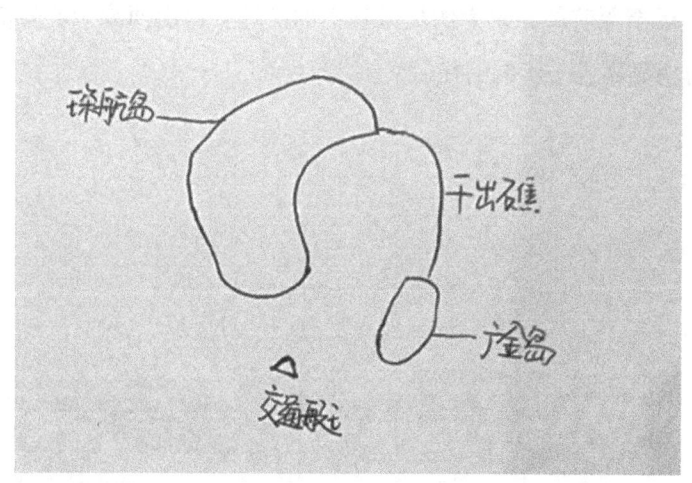

作者手绘交通艇附近地图

"没过多久，第二批西贡敌军又乘2艘橡皮艇开始登陆广金岛。广金岛这里没有礁盘，敌人蹚着水过来，水深到胸口的位置。我们的民兵打手势叫他们离开，西贡敌军见我们只有10个民兵，不予理睬，继续向广金岛行进。驻守在广金岛的罗予孝排长鸣枪警告，敌人听见枪响便开始打了。我在交通艇上可以清楚地看见交战的场景，心里着急，想去打敌人，却不能擅自离开自己的岗位。幸好，我们虽然人少却很英勇，敌人吓得全部躲在水里，起初我还以为敌军被全部消灭，谁知过一会儿，他们又从水里露出了脑袋。我们的民兵水性好又熟悉地形,很快就打退了敌人的进攻。两天里,我们没有好好吃饭,没有菜,就下海抓海螺煮了充饥,捞海螺的时候还捡了四支敌军的冲锋枪。"

参加 389 舰救援任务

民兵在琛航岛和广金岛与敌军周旋的同时,海军和南越军队展开了激烈的战斗。最终,我军以少胜多,战胜南越,但我军也损失严重。受伤的 389 舰燃着熊熊烈火在琛航岛抢滩成功,黄桂忠的主要任务就是驾驶交通艇把伤员运至琛航岛,先为伤员做基本的护理,再由西渔 705 号渔船把伤员运回海南岛做进一步的治疗。

西沙自卫反击战战友合影(三亚疍家文化陈列馆提供)

黄桂忠回忆起那段往事，脸上浮现出痛苦的神色。黄桂忠救起第一个伤员，向他打听船上的情况，受伤的海军说："别提了，船上的情况很惨，下面机舱牺牲了13人。"

"看到海军受伤心里很痛，我唯一能做的就是抢时间把他们运到岛上赶快接受治疗。白马井渔业公司的渔民用担架抬过来一个重伤的海员，他的脸全部被烧黑了，却睁着大大的眼睛，没有喊一个疼字。

"还有一个受伤的军官，手扶着船。靠岸的时候我提醒他把手拿开，以免碰到手。他说，同志，我的手受伤了，动不了了。他很疼，但始终没有叫苦。"

黄桂忠说："海军都很坚强，他们虽然受伤严重，却没有一个人喊疼叫苦。最让我印象深刻的是一个受伤的海军怀里紧紧抱着五星红旗，上了琛航岛，他把五星红旗绑在琛航岛的树上，高高的五星红旗在岛上迎风飘扬。命都快没了，但国旗还在！"

那样的场景让人泪目，那是一面属于我们自己国家的国旗，我们没有在风浪里倒下，没有在战斗中退缩，没有在大海里迷失方向，有国旗在的

第一排为黄桂忠同志（三亚疍家文化陈列馆提供）

地方就是我们自己的家！茫茫南海上，那一抹鲜艳的红，那一面用海军生命守候的五星红旗将每一个人与祖国的荣誉紧紧地联系在了一起！

19日晚，389舰的弹药库爆炸，嘣嘣的声音响彻西沙群岛。20日，我军火速收复甘泉岛、金银岛和珊瑚岛。黄桂忠驾驶着这艘小机艇，穿梭于西沙的各个岛屿。"那几日刮着六级的东北风，交通艇吨位比较小，只能抵抗五级以下的台风，虽然风浪大，充满了危险，但是军用物资运输一刻也不能耽误。小机艇在几米高的海浪上行驶，就像一片落叶掉在了漩涡中，时而被推上浪尖，时而又跌向低谷。刹那间，一个浪头打过来，浑身上下被海水浇个湿透，嘴里灌满了海水，那滋味真是又咸又苦。不过风再大，没有我们保卫西沙的决心大，浪再高，没有我们建设西沙的斗志高。"解放永乐群岛之后，海南军区从海南三亚、陵水一带召集20多名疍家人专门在西沙搞船舶运输。他们通常工作至凌晨两三点，运输大米、油、弹药、民兵和慰问团等。

一生与大海为伴

1974年7月，黄桂忠被调回永兴岛，在西渔160轮做轮机员，负责后方的建设运输。"这时候的工作没有那么辛苦了，最起码可以按时睡觉。"1974年10月，民兵全部撤出，部队正式进驻西沙群岛，西沙民兵至此完成了自己的使命。黄桂忠退伍后被安排在海南行政区水产公司，专门跑澳门、香港的运输。1978年，国营公司不景气，他自己在香港开船谋生。1993年，他被调到三亚海洋局做船长，主要任务是开船巡逻保护海洋珊瑚礁。

40多年前，为捍卫西沙的领土主权，黄桂忠驾驶一艘3吨的小机艇往返于西沙各个岛屿之间，运输了不计其数的军用物资，救了数不清的受伤海军，为民兵送来了紧缺的大米、油和淡水。风浪虽大，却阻挡不了一颗滚烫的爱国之心；交通艇虽小，却为收复西沙、建设西沙作了巨大贡献。黄

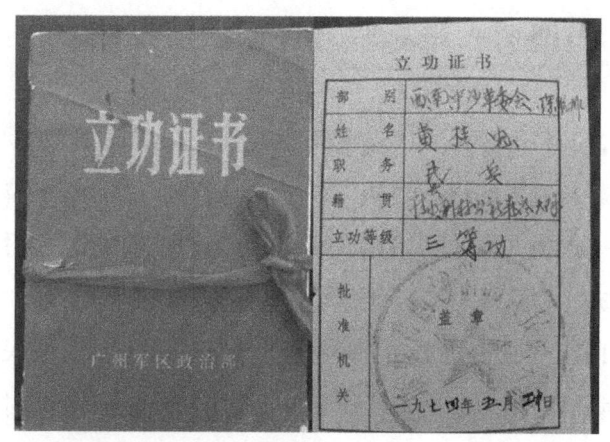

黄桂忠同志的立功证书

最后一排左起第五位是黄桂忠同志

桂忠在西沙海战中出色地完成了前线指挥部交给的各项任务，荣立三等功。

　　黄桂忠出生在海上，自此，他的生活再也未曾离开过大海，他的一生都与大海为伴。无论是保护珊瑚礁还是负责西沙的海上交通任务，黄桂忠虽然不曾与敌人正面作战，却在后方为我军提供了强有力的支撑和保障，为建设海洋强国和维护南海权益奉献了自己的力量！

占道勇：难忘驻守在西沙群岛的岁月

占道勇，又名占金养，1951年出生，疍家人，现居陵水黎族自治县英州镇赤岭村。占道勇的祖辈是从广东阳江过来的，到他这一辈已经六代人了。他兄妹七人，九岁才开始在赤岭读书，小学四年级辍学后，随生产队在新村港、赤岭和后海一带打鱼。

1968—1972年，占道勇在赤岭民兵营做通信班班长，在民兵营的主要任务是白天训练射击，夜间去赤岭山和海边巡逻，每一个小时换一个班。那个时候一个礼拜有两次公放电影，19时30分，占道勇就会吹响海螺信号，大家集合排队去看电影。当时播放的都是红色电影，比如《地道战》《地雷战》等，虽然电影种类很少，也看过很多遍，可每次大家还是很乐意看。

1972年6月，广东省崖县人民武装部来陵水征兵，参加西沙群岛的保卫工作。武装部从赤岭大队要选出3名民兵，只有足够优秀才能被选上。

占道勇（笔者2018年摄）

占道勇说："我在赤岭民兵营的时候就很优秀，那时候胆子大，服从安排，一有什么紧急情况，半夜经常拿着步枪去赤岭山巡逻，从来不会害怕。"最终，占道勇、黄仁香和梁海彪（已故）被选中去西沙做民兵。

当时去西沙的民兵要经过严格的政治审查，要填写应征审查表，经赤岭大队革命委员会、新村人民公社革命委员会、陵水县革命委员会及各级党委的同意批准，身体素质过硬，经陵水县人民武装部体检合格，才能参加西沙群岛的驻守工作。赤岭一共有8人去西沙做民兵，他们是1963年应征的梁定学（已故），1969年应征的林亚林（现居海口）和梁定和（现居陵水），1971年应征的梁秋学，1972年应征的占道勇、黄仁香和梁海彪（已故），1973年的黄桂忠（现居三亚）。

海南18个县180名选拔上来的民兵乘坐西渔705号于8月13日中午到达永兴岛，占道勇被分至三连二排一班做步兵。当时在西沙的驻岛民兵受西沙人民武装的领导，每个月有50元的补贴，除去吃饭的15元，剩下的可以补贴家用。占道勇说："西沙民兵都是精挑细选上来的，大家要么之前就是民兵出身，要么是部队的退役军人。退役军人可以保证连队的作战能力，渔民民兵水性好、会捕鱼，可以提升连队的生存能力和生活质量。我们同正规的部队一样，每天进行严格的军事训练，打枪、巡逻、轮流站岗放哨。当时，西沙是巡防区，按照国际惯例，不能派部队驻守，所以，部队的兵和民兵都是穿便装。"

东岛往事之一：巡逻无小事

1972年8月13日，占道勇在永兴岛报道后的第三天，就到东岛去替换驻岛的民兵，开始了为期一个月的东岛生活。在东岛上驻守的民兵有三个排60多人，巡逻是民兵的主要任务，白天拿着冲锋枪站在碉堡上观察，看海面上有没有外国的炮艇，夜间也要轮流巡逻，一旦发现异样立马发报给永兴岛指挥部。

在岛上要保持高度警惕，一旦听到警报响声，就要全副武装，把枪、子弹和手榴弹挂在身上，躲在战沟里，直到警报解除。占道勇说："警报声如果是两短一长，这说明是演习警报。如果拉响的是连续一长声，这就说明是紧急情况，大家要按照各自的职责迅速作好战斗准备。"

"有一天晚上，我们发现一艘英国的邮轮，船上的人穿的是海员的衣服。我们紧急集合，埋伏在树林里，我们带了迫击炮、无后坐力炮、冲锋枪、步枪和轻机枪。天亮的时候，这艘邮轮靠近岸边，20多人想要上岛，没有带枪。我们连长摇着五星红旗，警告他们不许上岛，必须立即离开。船围着礁盘转了三圈，观察了一番，随后开船离开。"巡逻是他们每天的重要工作，为了防止不明身份的人上岛，战士们每时每刻都要进行巡逻。在这片一眼望不到边际的沙滩上，曾留下了一茬茬绵延不绝的脚印。

东岛往事之二：渔民的导航鸟

东岛是名副其实的鸟岛，岛上栖息的鸟类达40多种、数万只，白色的鲣鸟停留在麻枫桐的树顶，就像万绿丛中一簇簇盛开的白色花朵，与蔚蓝的天空互相辉映，是难得的好景致。如果鲣鸟群起而飞，就像是漫天飞舞的大雪，蔚为奇观。鲣鸟日出而出，日落而归，被渔民亲切地称为"导航鸟"。

鲣鸟有很强的辨别方向的能力，无论离开岛屿多远，都能找到回来的路。丛林中的鸟窝一个挨着一个，它也能迅速找到自己的巢穴。它们的活动很有规律，清晨，从岛上飞往茫茫大海成群结队捕鱼进食，过去渔民没有探鱼仪，就可以根据鲣鸟飞行的方向来寻找鱼群聚居的地方，鸟群越多的地方，鱼群就越庞大。傍晚，鲣鸟返回岛上，渔民又可以顺着鸟的路线返航。过去虽然导航设备落后，但鸟群给渔民带来极大的便利。根据海鸟还可判定天气情况：如果海鸟贴近海面飞行，未来几天的天气就是晴朗的；如果鸟群飞得很高，向海岸飞去，抑或是聚居在石头缝里，未来几天可能会有暴风雨。

占道勇说："在岛上的鸟很多，颜色有白色的，也有黑色的，随处可以看到鸟蛋，鸟的蛋就像鸭蛋那么大。我吃过的海鸟蛋有两种，一种是纯白色的蛋壳，一种是蛋壳上布满了褐色的斑点，鸟蛋的味道吃起来和鸡蛋差不多。东岛上的鸟很多，平时不许太多人在岛上居住，怕惊扰了海鸟。鸟也不可以随便抓，抓一只罚款5元，那时候的5元钱是很大的数目。因为鸟太多了，我们出入树林的时候要戴上草帽，不然随时可能被落一头鸟屎。鲣鸟还很讲卫生，吃完东西会降落在海面上清洗一下。它们白天吃饱了，回来的时候会带回来一些鱼食给小鸟。它将鱼从口中吐出喂给小鸟的时候，如果不小心鱼掉在地上，它们宁愿让小鸟饿着肚子，也不会再把鱼捡起来，因为树下都是鸟粪。如果小鸟不慎坠落到地上，就会被遗弃，大鲣鸟也不会去救它们。"

东岛往事之三：但闻其声，不见其影的野牛

东岛不仅是鸟的天堂，更加特别的是，它的丛林中有大量的牛群出没。关于野牛是从哪里来的，历来众说纷纭。据说，公元前2世纪，汉代的伏波将军马援南征到达西沙，当时岛上荒无人烟，并不适合人类居住，为了宣誓国家对西沙的拥有权，军队就从大陆运过来一些牛散养在各个岛上。但是，因为牛不适应西沙群岛的环境逐渐灭绝，只有东岛的牛存活了下来。还有一种说法是，英国侵略者于清末多次入侵南海，掠夺南海海洋资源，1907年，广东水师提督李准亲率船舰带队前往西沙群岛巡视，在林岛（今永兴岛）升旗鸣炮并刻石立碑。1909年，李准又率官兵再次前往西沙查勘，并对西沙15座岛屿——命名，鸣炮，升大清黄龙旗，宣示西沙群岛为中国领土。据说，李准两次前往西沙的同时，带去不少牛羊在西沙放养。第三种说法是，郑和下西洋途经西沙群岛时，在西沙诸岛都放养了一些牛，只有东岛的环境适合牛的生存，所以东岛上的牛繁衍至今。

还有人认为，这些说法都不可靠。日本占领西沙期间，从中国掠夺来大量的牲畜放养在岛上，但是二战过后，经过英美飞机轰炸后数量剩余极少，牛由于惊吓而野化。1957年，海南岛解放不久，百废待兴，为了开发建设和捍卫西南沙，潭青乡政府组建了"西南沙开发队"。西南沙开发队带了17头牛、30多头小猪、20多只山羊乘机帆船到西沙永兴岛，和日军遗留的野公牛交配后，牛的数量便渐渐多了起来。1958年，潭门西南沙渔

业公司下设"妇女队",由妇女队代替西南沙开发队饲养牲畜,满足渔民的生活需要,在妇女队的精心照料下,牛群发展到五六十头的规模。1959年,"西南中沙工委"成立。永兴岛已经没有牛太多的生存空间,妇女队便把牛羊运到东岛移交给西南中沙工委。由于没有专人监管,牛羊遭到滥杀。山羊容易抓捕,逐渐走向灭绝,牛机敏,跑得快,才得以生存下来。1988年1月,西南中沙工委把牛交给驻守东岛的部队接管。部队接手后,对宰杀牛群实施严格的控制,只有在特定节日需要批准后才能宰杀。从此,牛群才得以正常生存发展。

牛之所以能在东岛生存,因为东岛得天独厚的环境。东岛上覆盖着茂密的原始丛林,到处都是麻枫桐树,树下很是凉爽,是牛群避暑的好去处,而且麻枫桐树的树叶被牛吃后,很快就能恢复长出新叶。最为关键的是东岛的东南侧上有一个牛塘,雨天可以积水,是牛群赖以生存的水源。夜间,牛群来到牛塘边饮水,久而久之,牛塘旁边散落了很多牛粪,这些牛粪为追溯牛群的源头提供了可靠的材料。2003年,科研队从牛塘中采集沉积柱加以研究,沉积柱的下层是白色的海洋珊瑚砂沉积,中部是褐色含鸟粪的珊瑚砂沉积,顶部是黑色含大量牛粪和鸟粪的珊瑚砂沉积。因此,顶部的黑色珊瑚砂形成的时间就是牛登岛的时间。经史籍考证,确定其年代为1659年前后几十年,这正是明末清初朝代更迭、战乱不停的动荡时代。这可能是当时难民携带牛等牲畜从大陆向海上迁移从而带到东岛。

占道勇说:"我们刚来东岛的时候,为了迎接我们驻守东岛的民兵,部队特意用步枪打了一头牛招待。东岛的黄牛吃树叶长大,牛肉鲜嫩不腻,也没有一点儿腥味,非常好吃。但是,平时是不许私自猎杀野牛的,只有逢年过节的时候经革委会同意才让打一两只改善生活。战士在岛上生活比较枯燥乏味,偶尔看到牛会拿石子扔过去,逗野牛玩。后来,牛就越来越怕人,越来越野。一有动静,便会飞快跑到丛林深处躲起来。我们在岛上平时能看到牛粪,隐约也能听见牛的叫声,却很少能见到牛的踪影。"

东岛往事之四：养了一只大海龟

海龟是大型海洋类爬行动物，主要生活在热带海域，有时也会随着暖流出现在温带海洋地区，不过这种情况极少。西沙群岛常年高温，有着优质的海滩，是海龟生活和繁殖的最佳地区。

占道勇在东岛的第一天开始了夜间巡逻，正赶上海水涨潮，突然看到一只大海龟正慢腾腾地向海边爬去。"海龟之所以选择涨潮的时候上岸下蛋，一是因为它不用在海滩上千里迢迢爬很久，再一个是因为涨潮时选择的沙滩比较干燥，远离海面，否则把蛋下在地势低洼的沙滩上，容易被海水冲走。海龟把下蛋的地方选定在一棵大树旁边，接着开始用它的前脚挖坑，挖了一个与它身形相当的宽大沙坑，然后伏在沙坑里，再用后脚继续挖一个很深的坑用来下蛋。我屏住呼吸，不能有任何动作，否则海龟就会受到惊吓跑下海。海龟挖坑持续了大约一个小时的时间，挖好坑就开始下蛋了。海龟下蛋的速度很快，几个几个蛋一起掉下来，十几分钟就下了一百多个蛋。海龟下完蛋，再拼尽全力用沙把下蛋的坑埋上，平平的一点儿痕迹也看不出来。

"你别看海龟样子笨拙，行动迟缓，它其实很聪明，有很强的自我保护意识。海龟下完蛋把沙坑埋上之后，并不会立马返回大海，而是又开始了一项艰巨的工程。它在下蛋地附近十来米处的地方又挖了四五个坑，这些伪装的坑是为了掩护自己的蛋不受伤害。因为海龟行走的时候，会在沙滩上留下两条深深的'龟道'，所以，它为了防止暴露海龟蛋的真正洞口，在返回大海的时候会选择别的路线。挖坑、产卵、覆盖这一系列的过程几乎耗尽海龟的体力，在回去的路上，每走几步都会停下来休息一下。

"听渔民们说，抓海龟的方法主要有两种：一是在近岛的礁盘下粘网来网罗游向海岛的海龟；二是夜间守候在沙滩上伺机抓获已经上岛产蛋的雌海龟。海龟上岸下蛋留下的'龟道'和沙坑，由于有伪装的脚印和蛋坑，往往一番折腾一无所获，连最有经验的人也无法准确判断出蛋坑的位置。

后来有人告诉我们,用铁条做成鱼叉,就像探地雷一样,在沙坑附近戳一戳,如果看见鱼叉上有黏液就说明下面有海龟蛋。"占道勇说:"那时候,国家还没有把海龟被列为保护动物,三沙市成立后,岛上成立海龟保护站,重点保护海龟蛋,甚至人工帮助孵蛋提升海龟的成活率。"

占道勇说起他和战友抓海龟并在海边打木桩围网,将其养在海边的那段往事时说:"虽然那时候捕杀海龟没有人管,但是我们疍家人认为海龟是有灵性的,不能捕杀也不能吃。现在想想很惭愧,虽然把海龟养在海边,但是让海龟失去了自由。"

戍守石岛

两个月后,占道勇从永兴岛调往石岛,负责石岛的巡逻和站岗。石岛离永兴岛很近,只有500米的距离,退潮的时候水深20厘米,可以蹚着水走过去。石岛从永兴岛接了电缆,有什么情况可以直接打电话给指挥部。

石岛上有一个班8人驻守,每人都配有枪,有轻机枪、重机枪和双管高炮等。他们一人负责做饭,一人负责站岗巡逻,其他6人去打鱼来改善生活,各项工作都是轮流执行。石岛上的树少,有几棵一米多高的羊角树;人也比较少,只有民兵和几个搞建设的工人。

占道勇在西沙的第一个新年是在石岛上度过的,部队给他们送来了鸡蛋、肉和面粉,还专门过来给他们放电影。八个民兵围在一起,包了饺子,做了鱼汤,用中国传统的过年方式来守护着小岛,度过了一个令人难忘的春节。此时家人远在海南岛,他们唱起了红歌《红星照我去战斗》《英雄赞歌》《我为伟大祖国站岗》《毛主席的话儿记心上》等,这些歌在那些艰苦戍守海岛的日子里曾给他们带来无限的力量和慰藉。

西贡军升白旗投降

由于南越对南海的再三挑衅，西沙前线指挥部和革委会动员广大民兵参与解放永乐群岛。民兵都积极报名参加保卫南海主权，他们在参战前写好遗嘱并且在行李上写上自己的名字、父母的名字和家庭地址，随时作好为祖国牺牲的准备。永兴岛留下20名民兵守岛，其余人全部到永乐群岛准备战斗。

民兵分批登陆永乐群岛，在海陆军、民兵和渔民的紧密配合下，一举击沉南越10号舰，击伤驱逐舰3艘。1月19日夜，民兵开始行动登岛，占道勇说："我们先用枪打掉了珊瑚岛上西贡的军旗，敌军毫无反抗之心，刚开始打，他们就升起了白旗，把枪放在地上，人也跪在地上投降。我方后来俘虏了18名西贡士兵，送到广州军区，后来由政府出面把他们送回西贡。"

解放珊瑚岛后，占道勇被派往琛航岛守岛，直到榆林部队抵达琛航岛才退回永兴岛。1974年6月25日，占道勇光荣退伍，他把自己的青春和热血洒在了西沙群岛，用自己的坚定的意志与敌军做斗争，正像连部在档案中对他评价的那样："工作积极肯干，以岛为家，以苦为荣，在参加西沙永乐群岛自卫反击战中，服从领导指挥，团结同志，发扬一不怕苦二不怕死的革命精神。"

重回故地：再去西沙

占道勇退伍之后，在赤岭大队参加集体生产。为响应开发西沙的号召，20世纪70年代在新村公社的组织下，占道勇三次前往西沙开发渔业资源。占道勇说："第一次去西沙，我的孩子刚刚出生不久，我和妻子只能把孩子放在家里给母亲带。后两次去孩子稍微大一点了，就跟着我们一起出海。疍家人的孩子从小就跟着父母下海，是在船上长大的，我孩子一岁的时候就到过西沙了。"

新村公社连续三年派出海鸥大队的两条"三八号"渔船和赤岭大队的两条渔船共同去往西沙。每年的阴历二三月份去，待三个月回来。海鸥大队由黎善利（已故）带队，梁亚清做船长；赤岭大队由梁华欢带队，梁定章（已故）和黎善吉（已故）做船长。他们的足迹几乎遍布西沙的各个岛屿，东岛、永兴岛、七连屿和永乐群岛是常去的海域。他们白天主要采取四角围网的作业方式，主要抓的是像芭蕉一样大的红红的水清鱼，一网拉下去，能有几千斤的收获。晚上就是手钓，钓的鱼一般大一些，比如白甘鱼、清甘鱼和吉尾鱼等。

"跟我们同行的'三八号'疍家女渔船很受重视，她们实在太厉害了，训练打枪瞄准技术很好，拉网捕鱼很厉害，游泳也完全不输给男人，男人干的活儿她们都能干，男人不能干的活儿她们也能干，还会织网补网。部队的人跟她们拔河比赛都输，因为她们经常拉网捕鱼，手臂很有力气。有风的时候，我们在港里避风，几条船靠在一起。疍家妇女跟我们男人也会比赛唱歌。疍家妇女几乎都没上过学，只能唱咸水歌。我们大部分都读过几年书，在学校里学过很多红歌，张口就来，比如《北京的金山上》《军民团结一家亲》《毛主席的话儿记心上》《我爱祖国的大草原》等。"

在南中国海深处，有着最蓝的天空，最白的云朵，最美的海水，最多姿的珊瑚礁，还有多得数不清的宝藏。疍家民兵顶着暴虐的毒太阳，紧握手中的钢枪，用脚步丈量着驻守小岛的每一寸土地和海域，敌军来犯冲锋在前，他们以岛为家、乐守天涯的精神才是西沙群岛最大的宝藏。占道勇在这里感受过历史，想象过未来，那段驻守在西沙的岁月是一段诉说不完的故事！

梁婆带：炸礁尖兵，开辟航道

梁婆带，疍家人，1949年10月5日出生，现居三亚市光明社区，14岁开始在南海小学读书，全家一共六口人，父亲梁德财，母亲关亚伍，大哥梁华友，弟弟梁亚海和妹妹梁亚姑。他家里只有一艘6吨的小木船和一张拖风网。

1972年6月，广东省崖县人民武装部在三亚征收守卫西沙的民兵，梁婆带以优异的表现被选中，跟黎世路同一批入伍。梁婆带被分配到三连三排五班的炮兵营，主要训练打炮，炮的名字是82迫击炮。在永兴岛一共有五个民兵连队，主要负责放哨、巡逻和打鱼等工作，有时候也会主动向西沙党委请求参加岛上的建设任务。五个民兵连分别是一连、二连、三连、机关连和高炮连。一连负责永兴岛上的固定岗位，二连轮流守卫东岛，三连负责永兴岛的流动岗位。武装部和各连队的连长、指导员都是从海南军区所属部队中的现役军官调任的，民兵都是从海南18个县征召的。机关连主要是干部，由管委会、水厂、邮电、医院等人员组成；高炮连主要负责打飞机。另外，永兴岛上还有两个海军工兵连和海南建筑公司，负责岛上的各项工程建设。在永兴岛上，不管是民兵还是部队的兵，都不穿军装，穿便装，不戴领章和帽徽，被称为"不穿军装的解放军"。

梁婆带（笔者2018年摄）

设炮位，建营房

梁婆带两年的民兵生活都在永兴岛上度过的。他上永兴岛不久，就开始投入"1894工程"施工中。"1894工程"主要在永兴岛和石岛，建设任务主要有码头、储水池、通信设备、地道、粮所、油库、弹药库、炮位、地下电站和地下指挥部等。梁婆带在"1894工程"中负责建设85加农炮炮位，以备不时之需。建炮位所用的水泥和钢筋都是从三亚运过来的，民兵不眠不休，8小时轮换上岗，三天三夜就建成了85加农炮炮位，炮位非常稳固，厚度1.2米。炮位建设完毕，他们又开始在炮位附近建房子供民兵居住。民兵原来住在连部，跑步到炮位也需要半个小时时间，如果有紧急情况发生就会来不及，所以要在炮位旁边建房子。梁婆带说："经过三年的努力（1971—1973年），基本完成了永兴岛'1894工程'的建设任务。"

炸礁石，开航道

1974年1月18日晚，梁婆带随第三批民兵乘西渔705号登陆琛航岛，他们深知肩上责任重大，祖国的领土，寸土也不能相让。上岛后，大家顾不上休息，夜里在岛上挖战壕布防。

1月19日，敌舰从西边登上琛航岛，在苏部长的带领下，守岛民兵们用刺刀逼退了西贡兵。接着，敌舰又派出20多名士兵强行登陆广金岛，遇到罗予孝排长带领民兵的英勇反抗，迫使西贡兵退出广金岛。

就在离琛航岛10多海里的海面上，在越南海军开了第一炮之后，著名的西沙海战打响了。民兵大显神威，配合舰队打仗，击退琛航岛、广金岛的西贡人。梁婆带提起参战经历说："那是一段很难忘的回忆，刚开始也有点害怕，一旦真正打起来我们就把生死置之度外了，只想把西贡人赶出我国领海，保护祖辈留下来的海岛及那片美丽富饶的大海。"

1月20日，珊瑚岛解放，珊瑚岛是由海中的珊瑚虫骨骼堆筑的岛屿。

珊瑚虫死后，它身体中含有一种胶质，能把各自的遗骸粘在一起，一层粘一层，日久天长就成为礁石了。珊瑚岛上没有码头，只有礁盘，而且珊瑚虫形成的礁石堵住了航行通道，民兵如何上岛成了亟待解决的问题。

20日下午，梁婆带被调去珊瑚岛，他的主要任务是炸掉海底礁石，开辟水下通道。梁婆带还有一手绝活儿，专门做爆破，这也是在永兴岛上他的训练项目之一。与他同行的两位爆破兵是吴泽养和黄学养，他们都是三亚的疍家人。他很自豪地说："跟其他渔民相比，我们疍家人可以不用氧气瓶潜水，在水里憋气几分钟，把炸弹在礁石上排好。所以，爆破兵选了我们三个疍家人。"当时爆破技术还不是很先进，主要采用裸露爆破，把炸弹排好后，采用电雷管起爆，这种炸弹威力很大，瞬间就可以把礁石炸得粉碎。炸礁是一项很危险的工作，极易发生事故，他早已把生死置之度外，他笑着说："炸礁不怕死，怕死不炸礁。"梁婆带把炸弹在水下排好上岸，1月份的海水比较凉，他浑身湿透，冻得瑟瑟发抖。"江副司令看到我说喝点酒暖暖身子，我当时又惊喜又有点紧张，因为民兵工作时间是不能喝酒的，也没有多余的钱来买酒喝。江副司令批了条子，我顺利拿到了酒，一杯酒下肚，感到了领导的关怀和温暖。"

炸开航道之后，民兵们用2个登陆船和5个四五百吨的小木船给珊瑚岛运输炮弹、子弹和食物。食物是压缩饼、罐头和咸菜。珊瑚岛面积不大，慢慢走，半个小时便可走完。岛上有西贡人盖的一间约30平方米的小房子，里面有一些大米和腌猪肉。珊瑚岛还有一个西贡人建的小码头，已经被风浪打坏。民兵上岛之后，把小木船拖上岸，晚上就住在帐篷里。

西沙自卫反击战结束后，梁婆带、吴泽养和黄学养三位疍家人专门做水下爆破，他们相继在珊瑚岛、金银岛和琛航岛炸了数不清的航道，为转运战备物资，承载登陆海军和民兵作了巨大的贡献。梁婆带做爆破兵一直到光荣退伍，他所在的爆破兵组由于技术好，没有一例事故发生。

梁婆带只是众多战士中的普通一员，他却毫无保留地贡献出自己的一份力量。就像三连支部对他评价的那样："该同志是七二年响应各级党委的号召参加西沙前哨工作的。该同志两年来，在保卫西沙的伟大战斗中，能安心海岛，以海岛为家，遵守纪律，服从领导，听从指挥，并能团结同志。在参加'1894工程'施工中，积极肯干，尤其是西沙自卫反击战后，能积极要求上战，主动参加永乐群岛的施工运输工作，并具有一不怕苦、二不怕死的革命精神，起着青年团员的助手作用，为进一步加速西沙建设作出一定的贡献，深受连队和同志们的奖励和好评。"

在很多人的心里，"热爱祖国，保卫领土"或许只是一个抽象的口号，而这些民兵谈起在永兴岛的过往，这个口号变得真切鲜活起来。梁婆带虽然身材瘦小，可他的故事却让人感到无限的力量，一种强烈的责任感和使命感也扑面而来。因为那里湛蓝的天空、清澈的海水、每一寸土地以及保卫这片土地的人都与祖国紧紧地连在了一起。

梁秋学：守岛无惧风浪，以苦为荣

梁秋学，又名梁金福，疍家人，1952年3月出生，现居陵水黎族自治县英州镇赤岭村。梁秋学的祖籍是广西北海，迁移至此到他已经是第五代。他兄妹五人，家里有一条6米长的小舢板，主要在三亚、陵水、万宁一带捕鱼为生。梁秋学9岁开始在赤岭小学读书，初中辍学，随父母参加生产队的集体劳动。

在赤岭民兵营，梁秋学是炮兵，负责加农炮的训练。1971年，陵水县人民武装部从赤岭大队挑选一名守卫西沙的民兵，大队推荐了梁秋学。梁秋学说："推荐西沙民兵的标准是家庭成分好，有文化，在民兵营表现优异。从海南18个市县选拔上来的民兵先在文昌迈南训练基地进行为期两个月的军事训练，主要训练高炮打飞机。8月，我们乘坐西渔705轮从清澜港下永兴岛，疍家人根本不会晕船，我们自小就是在渔船上长大的。看着海水渐渐变得深蓝，我对未来的西沙生活充满期待！"

西沙四大考验

梁秋学在永兴岛被分配到三连一排一班做高炮兵,负责训练高射机枪。在永兴岛有部队的工农兵,每逢周一、周三和周五是搞工程建设和军事训练,周二、周四和周六是政治学习。梁秋学说:"我们在西沙的主要任务是守岛,不是搞建设。永兴岛和东岛一般2个小时就可以巡逻一圈,正好可以换班。不过工农兵搞建设忙不过来的时候,我们民兵也会去帮忙。永兴岛的建设工程主要是挖地道、建碉堡和码头,东岛上基本不搞建设,怕惊了岛上的鸟。"当最初的新奇和浪漫褪去之后,西沙民兵不得不面临四大考验。

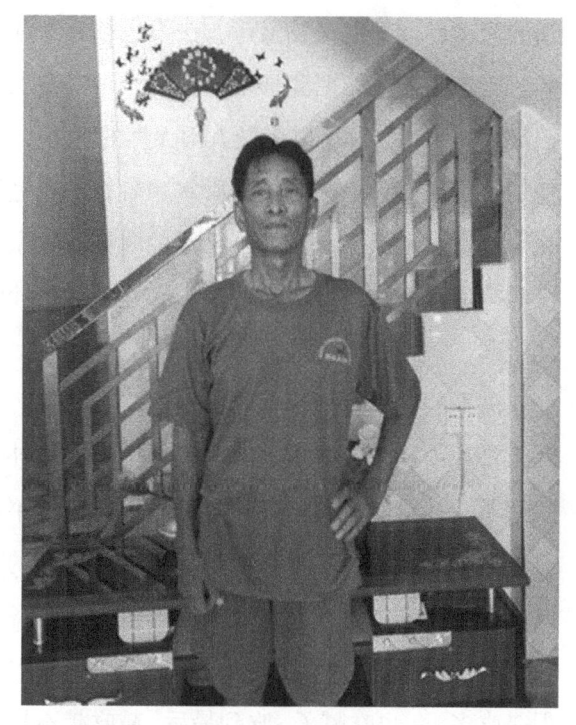

梁秋学(笔者2018年摄)

在西沙必须经历高温的洗礼、淡水的不足、蔬菜的缺乏和单调孤独的生活。

西沙的太阳很毒辣,夏季的地表温度有时候高达60摄氏度以上,即使是冬天,紫外线也很强,皮肤被晒得很疼,经常脱皮。只有经得起西沙阳光的暴晒,才能配得上在西沙做民兵,西沙的热是民兵经历的第一重考验。

第二重考验就是严重缺乏淡水,滴水贵如油。岛上的淡水都是从海南岛运输过来的,民兵洗衣服、洗澡、洗碗严禁用淡水,只能用井水。井水黄黄的,含盐量也很高,再加之有鸟粪污染,喝了会拉肚子。用岛上的井水洗完澡后，身上又黏又痒，头发也粘在一起黏黏的，总有一种洗不干净的感觉。刷完牙的搪瓷杯风干之后，可以看见白色的痕迹。下雨天是民兵们最欢喜的时候，可以享受大雨天然的淋浴。房子的旁边会建一个蓄水池，他们从房顶上弄一根管子，雨水顺着管子流进蓄水池中，收集的雨水每个礼拜用漂白水漂一次，补给不足的时候，大家会用漂过的雨水煮饭。对于民兵来说，必须适应淡水的紧缺，这就和西沙的高温一样，是经常要面对的难题。

岛上的第三重考验就是时常吃不上蔬菜。他们在岛上吃的蔬菜和淡水大多都是由补给船提供，有时候遇上台风，补给船无法出海，就更吃不上蔬菜了。补给船从海南岛运过来，即使有青菜，叶子也都黄了甚至腐烂，只能运一些土豆、冬瓜、南瓜等比较耐储存的菜。他们在岛上每天都吃罐头。也许人们觉得在岛上每天有海鲜，还有各种各样的牛肉罐头、猪肉罐头、鸡肉罐头、鱼肉罐头、午餐肉罐头、辣白菜罐头是一件很幸福的事。但是吃多了，也吃腻了，吃到最后，越吃越不是味道，特别渴望能吃上青菜。在岛上，大家自力更生，开辟出一小片菜地。这块开辟的小菜地来之不易，岛上的土质很差种不了菜，战士、干部和职工出差或是探亲回来带回一包泥土，掺和在菜地里混合着鸟粪来改善土壤。不过蔬菜种起来也不是很容易，岛上火辣的太阳经常把菜晒得奄奄一息，大家只能拿椰子叶盖住遮挡阳光。还有虫子专门在夜里啃菜叶，民兵们经常夜里打着手电筒捉虫子来保护这来之不易的蔬菜。浇菜也很不方便，收集的雨水不能用来浇水，更别提稀缺的淡水了，浇菜只能用岛上的井水。种出来的木瓜、香蕉、甘蔗和木薯都不能吃，吃了会拉肚子。种的菜可以吃，因为菜经过高温烹煮，相当于消菌杀毒。所以，在岛上蔬菜很珍贵，通常一筐青菜可以换上两筐鱼！

岛上的第四重考验便是与世隔绝的孤独感。岛上的生活几乎是一成不变的，民兵每天早上跑步，收听中央人民广播电台的新闻节目。每天晚上集中看电影，电影一共只有8部，也就是8个样板戏改编的。最让人兴奋的便是从海南岛来的补给船了，岛上15天左右来一次补给船，会带来淡水、蔬菜、食物、家人信件和报纸。哪天有补给船来，战士们会早早地在码头眼巴巴地等候，看着海天相接的地方，那一个小小的黑点渐渐地变大，期待能够带来家人的信件和外界的新鲜消息。梁秋学说："在岛上最怕的就是来台风，遇到台风时，补给船甚至两三个月都不会来，日子很难熬，不仅没有蔬菜、淡水，也看不到报纸，收不了家里的来信，过着孤岛般的生活。不过我们学着适应这种生活，也会自己找些乐趣。台风过后，鱼虾、海螺很多，我们会拿着自制的鱼叉带上水桶，到海滩上、礁石地下拣八角鱼、石斑鱼和海螺，这样不仅可以改善生活，还可以排遣寂寞。"

遭遇超强台风

1972年，梁秋学被调至西渔160渔轮担任副舵长。西渔160渔轮是长约14米、载重量约30吨的木机船。补给船由西渔705渔轮从文昌清澜港运至永兴岛，再由永兴岛分发到各个小岛上，西渔160渔轮就负责永兴岛与东岛之间的物资运输和观察海面、巡逻和护航。另外，西渔120渔轮（铁船）也负责永兴岛和其他岛屿之间的物资运输。

1972年11月，"7220号"台风先后在海南文昌和广东电白两地登陆，风力达到12级。东南沿海一带的台风都是在太平洋生成的，而西沙群岛是太平洋季风的必由之路。梁秋学说："在海南岛经历过很多次台风，但台风登陆后强度一般会逐渐减弱，真正12级以上的台风是很难遇到的。这次台风掠过西沙群岛海面时，西沙气象台预报是12级以上。西渔160渔轮和几艘琼海渔船都抛锚在新修的港口，西渔160渔轮被怒吼的风浪打沉在水深5米之处，船上还装有机枪、冲锋枪和步枪等武器。我们几个民兵潜到水下用缆绳绑在渔船上，海军挖港船把西渔160渔轮吊起来。西渔160渔轮被运回三亚修理，我们用汽油擦拭机枪保养。永兴岛的房子没有什么损失，只有部分瓦房掉落一些瓦片，这些碉堡式的建筑是能够经得起台风的袭击。像这样的台风，何止经历一次呢？"

1973 年 6 月，梁秋学退伍回到家乡。两年的西沙民兵生活在一生中不算很长，但是在西沙练就的顽强意志和坚定信念却影响终身。他瘦小的身躯曾经扛起了南中国海的疆域安全和南海主权不容侵犯的重任，历史不会被遗忘，西沙精神将被永远铭记心中！

黎世路：毛主席派我守西沙

黎世路，疍家人，1951 年 9 月 27 日出生，现居三亚市南边海社区。10 岁才入南海小学读书，在崖县读完初一辍学。1969 年，他开始参加集体生产，在渔港大队当民兵，参加突击队打靶训练。每逢台风天气或者春节站岗这样的苦差，他总是第一个主动要求参加。黎世路出生在渔民家庭，自幼跟随父母捕鱼，新中国成立前全家 12 口人，全靠捕鱼为生，家里有两条船，一条 10 吨重，一条 4 吨重。

脱颖而出，入选西沙民兵

黎世路命运的转变发生在 1972 年 6 月，广东省崖县人民武装部在三亚征西沙民兵，这个消息就像一个石子打破了他原本平静的心湖。黎世路回忆起那段充满激情的岁月，脸上隐隐地透露着幸福和骄傲。他说："那时候年轻、充满梦想，想去西沙做民兵，守卫我们世世代代打鱼的地方。"当时，报名去西沙做民兵的社员很多，竞争很激烈，只有足够优秀的人才能脱颖而出。黎世路说自己能入选西沙民兵，不仅得益于他在生产队时的积极和努力，还在于他的家庭背景好，思想进步，根正苗红。他的父亲黎华义是共产党员、渔港大队二连连长，他的大哥黎上生也是共产党员，1969 年民兵退伍后在二〇二工厂工作。

崖县三亚有6个公社共15人入选西沙民兵，其中南海公社3人、水上公社3人、马岭公社2人、港门公社4人和梅山公社3人。南海公社和水上公社（航运公司）是疍家子弟。南海公社入选的西沙民兵为：黎世路、梁婆带、黎学文（已故）。水上公社入选的西沙民兵为：黄学养、吴泽养和符明德（已故）。征兵的标准是思想好、会游泳、能潜水、划船技术好，因此，征兵的范围都是靠近海边的社区。

黎世路（笔者2018年摄）

在去西沙之前，选中的民兵要去崖县武装部进行跑步、视力、血压、胸透等常规项目的体检。1972年8月份，去往西沙的民兵在崖县武装部的带领下来到海口兵站进行为期一周的思想学习，目的是让大家深刻认识到为什么要到西沙去，去西沙的主要工作是做什么。

充满期待的西沙之行

在海口兵站集中学习完毕，经各地选派的180名民兵坐上了西渔705号，从文昌清澜港一路下船到西沙。船上没有床铺，大家就直接睡在船板上。在海上，浪很大，不少人因为晕船吐得厉害。黎世路骄傲地说："我们疍家人的民兵不晕船，因为我们自幼跟随父母打鱼，远海也经常去，这样的风浪对我们来说根本不算什么！"在船上，因为人多，做饭不方便，每位民兵发了6个面包，还有从部队带的淡水。虽然没有饭菜，船上被吐得气味难闻，但这群年轻的民兵依然对西沙之行充满了期待和幻想，因为在那里可以守护西沙、报效祖国。

经历约 20 小时的颠簸，他们终于在第二天上午 11：30 左右到达西沙的永兴岛。航行的过程中有海鸥时而轻掠海面，时而展翅滑翔。此时，四周海水湛蓝深邃，整个海面看起来就像一块巨大的流动着的深蓝色绸缎。民兵们先到大礼堂集合，按连队进行排队，安排好住宿，吃了岛上的第一餐饭。黎世路被安排到二连一排二班做步兵，每天学习、训练、站岗，每周休息一天，就这样开始了两年的西沙民兵生活。

战友情谊深似海

黎世路说自己在永兴岛上待了一个月，便被派往东岛去换三连的民兵（占道勇那一批）。在东岛上有三个排 60 多人，其中有发报员 2 名、观察台 5 名。在东岛上人很少，起初大家不熟悉，后来在一起相处得很好，非常团结，就像亲兄弟一样。谁家里穷，战友们会慷慨解囊，拿出两三块

右一为黎世路（疍家文化陈列馆提供）

钱帮助贫困的战友寄回家里。那时候民兵在岛上的补助每个月有50元，15元用来吃饭，还有一部分要寄回家里补贴家用。黎世路说："岛上的生活很苦，蚊子多，气温很高，没有风扇，晚上经常热得睡不着。战友之间有一种患难见真情的感觉，大家在一起互相帮忙，那种情谊十分珍贵！退伍的时候，我们抱在一起痛哭，大家都舍不得离开。所以，每年我都会组织置家战友聚会。"

说起这种战友情谊，黎世路还讲了在东岛上的一次历险经历。在东岛上，有5条小船，主要负责渡人、送粮食。有一天，他们把其中的两条小船推到坡上，把另外3条小船抛在海边。那天风很大，抛在海边的一条小船的锚断了，船就顺着水流被冲走了。黎世路和马岭的一个战友发现之后，马上摇着小船去追，在风浪里摇了很久终于追到了飘走的小船。黎世路和战友一人摇着一条小船往岸边划，风浪却越来越大，两个人都没有了力气，他们摇着两条小船在风浪中就像两只小蚂蚁在望不到尽头的沙滩上爬行。刚好站在观台上的战友看到他们的情况，立马打电话向连部汇报。连部派了4个人游泳赶过来救他们。4个战友游了1海里，终于见到黎世路二人了！6个人轮流摇着两条小船用了两个多小时才回到岛上。黎世路说："如果不是战友游泳赶过来救我们，我们可能已经死在岛上了。"

毛主席派我守西沙

在东岛一年的生活中，每天早上起床号响起，大家开始跑步、听广播、吃早餐。岛上生活虽然清贫，但他们也会苦中取乐，闲暇时钓鱼、种菜、养猪，每天也会唱唱歌。说到这里，黎世路兴奋地唱起了那首在岛上常唱的《毛主席派我守西沙》：

毛主席派我守西沙，
我打起背包就出发！就出发！

> 踏破南海千重浪，
> 西沙岛上安下了家，安下家，我把根扎。
> 战士从此爱上了它，
> 任荆棘和双手，把西沙建设美如画，美如画！
> ……

东岛是鸟类的天堂，这里栖息着40多种、数万只海鸟，它们和守岛官兵常年相伴，共同守护着这片蓝色海洋国土上的一片绿洲。由于鸟类众多，久而久之，排出的鸟粪便日积月累，逐渐形成1—2米厚的鸟粪层。东岛上虽然有井，但是由于鸟粪的污染，井水不能饮用，只能用来洗涤。有一次，风大浪大，很长时间也没有下雨，很久没有淡水运送过来，民兵们只好喝井里的水，一连好几天拉肚子。

保持警惕，守卫岛屿

黎世路说："在东岛上，空中每天都有飞机飞过，飞机飞得很低，可以清晰地看到机身的美军标志，连驾驶员都能看到，飞机上的人在用相机不停地拍照片。我们要密切监视来回俯冲的飞机。"

他接着讲起几次有惊无险的经历，1973年4月份的一天，晚上10点多，突然听到两个信号弹的响声，整个连队火速集合，把东岛围起来处于一级战备状态直到天亮。后来没有发现有人靠近岸边，大家悬着的心才放了下来。还有一次是在1973年9月，凌晨1点多发现海面上有两条大约30吨重的船。当时，大家没有搞清楚这两条船的来历，指导员派出一个排30名民兵出去，在战壕里隐藏好，守住岸边，看船上的人是否上岛。等到天亮，他们才看到是文昌的渔船来抓鱼。指导员打了两个信号弹让渔船停下来检查，一切无误才让渔船离开。黎世路说："这样的情况很多，在岛上我们要时刻保持警惕，彻查一切可疑船只，守护好岛屿，不能辜负祖国对我们的期待。"

再苦再累也光荣

1973年9月，黎世路从东岛回到永兴岛，过了几个月，西沙海战爆发。他说："1974年1月15日，白马井水产公司（南海水产公司）渔船南渔402、407号在西沙永乐群岛抓鱼。西贡人把中国国旗拿走，强行插上他们自己的国旗，驱逐中国渔船离开西沙海域。中国渔民看到西贡人插上他们的国旗，又把西贡人的国旗拿走插上中国的红旗，如此反复争执。1月18日，西贡人的两艘舰艇于羚羊礁北侧撞毁中方407号渔轮驾驶台，把栏杆都撞坏了。这也是西沙之战的直接导火索。"

面对南越的不断挑衅，1974年1月16日，中国人民解放军海军南海舰队开始动员民兵报名参战。大家知道西贡人侵犯我国海洋主权，很气愤，觉得西贡人太不自量力了，赶紧把他们轰走了事，都纷纷报名参战，作好奔赴永乐群岛前线参加战斗的准备。党支部的领导开会讨论后，让民兵分批前往各个岛屿。黎世路是第三批被派上岛屿的，1月18日晚上乘坐西渔705登陆琛航岛和广金岛，但是夜里不易前进，就在晋卿岛附近抛锚。黎世路说："我们上了晋卿岛之后，就开始在岛上挖战壕，当时又饿又渴又累，我们顾不上休息，挖了整整一夜，坚决把西贡人赶出我国海域。天亮的时候，我们马不停蹄赶往广金岛，到了岛上先检查有没有西贡人躲在那里。过了一会儿，大约8点钟，西贡人乘坐两艘小船大约20人开始登陆琛航岛。上岛的敌军带着两挺重机枪成一路纵队进入广金岛，我们跳出战壕，警告他们不许上岛，但是西贡人对我们发出的信号不予理睬。我们10个民兵，敌人20多个，敌众我寡，罗予孝排长命令我们躲回战壕，向空中打枪警告敌人不许靠近广金岛。敌人不顾我们的再三警告，先开了第一枪。我们的原则是不开第一枪，西贡人先向我们开枪，我们就开始自卫反击。我们很快就打倒了两个人，他们被抬到船上。我们没有人受伤，我们躲在提前

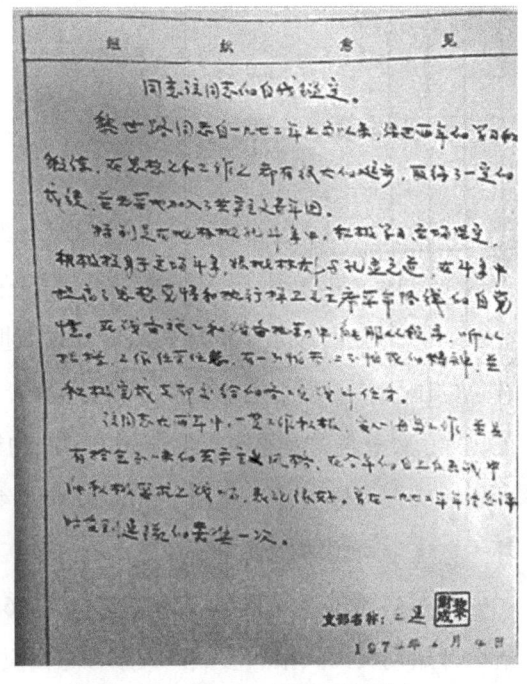

挖好的战壕里，西贡人打不到我们。他们躲在水里，只露出一个脑袋，手伸出水面连连摆手，意思是不要再打了。打仗只持续了半个小时，西贡人便狼狈逃跑，丢下了两挺机枪、一支自动步枪和一些弹药。我们打出去的子弹共有180发，西贡人死1人、伤2人。他们逃跑之后，我们这批民兵留在琛航岛，接连挖了好几天战壕，以备西贡人反击。我们时刻都在准备打仗，确保一有情况拉得出、守得住、打得赢。"黎世路讲起这段打仗经历，眼睛里闪着光说："打仗很苦很累，但是为了守卫我国海域领土感到很光荣。"

黎世路的组织意见（黎世路提供）

就像黎世路档案中二连支部对他评价的那样："黎世路同志在两年中一贯工作积极，安心海岛工作，有拾金不昧的共产主义风格。在自卫反击战中积极要求上战场，表现很好。曾在一九七二年年终总评时受到连队嘉奖一次。"参加西沙自卫反击战也许是他这辈子最难忘的记忆，也是人生中诉说不完的故事……

1974年6月，黎世路光荣退伍，他又坐上了西渔705号返航，虽然是同一艘船，但是心境却不一样了，他已经由一名热血青年成长为成熟的战士。时光荏苒，40多年过去了，照片上曾经年轻的身影已是满脸沧桑。岁月改变了他的容貌，却难以抹去他对西沙的怀念之情，他的心里始终保留着曾经保卫西沙的点点滴滴，默默回味岁月遗留的痕迹。

附录：

中央军委 国务院给参加西沙永乐群岛自卫反击作战全体军民的嘉奖令

广州军区、海军、空军、广东省革命委员会并各军区、各省、市、自治区革命委员会（请各军区转）：

一月十五日以来，南越西贡当局，连续出动军舰、飞机侵犯我西沙群岛领海、领空，强占我岛屿，破坏我渔民生产，向我正常巡逻的舰艇和岛上渔民进行轰炸和炮击，为了捍卫我国主权，坚决打击敌人的武装挑衅，我广东省南渔402、407号渔轮和驻岛民兵与南海舰队、海南军区有关部队，对武装入侵之敌进行了英勇反击。击沉敌舰一艘，击伤三艘，打退了敌人的进攻，收复了甘泉、珊瑚、金银三岛，全歼守敌。

在这次反击作战中，全体参战军民坚决执行命令，发扬一不怕苦，二不怕死的革命精神，行动迅速，密切协同，团结一致，英勇战斗，取得了重大胜利，特此通令嘉奖。希望你们发扬成绩，戒骄戒躁，认真总结经验，提高警惕，准备歼灭敢于再犯之敌。

在当前国内外一派大好形势下，我全军指战员和广大民兵，要坚决贯彻毛主席"备战、备荒、为人民"的伟大战略方针，加强部队建设和民兵建设，遵守三大纪律八项注意，严格训练，严格要求，不断提高战斗力，随时准备歼灭入侵之敌和解放台湾。

中央军委　国务院
一九七四年一月二十三日

慰 问 信

亲爱的同志们：

在反对南越西贡当局入侵我西沙群岛的自卫反击战中，你们为了保卫祖国神圣的领土完整和主权作出了重大的贡献，给南越西贡侵略军以迎头痛击。我们谨代表中共海南行政区委员会、海南行政区革命委员会、海南军区及全岛五百万军民向你们表示热烈的祝贺，并致以亲切的慰问和崇高的革命敬意。

长期以来，南越西贡当局对我南海诸岛怀有领土野心，妄图非法侵犯我西沙群岛和南沙群岛中的一些岛屿。最近，竟悍然出动陆海空军入侵，强占我永乐群岛，挑起武装冲突。面对敌人的无理挑衅和武装进攻，你们在自卫反击战中，发扬了高度的爱国主义和革命英雄主义精神，一不怕苦，二不怕死，团结协作，英勇战斗，给来犯之敌以迎头痛击。在这场自卫反击战中，击沉敌舰一艘，击伤三艘，一举全歼盘踞在甘泉、珊瑚、金银三岛的敌军，收复了失地，打出了国威、军威，为人民立了新功，为党和毛主席争了光。你们不愧是毛主席的好战士、好民兵。战斗胜利的喜讯传来，全岛军民无不欢欣鼓舞，决心以你们为榜样，认真贯彻、坚决落实毛主席"备战、备荒、为人民""深挖洞、广积粮、不称霸"的指示，随时准备歼灭一切敢于来犯之敌，为保卫祖国南大门贡献出自己的一切。

同志们，你们以战斗胜利的实际行动给来犯之敌以应有的惩罚。但是，一切反动派是不会甘心他们的失败的，还会做垂死的挣扎。当前，南越西贡当局仍然妄图侵犯我国的领土和主权。望你们保持光荣，发扬光荣，再接再厉，戒骄戒躁，进一步做好充分的战斗准备，百倍警惕，严阵以待，随时准备为完全、彻底、干净地歼灭敢于来犯的敌人，为捍卫祖国神圣领土完整和主权，做出新的贡献，争取更大的胜利。

致以崇高的革命敬礼！

海南行政区委员会 海南行政区革命委员会 海南军区
一九七四年元月二十四日

守岛维权篇

郑森毓：太平岛上修炮楼

郑森毓，[1]（1922？—2010），小名郑亚福，海南省陵水黎族自治县椰林疍家人。1945年前后，他曾随国民党军队到达太平岛，在岛上生活了大约三年时间。其间，郑森毓在太平岛上修炮楼，捕鱼守岛，为我国维护南海主权作出自己的贡献。

笔者与郑荣猛[2]约好了时间采访。一下车，老人家很热情地招待说，没想到有人来关注这些事情，能把父亲的事迹说出来，让世人了解，也算是替父亲完成了一个愿望。父亲生前很少说这些事情，因为当时是为国民党前去太平岛修建炮楼，由于害怕说出来受到牵连，一直没有提过这件事情。他说父亲的脸，一半是白色的，另外

郑森毓照片（其子郑荣猛提供）

---

1 由于郑森毓已去世，其事迹主要由其子郑荣猛口述，笔者作了整理。笔者2019年12月10日对郑荣猛进行采访。
2 郑荣猛，又名郑亚六，为郑森毓之子，1956年5月出生，现居住于海南省陵水黎族自治县椰林镇，本文主要依据他的口述整理而成。

一半是黑色的,是因为在太平岛晒黑的缘故。太平岛的太阳光特别强,父亲又是在做修炮楼的重活,每天在太阳底下风吹日晒的,脸晒黑了,后来一直没有改变过来。

据郑荣猛回忆,他父亲在太平岛待了三年左右的时间。当时,有人聘请疍家人去三亚榆林港打工,说那边工资高、待遇好。在榆林港,有八九个人是和父亲一起去的,琼海2人,那大(儋州)1人,临高2人,文昌2人,再加上父亲,一共8个人。[1]

但是到了榆林港之后,几个人发现事情并不是当初说好的在三亚打工,而是几个人坐上船只,随着一部分士兵,去了很远的一个岛屿。后来他们才知道,那是太平岛。

郑荣猛(笔者2019年摄)

---

[1] 郑荣猛的回忆前后有所矛盾,他有时候说那大(儋州)也是2人,所以总体数字有出入。

郑荣猛说，听父亲讲，当时南沙群岛，除了太平岛上有军队外，另外的一些岛上也有人居住，那些人大概是渔民，其中有印度人、马来西亚人、印度尼西亚人、菲律宾人[1]等。父亲和那些人都打过交道，语言不通，他们就用手势比画。让父亲印象比较深刻的是，出海打鱼的时候，碰到过其他国家的人，那些人都是一家人，有女人、孩子在船上。他们不在太平岛，在另外的岛上。岛上有用椰子树盖的草房，他们彼此之间用鱼换米、菜等东西。当时国民党的陈排长让父亲把那几个人弄到岛上盖炮楼，父亲不同意，说修建炮楼太辛苦，那边的女人、孩子受不了这种苦。

郑森毓来到岛上，主要任务就是修建炮楼。当时太平岛上是没有砖头的，他们就从海中取珊瑚板当作砖头使用，建造墙面所用的水泥，则是从海南运过去的。沙子则是就地取材，用太平岛上的沙子。那个时候太平岛上是没有房子的，部队开过去，住的都是帆布搭成的类似于帐篷的房子。当时国民党军队的负责人是陈排长，从广州过去的。

当笔者问起太平岛上的难忘事情，郑荣猛说，听父亲讲，当时记忆深刻的是在太平岛上发现了一个明朝时期的墓碑。[2]碑是灰色的，埋在地下有70—80厘米深，露出地面有约150厘米高。上面写了很多中国字，几个人只记得有明朝字样，具体内容他们不记得，当时也没在意，而且他们忙着修建炮楼，对墓碑也没重视。至于后来的情况，郑荣猛说，8个人也不知道墓碑的重要性，因为墓碑在修建炮楼的地方，比较碍事，他们就抬着碑，把它放到海边了。后来听说碑在太平岛最高的地方。

郑荣猛说，因为南沙群岛太远，他没有机会去，就经常让父亲讲南沙群岛的故事。父亲说，在南沙，没有淡水，也没有台风，和西沙气候不同。如果在南沙群岛待上三四年，头发会全部掉光。太平岛的沙子，红红的，像红糖一样，上面有很多椰子树。

---

1 笔者曾询问，怎么知道那些人的身份的？郑荣猛说，只是听父亲讲的。
2 笔者询问郑荣猛怎么知道是明朝时期的墓碑，郑荣猛说上面刻着"明……"的字样。父亲识字不多，但是认识"明……"等几个字。

太平岛有多大呢？太平岛四周能不能进船？能不能上岛？郑荣猛说，父亲在太平岛待了三年，没事的话，或者不赶工的时候，就出来散步。整个太平岛，大约走半个钟头能走一圈。岛像一个筐，以岛为中心，四周大约1000米，小船上不去，只有一条路可以上去。

在太平岛的那三年，真的是特别辛苦。岛上的人很少，只有几个士兵，再加上他们8个人，也就十几个人。盖炮楼需要铁板，可是岛上没有，都是父亲几个人从海里一块块搬上岛的，光搬铁板就用了一个月左右时间。铁板很沉，可能是以前有沉船落下来的。他们花了很大力气才把一块块铁板搬到岛上。然后把沙、水泥混在一起，修建炮楼大约用了一年半的时间。

郑荣猛的父亲是疍家人，自幼在船上生活，练就了一身的捕鱼潜水本领。有时候他也会潜水抓参，有梅花参、西参等，这些东西很珍贵。一般这些海参都会送到广东，供国民党军官吃。

郑荣猛说，父亲在太平岛的三年，和家里断绝了一切联系，父亲很想家，但是没机会回家。幸运的是，当时在太平岛上的国民党军官陈排长，会说白话，[1]和父亲关系很好。父亲教陈排长潜水，还常常下海捕捞鱼、虾、海参等给陈排长他们吃。一次闲聊的时候，陈排长问父亲："想回家吗？"父亲说，家里有老婆、孩子，当然想回家。陈排长后来就给父亲出主意，说等榆林港补给船过来，找机会让父亲坐着补给船回家，但对外说父亲潜水时一不小心落水死亡了。

"父亲回家的时候太艰难了。"郑荣猛回忆道：当年陈排长和父亲计划好了，让父亲坐榆林港的补给船回家，但是这一切都要偷偷地进行，否则被人抓住，是要受处分的。终于等到从三亚过来的补给船，当晚八九点钟，父亲在陈排长的安排下上了船，躲在甲板下面一块做厕所用的甲板上，一动也不敢动。甲板下面不仅小，而且充满了各种各样的气味儿。由于是偷偷逃跑，也没有饭吃。父亲忍着饥渴以及种种不适，随着补给船到达了

---

1 郑荣猛家祖籍是广东，一直说的是白话和普通话。

榆林港。父亲不敢从船上下去，只能从船下面泅水上岸，脱掉身上国民党的衣服，从榆林港跑回陵水。

由于父亲三年没有音信，家里人都以为父亲死掉了，没想到父亲竟然回到了家，家人又惊又喜，父亲没敢说实话，只说在外打工，后来遇到危险。

在太平岛上的三年，父亲没有拿到一分钱，能够回来就是福大命大，从此以后，父亲哪里也没去，一直在陵水附近打渔。

回忆起父亲当年的往事，郑荣猛百感交集，他说，父亲的这一段往事，以前一直不敢提起，因为是为国民党修建炮楼。但是现在时代不同了，太平岛一直以来就是中国的领土，当年父亲去太平岛的时候，那里没有外国人居住，只有中国的军队和渔民，是他们守卫着太平岛，并修建炮楼、种植果树，父亲为守卫祖国的海疆，作出他的贡献。

黄仁香：守岛关乎国家安全和南海主权

黄仁香，疍家人，1951年3月出生，现居陵水黎族自治县英州镇赤岭村。他兄妹11人，属于贫下中农，全家住在船上，1964年上岸居住。黄仁香9岁开始在赤岭小学读书，四年级之后在保墩小学读完六年级（注：赤岭小学只到四年级）。1968年，他在英州中学毕业后回生产队参加集体劳动。黄仁香自幼聪慧，在当时算得上文化程度高，毕业之后在赤岭大队任团支部书记。赤岭大队的民兵营分为男民兵和女民兵，黄仁香任民兵营三排排长，负责85加农炮的训练。在生产队参加劳动半年后，在赤岭小学做民办教师，教美术和体育两门课程。

1972年，陵水县人民武装部要在新村公社赤岭大队挑选守卫西沙的民兵。黄仁香有文化，家庭出身好，家人有当兵的传统。三哥在保亭9626部队做工程兵，搞地道建设，六弟在文昌部队做地勤兵。黄仁香被赤岭大队推荐为西沙民兵，同一大队的还有占道勇和梁海彪（已故）。在永兴岛，

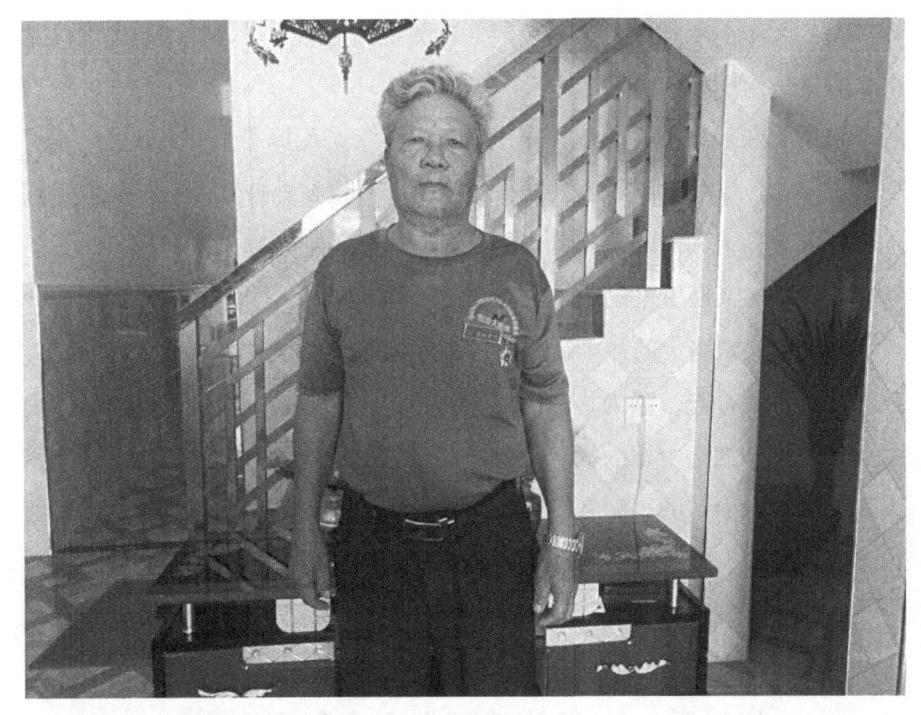

黄仁香（笔者 2018 年摄）

黄仁香被分至二连二排五班。因为黄仁香在海南岛当过教师，又当过民兵排长和团支部书记，表现优异，被连部任命为班长。在永兴岛一个月之后，黄仁香被派往东岛守岛一年，替换驻守在东岛的三连民兵（占道勇那一批）。

东岛：遗世独立的世外桃源

东岛面积1.7平方公里，在永兴岛东南约50公里，是西沙群岛中面积第二的大岛。东岛是由珊瑚沙、珊瑚岩和珊瑚瓦砾组成的岛屿，岛上树木茂盛，热带植物丛生，有久经沧桑的抗风桐，生命力顽强的羊角树，人工种植的木麻黄和椰子树。遍地的羊角树为动物提供了天然的食料，经过啃食的羊角树能很快抽出新叶。高大挺拔的抗风桐根植在满是沙砾的岛礁，抵挡狂风烈日，保护海岛生灵，它静静地立在那里，就像西沙的士兵一样守护着西沙群岛，默默体味着岁月的流逝和海岛的变化。岛上人工种植的椰子树也挂满了沉甸甸的果实，黄仁香说："东岛上有很多椰子树，据说是清朝末年琼海人和文昌渔民种的。有时候我们也会喝椰子水，椰子水有点咸咸的味道，比起海南岛的椰子也是别有一番味道。"

东岛上绿树成阴、风景优美，吸引了大量的海鸟前来栖息，那些停落在树上的白鲣鸟就像一簇簇盛开的白色花朵，热烈而又迷人。鸟儿时而腾空飞起，时而在空中盘旋，清脆的鸟叫声却更显得岛上的幽静。白色的鸟群，绿色的树丛，白色的云朵和蔚蓝的天空，构成了一幅自然和谐的图画，这大概就是人们向往的世外桃源了吧！

守望海岛

在东岛一共有三个排守岛，最主要的任务就是站岗和巡逻。"站岗的时候，白天经受烈日的考验，夜间聆听着海浪的声音，感受着凛冽的海风，感觉手里的钢枪比以前更重了，身上的责任也更重了。这也许就是东岛的魅力，它与世隔绝，却可以让我们在这里更好地沉淀自己，让我们更快速地成长。"

满是银发的黄仁香悠悠地讲起在西沙的经历，眼睛里闪烁着光芒。"有一次，我在观察台站岗，看到一艘外国万吨轮船向东岛驶来，有三个桅杆和三个帆，我立马通知发报员发报给永兴岛的革委会。所幸，后来那艘外国万吨邮轮在我们的警告之下离开。因为南海一直是敏感话题，各国的飞机和渔船都伺机侦查，攫取情报，所以一旦发现不明渔船和飞机，就要立马发报给永兴岛。这关乎国家安全和南海主权，一点也马虎不得！"

东岛面积不大，走一圈下来需要两个小时，在东岛巡逻相当于全岛旅游。山底岸边有很多碎石，路况不是很好，从山底到山顶的哨所有100多级的陡峭台阶。"在巡逻的过程中，我们查看周围的地形，认真检查岛上的设施，观察是否有不明渔船或者飞机。在岛上的生活有些单调和重复，但自从我选择了做民兵来守护西沙群岛,就选择了孤独和艰苦,肩上沉甸甸的责任让我感受到自己是被祖国需要的!"他质朴的话语中透露着坚定,可见当初黄仁香任青春挥洒在中国南疆的峥嵘岁月。

自力更生,改善生活

东岛上只有一条小舢板,周末的时候连队会派疍家民兵摇着小舢板去抓鱼来改善生活,抓鱼的主要方式有下网和手钓。下网一般是在晚上,把四五厘米的渔网下到礁盘旁边,第二天白天收网。拉网的鱼一般比较小,有大眼筐、红友鱼和小石斑等,小石斑就像一个芭蕉那么大。疍家人的手钓一般只有鱼线,没有钓竿,这是最原始的钓鱼方式。一是因为当时生活条件不好,不用鱼竿可以节省开销;二是只凭手来拉动鱼线,可以更清楚地感知水下传来的动静,极有趣味。鱼钩上绑上一个螺丝帽来增加鱼钩的重量,这样更容易抛钩。鱼饵就是用小石斑或者把鱼肉切成小块。但手钓更加考验钓鱼者的技术,人鱼搏斗比较凶险,如果掌控不好,线易断,鱼容易跑掉。手钓的鱼主要有石斑鱼、红鱼和鲨鱼,鲨鱼只要小的,如果遇上大的鲨鱼要把钓钩砍断,赶快撤走,大鲨鱼太凶险、会吃人,难以对付,之前曾经有人被鲨鱼吃掉过。

黄仁香说:"东岛有很多海螺,有螺肉最好吃红口螺、受国家保护的五指螺,还有一种寄居蟹,因鱼很喜欢吃这种蟹肉,所以常常被用作鱼饵。东岛上还有很多的蜜蜂,几个人穿上雨衣,戴上帽子和眼镜,把自己包得严严实实的,在蜜蜂窝面前,点上一根烟,吹掉燃过的烟灰,蜜蜂就都跑掉了。从蜜蜂窝里掏出蜜蜂仔,拿回连队,用油炒了也是一道美味的佳肴。在岛上的日子太清苦了,有时候补给船好几个月不来,没有菜可以吃,自己就要想办法改善一下生活。"

西沙群岛好

在岛上，四周都是茫茫大海，在这近乎与世隔绝的小岛上，民兵们经常用唱歌来疏解心中的思乡之情和寂寞之感。那个年代的歌通常是红歌，歌中弘扬正气和表达对祖国的热爱。如《毛主席派我守西沙》《西沙群岛好》《我为伟大的祖国站岗》等。

西沙群岛好[1]

西沙群岛好，西沙群岛好，海藏丰富到处都是宝。
毛主席派我守西沙，南海安家最踊跃。
革命战士决心大，哎，革命战士决心大，建设西沙立功劳！立功劳！

西沙群岛好，西沙群岛好，西沙是祖国神圣领土。
毛主席派我守西沙，阶级斗争永不忘。
擦亮眼睛握紧枪杆，握紧枪杆守海岛，哎，擦亮眼睛握紧枪杆守海岛！守海岛！

西沙群岛好，西沙群岛好，西沙军民最勤劳。
毛主席派我守西沙，革命传统记得牢。
哪里艰苦哪里去，越是艰苦越向前，哎，哪里艰苦哪里去，越是艰苦越向前！越向前！

西沙群岛好，西沙群岛好，西沙的战略地位最重要。

---

[1] 备注：歌词为黄仁香回忆，可能会有些许出入。

毛主席派我守西沙，身向海岛望北京。

永远跟着毛主席，五湖四海红旗飘，哎，永远跟着毛主席，五湖四海红旗飘！红旗飘！

疍家民兵把青春留在了西沙，如今他们已是古稀之年，他们说有机会很想再去一次西沙，走一走曾经巡逻时走过的路是否变得平整，看一看曾经种下的抗风桐树是否已经郁郁葱葱，听一听西沙的海浪是否依旧充满力量，感受一下西沙的阳光、西沙的蓝是否如往日一般明媚而美丽。

冯江方夫妇：守候南海，保卫国家海洋主权

冯江方，疍家人，1968年出生，陵水黎族自治县新村镇人，小学毕业。冯江方祖籍广东省江门新会，迁至新村到他已经是第六代了。冯江方有一次去广东修机器，想起爷爷的爷爷说起自己的祖籍就是广东新会，趁着这次机会，冯江方寻找自己的族亲，由于年代久远，断了联系，寻亲以失败而终。

妻子郑石彩，疍家人，1969年出生，陵水黎族自治县新村镇人，没有读过书。她8岁起就随母亲出海捕鱼，常年的海上生活给了她嘹亮的嗓子，在海上劳作或休息之余，郑石彩尤其喜爱唱咸水歌，在2013年渔港社区和南海社区举办的第三届咸水歌比赛中夺得冠军。婚后，郑石彩又成了丈夫做海的好帮手，是阳光和海水的女儿。

2016年3月，冯江方去南沙守岛并开发南沙渔业资源，妻子郑石彩一同远航至南沙。他们从三亚港出发，经历四天四夜到达渚碧礁。此行共有13艘铁制船，37米长，700多千瓦，每艘船上有四人，分别是船长、轮机长、煮饭人员和杂工各一名，冯江方任船长，郑石彩负责煮饭。船队在渚碧礁巡逻捕鱼2个月，又转至美济礁守岛4个月，于9月15日返航。

冯江方夫妇（笔者2018年摄）

冯江方谈起对南沙的印象说："南沙很美，空气很好，紫外线也很强，水清的地方20米之内都能看得清楚。我们的作业方式主要是手钓，深水区不适合钓鱼，我们就钓石头边的鱼，这种鱼我们叫作石鱼。渚碧礁和美济礁都呈椭圆形，渚碧礁一圈约有10海里，长的直径约有5海里，短的直径不足2海里。美济礁一圈约有16海里，长的直径约有9海里，短的直径约有4海里。"

2017年5月20日，冯江方和妻子郑石彩又一次踏上渚碧礁，此行是2艘700瓦的铁船，每船依旧是4人，从三亚港出发，10月底返航。"在礁上有部队驻守，部队有专人种菜、养猪，平时也会给部队送一些鱼，部队给我们一些青菜。我们这次主要钓小石斑鱼、红鱼和金枪鱼。"郑石彩说着还兴奋地跟笔者分享抓的足足有200斤重的金枪鱼照片。

2018年4月，冯江方夫妇随船队去西沙永兴岛海域巡逻守岛，5月30号返回新村港。此行有16艘400多千瓦的铁船，每艘船有十五六人，冯江方夫妇所在的渔船共有 19 人。夜里从新村港出发至万宁的乌鱼场（即乌场港，因海南话中"乌鱼场"三字中"鱼"的发音较弱，尤其是速读起来常常会被忽略，久而久之就从"乌鱼场"变成了"乌场"），乌场港离新村港约有 45 海里，5 个小时可到达。在乌场港补给够充足的淡水、冰、油料和菜，从早上 9 时出发，下午 3 时到达永兴岛。在永兴岛除了日常的巡逻，还会捕鱼来维持生活，白天的作业方式主要是手钓，钓大鱼如金枪鱼和恐龙头等，晚上采取灯光围网作业，主要捕竹池子和炮弹鱼等。

冯江方夫妇数次随船队前往西沙和南沙海域巡逻守岛，他们的足迹遍布永兴岛、渚碧礁和美济礁等海域。在岛礁上，他们远离亲人，远离家乡，在高温缺水的孤岛上，靠着渔民坚定的信念和对大海的热爱，以自己的方式守候着国家的领土，保卫着祖宗世世代代生产经营的海域。

梁林冲：南海岛屿年轻的守护者

梁亚喜和林亚花夫妇是地地道道的疍家人，他们祖上自广东汕头一带搬迁至海南，至他们夫妇已经是第六代人了。梁亚喜夫妇自幼跟着父母生活在海上，以捕鱼为生，曾远洋去西沙群岛捕鱼，开发西沙的渔业资源。梁亚喜夫妇有四个孩子：梁林冲、梁林凤、梁玄芬和梁贵清，兄妹四人数次去西沙、中沙和南沙守岛巡逻，全家人为开发南海渔业资源和维护南海主权作了重大贡献。

梁林冲，1982 年 1 月出生，是梁亚喜和林亚花夫妇的长子。作为家中的老大，梁林冲很早就承担起了家中的重担，并在父母的影响和教育下，带领兄弟姐妹守护南海岛礁。虽然梁林冲现在只有四十多岁，但是他在西沙、南沙守岛巡逻，已经十几年了，是南海岛屿优秀的青年守护者。

2004 年之前的捕鱼生活

笔者采访梁林冲时，他正在三亚崖州中心渔港的大船上检查船上设施，准备过几天跟随一个科研考察队，前往南沙群岛进行海上探测活动。说起和南海的情缘，梁林冲说，这一切要得益于自幼随父母的捕鱼生活，以及父母的谆谆教导。

梁林冲说，与大多数疍家孩子一样，他上学比较晚，9 岁才开始上学，后来由于种种原因，13 岁便辍学，开始出海捕鱼。

梁林冲在南沙群岛捕捞生产（梁林冲提供）

一开始，梁林冲是跟着父亲，在陵水附近打鱼。当时家中有一艘小船，大概是 7.2 米的柴油机械船。夏天围网捕鱼，冬天抓鱼苗，来维持生计，这种情况持续到 2004 年。

2004 年，与西沙结缘

2004 年，一个偶然的机会，梁林冲来到三亚，从此之后，他便开始了与南海诸岛的缘分。

梁林冲说，跟着父亲捕鱼的这些年，由于他勤劳认真，再加上比较喜欢动脑筋，善于钻研，他掌握了比较好的航海技术以及捕鱼经验。由于陵水一带的鱼渐渐地变得比较少了，而三亚的大船比较多，前往远海深海捕鱼的人很多，因此，他便不再满足近海捕鱼，想趁着年轻，多到外边跑跑，见见世面，积累一些经验。刚好三亚一个朋友说三亚一个船长在雇佣船员，于是他便来到三亚工作。

梁林冲说,他很清楚地记得,2004年农历二月,他来三亚找到的第一份工作,是在公司琼三亚72016船上做大副。当时那艘船是32米长、6米宽的渔船,现在那艘船早已经卖了,当作破烂卖的。他和妻子、16名船员,以及船长梁湖光,一起前去西沙捕鱼,那是他第一次去西沙捕鱼,印象特别深刻。妻子就在船上负责做饭。

他们从三亚港务局出发,大约是早上5点出发,1个小时跑8海里,跑了22个小时,到达永兴岛附近,大船停靠在永兴岛,将小船放下来,开始围网捕鱼。

2004年时,三亚疍民已经开始用灯光围网的作业方式。当时梁林冲工作的那艘渔船,有160个光灯。每个光灯是1000瓦。晚上8点大船开始开灯,凌晨零点开始作业,早上5点收围,下网收鱼。当时用的渔网有四五百米。渔网一般有两次作业,早上5点一次,6点半一次。每次下网半个小时,收网半个小时。好的情况下,渔获能有2万斤,有炮弹鱼、薄刀鱼、白带鱼等等,收获最多的是齐仔鱼。平均情况下,一般一艘船能有四五千斤的渔获。当时船上有两个冰柜,可以装5万斤左右。他们白天将捕捞上来的鱼放在冰柜里面,2004年在西沙,2005年在中沙,在中沙捕鱼的时候,一般10天就可以捕鱼5万斤。

梁林冲说,2004年的时候,西沙群岛的很多岛屿已经不让接近了,有中国部队在上面。他们驾驶的渔船,一般只能远远地看看那些岛屿,有的只能看见一堆草、闪光灯和椰子树。有时候他们会拿鱼与士兵交换椰子。

渔船一般都是在西沙七连屿、中建岛、金银岛附近海域捕鱼。每座岛都有士兵驻守,西沙有很多水鸟,其中东岛的鸟最多。而中沙则什么都没有,退潮时有潟湖,最浅处有20米,没有岛,也没有鸟,大海茫茫。

守护"981平台"

梁林冲说，他是2004年开始到西沙捕鱼的，已经有十多年时间了，其中经历了大大小小的事情很多，而印象深刻的，也觉得比较自豪的，是2014年的守护"981平台"。

"981平台"，指的是海洋石油"981钻井平台"。2014年5月2日至7月15日，中国企业所属"981钻井平台"在中国西沙群岛开展勘探油气资源活动。作业海域距离中国西沙群岛中建岛和西沙群岛领海基线均17海里，距离越南大陆海岸133—156海里。自2004年以来，中国企业一直在有关海域进行勘探活动，包括地震勘探及井场调查作业等。此次"981平台"钻探作业是勘探进程的例行延续，完全在中国主权和管辖权范围内。

但是，我国的这一活动，遭到了越南的阻挠。越南出动包括武装船只在内的大批船只，非法干扰我国的正常作业活动，不仅多次冲撞我国政府公务船，还向该海域大量布放渔网、漂浮物等障碍物。

由于越南的一系列行为严重侵犯了我国的主权，并危及我国工作人员和"981钻井平台"的安全，我国政府派船只前往西沙群岛维护我国的权利，梁林冲就报名参加了这一活动。

梁林冲说，他前往西沙群岛中建岛维护国家主权，守护"981平台"，前后去了两次。第一次是武装部租的船，当时船上的人都是经过精心挑选的，包括船长在内一共16人，其中武装部10人、船员6人。船工一天工资是300元。第二次是乘他们自己的渔船前往西沙群岛，这一次是自愿行为。

梁林冲说，守护"981"平台的行为，大约持续了一个月。在那一个月期间，在西沙群岛附近，会经常看到很多外国船只，大部分是越南船。因为越南的船很小，一般只有十七八米，都是木船，上面有五六个越南渔民，每艘船上都有越南国旗。越南的渔船都是结伴的，最少的两艘，最多的有十几艘。他们的做法很让人气愤，由于他们没有灯光围网技术，经常用毒药撒到水面上，用来毒死海里的鱼虾等。谈起这些，梁林冲显得格外生气，他说:"我们前去捕鱼,都是捕的比较大一些的鱼,小的鱼会放到海里,让它们长大。而越南人都是投毒,不仅毒死了一大批鱼,还污染了海域,对动植物生长都极为不利。有的时候,越南渔民还用炸药炸鱼,海面上常常浮起一批批被炸死的鱼,场面让人不忍直视。"

梁林冲说:"中国政府建设'981平台',是国家对南海的守护开发,是维护国家主权的行为。而当时的越南船只经常前往南沙闹事,有的是越南的民兵船,有的是越南的渔船。于是,我们就常常用自己的大渔船驱赶越南渔船,不让外国船只接近,以此来守护'981平台'。"

梁林凤:"西沙黑"记录着对海岛的贡献

梁林凤,疍家人,1983年出生,陵水黎族自治县新村镇人。她是家中的大女儿,没有读过一天书,早早承担起了家庭的责任,在很小的时候就在船上帮父母做工。梁林凤自幼与大海为伴,从2011年开始去西沙,自此,她便与西沙结下了不解之缘,之后去西沙多达十几次。

梁林凤在船上负责煮饭,船员的早餐一般就是白粥、咸菜和花生米,中餐和晚餐比较丰盛,有四菜一汤。她在船上除了做饭、打扫卫生之外,有时候也会帮助船员收拾钓上来的鱼。她说:"我们在船上有一条要求很严格,垃圾绝对不能随意丢下海,要把垃圾装在垃圾袋,带回三亚再做处理。我们从小在船上长大,吃海靠海,海

梁林凤(笔者2018年摄)

洋污染会对海洋环境和资源造成非常严重的危害，我们要有保护海洋的意识！"

梁林凤的丈夫年纪轻轻得了重病身亡，留下两个儿子，生活困顿。梁林凤性格有些内向，不是很健谈，但是骨子里却透出一股坚毅，这大概是西沙的经历赋予她特有的坚守和力量。西沙的海近处是深蓝色，远处是蓝绿色，时不时翻起白色的浪花，她瘦弱的身躯在茫茫大海中显得有些孤单，生活的悲欢离合远在西沙之外。梁林凤也许不懂得家国情怀对于自己的意义，但她脸上特有的"西沙黑"记录着她对海岛默默作出的奉献。

梁玄芬：甘为南海献青春

梁玄芬，疍家人，1985年出生，陵水黎族自治县新村镇人。梁玄芬读完初一辍学在家，随父母一起捕鱼为生，后来嫁给同村的疍家人，夫妻数次随三亚渔船前往西沙和南沙守岛以宣示南海主权。

梁玄芬说："文昌和陵水的渔船主要去西沙，三亚的渔船比较大，主要去南沙。新村的人最早随三亚渔船去南沙守岛是在2011年，听守岛回来的人说，去南沙有部队保护，我和丈夫从2015年开始去南沙守岛。去南海守岛人员的年龄不能超过五十岁，不允许单身未婚女性前往，体检要合格。去之前，要集中进行培训消防知识和渔业知识，主要是灭火、逃生以及哪些鱼有毒不能吃等。"

渔船上有两个1.5米宽、2米长的大冰柜，一个装一些容易存放的蔬菜，如红薯、南瓜、土豆、洋葱等；另一个装肉，还会带上一些啤酒和饮料。青菜没办法保存，只带一些路上吃的，在岛上部队会提供少量的蔬菜。梁玄芬在船上负责做饭，她说："淡水和蔬菜比较稀缺，我们会从三亚带几十吨的淡水过去。即使部队会提供一些蔬菜给我们，但能吃到新鲜的蔬菜还是很难的，我们会带上一些黄豆，自己发豆芽吃。"

梁玄芬去过三次南沙，第一次是 2015 年农历二月至七月，第二次是 2016 年农历八月至腊月，第三次是 2017 年农历五月至十月，每次守岛都是长达四五个月的时间。梁玄芬所在的守岛渔船是六七十吨重的铁船，每艘船上有一名船长、一名轮机长、一名厨师和四五个水手，基本都是疍家人，大家在一块 1.5 米宽、2 米长的木板上睡觉。去南沙的船队有二三十条，从三亚的榆亚港出发，连续行驶三天三夜可以到达南沙。

梁玄芬（梁玄芬本人提供）

南沙的岛礁上有监控，在岛上不能下海打珊瑚，不能抓国家保护野生动物。在南沙，通信不是很方便，每个人都配备对讲机。梁玄芬说："我们的主要任务就是 24 小时轮流守岛巡逻，一旦发现外国渔船试图驶入我国领海，我们的渔船就会把他们驱逐出去。若他们不听警告，我们也会去撞他们渔船的尾部，直至其离开我国海域。不过，我们很少去撞渔船的头部，如果把渔船撞坏，可能会引起国际纠纷，给国家带来麻烦。有时候，男人们去钓鱼改善生活，女人们就刺绣，绣一些孩子的背带和帽子。"疍家女人做的背带刺绣纹饰漂亮，质量又好，可以用几代人。

南沙的雷阵雨很大，六七月的雨季差不多能下两个月。守岛的渔民就会用大桶收集雨水，用来洗衣服和拖地板。南沙的气候尤其潮湿，长时间生活在这样的环境下，需要煮糖水喝，以便去除体内的湿气。

在笔者采访梁玄芬夫妻的时候，他们即将去西沙自愿守岛。他们常年与大海打交道，渚碧礁、仁爱礁、南薰礁、兰仙礁和美济礁都留下了梁玄芬夫妻的足迹。他们自幼与大海为伴，对海洋有着特殊的感情，保护海洋的意识也更强。在他们眼里，维护好海洋国土就是维护国家领土主权的完整。

梁贵清：开发西沙旅游，维护南海主权的突破口

梁贵清，疍家人，1992年出生，陵水黎族自治县新村镇人，读书读到小学三年级。梁贵清在家里排行最小，他虽然是一名"90后"的年轻人，却已经多次跟随大哥和二姐去南沙守护岛礁，跟随家人多次服务开发西沙旅游的渔轮，为维护南海主权作了很大贡献。

2014年，梁贵清曾四次去西沙的永兴岛、银屿岛、全富岛、鸭公岛和中建岛等岛屿，主要是开发西沙的旅游资源。梁贵清所在的渔轮有30多米长，主要组织鱼友的海钓活动，每趟约有45名游客，还有船长、大副、轮机长、厨师和十几名水手。渔轮船尾上还有3条小船，其中2条是6.88米长的手推船，还有1条是8.2米带方向盘的小船，为拖钓和救生做准备。渔轮从三亚出发，30多个小时可以到达西沙。梁贵清说："我的任务就是协助游客钓鱼，他们的鱼线缠在一起了，要帮忙解开；游客钓的鱼上钩了，要帮他们把鱼拉到船上，清洗血迹，做好记号用冰冻好。游客都是海钓迷，钓技也是一流，钓上来的有金枪鱼、马鲛鱼和海狼等。9月份回来的那一次，渔轮上装的东西太多了，有一条6.88米的小船没地方放，就放在渔轮的船尾拖着回来。路上遇到风浪，把小船打翻了，船长就让我们直接把缆绳切断，小船直接不要了。"西沙海钓可以体验当地渔民的生活，感受渔民海上劳作的艰辛及收获时满载而归的喜悦，在这样的环境中，鲜艳的五星红旗还被赋予了更加特殊的意义，更能激发人们的爱国情怀，这也许就是西沙的独特魅力吧！

我们所了解的西沙群岛大部分是在课本上得来的，很多人对西沙非常向往和期待。开发西沙旅游可以让更多的国人近距离感受南海的美和祖国疆域的辽阔，通过邮轮带回生活垃圾，还有利于保护西沙的生态环境，更是中国维护南海主权一个很好的突破口。根据国际法先占原则，首先发现和命名，首先经营和开发，首先实施管辖权和行使主权。开发旅游就是经营开发的一部分，这是宣示主权很好的方式！

南海女英雄：新村"三八号"渔船

1973年，陵水县新村公社海鸥大队组建了一支疍家女人船队。这两艘渔船除了1个轮机长和2名顾问是疍家男性之外，船长和水手共20余人全部是清一色的疍家姑娘，大的不过20岁，小的刚刚年满16岁，渔船被命名为"三八号"。一时间，"三八号"家喻户晓，成为人们街谈巷议的焦点，这些姑娘们也成了公社里的红人。这些疍家姑娘和男人一样，乘风破浪下海捕鱼，体现了疍家女性勤劳勇敢的拼搏精神。在人们眼中，"三八号"渔船已经成为一种至高无上的荣誉，能被挑选到渔船的姑娘都是思想进步、表现优秀的人，她们大多成了男青年暗恋的、高不可攀的对象，上了"三八号"渔船的姑娘的家人也倍感荣耀。

巾帼不让须眉，疍家女人胜儿郎

人民公社化时期，新村公社组织大家学习毛主席语录，发动社员积极投身到社会主义伟大事业建设中来。"三八号"渔船给公社树立起一面旗帜，新村公社号召大家向海鸥大队学习。1974年，海燕大队随之成立了"青年号"渔船，紧接着在1975年，海燕大队又成立了"妇女号"渔船。据陵水新村梁宁江说："'青年号'和'妇女号'都是由海口国营造船厂制造的木机船,我当时在'青年号'做大轮(轮机长的副手)管理机器。'青年号'机型是6160,载重75吨,功率为135马力,共两条船,每条船有12名男性和7名女性;'妇女号'也是两条船,机型为6235,载重65吨,功率为150马力,除了顾问和轮机长是男性外,其余的都是疍家女人。'青年号'男多女少,'妇女号'男少女多,他们的作业方式都是搞拖网,主要在广西北海、北部湾和湛江一带捕鱼。"1977年,海鹰大队也成立了"共青号"渔船,大家都投入轰轰烈烈的渔业生产中。

在这一时期,不仅陵水新村公社组织女人成立自己的船队,海南的其他地区甚至广东、福建和浙江等沿海地区都开展了女人开船下海运动,以促进渔业生产。出海的娘子军们向世人宣告:男同志能做到的事,女同志也一样能做到,男女平等!在这些由女人组成的船队中,陵水新村公社的"三八号"是唯一远耕西沙的渔船。她们以英雄般的豪情和冲天般的干劲与风浪搏击,在西沙获得大丰收,以自己特有的方式宣示着祖国的南海主权。在那样一个火红的年代,在共产党的领导下,一群疍家女子谱写了一

"三八号"船员合影(陵水新村郭世荣提供照片)

曲"巾帼不让须眉，疍家女人胜儿郎"的澎湃赞歌。

"三八号"渔船的船长为22岁的梁亚清，船员有余亚娇、卢华梅、陈桂英、冼亚六和黄亚六等人。

船长梁亚清14岁就做了新村公社的妇女主任，18岁加入中国共产党，20岁就做了公社委员。梁亚清虽然长得很清秀，可是却比男人还能干，是当之无愧的女船长。她从小跟随家人在海上捕鱼，对海上捕捞技术有着很高的悟性，编织渔网、下网、起网、开船等技术样样都拿得出手。作为"三八号"渔船船长，梁亚清还跟着经验丰富的老船长学习了一段时间，从操舵驾驶渔船到看罗盘、观气象、看云层、看星星、辨暗礁、识潮流、找鱼群等，积累了丰富的捕捞经验，掌握了作为船长必须掌握的技能。在民兵营表现也很优秀，打靶技术一流，被任命为女民兵营营长。

"三八号"射击训练，左四为梁亚清船长（陵水新村郭世荣提供照片）

"三八号"的女船员在公社里也都是优秀的女民兵,没有风的时候出海捕鱼,有风的话就在部队的带领下训练。20世纪70年代,全国掀起了民兵运动,民兵都是由不脱离生产的群众组成,是国家常备军的助手和后备力量。女民兵训练的项目一点儿也不比男民兵少,不仅有政治理论学习还有军事训练,像射击瞄准、拆枪、投弹、布雷、爆破、肉搏刺杀和攀爬等都是常见的训练项目。

扬帆南海,喜获丰收

"三八号"渔船是约28米长、3.3米宽的木制机器船,船上一共有8个房间,其中一个房间放置缆绳,其余房间供船员们居住。房间很狭窄,没有床,船员们直接睡在1.2米宽和1.8米长的木板上。两条船舱上各携带两艘小舢板,小舢板上的空间也被有效利用起来,装满了围网和捕鱼的工具。船上需要携带大米、油料、淡水、柴火和少量的菜。

1975年11月底,陵水新村公社渔业史上翻开了新的篇章,"三八号"渔船开始正式向西沙扬帆出征,向人们宣示着疍家女性征服大海的壮举。这一天,"三八号"渔船披红挂彩,码头上人潮涌动,鼓声喧天,人们对她们投以羡慕和钦佩的眼光。

"三八号"渔船从新村港出发,途经万宁大洲岛,到达西沙的永兴岛共需要26个小时。西沙部队对"三八号"渔船的到来列队欢迎,全场掌声雷动,疍家姑娘们就从队伍中间昂首走过,所有人的目光都齐刷刷地集中在她们身上。疍家姑娘的到来,给远离人群、几乎没有异性的偏僻小岛带来了很多新鲜的气息和欢乐,也成了战士们军事训练后的有趣话题。

"三八号"渔船很快便投入到渔业生产作业中。船上立着一根十多米高的桅杆,桅杆上有几十节的脚踏板,桅杆的中间和顶端分别修有座凳,这是用来观察鱼群的。渔船行驶至大海深处,船长梁亚清随着脚踏板一步步攀至桅杆最高处,双腿盘着坐在座凳,两手紧紧抱着桅杆。渔船行驶的

疍家姑娘捕鱼场景（陵水新村梁亚清提供照片）

时候会来回晃动，梁亚清丝毫不感到害怕，聚精会神地观察海面，寻找鱼群。梁亚清很有经验，有鱼群出现的时候海面会发出微光，能就此判断出鱼群的种类以及鱼群的多少。一旦有大量鱼群，梁亚清就命令船员驾驶着四艘小舢板向鱼群飞速撒网，将鱼群团团围住，四条小船开始缓缓向中间行驶，合围完成后就拉紧网绳。这一网便收获了几百担的鱼，有红鱼、水清鱼、炮弹鱼、灯光鱼和金枪鱼等。看着网中的鱼活蹦乱跳，在太阳下发出耀眼的光芒，姑娘们欢喜极了。

船长梁亚清说："我们捕的鱼都卖给了西沙水厂，只要没有台风，我们都会出海。有时累得直不起腰了，我们就躺在甲板上休息一会儿，再爬起来继续干。我们手心磨出了血泡，却没有一个人喊苦叫累。我们疍家女人大多没有读过书，不懂什么大道理，但我们心中有一团火，知道自己身上责任重大，是公社里的标杆，要起到模范带头作用，当然不能比男人差！"

参与拍摄西沙故事影片

西沙海战后，有两部影片以西沙为故事背景，一部是北京电影厂在 1975 年拍摄的以李秀明为主演的《西沙儿女》，另一部是八一制片厂在 1976 年拍摄的以唐国强为主演的《南海风云》。

"三八号"的船员几乎都参与了这两部电影的拍摄，大多是做群众演员演一些捕鱼的场景，有时候做替身演员演一些跳水的镜头，或者是给演员摇船，一个月可以得到 20 元的报酬。这个收入很可观，她们捕鱼辛劳一个月也只有 30 元的工资。"三八号"渔船拍摄电影时，生产作业依然正常进行。可惜的是，在《西沙儿女》快要收尾的时候，摄制组解散。该影片也没能公开上映。而与此同时在同一地点拍摄的《南海风云》拍摄十分顺利，该部影片在 1977 年公映。

巾帼不让须眉

"三八号"的疍家姑娘成了西沙一道亮丽的风景，她们迎着晨曦出海捕鱼，唱着家乡的咸水歌，也唱着《东方红》这样的红歌，看着渔网中蹦跳打滚的鱼群，爽朗的笑声飘扬在广阔的西沙海域。

"三八号"渔船出海回来，总是会给部队送来一些新鲜的鱼虾，部队也会把异常珍贵的猪肉和蔬菜送给她们。部队对这群疍家姑娘格外关照，每逢有台风来临，总会让她们进港避风。冼亚六说："在西沙遇到过一次大台风，收音机听到预报的时候，台风已经来了，我们找不到港口，最后在部队的帮助下才安全靠港。这场台风影响很大，我们的家人得不到消息，还以为我们都死了。两天之后，部队给公社里报了平安，他们才知道我们安全了。"

"三八号"渔船的姑娘们每天生活在一起，她们之间建立了亲密无间的友谊，她们和部队之间也结下了军民一家亲的深厚感情。卢华梅说："我们和部队的关系很好,部队很照顾我们,怕我们在岛上寂寞想家,经常会给我们放电影。那时候的电影都是像《地道战》《地雷战》和《小八路》这样的影片,我们很乐意看。永兴岛的夜格外安静,星星特别多,也特别亮,伴随着海面吹来的凉风,大家聚在一起看了很多遍的电影。

"三八号"部分船员们在西沙革委会门前合影,前排中间是冼亚六(陵水新村梁亚清提供照片)

电影的内容已经没有那么重要了,只要是大家在一起,我们就觉得很快乐!"

部队和"三八号"渔船的姑娘们还会定期举行联谊活动。部队的男儿们围坐在一起大喊:"'三八号'来一个!"疍家姑娘热情开朗,全无扭捏之态,一边唱一边跳,快乐的情绪感染了在场的每一个人。拉歌比赛往往以疍家姑娘的胜利而告终,战士们不得不接受惩罚,表演节目或者做俯卧撑。

不仅是拉歌比赛,就连拔河比赛,疍家姑娘也毫不逊色。战士们觉得自己每天进行体能训练,又是身强力壮的男人,发扬绅士风度,主动让一让这些"娘子军"。部队出10个人,"三八号"多一个,出11人。一声哨响,比赛开始了,第一局大家都坐着拉,只见战士们使出浑身解数,脸都憋红了,"娘子军"们也全力以赴,不足一分钟,疍家姑娘们便赢得了比赛。船长梁亚清笑着说:"部队的人很不服气,嚷着要再来一局。他们哪里知道,我们疍家人在渔船上长大,从小就帮着父母拉缆绳、拉渔网。长大后,我们独当一面，抛网、拉网，一网下去几百担，手臂的力气早就练出来了。战士们还把我们看成一般的女孩子，那他们就输定了！"第二局比赛开始了，部队的人站起来拉，"娘子军"们依然坐着，几个回合下来，"三八号"的姑娘们又赢了，这次战士们是心服口服了！

不仅部队的战士们对"三八号"的姑娘们竖起大拇指，就连一同在西沙出海的男性渔民也对她们佩服之极！陵水赤岭的占道勇说："'三八号'很厉害，她们很有名气，捕鱼和游泳完全不输给男人，还能织网、补网，做得一手的好饭菜，她们比男人还能干！"

"三八号"的姑娘们用实际行动展示出自己的风采，成了家喻户晓的一段佳话。她们的足迹遍布永兴岛、永乐群岛、甘泉岛、七连屿、八仙桌和三圈礁等西沙群岛的各个角落，捕获了上万吨的渔获。她们没有超人的能力，却有超强的毅力和勇气，这群"南海娘子军"展现了疍家女性巾帼不

"三八号"部分船员合影，中间是船长梁亚清（笔者2018年摄）

让须眉的风采，承担起了在南海海域生产作业，宣示南海主权的重要责任！

时光匆匆，这群疍家姑娘已经青春不再，重温峥嵘岁月，回忆起风浪里航行，激情飞扬的日子。她们深情地凝视着自己当年的照片，互相诉说着往事的艰辛和欢乐，回味着当年的酸甜苦辣。她们在一起又跳起了舞，唱起了那首代表着青春岁月的歌曲《毛主席您是我们心中的红太阳》。

林李金：开着大船护南海

在未见到林李金船长之前，笔者就听到他的大名。社区居委会的人说："林李金，可是我们的船老大。他很有经营头脑，脑子中常常会思考怎么捕鱼，之前他有一艘三亚最大的渔船，又多次去过西沙、南沙生产作业，还作为党员去南沙维权。"

怀着一丝敬畏、几许好奇，笔者与林李金船长约好见面，一睹船老大的风采，倾听他的传奇故事。

林李金，海南省三亚市南边海社区人，1966年3月28日出生。他父亲是医生，一生乐善好施。林李金说："我父亲当时行医，在卫生所给人看病。很多时候父亲给人看病不收钱，或者只是收一个医药费。因此家里过得并不宽裕。"

19岁，人生的第一桶金

"我原来在南海小学上学，后来上到二年级便不再上学了，与很多小朋友一起在附近的海域抓鱼、钓鱼。当时上学的人不是很多，大家都喜欢出海。"

从小就生活在海边，跟着大人一起去出海，林李金对捕鱼很感兴趣。耳濡目染的同时，再加上喜欢琢磨，很早的时候，林李金经商的头脑就显露出来了。

林李金说:"大概十一二岁吧,我就开始将抓到的鱼卖掉,还能赚点钱。"当同龄的孩子还在一起玩耍时,林李金已经开始思考,如何能够赚钱了。

19岁的时候,林李金已经对捕鱼有了经验。当时,国家重视渔业生产,林李金就跟着叔叔、哥哥向国家贷款,买了一艘20多万元的大船。由于善于经营,仅仅过了大半年,就把本钱赚了出来。当时他们敏锐地认识到,养鱼比纯粹的捕鱼要赚钱,于是,他们把船卖了,开始养鱼。当时仅仅19岁的林李金,凭着经商的天分以及善于思考的头脑,赚来了人生的第一桶金。

时刻牢记岳母的爱国故事

"当年我买大船,岳母很支持我。正是因为有了她老人家的鼓励和支持,我才敢于尝试。"说起岳母,林船长很激动。这时,我才知道,原来他的岳母就是三亚疍民一直念念不忘的巾帼英雄——陈马岭。

说起陈马岭,在三亚疍家人中,她可是一位家喻户晓的女英雄,人们一直流传着她和五星红旗的爱国故事。陈马岭作为疍家人的好儿女,一直受到三亚疍家人的尊重和爱戴。

林李金说:"岳母的事迹在三亚流传很广,我深受她老人家的教导,后来入了党,时刻会以党员的标准来要求自己。"

造大船　闯深海　赚大钱

在2005年前后,林李金在三亚已经小有名气,每年的收入有100多万元。

"有人问我怎么能够捕捞到那么多鱼,他们没有想到,为了捕鱼,我动了多少脑子，想了多少办法。"

捕鱼是需要经验的，也是需要智慧的。每次出海打鱼，林李金船长总会在脑子中默默地记住每次的捕鱼点、航路情况、海底障碍物等等。

2011年，林李金自筹资金，又向国家贷款，花了400多万元，在临高建了一艘大铁船"琼三亚11181号"，他说："这可能是三亚最大的渔船了，当时还引起了轰动呢。"

据介绍，这艘渔船船身采用全钢打造，吨位为280吨，船身长41米，宽6.5米，功率540匹，是当时三亚渔民建造的功率、吨位最大的一艘渔船；并且林李金还投入了40万元配置了相关的制冷设备、大围网和400套灯具和钓具。这艘大船的建成，在三亚的渔业生产上也具有重要的意义，它标志着三亚渔业生产逐渐由传统式粗放型向现代化产业型的转变，渔业捕捞逐渐由近海迈向深海，进一步响应和落实了三亚市委、市政府提出"造大船、闯深海、捕大鱼、赚大钱"的远海捕捞战略目标。

有了铁船，再加上拥有一颗善于思考的头脑，林李金开始将捕鱼海域扩大到南海一带。他介绍说："西沙、中沙、南沙我都去过。中沙暗礁很多，碰到最多的外国船只是越南船。越南船很小，一般都是十几米的小木船，一条船上

林李金和他的大船"琼三亚11181号"（林李金提供照片）

有七八个人，有的十一二人。越南船是很容易区分的。但是，越南船员很可恶，由于他们的船上设备比较落后，因此他们往往拿炸药炸鱼，把炸死的鱼捕捞上来。他们有的时候还会用毒药，将毒药撒到海里，想想就很气愤。"

作为一名船长，林李金多次开着大船去南海捕鱼，用经验和智慧开发经营着南海诸岛。而令他印象深刻的，还是2012年跟着大伙儿一起去南沙维权的事迹。

2012年，夫妻孩子一家去维权

2012年7月15日，30艘渔船，2个编队，6个小组，一共550人，被称为海南历年赴南沙最大规模的渔船船队，在经历近78个小时的航行后，顺利抵达距我国大陆约740海里的南沙永暑礁附近，他们将在这片海域正式展开捕捞作业。而其中，就有林李金船长的"琼三亚11181号"。

"那次行动真的很壮观，很令人难忘，"林李金船长说，"那次我们社区去了30艘渔船，除了1艘用于冷藏鲜鱼，提供能源补给的补给船外，其余的29艘都是140吨以上的钢制捕捞船只，每艘船上有10—20名船员，在中国渔政310船的护卫下，开展捕鱼作业。"

"我们捕鱼的方式都是用灯光围捕，就是在船上四周架起四排特别明亮的灯光，晚上在海面上打起这些灯光，吸引一种对灯光特别敏感的鱼到捕捞作业渔船周围，等这些鱼集中以后再进行捕捞，所以我们作业一定选在晚上。"林李金船长介绍说。

这次南沙捕鱼是近些年来规模最大的一次行动，不同于以往的零散渔船单打独斗，整个船队设立1名总指挥、3名副总指挥，各船队每天固定时间都要将船只情况反馈给指挥小组。林李金是"琼三亚11181号"的船长，负责管理几艘渔船。

永暑礁很远，比黄岩岛要远得多，它离海南岛差不多有560海里。这次船队到达永暑礁整整花了三天多的时间。永暑礁一直是海南渔民捕鱼的地方，是一个传统的渔场。但这些年来，去永暑礁捕鱼的渔民少了，除了自然的因素外，周边国家的船只来袭扰我国的渔船，是影响渔民远海捕鱼的一个重要因素。

由于常年出海，林李金船长将船布置得像家一样：驾驶室内地板是木质的，摆着一排沙发，前面放着一个茶几，茶几上放着一些零食和葡萄，墙上挂着一个福字的吊饰，冰箱、空调等家电一应俱全，一扇木门连接着卧室。驾驶室内也是五脏俱全，主控制台上的卫星导航系统、雷达、探鱼机、卫星电话等设备相当齐全。特别是船上安装探鱼机之后，捕鱼方便多了。探鱼机装在渔船的船底，启动探鱼机后，会向海中发射磁场感应，到了一定深度和范围，探测到的海里所有物体等都会反馈到探鱼机的显示屏上，最后根据经验来确定撒网捕鱼的地点。

林李金说："那次出海，我老婆和我儿子一起去了，我的船上一共17

林李金在自己的船上，船内部如同家一样，桌子、椅子、沙发等应有尽有（林李金提供照片）

名船员。我老婆很能干,陪我出海几十年了,做饭、掌舵等很多活都能干。一天晚上,我老婆坐在驾驶室的椅子上,双手掌舵,控制着渔船的航行,很多记者都很好奇。疍家女子,从小就随家人一起出海,什么活儿都要会做。"

因为是灯光捕鱼,所以,船的驾驶室顶上安装了密密麻麻的灯泡。"船上总共有 480 盏 1000 瓦的灯泡,把灯全部打开,亮灯一个多小时,吸引鱼群靠近渔船。接着把灯关了,放下小艇,小艇上安装了两盏 1000 瓦的灯,小艇慢慢跑,让吸引过来的鱼群更加集中。渔船最后围着小艇撒网捕鱼。这就是灯光围网捕鱼。"

林李金说:"那次南海之行,我们收获很多,不仅仅是生产上的收获,更多的是精神上、政治上的收获。那是我们海南渔民第一次抱团行动,一共 30 艘船只,29 艘是渔船,另一艘是'带头大哥',是一艘 3000 吨的补给船,发挥着非常重要的指挥作用。另外,这一次是有组织的,跟单打独斗不一样,不仅有渔民,同时还有渔业合作社、渔业企业的参与。最后一点是有保障,最先进的渔政 310 船去了。所以说有了渔政船保驾护航,有了补给船提供后勤上的保障,这一次史上最大规模的南沙捕捞行动才能够成型,也是我们民间对南海主权的捍卫。"

周敬莲:西沙永兴岛港口灯标的守护人

周敬莲,男,1959 年 1 月出生,现居住在海南省海口市白沙门下村,1967 年至 1969 年,在广东省海口市海联公社白沙大队小学读书。1978 年 12 月 15 日,周敬莲经海口市批准入伍,在榆林海军后勤部 38002 码头维修队工作,1982 年退伍。虽然他在海军服役只有短短的五年,但是立功三次,多次受到部队的表扬,尤其是他 1980 年前去西沙永兴岛维修港口灯标,保障了岛上和来往渔船的安全和顺利。

谈到为何去当兵，周敬莲说，家里兄弟姐妹多，他有五个哥哥、一个姐姐、一个妹妹。家里比较贫困，只有一间单房、一只小船、一张虾网，全家全靠父亲捕鱼维持生活。疍家人捕鱼是很辛苦的，而当兵有一定的收入，于是他就报名参军了。随后他给笔者拿出了他当年的"应征青年入伍登记表"，上面写着：该同志，家庭出身贫渔，个人政治清白，社会关系好，本人思想进步，工作积极，根据本人现实表现，同意该同志应征入伍。

周敬莲（笔者2018年摄）

周敬莲于1979年1月入伍，并参加新兵训练。周敬莲说，新兵训练是很严格的，既有理论考核，又有实弹射击。在理论考核中，有队列条令、内务条令、纪律条令等；实弹射击有半自动枪和手榴弹的练习和实践。在新兵训练中，他不怕苦，不怕累，积极训练，仅过了两个多月，在1979年3月30日，就获得了海军新训连颁发的他入伍以来的第一个奖励。在这份奖励证书中，对周敬莲的事迹进行了表彰：

> 该同志在新训期间，工作主动积极，特别是在排粮劳动中，发扬了"两不怕"的精神，勇挑重担，互帮互助，轻伤不下火线，表现突出。
> 经党支部研究决定，给予该同志以嘉奖的奖励。

除此之外，周敬莲还先后在1980年1月、1981年1月获得两次奖励。分别如下：

在一九七九年中，认真学习马列、毛泽东思想，坚决拥护党的路线、方针和政策，工作积极主动，吃苦耐劳，做好本职工作，遵守规章制度，成绩显著。

书记王兰芳（印章）

1980 年 1 月

该同志在一九八〇年度，在完成领导交给的工作任务中，能吃苦，出大力，表现有较大的革命干劲，特给予嘉奖，以资鼓励。

书记王兰芳（印章）

1981 年 1 月

由于周敬莲在海军的优异表现，1980 年部队接到前去永兴岛维修灯标的任务时，就派了周敬莲等十五六人一起前去。

周敬莲说，当时接到部队命令时，并不知道是要去西沙。因为上面只是通知要出去维修，具体去哪里，任务是什么，部队并没有说。

当天大家一起吃过饭，下午五六点坐船从三亚榆林港出发，那个时候才知道要去西沙永兴岛。大约是第二天早上四点到达西沙永兴岛的。一到永兴岛，周敬莲就投入紧张的维修中。

周敬莲回忆说，当时是第一次去西沙，那时岛上有很多士兵，永兴岛码头的灯标都坏了。他就一个个地爬到上面，仔细检查维修各个港口的灯标。即使没有坏的灯标，他也要认真检查，以防以后发生意外。因为灯标无论对岛上的人来说，还是对来西沙捕鱼作业的渔民来说，都是非常重要的。如果没有灯标的指引，很多船就会出现事故，因此不能马虎大意，要保障过往渔船的安全。

在永兴岛过了 20 多天，直到将所有的灯标检查维修好之后，周敬莲他们才坐船回来。他说，军人的使命就是保家卫国，上级派自己来检修灯标，而且是来西沙维修，是对自己的信任，也是对自己的考验。因此，自己一定要格外地细致、认真，一定要确保万无一失，要对国家、对人民负责。

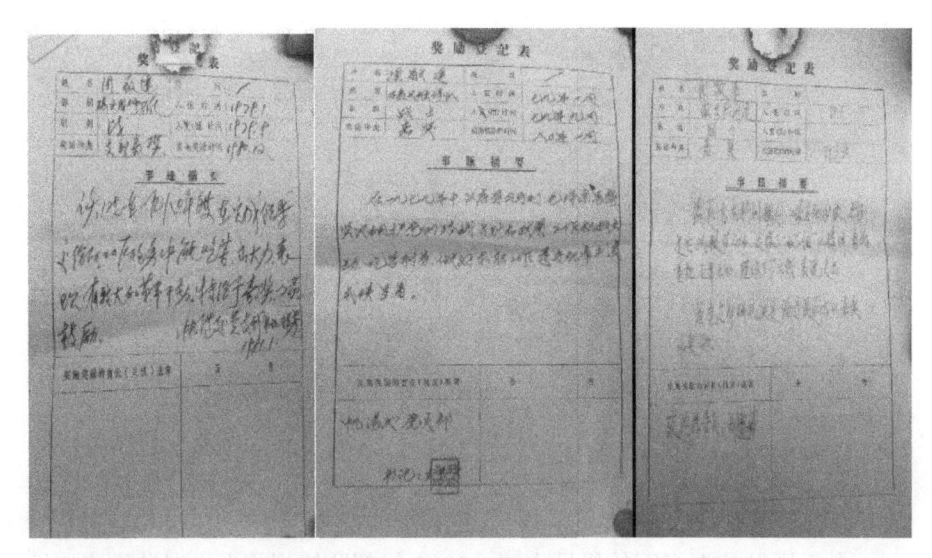

周敬莲的三份奖励登记表（笔者2018年摄）

虽然现在已经退伍在家，但是，周敬莲经常会回忆起当年的入伍生活。作为一名疍家后代，能够参军入伍、做海军的并不多。他说，虽然当海军只有短短的五年，但是那一段入伍经历，是非常令人难忘的。无论在生活上，还是在思想上、训练上，自己都得到了很大的提高。后来，码头维修队党支部在1981年的鉴定中，对于他的表现，给予了表彰：

> 周敬莲同志入伍以来，能积极抓紧学习，努力改造世界观，经改造觉悟有了明显提高。能愉快服从党的分配，党叫干啥就干啥。有全心全意为人民服务的思想。积极参加战备训练及其他各项工作，工作任劳任怨，不怕苦和累，革命干劲大，有小老虎精神。
>
> 服从领导听指挥，团结同志，遵守三大纪律八项任务和部队的各项规章制度，积极参加部队的各项文体活动。
>
> 希望在新的工作岗位上努力学习，进一步提高自己的文化水平。
>
> 1981年10月29日

在采访即将结束时，笔者提出要给他拍照，周敬莲立即非常严肃地让笔者等一下，他回到家中，拿出一顶海军帽子戴在头上。他说，由于时间久了，以前的海军军装都不能穿了，但是海军的帽子还能戴。身为一个军人，他要牢记军人的职责。

　　在回去的路上，笔者一直为周敬莲的细致、严谨所感动。当询问他当兵时的一个具体时间时，他记不清楚了，还特意打电话给广东的一位老朋友来确认。采访的过程中，虽然他的话不多，但是，他对待工作的认真，他对待军人身份的那份真挚，都让我心生敬意。正是有了许许多多像他那样可敬的士兵守护着我们的海防安全，我们才能够国泰民安。

生产生活篇

梁华欢：将南海资源印在脑海中

梁华欢，1935年1月20日出生，祖籍广西北海，现居住海南省陵水黎族自治县英州镇赤岭村。据他介绍，很小的时候他们六兄弟一起来到海南。他15岁开始在赤岭小学读书，初小毕业。当时的小学是海上流动小学，一年时间大约会读三个月的书，上完学之后就捕鱼。梁华欢在退休前一直是陵水赤岭村的书记，多次领队出入西沙、中沙和东沙，并在60岁时作为向导，到达南沙开发渔业资源。尤为难能可贵的是，他将自己的航海经历和经验，以及自己掌握的造船技术，写下来总结成书，形成四本《更路簿》，这为《更路簿》的研究以及疍民的研

梁华欢挂在墙上的简历（笔者2018年摄）

究，提供了极为珍贵的资料。这四本《更路簿》被海南省民族博物馆征走。

飘到西沙

虽然现在已经是80多岁的老人了，但是梁华欢仍然精神矍铄，而且记忆力很好。长达60多年的航海生活，使得梁华欢对南海诸岛烂熟于心，他说："即使闭起眼睛，西沙、中沙等岛屿的位置我也能记得清清楚楚。"谈起第一次西沙经历，梁华欢很是感慨："我从几岁开始出海，一直到60多岁退休，多次带领船队出海到西沙。说到第一次去西沙，真的是太让人揪心了。

"第一次去西沙，是1958年，那时我25岁。当时大队刚刚成立初级社，我是队长以及大队书记。当时我们去的时候，选了40个人，都是党员或者先进分子。由于大队是第一次去西沙，政府非常重视，还举行了隆重的出发仪式，社里的队员敲锣打鼓、放鞭炮，欢送我们，很是热闹。

"我们开着4条渔船，每条船上大约10人，前往西沙捕鱼。当时的船都是木船，大约15吨的风帆船，每条船上配有4艘小船，就是小舢板，用来捕鱼。

"那次西沙行，真的是千辛万苦，太危险了，现在想起来还有点后怕。可以这样说，我们不是开船到西沙，而是被风吹着飘到西沙的。

"当时我们从新村（即陵水新村）出发，将船开到文昌停留。第二天早上四五点钟从文昌出发向西沙开去。但是当天的风太大了，大概有6级风，而且浪特别大，船摇晃得很厉害，像翻天覆地似的。幸好当时是农历二月份，风向好，船顺着风飘，比较顺利。如果风向不好的话，船肯定要翻了。我们坐在船上，非常担心害怕，大家就互相鼓励。这样整整飘了四天四夜才到西沙。

"第一站是东岛，后来到永兴岛。我们在西沙待了两个多月，到了四月份，西南风大的时候，我们就顺着风回来了。"

谈起那个时候西沙的状况，梁华欢很是欢喜："那个时候，西沙的鱼真是很多啊。我们只用了四天的时间，船上就装满了鱼。但是那个时候还是刮西北风，我们回不来，就在岛上捉海龟，钓鱼。"

"我们还到过三足岛，在三足岛上看到了一些尸体，18个还是22个，具体数字忘了。尸体就在岛上，没有埋葬，看着很可怜。渔民不容易啊，随时都有生命危险。"尽管过去许多年，但是谈及当年岛上无人埋葬的尸体，梁华欢仍是难以忘怀。

梁华欢说："另外，三足岛附近有很多古董，很多人都去捡。具体是哪个时期的古董，我们也不知道，只知道是古董，很值钱的。"（此处的三足岛，即琛航岛，海南疍民的俗称——笔者注）

在中沙钓鱼

除了以大队书记的身份带领队员出入西沙，梁华欢还在1965年前后去中沙捕鱼。从东岛到中沙，有80海里的路程。谈起西沙、中沙的不同，梁华欢讲，中沙是茫茫大海，没有小岛；而且，中沙有风有浪，礁盘不浮出水面。那里的礁盘水深大约18米，宽80海里。这样的状况，不能下网捕鱼，比较适合钓鱼。而且那里的水流也很急，只能以钓鱼方式来生产。

中沙群岛古称"红毛浅""石星石塘"等，位于南海中部海域，西沙群岛东面偏南，距永兴岛108海里，是南海诸岛中位置居中的一个群岛。梁华欢的记忆，与中沙群岛的水文、气候有关。中沙群岛所处纬度低于西沙群岛，在亚洲东南部季风盛行地带，属热带季风气候和赤道气候。据相关资料显示，中沙海域春季盛行东至东南风，其频率高达56%，各单向平均风速在7米/秒以下；夏季盛行西南风，其频率达52%，风力以4—5级为主；冬季以东北风为主，风力多在6级以上。梁华欢他们到达中沙时是农历二月左右，当时正是冬季的东北季风期，海区在强劲的东北季风作用下产生以东北向为主的较大波浪，海况一般在5级以上，海上平均波高1.1—

2.9 米，波浪平均周期为 5.4—11.5 秒，其中 6—8 秒的约占 57%，8 秒以上的约占 33%；大风期间曾观测到最大波高 7.3 米。在这样的气候环境中，他们只能以钓鱼的方式来捕鱼。

转战东沙新航线

梁华欢介绍说："到了 1986 年，我开始到东沙捕鱼。去东沙，一般在农历七月份，因为要顺着风向。这时有南风、东风，是去东沙的好季节。我们一般会在那边待 15 天左右。我们去东沙都是从广东万山岛开到东沙，具体路线就是广东万山岛—香港—扁担岛—渺湾岛—东沙。当时，我们一起去东沙的有两艘船，是几家人合起来买的船。一艘是 40 吨木船，一艘是 25 吨木机械船。每艘船上一般是 18 个人。船上装有罗盘针、东沙海图、广东海图等。"

东沙岛古称"珊瑚洲""月牙岛"，自古就是我国的领土。早在晋朝，裴渊的《广州记》就记载："珊瑚州，在（东莞）县南五百里"；元代汪大渊的《岛夷志略》把东沙与西沙、南沙通称之为"万里石塘"；明代郑和的《郑和航海图》也称东沙群岛为"万里石塘"；清代康熙年间的《指南正法》、雍正年间的《海国闻见录》、乾隆年间的《大清万年一统天下全图》等则称之为"南澳气"。称之为"东沙"，最早见于航海家谢清高（1765—1821）所著的《海录》一书。该书记载说："船由吕宋……若西北行五六日，经东沙，又日余，见担干山，又数十里入万山，到广州矣。东沙者，海中浮沙也，在万山东，故呼为东沙。"民国初年陈天锡在其《东沙岛、西沙岛成案汇编》中说，"该岛向名东沙，与附近琼岛之西沙对举"而言。

因为东沙群岛"沙候围抱，作半月形"，所以当地渔民也有称东沙岛为"月牙岛"或"月塘岛"。东沙岛为珊瑚礁堆积而成，岛上没有土壤，完全是由珊瑚与贝壳碎屑所构成，外观看起来就像一摊砂子堆积而成一样。

东沙岛上有厚达几米的鸟粪石，这些鸟粪石通常产于低纬度海岛，主要是海鸟所产生的大量粪便与未被消化的鱼骨等食余，经过长期的累积所形成。这些鸟粪含有丰富的磷，经过粉碎处理后，便具有了很高的经济价值。此外，在其岛礁附近的海域里，更盛产各种鱼类、胶菜、海人草、珊瑚、玳瑁、海螺等海产品。因此，被我国渔民们视为"金山银海"。

据梁华欢介绍，去东沙有两个目的，一个是捕鱼，一个就是去捡胶菜。胶菜学名海萝，又称鹿角菜、鹿角、猴葵、纶、赤菜等，属于藻类，含有琼胶、多糖及黏液质，还含有无机盐、钾、钠、钙及多种微量元素，具有很高的药物价值和营养价值。胶菜的藻体呈圆柱形，叉状或不规则分枝，中空，紫红色，样子别致，宛如一朵朵紫红色的小绒花。《本草纲目》记载："鹿角菜，生东南海中石崖间。长三四寸，大如铁线，分丫如鹿角状，紫黄色。土人采曝，货为海错，以水洗醋拌，则胀起如新，味极滑美。若久浸则化如胶状，女人用以梳发。"

"胶菜在当时的市场很大，"梁华欢说，"当时胶菜的价格大约是3块钱一斤。如果把它晒干了，可以卖到10多块钱一斤。东沙的胶菜很多，去一次东沙，大约能采集到几万斤，利润是很大的。当时，去捡胶菜的琼海渔民很多，琼海那边有专门收购胶菜的。"

52岁闯南沙

古诗说得好："老骥伏枥，志在千里；烈士暮年，壮心不已。"这句话放在梁华欢身上，是非常确切的。虽然多次前往西沙、中沙、东沙捕鱼作业，但是，向往大海、渴望捕鱼的心情不会改变。1987年，梁华欢50多岁了，但是，由于经验丰富，他被请为向导，前往南沙捕鱼作业。

当笔者问起50多岁的时候去南沙，不担心身体吗？梁华欢笑着说："虽然50多岁了，但是我身体很好啊，而且，我听说南沙的鱼很多。西沙、中沙、东沙我都去过了，就没有去过南沙，也想去看看南沙到底是一个什么情况。"也许这就是作为一名航海人,最朴素最真实的想法:去探路,去打鱼。可见他可贵的一往无前的探索精神。

就这样,梁华欢等人,踏上从香港买来的100吨的木船,开启了南沙之旅。

梁华欢从南沙带来的珊瑚(笔者2018年摄)

谈起南沙之行,梁华欢说,南沙并没有想象中那么多的鱼,去那里捕鱼不划算。一是南沙太远,所花费用太高;二是南沙是一望无际的,台风多,大海上经常会飘着台风,菲律宾一有台风,南沙就有,而且南沙没有避风港,比较危险;三是南沙的鱼类资源和西沙、中沙比起来,并不占太多优势。南沙的珊瑚是死珊瑚,长不了的,不适合鱼类生存。再加上南沙距离远,捕的鱼冰冻时间久了,质量不好。

有了这次经历,梁华欢建议说,现在国家以及海南省政府正在大力提倡开发海洋资源,造大船,出远海。但是,开发海洋资源,一定要实事求是,因地制宜。依据南沙的情况,那里并不是理想的捕鱼区域,花大力气去开发南沙的渔场资源,成本高,收益小,并不合适。

一生的经验总结——《更路簿》

从陵水新村港到永乐群岛,途经北礁岛,从永乐到白沙仔岛停锚,然后从白沙仔到南沙铁礁……

采访过程中,梁华欢在笔者笔记本上写下一个个熟悉的岛屿名称,据他介绍,这些岛屿他都去过,每一个岛屿名称都记得清清楚楚。而更为难得的是，他把这些经验总结，都写在笔记本上，即《更路簿》；这些《更路簿》，为研究南海问题提供了极其重要的材料价值。

据梁华欢介绍，他写《更路簿》的起因，

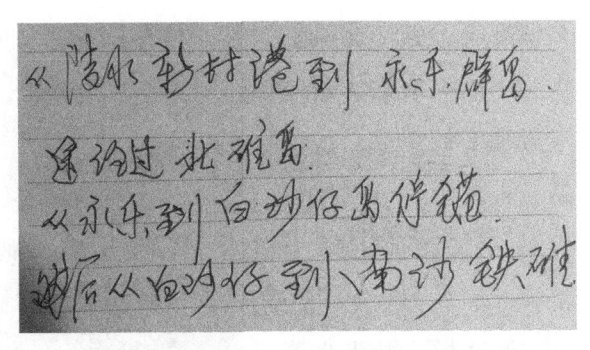

梁华欢接受笔者采访时写下的从陵水新村到南沙的简要路线

是想把这些珍贵的经验总结出来，给后人一个参考。

在梁华欢的《更路簿》中，详细记载了从海南各港口出发，到达西沙、中沙、南沙等各岛礁的航线、航程，详细而具体，这些都是根据他的亲身经历总结而成。另外，他还将造船技术毫无保留地记录下来，这对研究海南的造船技术也具有重要的价值和意义。

在采访过程中，梁华欢始终保持着非常旺盛的精力，而且思路很清晰。这对一个已经80多岁的老人来说，是很少见的。梁华欢说，多年的航海经历，使得他保持了旺盛的生命力；尤其是作为大队书记，带领船员出海，他身上担负着重要的责任；而且，"海上三分命"，大海的喜怒无常，养成了他敏锐的观察力。

虽然现在已经退休了，但是，他对大海的那份感情，永远不会消退。用他的话说，"我是疍民的后代，我们世世代代与大海为伴。大海就是我们的衣食父母，是我们的家园。我们祖祖辈辈依靠大海生活，我

海南省民族博物馆为梁华欢颁发的荣誉证书（笔者2018年摄）

们也要世世代代守护我们的家园"。

梁定光：三次西沙行 留下海的回忆

梁定光，生于 1952 年 10 月 15 日，祖籍广东顺德，现居住在海南省陵水黎族自治县英州镇赤岭村。据他讲，大约 300 年前，祖上从海南琼山县搬来至此。

与当时的大多数疍家子弟一样，梁定光上学很晚，10 岁才开始上小学，在当时的赤岭小学上学。梁定光学习刻苦认真，成绩很好，到了五年级，转到附近的保墩村上学。六年级小学毕业之后，由于赤岭和保墩都没有初中，又转到新村上初中。持有初中文凭，在当时疍民中，已经属于比较高的教育水平了。

"文化大革命"时，学校都停课了，梁定光开始到当时的第二生产队

梁定光（笔者 2018 年摄）

工作。到了1972年，由于他受过初中教育，再加上本身比较能干，被大队委任为生产队的宣传人员，做起了宣传工作。1977年，大队选择一批先进分子、优秀党员去西沙，梁定光也顺利地入选。

"我一共去过西沙三次，分别是1977年、1978年、1979年。虽然只去过三次，但是，经历和近海是不同的。"谈起西沙，梁定光侃侃而谈。

"第一次去西沙，我是作为宣传队员被选上的。那个时候，宣传人员是很受重视的，要读过书的，能说会道的，因为要给社员做思想政治工作。能够选上去西沙，当时挺激动，也挺兴奋的。之前虽然经常去捕鱼，但都是在近海一带，还没有去过那么远的地方。那一年我们是2月份去的，当时大队一共去了4条船，2艘80马力，2艘20马力的帆船。那一次还挺顺利的，一路上都是茫茫大海。那时候的西沙鱼真是很多，一网下来，能有几万斤的鱼。大鱼小鱼都有，有的鱼能有100多斤。

"第二次去西沙，是1978年。那一年，我们是在永兴岛上过的年。但是，平时我们都是在东岛抓鱼。东岛上有一个部队在守岛。岛上也有椰子树、

梁定光从西沙捡来的贝壳、珊瑚（笔者2018年摄）

枇杷树等，有井，也有好多小鸟，还有一个烈士墓碑。

"第三次去西沙，是1979年，经历和前两次差不多。由于已经有了两次出入西沙的经历，第三次也比较顺利。白天捕鱼，晚上钓鲨鱼、红鱼。

"当时我们去西沙，都是听从大队的安排，是挣工分的。船工、船员工作性质不太一样。技术员和生产队长，是比较受人尊敬的，他们都是15工分。一般的社员，大概是10、11、12工分，女社员一般是10工分。"

梁定光给笔者展示了他从西沙捡来的贝壳、珊瑚等。据他讲，当时在西沙捕鱼，没事的时候，就会去捡贝壳、珊瑚。当时西沙的贝壳、珊瑚特别多，大大小小的都有，形状也是各种各样，特别漂亮。他们从西沙捡来好多，后来盖房子的时候，有一些扔了，只留了一部分。从北京来的一些游客，想买他的这些贝壳和珊瑚，都被他拒绝了。他说，留下来这些物品，是一种回忆，让他能够记起曾经在西沙的经历。

临分别时，梁定光说，赤岭村的疍民，现在主要是以近海捕鱼为主，因为疍家的船比较小，近海渔场资源也比较丰富；再加上近年来都已经上

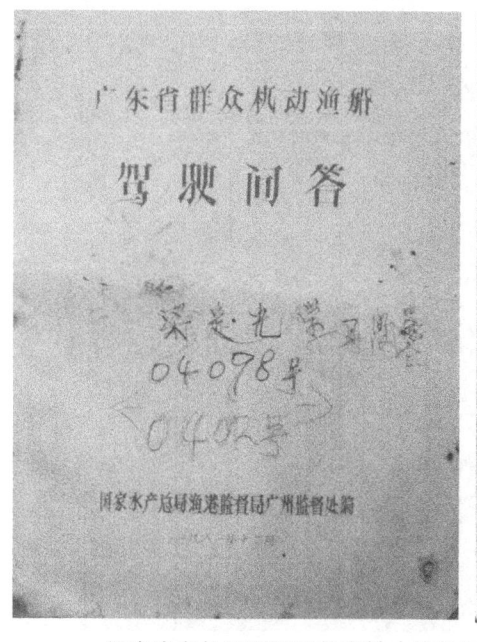

梁定光考船员证所用的资料（笔者2018年摄）

岸，在岸上盖了房子，不像过去，一家人在船上生活，船飘到哪里，就住在哪里。现在的疍家人后代，都很少能够记得疍家人的历史了。他也希望笔者把这些故事记下来，以后让疍家后代记得自己祖先为开发西沙资源所作出的贡献；就像他保存的从西沙带来的那些贝壳、珊瑚一样，看到它们，就会回忆起自己当年的西沙行。

杨许秋：西沙的搬运使者

　　杨许秋，1952年出生，祖籍广东阳江，现居住在海南省文昌市铺前镇铺渔村。在疍民群体中，他是属于受教育程度较高的人，在文北中学一直上到高中毕业。毕业之后，他没有和同龄人一样去下海捕鱼，而是幸运地接替父亲的工作，进到广东省海南航运局工作，公司在海口新港。退休后回到文昌市铺渔村。

　　谈起到广东省海南航运局工作的原因，杨许秋说，在当时，能够进入公司工作，是一件挺令人兴奋的事情，村里很多人都很羡慕他，这也与他高中毕业，受过较好的教育有关。当时高中学费是7.3元，这对一般家庭来说，是一笔不小的开销，有些家庭交不起学费；而且，有的孩子不愿意上学。而杨许秋对上学很感兴趣，也很认真，因此高中顺利毕业，

杨许秋（笔者2018年摄）

进到航运公司，做了一名船员。

在当时，做船员是要经过层层选拔的。据杨许秋讲，当时报名想要成为船员的人是很多的，公司挑选也是比较严格的，很多船员都是退伍兵，因为退伍兵体格好，在部队受过专门的训练，能够接受出海带来的考验和危险。不是退伍兵的，要想成为船员，有两个最基本的要求：一是年轻；二是体力强壮，身体要好。此外，还要经过其他选拔。凡是经过挑选成为船员的，都要接受训练，每个月在海上训练一次。训练内容多种多样，技能训练、体力训练、各种枪支、手榴弹的使用等等，都包括在内。有了这些最基本的训练，船员在遇到情况时，才不至于惊慌失措。

杨许秋所在的广东海南航运局，当时一个非常重要的工作，就是负责为西沙群岛，主要是永兴岛运送货物。

"我去过西沙好多次，是随着公司的船去的，主要是给岛上（此岛指永兴岛——笔者注）的人送食物等物资。"据杨许秋回忆，在1977年11月至1978年7月，他随着公司大约150吨的铁船——粤航116，从文昌清澜港出发，来回给永兴岛送食物。

杨许秋说："当时我们船上有19—21人。有船长、大副、二副、轮机长、水手、业务员等，每个人的分工是不同的。船长是我们船上的头，船上的一切都要听他的；轮机长主要负责船上技术方面的，轮机长在船上是很受尊重的，他懂得船上技术方面的很多东西；水手主要负责掌舵，我当时是水手；业务员主要是登记船上装什么。船员都是男性，没有女船员。

"我们是公司发工资，当时是42块钱一个月。如果随船出海，一天再补助20块钱。船上运输的主要有大米、肉、菜等等。船上还配备枪支，有步枪、机枪、冲锋枪、手榴弹等，有个仓库专门存放这些枪支。当时，去西沙还会遇到外国的船，因此，渔船、民兵船等去西沙的船上一般都会有枪。"

说起当年运输的情景，杨许秋仍然记忆深刻："岛上有很多人，有公家人住在岛上。我们航运公司从清澜港出发，到永兴岛，大约183海里。

我们中午 12 点出发，第二天天一亮就到了。作为运输船上的船员，我们是可以自由上岛的，所运输的货物，一般都是由岛上的民兵来搬卸。岛上所需货物搬卸，也是有分工的，不同的货物，由不同的公司和部门负责。我们航运公司主要给民兵、供销社送货，而永兴岛部队的食物等，主要由三亚运过去。"

虽然时间过去很久了，杨许秋也已经退休，回到了文昌的铺前老家，但是，回忆起当年给西沙运输货物的经历，杨许秋仍然很激动："当兵的人，在岛上也是很辛苦的。一开始，那里的东西很少，后来，岛上建了供销社。除了军队，还有一些渔民住在那里。岛上条件差，都不容易。但是，他们守卫着我们的国家。我们能够给他们送去食物，也是很高兴的一件事情。"虽然语言朴实无华，但正是一批批像杨许秋这样的普通百姓，他们搭建起了一道通往岛内岛外的货物之道，和千千万万驻扎在岛上的军队一样，为国家的安全，作出自己的贡献。

杨许利：西沙水底的外国沉船

杨许利，1944 年出生，祖籍广东阳江，现居住在海南省文昌市铺前镇铺渔村，是一位具有多年航海经验的老船员。

前去杨许利家里的时候，村支书告诉笔者，杨许利老人家虽然已经 70 多岁了，但是身体很好，现在已经不再出海打鱼，但有时候还是会在家里编织渔网；而且，他的航海经验很丰富，也会说一些普通话，交流起来应该问题不大，他出海几十年，应该有不少故事。笔者和杨许利老人的交谈就围绕着南海故事展开。

谈起当年的西沙经历，杨许秋告知笔者，印象最深刻的就是当年打捞沉船。据杨许秋回忆，打捞沉船，大约是 1972 年，因为他的大孩子是 1973 年出生，当时他去打捞沉船的时候，妻子已经怀孕了。

左图为杨许利，右图为杨许利在编织渔网（笔者 2018 年摄）

打捞沉船，是当时大队公社统一组织的。为什么去那里打捞沉船，是因为他们听说琼海一带的渔民在西沙发现一艘外国的沉船，里面有很多很值钱的东西，公社的人也决定组织一批人前去打捞。由于是第一次去西沙，距离远，也不清楚那边的状况，大队公社的相关领导就说，如果谁报名去打捞沉船，公社会有补助。当时大家日子都过得比较辛苦，再加上琼海很多人都去过，于是很多人纷纷报名，杨许秋也报了名，并且很幸运地被选中了。

据杨许秋回忆，当时大队派了两艘船前去打捞，每艘船上有十几个人。由于是第一次去西沙，而且是打捞沉船，他们还向驻扎在清澜港的军队要了炮弹和炸药。当他们的船队到达沉船地点时，已经有一艘琼海的渔船在那里了。

谈起琼海的渔船，杨许秋的嗓门低了下来，他说，那次琼海的渔船，出了事故。由于沉船很大，虽然有一部分露出水面，但是大部分都在水下，需要潜水到下面才可以。他当时年轻，也会潜水，公社领导就让他戴着潜水镜，下水去打捞东西。在水下打捞沉船上面的东西时，琼海的一个渔民，不幸被沉船上的一个钢筋砸中了双腿，两只小腿都是血肉迷糊，整个海水都是红的，很是吓人。当人们去营救他时，由于被压的时间太长，再加上水下缺氧太多，救起来的时候已经太晚了，这个渔民已经去世了。

谈到此，杨许利连连摇头，说那个时候，渔民真的是太辛苦了。他说，他们很佩服琼海渔民的一点，就是琼海渔民的胆子很大，不怕死。西沙、南沙很多地方，都是琼海人去得最多。就像外国沉船这件事情，就是琼海人首先发现的。他们捡到很多东西，发了不少财。但是，琼海人出事故的也最多，很多琼海女人，家里没有男人。

那次打捞沉船，杨许利是潜到水下。他说，船舱里面好多东西，衣服、袜子、自行车、缝纫机、钢筋、钢片等等。衣服都是外国人的衣服，其中衬衫最多。他们两艘船一共在那里待了一周左右，满载而归。

但是，遗憾的是，回来后，船上所打捞的货物，并没有卖多少钱。本来说好的去那里给的补助，也没有发下去，只分给了衣服。虽然那些衣服都生锈了，但是质量很好。大家抽签挑衣服，抽到哪件衣服就要那件。有的人穿上不合适，也会与其他人换。当时，满满一船的衣服，大家挑来挑去，很是热闹。

从西沙打捞钢筋回来之后，大家发现那里有很多鱼。于是，过了一年，大队就开始派船队去西沙捕鱼了。1974年至1976年，连续去了三年。而这三年，杨许利每次都去了。

三次西沙捕鱼的经历，在杨许利看来，那是一场回忆。他说，他很小就开始捕鱼了。那时候的疍家人，生活还是很苦的。大约八九岁的时候，他就在附近钓鱼，再将钓到的鱼卖掉，也可以卖一点钱。十二三岁的时候，他开始在铺前给人打工，都是为了生活。但是，都是在近海的海域生产，从来没去过西沙。所以，跟着大队前去西沙捕鱼，是他一生中很难忘的经历。

在杨许利看来，西沙很美，鸟很多，鱼也很多，还有各种各样的贝壳等，那是国家非常珍贵的海洋资源；可惜，后来因为种种原因，自己再也没机会去。他说，尽管自己没有去，但是，听说越南的船只经常去，并且拿炸药炸鱼，他就很气愤。对于世代以海为家、以船为生的疍家人来说，大海是他们的衣食父母，鱼类是他们的朋友，西沙是他们可爱的家园。他也盼望着国家能够更好地保护西沙，让美好的西沙更好。

张成生：西沙群岛上的苦与乐

张成生，1957 年出生，祖籍广东湛江，现居住在海南省文昌市铺前镇铺渔村。在见到张成生之前，一起去的朋友介绍说："我的这位堂哥，了解很多西沙的故事。他是村里当年去西沙捕鱼中年龄最小的人，他的记忆力很好，有时候他会和我们说起当年的故事。"

张成生很健谈，虽然已经 50 多岁了，但是看起来很年轻，也很健壮，交谈在愉快的气氛中进行着。

与铺渔村许多去西沙捕鱼的疍家人情况差不多，张成生也是 1974 年、1976 年两次跟随大队前去西沙捕鱼。但是，张成生当年去西沙捕鱼时只有 17 岁，是大队随船队捕鱼中年龄最小的人，我们就围绕着年龄最小开始。

西沙群岛上最小的捕鱼仔

张成生说，当年去西沙捕鱼，发生了很多有趣的故事，印象最深的，就是当时很多人都问他："这么小的孩子，怎么不读书啊？怎么就来打鱼了呢？"

谈起这件事情，张成生有些骄傲，又有些心酸："没办法啊，那时候家里穷啊，是被生活所迫。"

张成生出生在一个大家庭中，由于生母去世较早，父亲后来再娶，家中兄弟姐妹众多，他是老大（后来家里陆续有 8 个弟弟、6 个妹妹）。一家人的生活重担就压在父母和他身上。

张成生夫妇在铺渔村码头（笔者 2018 年摄）

作为家里的长子，张成生负责起照顾家里弟弟、妹妹的重任。"我很小就下海打鱼了。我们疍家人，从小生活在船上，抓鱼是我们的生活。那个时候，抓鱼回来，我就去卖，每次还能卖一两块钱，一两块钱在当时也是不少的钱呢。我在大队公社，一个月才5块钱，根本不够用的。每当过年的时候，都要拿家里的一些东西去换钱，家里人多，钱不够花，那时候真的苦啊！"

谈到过年拿东西抵债，张成生突然有点激动，说："可惜了，我现在想起来这件事还耿耿于怀。我记得有一年春节，家里实在没钱，我就把小姑送给我的一块手表拿去抵债了。那块手表是小姑送给我，让我找女朋友用的。那块手表很漂亮，我记得很清楚，当时值125块钱，相当于我工作两年赚的钱呢。"

正是这么一位憨厚的、朴实的大哥，默默地为家中付出。当同龄的人在上学时，他已经担起了家中的重担。

"第一次去西沙，有点兴奋，但是，也很苦。那个时候，我十六七岁，正是吃得多、长身体的时候。可是，家里穷，没办法吃饱，总是觉得肚子饿。

当时船上每个人一个月只有21公斤大米、4两油。没有菜，也没有肉。只有一点糖，还有一点烟。有时候实在困了累了就抽一点烟。"

张成生继续说："我们到了永兴岛，岛上当时有很多人了，有部队在那里。我们大队一起去的人，年龄都比我大，他们大部分都已经结婚了。我由于吃得不好，当时个子也比较矮，看起来与一个小孩子差不多。所以，我一上岛，别人都很好奇地看着我，纷纷问我，这么小的孩子，怎么就出来打鱼了，家里的大人呢？"

张成生说，由于年龄小，当时岛上的人都很照顾他。他有时候觉得无聊，就在岛上走走看看。岛上种了好多菜，岛上的领导还让他拿菜到船上吃，补充营养。

"但是，菜太难吃了。因为没有油，菜煮着吃，一点儿味道也没有。"

下海捕鱼，是很辛苦的，很费劳动，何况要在那里待两三个月。因此，伙食偶尔还是会改善一下的。

他说："我们平时就是用水煮饭，有时候我们自己抓来一些鱼，煮饭的妇女就会给我们熬鱼汤。一大锅鱼汤，热气腾腾的，我们就围着大鱼汤锅，自己盛鱼汤喝。虽然鱼汤没有佐料，也只放一点盐，但是，刚抓的鱼很新鲜，味道很香。

"后来，我们也是苦中作乐，自己寻找吃的。由于每个人一个月只有4两油，远远不够吃，我们就抓来鲨鱼，用鲨鱼的肝来炸油，和米饭搅拌着吃，很香。有时候我们会捡一些螺、海参之类的，也煮着吃。"

由于年龄小，对外界很多事物都很好奇，张成生说，他对当兵的人，是很羡慕的。那些当兵的人很威武，军用喇叭一响，那些兵就跑出来，特别壮观。"

《南海风云》与唐国强

"在西沙群岛，除了别人老是问我这么小的孩子，就出来打鱼之外，印象最深的就是，和唐国强见过几次面，看他拍电影。"

当时，唐国强参与拍摄的电影是《南海风云》，该片由景慕逵、张勇手执导，讲述的是20世纪70年代，南越当局的军舰经常在我南海一带进行骚扰。一天，居住在西沙群岛的于化龙一家正在海上捕鱼作业，遇上南越10号舰入侵我国领海。于化龙父子与敌人舰队展开周旋，不幸渔船被南越10号舰撞翻，于化龙被我军救起，但是于化龙父亲和小阿妹不见了。于化龙参加海军后，从一名战士成长为舰长。后来，在与南越海军的战斗中，于化龙一家团聚了，原来，与南越作战的中国渔船的船长，就是于化龙的父亲，他的妹妹是该船的船员。当年于化龙一家所在的渔船被南越10号舰撞沉之后，于化龙被我国海军救起，于化龙的父亲和妹妹被我国其他渔船救起。为了准备再次与敌人展开斗争，我国海军与渔民，一起修复了中弹的军舰，并且随后收复了我甜水岛（即甘泉岛），击毙了老对手敌10号舰舰长，五星红旗又飘扬在南海宝岛上空。

西沙海战是一场维护中国领土和领海主权的正义斗争，也是新中国成立后中国海军舰艇第一次同异国海军作战，堪称中国海军战史上光辉的一战。西沙海战的规模虽不大，但它对中国在南中国海的战略态势却影响深远。

左图为《南海风云》剧照，右图为《南海风云》中饰演于化龙的唐国强（图片来源于网络）

谈起那次在西沙群岛拍的这部电影《南海风云》，张成生兴致勃勃："那个时候并不知道那个男演员就是唐国强，只知道他长得特别帅，也很白。西沙很热，我们疍家人去捕鱼，都是晒得黑黑的。但是唐国强很白，也很斯文。那时候没有其他的娱乐活动，除了捕鱼，就是看他们拍电影。当时我还小，看到什么都很好奇。唐国强给我打过好几次招呼。他在船头冲我挥挥手，说：'小孩子，你好啊！'我也朝他挥挥手，很是高兴。我还记得唐国强一边划着船，一边唱。现在想想，好像那些镜头就在眼前。"张成生兴奋起来，忍不住唱起来："哎啰哎啰哎啰……西沙西沙西沙西沙，祖国的宝岛，我可爱的家乡……"

看到张成生如此地沉醉，笔者也不禁被他的热情所感染。

他说："唐国强人特别好，也很幽默。唐国强还送给我一条裤子，当时我的个头矮，他送我的裤子，我穿上都到胸口了。但是我很开心。"

两次岛上祭拜

除了这些有趣的故事，张成生还给笔者讲述了两次岛上祭拜的事情。

第一次祭拜是1974年。"那是我们第一次去西沙，大队请了西沙公带队。西沙公不是我们村里的人，是附近村子的，当时80多岁了。我们不知道他的真名叫什么，他在西沙、南沙住过很长时间，我们都叫他西沙公。他是一位非常神的老船长。有西沙公带路，我们都不害怕。

"虽然船上有西沙公带路，但是，那一次很不顺利。据西沙公讲，按照以往的经验，凌晨三点从清澜港出发，第二天早上八点就可以到西沙。但是那一次，我们花了很长时间，不知道第三天还是第四天，我们才到永兴岛。

"那次，路上也发生了不少事情。大约两天两夜后吧，也不知道是在什么地方，我们看到一艘大货船，很害怕，不知道是哪个国家的。我们绕着它走远了。三天三夜没有看到岛，西沙公就让我们把船停在海上，不走了。

后来，从西边飞来一群鸟，西沙公看到鸟，很兴奋，说跟着鸟走，我们很快就能看到岛了。

"后来，我们才知道，原来我们方向走偏了。本来我们应该是到西沙永兴岛的，但是方向偏了一点，船直接开到中沙群岛了。中沙群岛的岛礁很少，都在水底下，所以，我们才那么长时间都没看到岛。

"到了东岛之后，引水人（当时在船上，一般会有引水人，就是开船比较好的，比较有经验的人）就开始祭拜神灵。当时船上带了一头猪，是大队来之前买的。到东岛后抛锚，船长和引水人开始杀猪祭拜。拜完神之后，我们继续往永兴岛出发。

"第二次是1976年那次，我们也祭拜神灵。但那次，不是在永兴岛祭拜，因为岛上有部队，我们不敢祭神。我们去了七连屿祭拜。当时船长让我在船尾拖了一条鱼，大约十几斤重，到达七连屿的时候，我们把鱼头和鱼尾剁掉，用鱼的身体祭拜。那一年很穷，大队没有钱买猪，就没带猪到船上。但是我们也要祭拜神灵，就用鱼替代了。我们拿着香和蜡烛，还有一些水果之类的。"

至于祭拜的是哪位神灵，张成生说他也不知道，只知道每一次出海都要祭拜，这是老祖宗传下来的风俗习惯。疍家人长期漂泊在海上，经常遇到台风等恶劣天气，以前船很小，他们又不能上岸，就寄希望在这些神灵上面了，希望他们保佑疍家人出海平安，能够抓到更多的鱼。

访谈期间，张成生给笔者泡了一杯咖啡，说是女儿从新加坡带来的。如今的张成生，育有二男二女，一个女儿嫁到国外，其他孩子也都有自己的工作。他自己在铺渔村的海边，建起了新房子，一家人过着舒适的生活。他过去的辛苦劳累，为整个大家庭的付出都得到了回报。正是这些像张成生这样的普普通通的疍家人，以他们的责任心和淳朴，担负着经营家庭以及守护祖国美好领土的责任。

石广发：西沙上空飞机轰轰响

石广发，1938年3月出生，祖籍广东，现居住在海南省文昌市铺前镇铺渔村。

石广发虽然已经80多岁的高龄，但是身体很好，精神很矍铄。见到他时，他乐呵呵地说："刚刚去看别人打牌了。自己在家没事，就会和朋友一起聊聊天、打打牌。"

得知笔者此次来是想了解疍家人前往西沙、中沙、南沙生产作业情况，石广发说，他只去过一次西沙，以前村里很多人去过西沙，都是随着公社大队去的。但是，当年一起去西沙的人，很多都已经过世了。现在的村里人，由于都在近海作业，不再去西沙了。他也希望笔者能够将以前的这些事情记录下来，让后人能够了解这段历史，让疍家人后代知道，当年他们的先人，是去过西沙的，他们为开发西沙资源，作出过自己的贡献。

石广发讲，他是11岁开始上小学，但是只上了一年级，便不再上学了。一是感觉自己年龄大了，对上学不是很感兴趣，当时上学的人不是很多；二是下海捕鱼，自己可以赚钱。就这样，他开始在小社打工，做出纳工作。当时的出纳和今天的出纳有所不同，就是负责发钱。因此，他开玩笑地说："当时我见的钱多了，很多很多，但是，那钱都不是我的。"

1958年人民公社成立，

石广发（笔者2018年摄）

他继续做出纳，一直到1990年前后。

"到西沙捕鱼，是1974年的事情了。"石广发说，他记得很清楚，当时大队去了4艘船，4个船长，分别是杨来炳船长（已故）、杨常行船长（已故）、杨成宏船长（已故）、杨来顺船长（已故）。他在杨来顺船长的这艘船上任大副，当时的船大约是七八十吨。

"当时去西沙捕鱼，是大队统一组织去的。在这次之前，大队曾经组织过一次去西沙打捞沉船，那个时候两艘船带回来很多钢筋，还有很多衣服、袜子之类的。回来的人谈起西沙的很多事情，我们都很好奇。因此，我们对西沙是很向往的。所以，听说大队要去西沙捕鱼，我们很多人都纷纷报名参加。

"那次，我在船上做大副，这是大队领导安排的。因为我们都是疍家人，从小生活在船上，每个人都会开船，做大副对我来说是没有问题的。就这样，我们4艘船从清澜港出发。每艘船上大概有十三四人，有两三个妇女，是去做饭的。

"那次去西沙，大队请来了西沙公。我们不知道西沙公叫什么名字，只知道他去过西沙很多次。他在第一艘船上带队，我们其他船队都跟着他。但是，那一次不是很顺利，我们开错了方向，开了三天才到西沙。我们中间在海上停了几个小时，那个时候不知道怎么开，只有大海，没有看到岛礁。后来，西沙公看到很多鸟飞来，就让我们跟着鸟走。我们才到了西沙永兴岛。在永兴岛停留的时候，岛上的人告诉我们，原来我们先到了中沙，后来又跟着小鸟，返回到西沙。"

谈起西沙，石广发说，印象最深的就是西沙的鱼很多，各种各样的鱼都有，自己也叫不上名字来。那次去西沙很兴奋，但是也有些害怕。他说："那个时候，刚刚打完仗。一到下午五六点，飞机就过来了。飞机一来，我们就要把所有的灯熄灭。"

当问起是哪个国家的飞机，有没有投下来炸弹时，石广发说，他们也不知道是哪个国家的，反正在西沙的那段时期，每天晚上飞机都会过来，他们把灯熄灭了，整个西沙都是黑乎乎的一片，只听见上面的飞机轰轰响。一开始他们很害怕，也不敢睡觉。后来，就习惯了。只要飞机过来，他们就熄灯。飞机在上面飞一阵就走了，没有投过炸弹。

"那个时候西沙都是中国的船只，没有看到外国的船。"谈到此事，石广发老人有些激动。现在越南船到西沙捕鱼的越来越多，中国的渔船反而越来越少，这不得不引起大家的重视。

冯文和：西沙去捕鱼 东岛拜海神

冯文和，1942年出生，祖籍广东，现居住在海南省文昌市铺前镇铺渔村。以前一直在船上生活，1953年上岸。他没读过书，主要以打鱼为生。现在，祖孙三代居住在铺渔村一个大家庭中，享受着天伦之乐。

谈起西沙经历，冯文和老人滔滔不绝。

西沙去捕鱼

据冯文和介绍，他一共去过西沙三次。第一次是1974年，那个时候是随着集体一起去的，当时是合作社。大队一共有13艘渔船，去西沙的是4艘：一艘1100吨的大船，船头是尖的；两艘800吨的船；还有一艘500吨的小船。当时的船都是木制机械船，每一艘船上都有一名船长、副手、机长、副机长、水手，还有煮饭的。一般煮饭的是两三个妇女，大都是同船的妻

冯文和（笔者2018年摄）

子。冯文和在那艘 500 吨的船上做副驾驶长。

第一次去西沙，他们从清澜港出发，由西沙公带队——西沙公当时已经 80 多岁，附近村子湖石村人。不知道他的真名叫什么，他在西沙、南沙住过很长时间，对那边很熟悉，他们都叫他西沙公，是非常有经验的老船长，是非常神的，他们都很佩服他。有西沙公带路，他们都不害怕。

由于以前都是木帆船，他们都不太熟悉机械船，第一次很不顺利，费了很长时间。他们是凌晨三点从清澜港出发的，清澜到永兴岛的距离是 178 海里，到七连屿是 168 海里。顺利的话，凌晨 3 点出发，早上 8 点就可以到西沙。但是那一次，他们花了 30 多个小时，第二天中午 12 点左右才到了西沙。

当时船上是西沙公带路，他一路看水鸟看风向。虽然船上也有指南针和文昌水产局发的地图，但大家都没看，主要听西沙公的。他们船上所有的人，对西沙公都很信任。夜里是没有风向的。他们就停下来等了几个小时。天亮了，很多小鸟飞来。西沙公说顺着鸟飞的方向走，后来他们就到了西沙。

冯文和说，那次他们去了东岛、永兴岛、永乐群岛、大筐、二筐、北礁。采取的是放网捕鱼，放网在石头边，第二天收网。放网捕鱼和围网捕鱼是不一样的，围网是看到鱼再放。

当时去西沙，都是政府统一组织的。政府通知下去，大队就组织人员、船只过去。当时是有一定的流程的，需水产局、政府、边防派出所的批准。去哪个岛，政府就发哪个岛的图纸。图纸用完后一般是要交回去的。

渔船没有固定的名字，一般以船长的名字命名。那次他们在西沙大概待了一个月。收获很大，每一艘船都是满载而归。大的船差不多 200 担（10000 公斤），小船有五六十担。渔获有鲨鱼、石斑鱼、黑汁鱼（身上有点）等等。

1975 年冯文和随着大队还去过一次。那次是在春节前去的。当时他们在永兴岛过的春节。捕的鱼卖给了西沙水厂。

冯文和最后一次去西沙，是 80 年代的事情了。当时合作社已经解散，他自己有一艘30多吨的木制船。他有船长证，省有关部门组织船长学习培训。考取船长证要考很多技术的，如怎样使用海图、指南针，掌握风向、水流等等，这些是每一位船长出海必须具备的和掌握的本领，否则，出海就很危险。

冯文和说他最后一次去西沙，不是为了捕鱼，而是去抓龙虾。当时香港和政府合作成立一个公司，公司名字不记得了。当时他们去了11个人，船上有氧气瓶、衣服、眼镜、手套等等潜水的工具，这些工具设备都是从香港带过来的。但是那一次很不顺利，他们待了20多天才回来，没有抓到龙虾，就钓了些鱼回来。去之前他们以为西沙那边会有龙虾，因为龙虾喜欢岩石，西沙多岩石。但实际上是没有的。

在西沙，石斑鱼很多，一般采取的是钓鱼的方式。之前钓鱼没有竿，用线直接放钓。用抓到的小鱼作鱼饵，或者把抓到的鱼切成一块一块的肉做饵料。永兴岛附近鱼很少，距离永兴岛远一点的礁盘，鱼比较多。红鱼、石斑鱼特别多。

在西沙，冯文和上过很多岛。珊瑚岛是刚建的岛，那里的鲨鱼比较多。岛上有草，也有很少的树。岛上也有井，井里有水，但是水里有鸟粪不能喝。东岛上有很多的树。现在东岛不让人上去，怕人抓鸟。永兴岛有政府盖的平房，给领导住，当时有十几个人住在岛上。岛上还有部队守护。如果他们自己带的淡水用完了，就到永兴岛上，与那里的士兵换淡水喝。那里的士兵很好，一般都会给他们淡水。他们也会带一些鱼给士兵们。

东岛拜海神

船只到达东岛，一般都要拜神灵的，因为东岛是他们到西沙的第一站，所以他们在东岛拜神灵。一来让神灵保佑他们此次航海顺利，一路平安；二来也希望神灵保佑他们能够满载而归，多捕鱼，捕好鱼，捕大鱼。

海南省各个地方，祭拜神灵的时间和方式不太一样。比如琼海，他们在出海前也会祭拜神灵，而且，琼海的每一艘船上，除了悬挂我们的国旗——五星红旗外，还会挂各式各样的很多颜色的旗帜。他们铺前的船就没有那么讲究，船上除了五星红旗外，一般不挂其他旗帜。另外，他们出发前也不祭拜神灵，只在东岛上祭拜。

在东岛祭拜的时候，他们不下船，都是在船上拜。但是，祭拜神灵的人是有挑选的，不是每个人都有资格祭拜的。一般是西沙公和船长祭拜，其他船员不拜。

由于是在船上祭拜，所以规模也不大。一般祭拜的时候要摆放猪肉、水果等，有的时候还有粉丝汤。祭品要放在船中央，为了显得尊重。水果中，苹果和橘子是必备的，苹果代表着平平安安，橘子代表吉利。他们也会在船上备一些纸钱，遇到风浪的时候，会撒钱。

祭拜的时候，干工时候的衣服不能穿，必须穿新衣服。船长和西沙公在神灵和祭品面前跪下，祈祷神灵保佑他们一路平安等等。五花肉和粉丝汤一般要撒到大海中，苹果、橘子一般都留下他们自己吃。祭拜完，他们再开船。

俗话说，"走海行船三分命"，"能上山，莫下海"，这些俗语都说明了大海的变幻莫测，以及出海捕鱼的危险。但是，对于"以海为家，以舟为生"的疍家人来说，行船成了他们千百年来不变的生活样式。耕耘眼前这片海，能让他们享受到丰收的喜悦，但更多时候，他们还要面临着大海中潜伏着的种种危险。因此，寻求神灵保佑，成为安慰他们心灵的护身符。

冯文和说："我们祭拜的神灵很多，有祖先的，也有关公、观音、妈祖、伏波公、一百零八兄弟公、南朝公、蔴蓝婆、七星娘娘、龙王等等，这些神灵都能保佑我们。"

有学者认为，海南人们的神灵信仰，具有很强的实用性。他们不会在意佛道不相容，很多时候，玉皇大帝、关公、菩萨、龙王等等，都是放在一起供人们祭拜。这也是海南渔民的朴素真实的想法。只要能够保佑人们平安、丰收，所有的神灵都是一样受到人们祭拜的。

访谈的最后，冯文和还表达了想去南沙的愿望。他说："西沙、中沙我都去过了，还没去过南沙。对于一个以海为家的疍民来说，我特别想去南沙看一看。但是现在去南沙要办很多手续，不好去。"最后，他还讲了一些航海经验和顺口溜，例如，南边红，就来南风了；正月有风，二三月份没有风浪。

采访结束，从铺渔村出来，几位老人都叹息说，现在知道以前的历史的疍家人是越来越少了，随着时间的流逝，去西沙捕鱼的人也渐渐地不在人世了。健在的人，年龄也越来越大，身体和记忆力都不如从前了。他们希望疍家人子孙后代能够记住西沙的那段历史，也希望其他人能够更多地了解疍家人。虽然铺渔村的疍家人去西沙的次数不是很多，但是，他们对西沙的回忆，对西沙的开发经营，一直都在关注着、持续着。海洋是疍家人的家园，是他们世世代代生活的地方。尽管上岸了，但是流淌在血液中的海洋情怀，是永远不会隔断的！

梁清光：用《更路簿》记录南海

梁清光生于1933年，是三亚市南海新村的一位老疍民，祖籍广东顺德，大约清朝时迁来，目前家族已经有200多人，可以说是个大家族。梁清光从几岁时就开始随父亲出海捕鱼，并多次前往西沙、中沙等海域捕鱼作业，一生与海"搏斗"60多年。他手中持有一本流传多年的《更路簿》，还有两本自己依据多年航海和捕鱼经验写的《一年流水伏急在此》和《航海日志》，近几年他还依据自己当年去西沙的经历，写了简短的南海回忆。由他持有和书写的《更路簿》包含了从广东到海南省各岛屿以及海南省内各岛屿之间的航程、航线、渔场资源、海底障碍物、生产作业日志等内容，资料非常丰富。

笔者曾经多次采访梁清光，向他请教《更路簿》的相关内容。在采访的过程中，梁清光老人始终保持着很高的热情，对笔者提出的问题，不厌其烦地进行讲解，并应邀写下了他的回忆录，回忆当年自己前去南海诸岛的经历，为我们了解当年的情况提供了非常珍贵的材料，他的这种精神令笔者十分感动。

梁清光（笔者 2018 年摄）

梁清光老人虽然读书不多，仅在小时候读过四五个月的书（类似私塾形式），但他非常勤奋好学、善于思考，尤其特别喜欢看书，不打鱼的时候就会看书，平时也会写诗，1976 年被榆港大队党总支评为"先进生产者"。本书的记录，是依据笔者多次采访，整理而成。

梁清光的早年学习经历

梁清光能在捕鱼时书写记录，这在 20 世纪海南省众多渔民中是十分难得的。据梁清光老人回忆：当时渔民们一般在三月到八月出海捕鱼。而八月后闲下来了，渔民的孩子就会去岸上指定的棚子里读书，老师来讲课。过完年以后，开始出海打鱼。而不打鱼的孩子会接着读书。梁清光爷爷辈以前没有读过书，读书是从他父亲辈才开始的。梁清光在读书时非常刻苦认真，说能够有机会读书是非常难得，也是非常幸福的事情。正是由于他在那段时间刻苦读书的经历以及认真钻研的精神，才有了后期在出海捕鱼时能够作出准确的判断并将之记录下来。可以说梁清光是当时渔民中的"知识分子"。

梁清光年轻时给人做过艇仔，在做艇仔时他学到了很多航海知识和捕鱼技术，并很幸运地获得了一本《更路簿》。与空闲时热爱读书一样，他在做艇仔时也是非常勤奋好学。他说，正是因为他的勤劳和积极，才赢得了一起捕鱼打工的艇仔的信任，一位艇仔将家中祖传的一本《更路簿》送给他，让他看。这个簿子记录了海南一整年急浮流的海洋知识，广东省各港口到海南岛各港口之间以及海南岛周边海域港口之间的航程航线，对他后来的出海起了很大的帮助。

梁清光的航海经历

同当时大多数疍民的孩子一样，梁清光才几岁的时候，就跟着父亲出海了，一直到70多岁。60多年的航海经历，让他经历了不少大风大浪，也积累了很多航海经验。

梁清光讲，跟着父亲出海捕鱼的时候，家里只有一艘小船，是父亲在广东买的，有六七米长。他就随着他父亲在海南周边的海域捕鱼，主要集中在三亚以及文昌。特别是文昌的十日洲，那里的渔场资源很好，鱼很多。后来，木船、机船、机拖船、机帆船、铁船、翘尾船，几乎所有的船只类型，他都经历过，也去过越南、广西、广东江门一带捕鱼作业。五六十年代以后，也会偶尔出海到中沙、西沙等地。渔民们也会到香港、澳门去卖鱼。

谈起当年的出海经历，梁清光显得很开心，他说，虽然出海捕鱼很辛苦，很累，但是，看到各种各样的大大小小的鱼，也非常高兴。多年的航海经历，经历过很多难忘的事情，尤其1956至1957年去西沙的情景，至今还记忆犹新。

当时，大队派人前去西沙，一是要去那里捕鱼，二是要保卫海疆，保卫国土。去西沙是要经过报名选拔的，能够选上是一件很光荣的事情。很幸运的是，梁清光被选上了。他说，一想到能够去西沙，当时特别激动，也有点担心，毕竟之前都是在文昌、三亚等近海打鱼，第一次去那么远的西沙，也不知道去多久。

但是，当时毕竟年轻，大伙儿一起在船上，看到蓝蓝的一望无际的大海，很快地就热闹、兴奋起来。一艘船上大约20个人，都是男女混住，已婚人住在一起，年轻人住在一起。年轻人主要住在甲板的房间，而老人住在船舱，一船人热热闹闹的。在船上，什么都吃，他还记得当时抓到咬渔网的小老鼠，用酒泡一下就直接吃了。

那次去西沙很顺利，西沙的鱼很多。大概待了三四个月，岛礁上没有房子，也没有人居住，远远地看见树木。也有很多小鸟，大大小小的鸟都有，它们飞得很低，几乎一伸手就能抓住。

只可惜，现在的人，很多都不再出海打鱼了。说到这里，梁清光稍微有些低落。近几年海港情况不好，家里的船都已经卖了。儿子、女儿们都在外面工作。现在家里就只剩下小儿媳和正在上初中的孙女。梁清光老人的手机里还存着大孙女就读的大学、专业。

梁清光的航海知识

正月初一、二日：寅时流东，午时退西。初三、四日：卯时流东，未时退西。

初五日：辰时流东，申时退西。初六日至初八日：俱伏流。

谈起这些，梁清光满脸的兴奋，他说，几十年的东西了，一直都在脑海中；闭起眼睛，也能想象到海水的涨潮和退潮。

60多年的航海经历，加上勤奋钻研的刻苦精神，梁清光积累了非常丰富的航海知识和航海经验，上面的流水情况，就是他根据多年的经验观察总结的。他发现水流有规律，再加上前人积累的经验所得，他将其写成《一年流水伏急在此》的本子加以保存。

除了掌握流水情况，梁清光还积极学习其他航海技术与捕鱼技术。譬如，他根据渔场资源、渔场位置，详细地记录下捕鱼情况，并根据海图以及卫星测图,记录下每一个海底障碍物的具体位置;另外,他还改进了拉网技术,把撒网的具体位置、角度、硬度,以及周围的水下情况等一一作了记录,为我们了解海南岛各渔场资源以及周边环境提供了非常珍贵的资料。

梁清光的《更路簿》

梁清光家有三本《更路簿》,其中一本是用蓝色钢笔竖排写的,我们称之为第一本《更路簿》。这本《更路簿》梁清光看了很多遍,并作了注释。另外两本是梁清光本人根据多年经验和捕鱼经历书写和使用的,写在笔记本上,横排书写。

(一)梁清光的第一本《更路簿》。据梁清光介绍,他的第一本《更路簿》是他在20多岁的时候,从文昌那边借来的,后来一直使用。该本子封面印有"北京 天坛"的字样,里面纸张已经泛黄。该本子内容用蓝色钢笔竖排书写,因为该本子不仅记录了海口的涨潮退潮情况,还记载了从广东各港口到海南岛各港口的航程、航线,以及各港口的位置状况,非常有用。他看了很多遍,还认真地用铅笔做了注释。

(二)梁清光的第二本《更路簿》。梁清光的第二本《更路簿》也是写在一个笔记本上,封面有"锻炼"二字,里面写着"奖给 梁清光同志 七六年被评为先进生产者 榆港大队党总支 1977.1.30."。据此,可以推断出该本子所记内容,应为1977年以后。据梁清光自己讲述,他是在40多岁的时候开始记笔记的。梁清光出生于1933年,40多岁的时候,也就是20世纪70年代前后。但是,里面所记内容,有一个明确的时间:1976年6月30日,这与该本子1977年1月30日有出入。问及此事,梁清光老人说时间太长了,也记不清楚具体哪一年了。

据梁清光讲述,该本子里面的内容都是自己写的,是关于怎么捕鱼、怎么撒网、出海捕鱼的位置等等。笔记本里面有自己手绘的渔网图,主要

梁清光的第二本《更路簿》

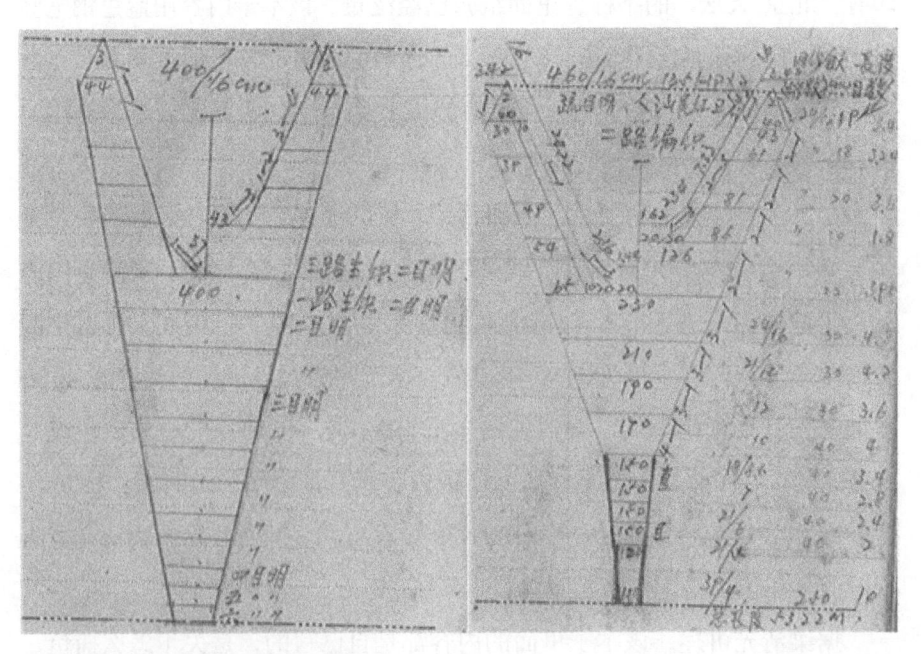

梁清光所绘制的拖网结构图

画的是拉网的位置，从哪个口拉，拉网的方向、硬度等，这是他根据自己捕鱼经验作的记录。此外，该本还记录了海南岛几大渔场拖网的位置，对我们研究海南岛渔场资源，具有非常重要的参考价值和意义。

梁清光的第三本《更路簿》

（三）梁清光的第三本《更路簿》。梁清光的第三本《更路簿》，也是他自己写的，写在一本名为《上海日记》的小本子上。该本子里面内容都是横排书写，出现"卫星测""海图测"等标记，所标各港口位置，也都采用的是经纬度。里面内容，也有记载1998年至2005年的鱼情状况，梁清光介绍说这是他50多岁时写的，可以推断出该记录是20世纪80年代开始写，一直到2005年前后。里面所用笔迹，有蓝色钢笔、黑色钢笔、铅笔、蓝色圆珠笔、黑色圆珠笔等至少五种不同颜色，可以看出该笔记本经过多年修改、补充。梁清光讲，他写这个本子的时候，是抓鱼的时候用来登记的。一般人打鱼不会记录位置，但是他会在自己打鱼的地方作记录，标记地点坐标、流水情况，这样能分析鱼聚集的地方。另外，他还记录山对准的位置，记录下经纬度位置，判断船的位置。

梁清光的三本《更路簿》所记载的内容，既有前辈的经验总结，又有他自己的修改补充，里面包含的内容非常丰富，值得我们细细研究。

梁清光的南海回忆

梁清光的南海回忆主要是近几年梁清光根据自己以前的航海经历写的回忆自己到南海诸岛的事情以及航程航线，一共6页纸。根据纸张以及笔迹的不同判断，回忆录是不同时期写的。

说起这些的时候，梁清光说："自己到西沙、中沙的年代久了，有些事情也记不清了，但是，这些年南海争端的事情我也时常关注，我要把以前的经历记录下来，是为了让人都了解，我们海南渔民世世代代都在南海捕鱼作业，南海一直以来都是我们的。"本书选取了他回忆录中的一部分：

1959年十二月份，人民公社三个大队（两个大队有拖风船），榆港大队有拖风帆船十几只，后海大队几只，西洲大队没有，共21只。公社干部就组织一个生产大队到西沙群岛既捕鱼又保边疆，21只船为六张大扛坛，其中分三个组，每个组二张大扛坛（每一张大扛坛劳力22人）。

1959年农历十二月卅日晚，到清澜港等风。正好是5级东北风—东风。当晚（就在清澜港口）闪灯放船，更路152度188里卅日晚夜（初一日一天一夜，初二日12点到永兴岛）（约船速要六节水）32个小时。

分头各组到各个渔场生产（我一张网在永兴头水梁20米日产水车鱼一百余担）。在丑未南石沙塘，水深15—20米，日产贯尾鱼几千斤。又转到巴兴岛（要5—6个小时），在双帆石，日产割指刀鱼几千斤。水车鱼也有日产几千斤。又开三排杉（石墩）水车鱼日产一百余担。在三圈南（石墩）水车鱼日产几千斤。又下大圈大鳞鱼（上杉二三米水，日产百余担，捉了几天。又到大圈东边，暗15—20米，黑亦吹几千斤）又开到白土仔沙岛，要一更船2个小时到。在白土仔北边，捉一群贯尾鱼五六十担。有一天在二圈东北边网产一二千斤水车鱼，晚夜钓石斑鱼、红鱼、鲨鱼、大斑鱼等，约五六千斤。三圈去过，水车鱼少，其他鱼也少。

尽管已经十多年不再出海了，但是，与大多数疍家老人一样，梁清光对南海海域有着非常深厚的感情。他说，疍家人世世代代以打鱼为生，大海就是疍家人的家，是疍家人的生存父母。可惜，目前出海打鱼的疍家人越来越少了，很多人把船都卖了，开始打工。所以，他常常到三亚疍家文化陈列馆，看看这里的老照片、老文物，与当年一起出海的邻居、朋友叙叙旧，回忆一起出海打鱼的情形。

郑石喜：老书记的南海情

如约来到疍家文化陈列馆，只听见一阵阵的木锯声从屋子里传来。从门口望去，一个身穿蓝色服装的人正埋头干活。犹豫间，干活之人抬起了头，笔者甚是惊讶——这不正是郑书记吗？怎么他竟然在做木匠活？

亲手打造的南海疍家文化陈列馆

"木匠活对我来说是小菜一碟，你瞧瞧，这些疍家船模型，这些渔网、缆绳等等，很多生产、生活用具，都是我们疍家人自己做的。"郑石喜书记满心的欢喜和骄傲。

指南针，水眼镜，大大小小的船只模型，指导捕鱼作业的西沙、中沙、南沙渔场海图……一件件展品，都留有疍家人南海活动的印记。

三亚疍家文化陈列馆的建立，创始人郑石喜功不可没，从提议、筹建到开馆，郑石喜参与组织了整个过程。郑石喜是疍家人中比较少的受过高等教育的人，大学毕业后分配到大队的船厂当修理工，后来进入到榆港社区居委会，并担任居委会书记。郑石喜说："我们很多人都知道三亚以前是一个小渔村，现在发展成一个滨海旅游城市，但没有多少人了解世世代代生活在这里的疍家人。"

三亚是围绕三亚港发展起来的，榆港疍民社区是其发轫地。后来，随着三亚城市建设的发展，居住在三亚港、红沙码头等处的三亚疍民逐渐告别了世代居住的疍家艇，开始在岸上建造房子，三亚市相关部门对三亚市疍民社区进行城市规划和改造。面对三亚的剧变，郑石喜呼吁适当保留疍民渔村风貌，但遭到外界的质疑。"2005年我提议做疍家博物馆时，有人不屑地回答我'疍家哪有什么文化？'""当时，不仅陆上人看不起疍家人，许多疍家人自己也很不理解，说我们疍家人哪有什么文化？我说，疍家人如何生产、如何生活就是我们的文化！""以前能解决温饱就很满足了，现在生活好了，就需要找回我们的文化。我认为，和黎族、苗族文化一样，疍家文化也是三亚文化的重要组成部分，不能被遗忘，更不能在我们这代人手里遗失。"怀着这样的梦想，郑石喜开始计划筹建疍家博物馆。

建立一座博物馆需要场地和资金，在寸土如金的三亚，选择馆址需要政府的大力支持。郑石喜将馆址选在疍民居住区的南边海渔村，在等待政府审批的过程中，他开始积极着手准备陈列馆的各项工作。首先征求社区疍家人的意见，到广东沙田、中山坦州镇等地考察学习；其次挨家挨户向疍民宣传，收集疍民用过的物品，并和社区其他有声望的疍民一起，搜集整理有关疍民的老照片，和一些高校的老师合作，向他们征求陈列馆筹建的看法和建议。在疍民的不懈努力下，三亚疍家文化陈列馆终于在2015年9月28日顺利开馆，并得到三亚市政府以及众多媒体的关注和报道。陈列馆一共分为八个展区，分别为沧桑岁月、民俗服饰、生产生活、咸水歌谣、大海之恋、爱国情怀等，展示了上千件三亚疍民或捐赠或仿制的藏品，多角度展示了三亚疍民的民风民俗。

在展馆中，"爱国情怀"格外引人注目。这里不仅有很多珍贵的老照片，还有从南海诸岛带来的珊瑚、铁树等物品，以及许多让人敬佩的英雄人物的故事，向人们展示了三亚疍民世代维护、开发南海诸岛的历史传承。

1946年，崖县疍民随国民党军舰收复西沙、南沙照片留念；三亚疍民的好女儿——陈马岭的巨幅照片，并配有毛泽东主席的《为女民兵题照》

"飒爽英姿五尺枪,曙光初照演兵场。中华儿女多奇志,不爱红装爱武装";1974年1月19日,西沙永乐群岛自卫反击作战战友合影留念。特别令人感动的是,在2018年1月19日,西沙自卫反击战44周年纪念日,疍家陈列馆还专门拍摄了一组当年参加自卫反击战的疍家子弟兵合影留念。

三亚疍民对海疆的守卫是一个不断持续的历史过程,展馆还展出了近代以来三亚疍民主动维护南海主权等珍贵的红色记忆照片。特别是2012年,海南省30艘渔船,从三亚水产码头出发,开往南沙捕鱼作业,这是海南省历年来规模最大的捕捞活动之一。在这次活动中,三亚疍民派出了6艘渔船前往,这也是三亚疍民一直引以为豪的维护国家海疆主权的行动。

新旧照片加上文字解读,全面地展示了三亚疍民对祖国的边防建设、海疆建设的历史传承,从而使三亚疍民海疆守护者的形象深入人心。

如今的三亚疍家文化陈列馆,成了三亚市一处重要的人文景观,多次得到媒体、高校、研究者的关注,成为研究疍家文化的重要基地。在陈列馆筹建以及开馆的过程中,三亚疍民的族群意识和族群认同又一次得到强化,并伴之而来的是文化自信。社区的广大疍民,不仅积极响应郑石喜的号召,捐献家中存放的各种物品,为陈列馆出钱出力,而且,在陈列馆开馆之后,也经常会到陈列馆中碰头、聚会,和外人很自豪地说,他们疍家是有文化的,他们世世代代开发、守护着祖国的海疆。

"以前渔业合作社保存了一铁柜渔业海图资料,现在不知去向了。"谈及此事,郑石喜甚为叹息。为了庆祝疍家文化陈列馆的开馆,郑石喜还特地写了一首咸水歌《今天好日子》来纪念:

今天是个好日子,阳光灿烂空气鲜。人欢人笑人舒畅,载歌载舞喜洋洋。

今天日子真是好,祝贺展馆来开张。展馆陈列疍家史,教育后人不能忘。

文化展馆今光辉,各级领导都来睇。赞扬展馆建得好,要求今后传到底。

今逢喜事精神爽，展馆开张文化扬。扬眉吐气人心快，疍民实现心梦想。

用咸水歌来歌唱南海家园

疍家人是喜欢唱歌的，这在历代文献中多有记载。"江行水宿寄此生，摇橹唱歌桨过滘"（清初学者屈大均语），"疍人亦喜唱歌，婚夕两舟相合，男歌胜则牵女衣过舟也"（《广东新语》）。像任何一个热爱唱歌的族群一样，疍家人把喜怒哀乐都唱透了。无论是谈情说爱，还是婚丧嫁娶，无论是白天，还是黑夜，河堤还是树下，男女老幼只要碰到一起，便以咸水歌抒发感情，或独自哼唱，或船上对唱，或搭歌台斗歌，只要兴趣一来，就可以大展歌喉。

"祖辈们没有什么文化，一边打鱼，一边创作咸水歌，这些流传下来的咸水歌，有些写得太美妙了，让人回味无穷。"作为三亚榆港社区居委会的书记，郑石喜深谙咸水歌对于疍民的重要性，也亲自创作许多咸水歌来纪念疍家人的历史和生活，并身体力行地宣传和推广咸水歌。从2011年起，每隔两年，举行一次咸水歌比赛，并举办咸水歌培训班，培养咸水歌继承人。其中，反映疍民生产生活的这些咸水歌中，也有不少反映了南海诸岛的面貌。

祖先漂泊到海南，生活条件好艰难，住在水棚茅盖顶，族外称俺疍家人。出海捕鱼小旧船，风大浪高飘天涯，天不下雨没水喝，遇上台风难回头。疍家捕鱼织麻网，麻网易破心惧慌，不晒麻网又怕闲，日日晒网更艰难。三沙设在永兴岛，前往南沙遥相望。故乡就在三沙市，有情有爱世代传。

一首《祖先漂泊到海南》唱尽了疍家人的喜怒悲欢。诗歌通过新中国成立前后疍家人生活的对比，反映了他们对政府的感恩之情。

> 西沙、南沙和中沙，祖国宝岛我们的家；我们日夜在你身旁，世代靠你永不忘。
> 三沙市委在永兴岛上，前往南沙遥相望；故乡就在三沙上，有情有爱世代扬。
> 三沙繁荣快人心，世代与你从不分；我们天天保卫稳，你日日向上天下闻。
> 三沙是我们的故乡啰，渔船是幸福的希望啰。
> 舰队连心闯南海，闯南海啰！
> 世世代代为祖国贡献，哎啰！

这首《三沙繁荣快人心》，歌颂了三沙哺育一代代疍民的情景。"我们日夜在你身旁""我们天天保卫稳"反映了疍家人对南海诸岛的守卫和维护。

除了这些直接描写疍家人守护三沙的带有一定宣传性质的歌词，在其他的咸水歌，譬如反映疍家人婚姻的歌谣中，也有描写南海诸岛的，譬如，这首《绣条花带送婆家》：

> 渔女梳头对大海，梳头一朵迎春花。花容娇娆含春意，花开富贵映江红。
> 渔家姑娘爱红装，磨刀不误砍柴工，花香四季招财蝶，双双飞上又飞下。
> 妹绣花带工艺精，优质聪明人人夸。引来百鸟试比羽，不气周瑜气才郎。
> 九冬十月媒婆催，吃佐槟榔接礼茶，要问什么做陪嫁，绣条花带送婆家。
> 风雨同舟战大海，远征渔场到三沙。有条花带家安全，红旗壮威我中华。

强国富民得民心，新天新地新国家。花带是我家中宝，做个合格好妈妈。

积极参与南海诸岛的开发和维权行动

除了重视疍家文化，郑石喜还参加了许多守护南海的活动，让他引以为豪的就有2005年、2006年和2012年报名参加开发西沙南沙的维权行动。

2005年12月28日，三亚市政府组织10艘渔船编队开赴西沙、中沙渔场捕鱼。郑石喜担任渔船编队临时党支部书记兼总指挥，郑亚保担任渔船编队临时党支部副书记兼副总指挥，历时30天，2006年1月30日早上回到三亚港码头。

2012年7月12日，三亚市的疍民派出30搜渔船编队，高挂着五星红旗，抵达南沙群岛的永暑礁，庄严地向全世界宣誓我国的南海主权。当时，郑石喜是作为海上航行生产指挥部的副总指挥和海上临时党支部的书记参

疍民船只前往南海诸岛生产作业，郑石喜讲话（三亚疍家文化陈列馆提供照片）

加了此次活动。谈及此事，郑石喜显得颇为激动。

"作为一名中国人，我们有责任、有义务保卫我们的国土。现在南海很多岛屿都被外国占领了。之前，我们常去西沙、中沙抓鱼，那里资源非常好。现在，越南、菲律宾占了我们的海岛。有时候我们开船去，还会遇到他们的船只。"

朴实的疍家人，多年来始终是疍家文化的守望者。为了保存古老的疍家文化，为了守护美好的南海家园，郑石喜所作的努力，所作的贡献，是我们不能遗忘的。再次向老书记致敬，也希望越来越多的人能够参与进来，将优秀的疍家文化发扬光大。

石水德：情系南海 30 年的老船长

石水德，1954 年出生，祖籍广东，祖上大约 200 年前来到海南，至今已经是第五代了，现居住在海南省三亚市渔村路三巷。笔者有缘与石水德船长见过好多次，他不仅和蔼可亲，而且非常热情。在得知笔者一直在搜集研究有关海南疍民的相关资料时，他无私地把自己航行经验总结的《鱼汛记录本》《海底障碍物》捐赠出来，还不厌其烦地解答笔者的问题，后来还把珍藏的《南沙见闻》送给笔者。虽然石水德船长只有 50 多岁，但是已经有 30 多年的航行经验，他对南海的热情、开发和守护，令笔者十分敬佩。

烂熟于心的南海渔场

"南海适合灯光捕鱼的有三大区域。一是永兴岛区域，这一带鱼很多，也是我们来西沙的第一站，以前我们经常捕捞鲨鱼，近些年几乎没有了。永兴岛一带的齐仔鱼、炮弹鱼都很多。二是中沙群岛，2006—2009 年是我们集中在这一带捕捞作业的黄金时期,每天都可以打鱼四五万斤。我的这栋三层楼,就是2006年盖的。后面的房子,四层小楼,是我父母住的,都是用那几年捕鱼赚的钱盖的。三是东岛,高尖石一带,这一带也适合灯光捕鱼。金银岛、中建岛,那些区域适合放钩钓鱼,不适合灯光捕鱼。北礁一带,很危险,那里浪花很高、很大,白白的。围绕着转一圈,要1个小时。退潮时,才有石头冒出来。那里以前没有灯塔,死了很多人,很多船碰到礁石,就沉下去了。我们又称那里为'发财之地',很多以前的商船都是在那里发现的,船上有很多古董。1976年我们很多疍民都去北礁打捞过钢筋,现在很多疍家人住的房子,所用的钢筋都是从那里打捞的。至于南沙嘛,我们去得比较少,琼海渔民去得比较多。那里珊瑚多,适合潜水。不适合灯光捕鱼。"谈到南海诸岛情况,石水德船长滔滔不绝。

石水德船长(笔者2019年摄)

"我是22岁去的西沙,跟着集体大队一起去的。第一次去西沙,就遇到了台风,当时大约有10级台风,我们全部上岛避风。对那次印象最深的就是,那里的鱼真得特别多,有的时候下水去,那鱼就趴在你的胳膊上。红鱼、鲨鱼等什么鱼都有。鲨鱼有几百斤重的,也有一两百斤重的。"石水德船长继续说。

"那时候还没有导航仪,辨识方向就要看经验。有时候我们看太阳。上午9点左右,太阳在东边,我们就大概知道方向了。有时候我们也会根据风向来辨认方向，什么季节吹什么风，我们都清楚的。"

"十艘"疍民渔船西沙、中沙去维权

当笔者问起 2005 年底三亚市渔船前去西沙、中沙远洋捕捞，维护国家主权的事情，石水德船长一脸自豪。

"三沙自古以来就是我们的领土，我们祖祖辈辈都到那里捕鱼。可是，听说现在很多外国船在那里捕鱼。于是，我们决定到西沙和中沙去探探情况。当时我的那艘船是铁船，110 吨左右，造价大约是 220 万元，是政府建造的，我从 2005 年至 2009 年一直租政府的船，租金一年三四十万元。2009 年我从政府手中买下了那艘船，花了 168 万元左右。

"我们大约是 2005 年 12 月底去西沙、中沙的。当时一共有 10 艘船，2 艘木船，8 艘铁船。榆港社区有 6 艘船，船长分别是我、林鸿琪、李亚议（已故）、梁士养、罗亚路、黎关带。其中，林鸿琪和李亚议的是木船。林鸿琪的木船是自己造的，造价大概 120 万元左右。

"还有南海社区的 4 艘船，船长分别是梁亚路、余亚养、卢美德、冯天胜。10 艘渔船大部分都是新建的。那次行动很壮观，很多人都去给我们送行，也有很多人去看。毕竟，以前还从来没有这么大的船，这么多的船一起去。

"那次我们去了一个多月，春节前回来的，虽然以前去过西沙很多次，但是中沙，还是第一次去。中沙茫茫无际，最浅的地方也有 18 米，珊瑚是不露出水面的，一般都是二三十米，中间有 91 米。那里也很适合灯光捕鱼。那次试探之后，我每年都去中沙，每次都是满载而归。

"西沙最多的是齐仔鱼、红鱼、大铁鱼。中沙的哥利鱼、红鱼、白鱼很多。开灯抓齐仔鱼、园池鱼、炮弹鱼。"这次西沙、中沙的捕鱼行动，获益很大。不仅探明了西沙、中沙的渔场状况，而且，广大疍民用自己的实践，维护了海疆，宣示了主权。

无私捐献《更路簿》

二〇〇五正月十八日，注农历，船开始正式开行捕鱼。
17.41.585，108.35.814，二月十九日，12000斤傅刀
18.10.861，109.47.761，二月二十日，牙带1000斤
17.54.435，109.22.277，二月二十日，17000斤傅刀
……

一行行简单可靠的记录，是石水德一年年经验的总结。什么地方有鱼，有哪些鱼，一天的产量如何，哪些地方有礁石，要避开……石水德船长都仔仔细细地记在本子上，这就是《鱼汛记录本》(《每日海情记录》)和《海底障碍物》。

据石水德船长讲述，他从20多岁出海捕鱼，就养成了记笔记的习惯，记下每日的鱼情海情状况。这是他多年的习惯，也是他多年的捕鱼经验总结。本来他记了有五六本，后来搬家的时候，一部分扔掉了，只留下了

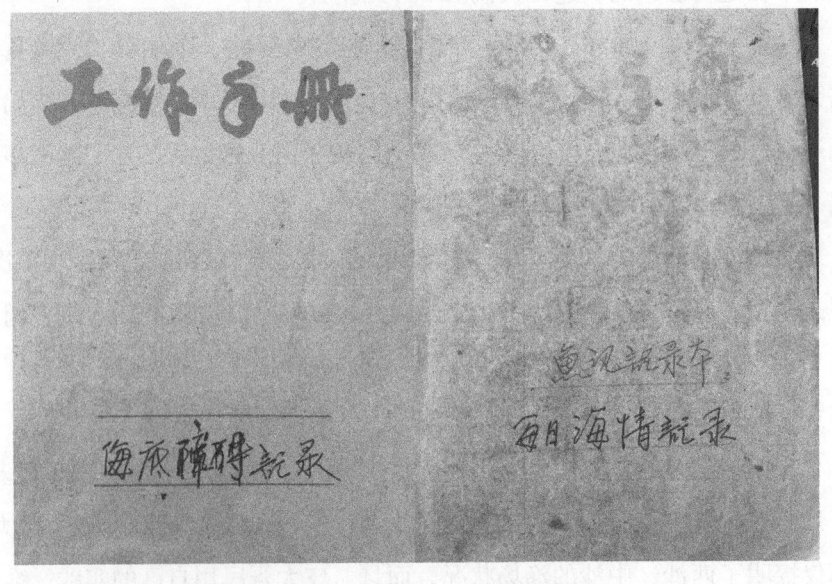

石水德船长根据自身捕鱼经历所写的《航海日志》

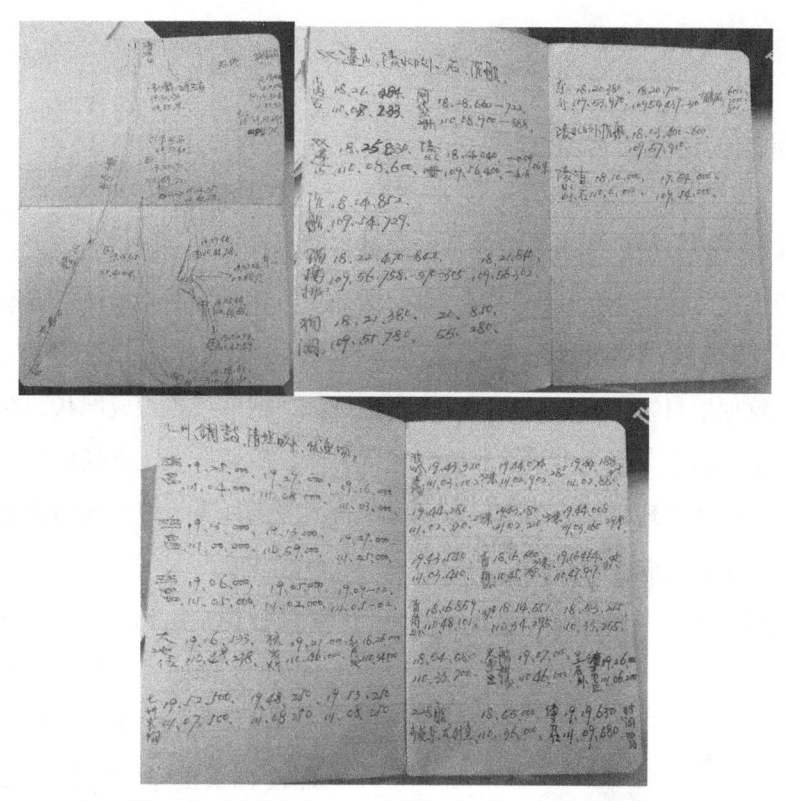

石水德记录的《航海记录本》《海底障碍物》（笔者 2019 年摄）

2005 年以后的两本，还有一些海图。而他，又无私地将两本笔记本捐献给了华东师范大学博物馆。

郭世荣：南海行船经验

郭世荣，疍家人，出生于 1945 年，陵水黎族自治县新村镇人。郭世荣的家就住在新村港口码头附近的两层小楼，一楼是制冰厂，二楼是他工作的地方。他了解并且热衷于宣传疍家文化，是能够代表疍家说话的老人。郭世荣说，大约在 200 年以前，新村的疍民从福建、广东沿海一带迁移过来。郭姓在新村是最大的姓氏，有 2000 多人，他是第七代，出生在海南，到现在为止已经有十代了。

疍家人的生产作业方式

郭世荣说，他们的祖先最初从广东过来的时候只有一艘小船，主要靠钓鱼为生。疍家人世代以海为家，最初的捕鱼方式是手网。据说，疍家人用手网捕鱼的灵感源自蜘蛛织网等待虫子落入网中，以此猎取食物。于是，疍家人就地取材，用麻类植物的纤维制成麻线，把麻线再织成网状，在网脚上绑上小石子。手网大概面积有六七平方米，只适合在浅水领域使用。渔民们站在浅水地带或者船上，看到有鱼群出没的地方，把手网用力抛向海面，就能收获成群的渔获。

之后，疍家人捕鱼的作业方式发展为放钓。放钓是用几百米长的丝线或者麻线制成，每隔一段就绑上一个小鱼钩，鱼钩上挂上小虾或者杀虫作为诱饵。大的有几万个小鱼钩，小的也有几千小鱼钩。他们在出海作业的时候，看到有鱼群靠近，就放下钓钩，鱼群过来哄抢食物就被钩住了。

他们后来又发明了一种更便捷的捕鱼方式——四角网。四角网也是用麻线制成，把它分别绑在四条小船上，四条小船在开往四个不同的方向，中间固定，成对角抛网下去。技术员游在海里，

郭世荣（笔者 2018 年摄）

用水镜观察有没有鱼进网。一旦有鱼群进网，四条小船就往中间摇过来，从中间固定的地方把四个网角收紧。运气好的时候，能收获几百担的鱼。捕鱼技术发展到现在，已经机械化了，船上装上大瓦数的灯，灯光会吸引鱼群进网。现在的渔网普遍不再使用麻线，开始使用尼龙绳，尼龙绳比麻线更加结实耐用。

随着技术的进步，现在捕鱼很多都是采用灯光围网的作业方式：在渔船上方一个挨一个安装上几百盏灯泡，把灯全部打开，吸引鱼群靠近渔船。一个多小时后，把渔船上的灯全部关掉，放下小艇，小艇上安装两盏一千瓦的灯，小艇慢慢跑，让吸引过来的鱼群更加集中，这时候再围着小艇撒网捕鱼。

南海往事

郭世荣说，他在17岁的时候就已经到过西沙。在1965年至1972年期间，他每年都会去西沙和中沙，去过永兴岛、永乐岛、甘泉岛、浪花礁、明德礁等地方。他们一般选择大年初一出海，疍家人认为这是吉日，会有好运。在八月份回来，因为八月份风浪比较大，出海作业会有危险。他们会有公社社长亲自带队，6条以上的船，每条船有13—15人，船约23米长、7米宽、2.5米高，重80多吨。六七十年代出海前不会有什么祭拜仪式，但是全公社的人都会参与欢送仪式，归来的时候有中学生敲锣打鼓地欢迎。

郭世荣讲起出海的诸多往事滔滔不绝。他说，海底的世界异常漂亮，海底有非常多的宝藏。他们有时候也会抓乌龟，但不会买卖或者屠杀海龟，在疍家人的心中，乌龟是有神性和灵性的。他们抓回来的乌龟会精心喂养，希望乌龟可以给他们带来吉祥和好运。抓乌龟是要讲究技巧的，先是把船开到乌龟的附近，再下海到乌龟的背后慢慢靠近，保持安静，抓住乌龟前背的两边，避开脖子的地方。他们还会抓五指螺，把螺肉挖出来晾晒干，一斤可以卖到8元钱，作为一种零食，现在五指螺肉干已经卖到二三百元

陵水新村码头（笔者 2018 年摄）

一斤。西沙的五指螺最多，陵水的疍民经常去西沙抓这种螺肉。

郭世荣说，20 世纪 70 年代的时候，在永乐群岛见到了越南军队，他们国家男女比例失调，女兵非常多，不过越南兵对中国的渔民很尊重。疍家人在捕鱼过程中也会遇到越南的渔民，中国渔民经常给他们一些常用药物比如感冒药等，越南人会三跪九拜以表示感激之情。

疍家人世代都是划小木舟撒网捕鱼，耕海劳作。在 1927 年，陵水新村的疍家人开始制造帆船，借助风力行驶在水面上。由于帆船面积小，虽然可以远洋捕鱼，但是风浪大，路途遥远，常常要漂泊很久才能回来。1958 年，新村响应国家号召搞机械化，花重金买了两条机械船，但是没有人懂得开船的技术，船停在港口，最终被台风打坏。1958 年，新村有人驾驶帆船去西沙，途中得了重病去世，就埋在永乐岛上。

帆船时代的航海经验

郭世荣讲起了在没有先进发达的航海技术和航海仪器的时候，疍家人的出海经验。

首先，要在海图上找出行驶的角度。首先找出 A、B 两地之间的直线 a，再找出直线 a 的垂直线 b，经由海图的指南针中心作出直线 b 的垂直线 c，在指南针上显示的角度即为行驶所需的度数。如图所示：

其次，按照罗盘的方向行驶。找出两地之间行驶的度数，把指南针的指针指向要求的度数，用红绳和指南针上的度数重合，把红绳固定下来。在行驶过程中，如果指针偏离了红绳，说明船就开偏了，这时候需要调整船的行驶方向，一直保持红绳和指针方向的重合。

最后，要计算起点到终点的距离。除了行船的速度和时间，还要综合考虑水流和风向的因素。如果水流和风向相同，测定的距离误差就会比较大；如果水流和风向相反，正好弥补误差。在帆船时代，疍家人去南海一般选择顺风方向，这样可以缩短行程的时间。如果是逆风行驶，就比较考验船长的灵活性，船长要有丰富的航海经验和过硬的航海技术，由于船的

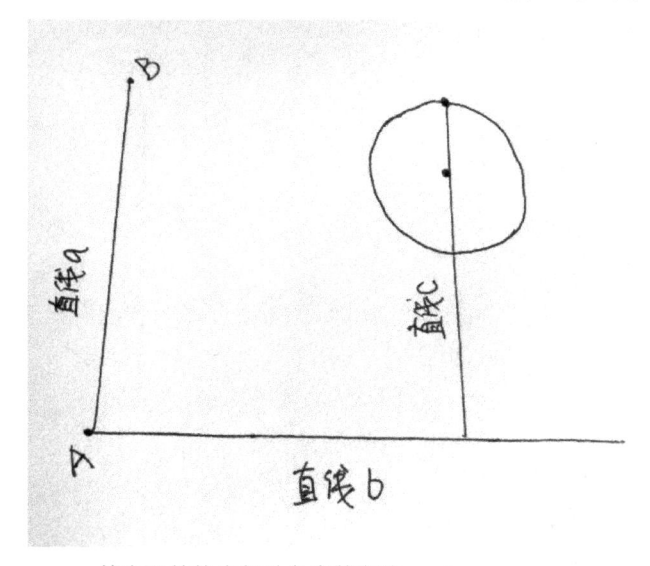

笔者手绘找出行驶角度的方法

行驶要和风向成45度夹角，这时候就需要成"之"字形开船。

在帆船时代技术不发达，疍家人会借助一些原始方法来判断水流方向和水流速度。把烧完火的灰用水和成一个小球，把它扔到水里，重的部分就会沉下去，轻的部分就会飘走，由此可以判断出水流的方向。水流方向一般为东南方向和西南方向，不会是南北方向。同样的方法也可以测试水流速度，如果把用灰制成的小球丢到海里，球立马被吹散，说明水流速度很急，这时候就不利于出海。

在大海中航行，时刻充满着危险，尤其要注意目观四方、耳听八路。看是要注意观察海水的颜色，一般情况下，风平浪静的时候海水呈深蓝色，这时候意味着航行在深海区域。如果海水颜色呈现出淡黄色，就说明水中有沙土，接近浅水领域，

罗盘的使用（笔者摄）

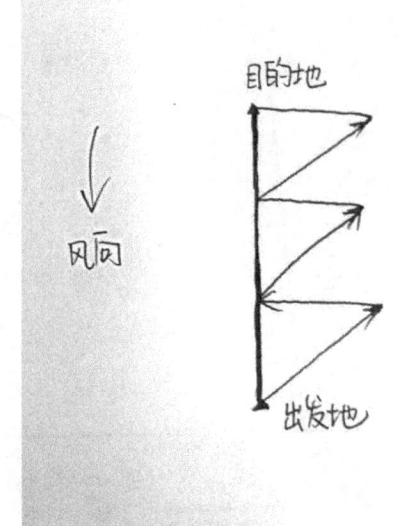

笔者手绘逆风行驶时"之"字形开船

为防止船只搁浅，应立即转变行驶方向。在夜晚的时候，还可以观看头顶的星星来确定方向。在冬天出海时常会碰到大雾的天气，能见度非常低，一不留神就会撞到障碍物。这个时候，我们就要用耳朵来听，如果听到浪打的声音，说明船离浅滩比较近，还要判断出浪打的声音是从哪个方向传过来的，随时作好转换方向的准备。

虽然在早期航海技术不是很发达，但是勤劳聪明的疍家人会利用前人的经验和智慧去解决一些实际问题。比如迷路的时候可以依靠海鸟来辨认方向，海鸟的生活规律是日出而作日落而归，在茫茫大海上，海鸟就是渔民们的领航员。早上海鸟出去捕食，依此可以判断鱼群的位置；下午三点海鸟回窝里，说明附近有岛礁。

在古代，由于缺乏科学知识，航海是一项冒险活动。疍民世代以海为家，从事海上活动不仅需要过人的胆量，还需要丰富的航海经验和捕捞知识。比如什么时候涨潮，什么时候落潮，什么时间是急流，什么时间是平流，水流方向是怎样的，途经哪些地方等，这些规律被前辈记录下来并编写成《流水簿》。《流水簿》是疍民航海经验的结晶，其中涉及十分丰富的天文、地理、航海和民俗等方面的知识，是疍民开发南海的有力证据，印证着中国在南海诸岛及其临近海域拥有无可争辩的主权。当询问他是否还保留着《流水簿》时，他说，早期很多人手里都有，后来都烧毁了，再找就很困难了。《流水簿》的遗失非常遗憾，因为它是我们维护南海主权的重要依据。

谈及为什么会到南海捕鱼，郭世荣说在20世纪六七十年代去南海捕鱼主要是服从国家安排。那时候国家需要研究鱼的种类，而南海渔业资源丰富、品种繁多，为了配合政府，疍家人披荆斩棘，远耕南海。这在一定程度上也说明了疍家人对维护国家利益、促进国家发展起到了非常重要的作用！

林鸿志：追随祖辈足迹，一名轮机长的南海经历

林鸿志，疍家人，1955 年 9 月出生，现居陵水黎族自治县英州镇赤岭村。他的祖上从广西迁移过来，到他已经是第五代了。本村其他的疍民多是从广东和福建一带迁过来。林鸿志的祖上先到三亚后海一带生活，后来搬迁到陵水新村，1973 年从新村又搬到赤岭，从此便在赤岭定居下来。林鸿志的父亲还生活在三亚后海。林鸿志高中毕业后参加集体生产劳动，后随大队一起去往西沙开发渔业资源。1977 年，林鸿志被保送到广东省水产学校进修一年，学校开设的专业有养殖、捕捞、轮机和报务等，他在学校学的是电台报务员。林鸿志从广东省水产学校进修回来当轮机员，两年之后做了轮机长。1987 年至 2007 年期间在赤岭村委会做书记，退休之后，开一艘小船在附近打鱼维持生活。

疍家人终年在海上漂泊，居无定所，一条船就是他们全部的家当。随着社会的进步，疍家人逐渐获得了人们的认可，他们在岸边建起了疍家水棚。疍家水棚非常简陋，用木头做桩插入水底，用旧的船板铺地，椰子叶编织做外围，茅草做棚顶，竹板做门窗。在海边的疍家水棚风吹日晒，又易受海水的腐蚀，一般选用坚硬结实的马尾松做木桩。赤岭的疍家人于 20 世纪 70 年代上岸居住，政府给每个家庭补助 300 元，不分一家人口多少。在陆地上建造的第一批房子大部分都是从海底捞的

林鸿志（笔者 2018 年摄）

珊瑚做的，现在还有一些旧房子可以看到珊瑚的影子。2004 年，赤岭的疍家房子全部翻新，变成了清一色的漂亮瓦房。

赤岭港口停泊着 200 多条小渔船，只有几艘稍微大一点的渔船。林鸿志说："20 世纪六七十年代，赤岭有 200 多艘大渔船，疍家人去过西沙、中沙和南沙。刮台风的时候，大船停在别的港口避风，有专人轮流去看守。赤岭港口太小，只能停小船，过去的大船已经报废，久而久之没有大船了。这些小船也只能在赤岭附近一带抓鱼，抓的鱼也大多像筷子那么大的公仔鱼。海水有污染，现在连这些小鱼也难抓了！"林鸿志叹息之余讲起了自己曾经闯西沙、中沙和南沙的经历，脸上浮现出疍家渔民的自豪。

数次下西沙和中沙开发渔业资源

1976 年、1977 年，林鸿志为响应政府号召，连续两年前往西沙开发渔业资源。此行有新村的两条 80 马力的"三八号"渔船和赤岭的两条 20 马力的渔船，分别由黎善利（已故）和梁华欢带队，船长是梁亚清、梁定章（已故）和黎善吉（已故），林鸿志做轮机员，管理机器。

1984 年 2 月，赤岭两条 120 马力的木机船（梁华欢带队）和三亚两条 120 马力的木机船、一条 150 马力的铁船再次前往西沙的永兴岛、东岛、永乐群岛和七连屿等岛屿，林鸿志做轮机长。这次的主要作业方式是四角围网和手钓，四角围网主要抓的是水青鱼，手钓一般是石斑鱼和红鱼。

"我们在西沙钓的鱼卖到西沙水厂，又去中沙群岛待了一个星期。中沙的水太深，放不了四角围网，只能采用钓鱼的作业方式。在永乐群岛和中沙群岛中间有一条航道，在'三脚'和'四江'的地方钓鱼（'三脚'和'四江'在海图上找不到，这是疍家人对此地的称呼）。用小鱼仔做饵料，直接用鱼线钓，钓上来的一般是红鱼和石斑鱼。中沙的鱼不多，收获也不太大，这里比较适合搞灯光围网。四五月份时我们就返回海南岛。"

在南沙遇到三次台风

1994年6月，林鸿志随渔船前往南沙开发渔业资源，此行有两条木机船，分别是赤岭村委会的240马力渔船和新村管理区海鸥村委会的210马力渔船。渔船从赤岭港出发，途经万宁的大洲岛和西沙的永乐群岛，最后到达南沙。此行由梁华欢带队，林鸿志做轮机长。

这一路上充满危险，出海不是很顺利，海鸥渔船的机器在第一天便出了故障。每条渔船有两个机器，海鸥渔船只能用一个机器继续往前开，速度比较慢，赤岭的渔船只好拖着海鸥的渔船。第二天下午3点，赤岭渔船的一个机器也出了故障，勉强支撑到西沙。在西沙停留了一个晚上，赤岭的渔船机器修好了，新村的没有修好便又上路了。

到了南沙，先去铁礁报关（铁礁是疍家人的叫法）。到南沙的第二天夜里11时，铁礁刮起了11级的台风，两条船顺着风浪，漂到了78海里之外的赤瓜礁附近。赤瓜礁不是一个岛，礁上有我国部队驻守，涨潮时白茫茫一片，落潮时露出一些珊瑚石。凌晨2点，赤岭渔船中间240马力的主要机器出了故障，另外还有150马力的机器装在边上。船在行驶中开始偏了，浪打上来，船上的水瞬间就到了膝盖。林鸿志说："船员开始有些慌乱了，我让梁华欢船长把船停下来，说需要五分钟来修机器。结果，三分钟就修好了，可以临时使用。轮机长在船上的作用很重要，一旦机器出现故障，要能很快地妥善解决问题。"

林鸿志说："到了赤瓜礁，我用了大半天时间把赤岭渔船的机器修好，第三天在太平岛附近把新村渔船机器也修好了。在太平岛海域停留了一夜，我们听见台湾的部队用对讲机喊话：'这两条渔船停留了一个晚上，上去检查一下。'我们用望远镜看到台湾部队开着小船过来了，我们开着渔船迅速离开，他们也就没有继续追赶。

"我们在南沙期间一共经历了三次台风，第一次是11级的台风，第二次和第三次是8级台风。我们去了太平岛、赤瓜礁、永暑礁和渚碧礁等

32个岛礁，没有了粮食和油料就拿鱼和部队做交换。我们本来打算在南沙待一个月，最终两个月才返航。"

海鸥的渔船主要是放钓抓鲨鱼，收获不大，最后改潜水捞海底的铁树，又叫海柳。海柳的名字很形象，因像陆地上的柳树而得名，质地柔韧，形状奇特，可以加工成漂亮的工艺品，还有很高的医药价值，被称为"海底神树"，当时每斤可以卖到十几元钱。赤岭的渔船主要是搞灯光围网作业，南沙的水深不太适合围网作业，渔获不是很大，两个月一共抓了3万斤鱼，主要是红鱼和石斑鱼。"那时候还没有冰，抓的鱼要先处理好，否则就会坏掉。每一条鱼的嘴巴里都放上盐，在仓库码好放整齐，放一层鱼加一层盐，隔儿天用石头或者木板压一下，这样鱼才能充分地吸收盐分，肉质也会更加劲道鲜美。"

提及对南海的感受，林鸿志说："虽然自己常年与大海为伴，但还是为南海的博大辽阔感到震撼！"远处的蓝天白云和一望无际的海域融为一体，天水相接，浩浩汤汤，人世间的万物莫不是沧海一粟！疍家渔民脚下的大海深处，更是蕴藏着数不尽的宝贵资源。我们的祖先凭着风帆木船与南海的风浪搏斗，成为南海的主人，这需要多么巨大的勇气、非凡的智慧和顽强的意志！我们对于祖国辽阔的认知只是来源于书本，听疍家渔民讲起这些惊心动魄的远洋经历，才对祖国的伟大和自豪有了更加真切的体会！

郭科清：西沙是疍家人海钓的天堂

郭科清，1969年出生，疍家人，陵水黎族自治县新村镇人，祖籍广东顺德，搬迁至此，到郭科清已经第六代了。郭科清小学一年级是在流动小学读书，每艘小船有四五人，只有语文、数学和音乐三门课程。另外，结合渔民的身份，老师也会教如何识别海上的天气、如何分辨鱼的种类、如何判断鱼群以及如何捕鱼。郭科清说："在流动小学的这一年收获很大，很多捕鱼知识都是在流动小学学到的。"1977年，疍家人在陆地上有了稳定的居所，孩子们不用再随船生活，流动小学正式落户陆地，这就是渔民小学的前身。郭科清二年级的时候已经上岸读书，这里每个班有40人，开设了语文、数学、音乐、绘画和体育等课程。

乘着改革开放的春风，有些疍家人凭借着自己的努力和勤劳逐渐走上了富裕的道路。他们决定自己造大船、闯深海。2011年，郭科清有了一定的积蓄，花了20多万元造了一艘15米长、240马力的铁船。从2012年开始，每年过完春节，郭科清就会开船带着妻子、两个儿子和一名请的工人去永兴岛钓鱼，至此已经去了6次了。过完春节，受季风洋流影响，鱼类资源比较丰富，气候比较好，不会有台风。后半年台风比较多，而且渔船的补给也不能坚持太长时间。所以，郭科清每次去两个多月，到四五月份的时候回到新村港。

"每次去永兴岛的时间是计算好的，下午5时从新村港出发，第二天早上6时到达110海里处的江道停锚，让机器和人都休息一下，上午11时出发，下午6时到达距江道55海里的永兴岛，夜里刚好钓鱼，不会浪费时间。我们不带渔网，主要是钓鱼。西沙的海水太清了，鱼看到有人不敢上来，所以，我们白天休息，晚上钓鱼。钓鱼的饵料用小的竹池子，钓的鱼种类主要有白金枪、

郭科清（笔者2018年摄）

金枪和红鱼,直接卖到永兴岛。白金枪每斤能卖16元,金枪每斤能卖20元,中等的金枪鱼一般有三四十斤,大的有200斤。红鱼全身红红的,儋州人俗称为'儋州红',红鱼一条基本有20多斤,每斤能卖20多元。去西沙虽然远了一些,辛苦了一点,但收入还是很可观的。"郭科清带着特有的"西沙黑"笑起来。

"我们常年生活在海上,也会寻求心理依托。永兴岛上有一百零八兄弟公庙,每次上岛第二天一早一定要去拜兄弟公,带上鸡、猪肉、苹果和香,保佑我们出海平安顺利,抓鱼多多。"

郭科清说:"现在永兴岛上的设施很完备,生活也很方便,有商店、邮局、电影院、网络,吃烧烤、喝啤酒的地方也有,劳作的渔民们累了,吃点烧烤、喝点啤酒最是惬意。我们有时候也会去东岛钓鱼,东岛离永兴岛23海里。东岛上树多、海鸟多,却不像永兴岛那般热闹,东岛不许人们随便上岛,怕惊扰到海鸟。东岛上海鸟下午3时回岛,二三十只成一队,渔民们如果迷路可以跟着海鸟的方向走,绝对错不了。"

像郭科清这样的船老大在海上捕鱼,在很多人看来是个人行为:船是自己出资造的,家庭式出海,卖鱼所得归个人所有。但这绝不仅仅是纯粹的个人行为,他们每次在出海之前都要得到政府的批准和报备,是在国家许可范围之内开展的生产活动,这充分体现了国家的主权和对海洋的管辖权。疍家人靠海吃海,世代在西沙经营生产,侧面反映出对国家主权的维护。

梁小妹:数次下西沙,行走生存在苍茫大海

梁小妹,疍家人,1959年出生,现居陵水黎族自治县新村镇。梁小妹兄妹11人,排行老三,父亲早逝,只有母亲一人支撑着这个大家庭。梁小妹在随船的日子,有幸在船上的流动小学读了几个月的书。老师每天划着小舢板把船上的孩子接到一起读书,上课的船一共有4条,每条船上有

两三个孩子。在流动小学的经历，让梁小妹识了一点字，学了一些抓鱼的技巧。

梁小妹 18 岁的时候就随二哥一起去西沙抓鱼，从新村港途经万宁的大洲岛再到甘泉岛，两天一夜可到达。此行有一艘约 20 马力、11 吨位的机船和两艘约 6 吨的风帆船，机船上约有 10 人，风帆船上有 7 人。帆船只有头帆和中帆，只有大型的帆船才有尾帆，没有风的时候就把风帆船绑在机船上，有风的时候就自己开着。

梁小妹说："我们是农历腊月过去，来年四月份才回来。我们一到西沙，先去永兴岛指挥部报到，指挥部就会发电报到我们的大队，说我们的渔船已经安全到达。因为那时候通信不是很发达，造船技术也没那么先进，我们出远海，家人都会比较担心出海安全。如果有台风，我们去永兴岛避风，指挥部也会给大队发报平安。我们主要在甘泉岛、永兴岛和东岛海域一带抓鱼，把鱼卖给永兴岛的指挥部，部队给我们提供淡水、米、糖和饼干等。指挥部把鱼分配给建设西沙的工人，那时候正是西沙大搞建设的时候，建

前排右一为梁小妹（笔者 2018 年摄）

机场、码头和通信设备等。西沙有不少的建筑工人。第一次去西沙，也是第一次在离家这么远的地方过年。部队把渔民都聚起来，一起在永兴岛看宣传队的慰问演出。"

梁小妹说："我们的作业方式主要有两种。第一种是四角围网，把拖绳拴在船的桅杆上，四条小船向四个方向分开一定的距离，渔网在船的中间潜入海底形成漏斗状，当鱼群随着水流进入渔网，小船再向中间聚拢而来，人工把网拖上船。第二种作业方式是放钓，放钓又有单钓和连钩。单钓一般都是钓大鱼，如金枪鱼、鲨鱼和红鱼等。连钩就是把鱼钩隔开一定的距离连在一条主钢线上，借助坠砣和浮漂的相互作用，让鱼钩悬浮在一定的水层。连钩作业的时候需要注意，主钢线都很长，有时候长达几百米甚至上千米，上面挂满钓饵，必须按顺序放下海，隔一定的时间又按顺序把钓钩收上来，盘得整整齐齐，否则就会乱线。"

此后，梁小妹又数次随家人南下西沙。这名勤劳又质朴的疍家女性，虽然已经是花甲之年，依然操舟弄楫、耕海牧渔，以自己固有的方式守护着自己的小家庭，经营着南中国的海域。

梁宁海：老船长畅谈西沙耕海时光

梁宁海，疍家人，1949年3月出生，陵水黎族自治县新村镇人。他的祖上是从广东汕头、汕尾一带迁移而来，至他已经是第六代了。梁宁海9岁开始在新村小学读书，成绩优异。1963年，一场大台风打翻了大队里一艘渔船，梁宁海的父亲去救船员，不幸砸断了一条腿，一家人的生活支柱轰然倒塌，梁宁海高小毕业就回家承担起了养家糊口的重担。

疍家人长期在海上漂泊，四海为家，其子女跟随父母出海捕鱼，很难有机会读书。1969年，红海大队打破常规，创办了一所海上流动小学。教室就设在船上，用木板和房门代替黑板，用水桶当课桌。每年二月至九月渔业生产的旺季，海上流动小学就随船出海，渔船在哪里生产作业，学校就在哪里上课。渔业生产的淡季，渔船回港就地集中教学。渔船上的老师有三种：上级调任的公办教师；大队挑选的政治思想好，热爱教育事业，有一定教学能力的贫下中渔或回乡知识青年的民办教师；大队抽调的有一定文化基础的疍家渔民义务教师。他们不脱离生产，在渔船分散作业时，以船为单位，利用工余时间给学生上课和辅导。

梁宁海就是"赤脚教师"之一。他说："正式教师每月享受30元的工资待遇，民办教师合理给予报酬，我们是靠打鱼和授课计算工分。"上课的时候，老师们驾着小舢板迎着风浪把学生接到大渔船上。流动小学开设了语文、数学、音乐和常识4门课程，常识课是老师们一起编写的教材，传授学生如何分辨鱼的种类、如何捕鱼、如何识别海上气象等。梁宁海说："疍家人靠海吃海，海上航行有很多不确定因素，要学会识别天气。这些经验都是老一辈的人传下来的，不听老人言，世世打破船，我们都谨记在

流动小学上课场景（梁宁海提供）

心,并且把这些经验传给下一代。比如:'东边闪电,雨重重;西边闪电,太阳红;北边闪电,惹南风;南边闪电,惹关公(有台风)。''三月东风,晒死草;四月东风,泊船早。''五月初三四,六月十一二,没有风就有雨。''闪电越低,台风越近。'"

梁宁海16岁的时候就随海燕大队的两艘机船去西沙捕鱼。海燕大队派往西沙的渔船120马力,在当时已经算是规模比较大的渔船了。每条船上有18人左右,船长负责开船,队长负责指挥,会计负责计算工分,女人负责煮饭,轮机长负责管理机器,船上的水手是在大队里遴选的思想好、年轻力壮、捕鱼技术比较好的男性。每条机船上还会带4条小木船,用于四角围网作业。因为那时候天气预报不是很及时准确,出海全靠经验,出海的前几天就要开始观察天气,看星星、风向和海浪,农历的三月至五月若刮西南风就代表天气正常,如果刮东风就不能出港。船长还会带上烧猪和公鸡去祭拜三江娘娘,祈祷出海顺利、抓鱼多多。刚过完年就出发,这段时间没有风浪,又是大量鱼群出没的季节。渔船从新村港出发经过6小时可到达万宁的大洲岛,再开上一天一夜便可到达西沙的永兴岛。在永兴岛,采用四角围网一般抓的是水车鱼,这种小鱼就卖到西沙水厂。手钓的大鱼,如金枪鱼(疍家话称"黄玲甘")、牙枪鱼(疍家话称"白甘鱼")、石斑鱼和红鱼,就用盐腌了晒干带回海南岛。梁宁海说:"在西沙也可以经常见到越南的渔船,他们用流速网的作业方式,将抓到的鱼来换我们的啤酒。"此行西沙收获满满,清明节前后返回,他们还带了一些贝壳、红珊瑚和铁树送给陆地上的亲朋好友。

梁宁海第三次去西沙已经是改革开放之后了。1980年大队的集体船还没有解散,海燕大队派出两条20马力的小船再去西沙开发渔业资源。一条船上11人,另一条船上10人,梁宁海此时已经是船长,从新村港到永兴岛共行驶36小时。大家在岛上的日子简单而快乐,一起捕鱼,一起唱歌,一起遥望家乡的方向。当然,西沙的天气也有让人烦恼的时候。到西沙一个月之后,生产队正在永乐群岛生产作业,收音机预报有台风,大家聚在一起召开会议，讨论去哪里避风。梁宁海说："我当时主张去永兴岛避风，这里离永兴岛最近。带队的书记主张去三角岛避风，那里的避风条件相对更好一些。我们刚巧碰到去南沙打鱼的琼海大渔船回三角岛，我们的两条小船就跟着琼海大渔船一起回三角岛避风。我们的船开了大约10个小时左右到达三角岛，下午刚一进港，夜里就刮起了10级的台风。在大角岛避了5天风，我们又返回永兴岛打鱼。这次去西沙一共待了9个月才回来。"

流动小学正在上常识课（梁宁海提供）

在这几乎与世隔绝的西沙群岛上，一切都是那么美，不管是晨曦还是夕阳，总能把天空染成肆意的红；不管是蓝天还是大海，总有人世间最美的蓝；不管是云朵还是环绕的沙砾，总有这纯净的白。这是中国最南端的海域，海南的疍家人从帆船时代到木机船再到钢铁机船时代从未停止过探索南海渔业资源的脚步，南海就像母亲一般养育了疍家儿女，他们也用最质朴的方式捍卫着南海的海域安全！

张发结：远耕西沙，开发南海渔业资源

张发结，疍家人，1940年3月生，现居三亚南边海社区。张发结祖上从广东阳江搬迁过来，到他重孙这一代已经是第十代了。他12岁才开始读书，由于家庭贫困只读到小学四年级。他16岁就开始出海打鱼，渔家人不仅要有捕鱼的本领，还得有一手造船与修船的技术。张发结在船上经常看师傅如何修造渔船，他又善于钻研，终于摸索出一身修造渔船的好本领。他见传统尖底渔船行驶不稳，便主张加宽船底，渔船的速度虽然降低了，但行驶的过程更加平稳，装载量也更大。不仅如此，他还解决了渔船钉子和木板磨损容易进水的问题，他把套着麻布的钉子一起钉进木板，这样就减少了钉子和渔船的互相摩擦。张发结曾先后在渔港大队和南海大队造船厂参与渔船的建造和维修。

张发结老伯已经80多岁了，但依然精神矍铄，仍然坚守在工作岗位，守护着来之不易的"疍家文化陈列馆"。他还有另外一重身份——咸水歌市级传承人。疍家人常年生活在海上，劳作之余唱歌可以缓解身体的疲劳。张发结说："我从小就唱咸水歌，现在能唱一百多首。那时候我们出海打鱼，大家都唱咸水歌，或者对唱，或者独唱，咸水歌的内容不固定，想起什么就可以唱什么。不过，现在能唱咸水歌的人越来越少了，都是五六十以上的人才会唱。我们开设了咸水歌少年培训班，定期举办咸水歌比赛，就是希望能将疍家文化传承下去。"

新中国成立后，张发结是第一批开发西沙的人。1957年11月，在梁亚有的带领下，公社组织4艘机帆船开赴西沙，社员有张发结、梁亚伍、梁亚拾（已故）、叶振芳（已故）、卢志荣、卢志安、梁定胜和陈马岭（已故）等。1958年12月，在张学能（已故）、叶振芳（已故）和陈联志的带领下，南海公社组织第二批社员开发西沙，社员有张发结、何石碌（已故）、林超雄（已故）、林超结、何礼英（已故）、杨秀明（已故）、卢志荣、郭亚光和张亚元等。此行共有12艘机帆船：4艘30吨的小船，每艘船约

有 6 人；8 艘 60 吨的大船，每艘船约有 15 人。张发结任船长。

从陵水的新村港出发，每小时可行驶 5 海里，需要两天一夜才可到达永兴岛。在永兴岛海域附近捕鱼的大部分是中国渔民，也有少量的越南小船。张发结说："越南渔民有的是从广西迁过去的，他们也有讲白话的。我们会随船从海南岛带一些烟过去，那时最好的广东烟是两毛

张发结（笔者 2018 年摄）

五一盒的丰收牌，还有一毛八一盒的大撞牌香烟。越南人经常会拿鱼和我们交换烟，他们把小船靠近我们，捞斗里放着鱼，我们把鱼取出来，再把烟放到捞斗里。我们不讨价还价，差不多就行，我们拿越南的小鱼用来做鱼饵。"

永兴岛的鱼种类很多，有桂鱼、石斑鱼、水车鱼等，他们采取的作业方式是传统的四角网，运气好的时候一网下去有几千斤。船上有两三位妇女负责煮饭，有时候人手不够，妇女也会帮忙出海打鱼。早上 6 点去打鱼，下午三四点回来。西沙的太阳很晒，下船的时候人们的皮肤都晒出了泡。因为天气炎热，渔获当天必须处理完，否则就会臭掉。男人白天出海累了，早早地就休息了，妇女们把鱼杀开，用盐均匀地涂在鱼肚子里，一排排码好，还要把渔船打扫清洗干净，有时候凌晨才会处理完。西沙的鱼很大，肉质硬，比近海鱼的口味要差一些。他们要在永兴岛待三四个月，收获的鱼多了，会派出几艘大船先把用盐巴腌好的鱼送回海南岛再返回。

张发结说:"大队里有人专门负责记账和记工分,妇女的工分比较低,回家的时候一般带些海带回去,把海带晒干,可以用来煲汤和煲糖水。还会带一些漂亮的贝壳和珊瑚送给朋友。"

改革开放之后,渔民生活有了很大的提高,渔船的规模和技术也有了质的飞跃,疍家人的渔船几乎都是设备先进的机械船了。1997年3月份,社区组织8艘木机船前往西沙的永兴岛,船长约22米、宽约4米、高约4米、重30多吨,每小时可航行6海里,张发结仍然任船长。他说:"那个时候已经不用盐巴腌鱼了,船上有专门储存鱼的柜子,用泡沫做成保温层,里面放上冰块,可以保存20多天之久。我们的捕捞技术也有了很大提高,采取灯光围网作业。永兴岛鱼的种类很多,有炮弹鱼、石斑鱼和水车鱼等。那次收获颇丰,除去人工和油料等成本,还挣了两三万元。"

张发结老人的一生是和大海紧密联系在一起的,他始终坚守着对大海的热爱,坚守着对疍家文化的热爱。他是新中国成立以后第一批远航南海,开发西沙渔业资源的人。他用船长的智慧和渔民的勤劳,书写着对南中国海的坚守。淳朴的渔民或许不懂得什么是维护国家主权,但他们冒着生命危险乘风破浪,世世代代在远洋耕海劳作,这正是疍家人用自己最质朴的方式维护国家主权的真实体现。

郑森家:"筐里"打捞沉船钢筋

郑森家,疍家人,1942年出生,现居三亚南边海社区。郑森家虽然已近耄耋之年,看起来却显得非常年轻。他平时喜爱创作咸水歌和研究疍家美食菜谱,对养生颇有心得。

郑森家小学六年级毕业之后,随父母在海上捕鱼。他聪明又识字,在人民公社时期是南海公社生产队的队长,后来在南海机械修理厂做副厂长。1972年7月,郑森家由于有打捞技术,被大队派往永兴岛附近的"筐里"

打捞沉船钢筋。此行共有6条60吨的机械船，约有船员100名。

"筐里"距离永兴岛约30海里，早上从永兴岛出发，差不多9点到达"筐里"。西沙历来为航行的险地，风浪大，暗礁多，容易出事故。20世纪70年代，曾有一艘装满钢筋的货船在夜里撞上暗礁沉船，在钢材异常珍贵的时期，海南的渔民在公社的组织下，前后几年分批到"筐里"打捞沉船钢筋。

郑森家回忆当年的场景说：

郑森家（笔者2018年摄）

"那艘货船有8000吨左右，撞在暗礁上，一部分船身在礁上，一部分在水下，大约有10米高。水下的情况看不清楚，因为钢筋浸泡过的海水很浓。船员在船身两边各放上几十斤的炸药，炸出两三米的大洞，洞炸开了，海水冲进去，两个小时左右水就清了，这样就能清楚地看到钢筋所在的位置。钢筋很大，就像电缆一样，大约50根为一捆，十几米的长度。那天我身体不适没有参与打捞，他们就潜入水下把绳子绑在钢筋上，船上的人一捆一捆地把钢筋拉上来，干了一天也没有把一条渔船装满，大家还都累得够呛。"第二天，郑森家身体稍微好一些，亲自上阵，带领大家打捞钢筋。他说："我看这样用人力一捆捆地打捞太慢，就带领大家把船开到旁边，抛5个锚，前面2个、后面2个、侧面1个，把渔船与沉船用绳子紧紧绑在一起，把滑轮吊在沉船的桅杆上，用滚轮机绞，吊一下就把成捆的钢筋打捞上来。用滚轮滑动的物理原理，打捞起来就轻松多了，经过两天时间，6条渔船全部装满了打捞上来的钢筋。回去之后，大队发给我360元钱作为奖励。拉回来的钢筋机

械厂用了一部分，建房子用一部分，现在没有拆的第一批在陆地上建的旧房子用的就是这批钢筋。"

南边海渔村本来是一片汪洋大海，是疍家人经过几代的努力，挖山填海一点一点建立起的陆地上的家园。从最初的小舢板到自动化的机械钢铁船，默默见证了疍家人经历的岁月变迁。在那个物资匮乏的年代，疍家人远耕南海，打捞钢筋、捕鱼抓虾，用自己的聪明才智和勤劳勇敢在海上搏击风浪，换来如今还算安稳的生活。新中国成立后开发经营西沙的第一批人已经迈入老年，他们对南海充满了感情，那是养育子孙的海域。随着造船技术的提升，年轻一代的疍家人涉足南沙海域，继续着老一辈人对南海的经营。

郑关平：西沙很美，我们要守好它

郑关平，疍家人，1970年出生，现居三亚南边海社区。郑关平祖上从广东阳江一带搬迁过来，到他已经是第六代人了。南边海渔村黎、王、梁是目前最大的三个姓氏。郑关平的祖辈都出海打鱼为生，疍家妇女也随船做海，郑关平的爷爷、奶奶、祖奶奶都曾驾驶帆船去远洋捕捞，白龙尾岛一带是他们经常去的地方。

郑关平初中毕业后几年，就开始在海上搞网箱养殖，主要养石斑鱼，石斑鱼营养丰富，肉质细嫩，具有很高的经济价值。1992年，郑关平听出海的渔民们说永兴岛有很多石斑苗，他和表哥带领两艘渔船在边防派出所报关后，准备前往永兴岛抓石斑苗回来养。此行的渔船是20多米长的木制机械船，每艘渔船有十几个人，从三亚港出发经由光岛中转至永兴岛。

郑关平说："疍家人世世代代向海讨生活，对赐予自己食粮的大海充满敬畏之情。疍家人出海都要带上祖先的神牌在船上祭拜，必备橘子和苹果，代表吉利和平安。另外，还要带上一条五花肉、一碗粉丝汤。在船头

郑关平（笔者2018年摄）

点燃香烛，烧纸钱的香火倒进海里，每逢在风浪大的地方要抛撒纸钱，祈求保佑出海平安顺利，我们笃信祖先会保佑自己的子孙。家里的祭拜都是三茶五酒，出海为了方便就是一茶一酒，茶可以用健力宝代替。不过，讲究的船长祭拜的程序还是很正式的，没有简化。如果出海顺利抓鱼多的话，回来还要去五龙公庙祭拜。"

他们到了永兴岛，发现石斑苗果然很多，不过凭郑关平养石斑鱼的多年经验一眼就看出这种石斑苗是杂斑，即使养大了也卖不上好价钱，不是专门养石斑鱼的人难以分辨石斑苗的种类。郑关平说："西沙的海蓝得很纯粹，水很清澈，就像是明亮的玻璃，水下的岩石、五彩缤纷的珊瑚、奇异的植物和游动的鱼群都看得清清楚楚，这些看似近在眼前的鱼群实际却深在水下20多米。虽然我常年生活在海边，还是被这里海水的美而震撼，所以，到了这里一定要游泳，否则会遗憾终生！我和表哥把抓的杂斑苗用海边的海草串起来，一串串的很有趣，把这些杂斑苗就地晾晒带回去。之后，我们又转去了金银岛钓鱼,毕竟花了人工、物力和财力,总不能空手而归赔本回去,我们在金银岛钓了几百斤鱼就返航了。最难忘的经历是我表哥潜水的时候用鱼标抓了两条七八十厘米长的海鳗,我们做了鳗鱼汤,味道异常鲜美。"

郑关平的西沙之行结束了,但是西沙的美却永远留在了他心中。一代又一代的疍家人去往美丽的南海,或是捕鱼,或是打捞,或是守岛,正是这一艘艘的渔船穿梭在各个岛礁之间,才彰显出我国的海权意识。

杨大强:老支书的西沙往事

2017年6月8日,笔者在三亚藤海渔村居委会工作人员的引领下来到老支书杨大强的家。当时是上午10点,老支书正在用餐。疍家人吃饭时间与我们有些不同,往往是上午10点左右用早餐,下午3点吃午餐。这主要和疍家人的生产生活有关,疍家人下午3点吃完午餐就出海,晚上在船上吃夜宵,第二天清晨卸完渔获回来大概10点,洗澡吃饭。即使是在休渔期,疍家人也习惯了这样的作息和饮食规律。老支书虽然已将近80岁,可是他精神矍铄,面貌显得很年轻。当老支书得知我们的来意,异常热情地接待了我们。

杨大强和捞斗(笔者2018年摄)

杨大强说,他就是在疍家渔船上出生的,祖籍是广东顺德,在三亚至今已有八九代人的历史。1958年,他被公社派去西沙的永兴岛。当时去了两条船,每条船上有8人,此行共16人。那时候的船是帆船,船长约20米、宽约3米、高约2米。他们会带一些煮饭用的柴火、淡水和米,来解决路上的饮食问题。杨大强回忆说,刚过完春节的二月份,风向刚好适合去西沙,路上经历了两天一夜。那时候还没有卫星导航技术,行程须依靠罗盘来辨认方向。在茫茫大海中,渔民们也会感到孤独、迷茫和恐惧,所以在行程中也会唱咸水歌来抒发内心的情感和压抑。

"经历两天一夜的航程到达永兴岛,岛上有驻兵把守。我们有时候会上岛转转,看见有烈士的坟墓。回来的时候从岛上带回的纪念物——铁树,至今还保留着。"杨大强说,铁树又称柳珊瑚,形状就像是陆地上的柳树,

杨大强从西沙带回来的铁树(笔者2018年摄)

与海底的石头紧紧粘在一起，采集非常困难。海柳树通常生在水深 30 多米以下的海底岩石上，高者可达三四米。

他们抓的鱼品种有很多，比如黎鳗鱼（疍家话叫"傻瓜鱼"）和鳗鱼（疍家话叫"辣追鱼"）。鳗鱼营养价值很高，其维生素、矿物质和微量元素含量更是陆上动物所不能相比的，而且鳗鱼的皮、肉都含有丰富的胶原蛋白，可以养颜美容、延缓衰老，故被称之为"可吃的化妆品"。日本人在冬天就常吃香喷喷的烤鳗鱼饭来驱走严寒，以保持充沛精力。我国台湾地区将重阳节作为食鳗节，是要告诉大家鳗鱼是长寿的象征，食鳗鱼能促进健康长寿。

对于大多数的人来说，西沙或许只是一个梦想中的旅游胜地，而对于像杨大强这样的疍家人来说，西沙是养育自己的家园，不仅为他们提供了丰富的海洋资源，也为他们打开了另一片广阔的天地。原来，中国的海域是这么大，又是这般美！

郑用清：与海浪搏斗的一生

2017 年 7 月 4 日，藤海社区工作人员林明龙带领我们来到郑用清[1]老船长的家。郑用清老人已经 81 岁的高龄，因为年轻时常年在海上作业，老年时身体已大不如从前，腿患寒疾，卧病在床，人看起来也很清瘦。

1972 年，郑用清船长带领 6 艘渔船（后海大队 2 艘，榆港大队 4 艘）前往西沙海域，每艘船 10 余人，船员一般是大队里精挑细选的年轻力壮、没有小孩需要照顾、有知识、有技术的人。当时的船还是木制机帆船，重量大约 70 吨，长约 30 米，宽约 4.5 米，高约 8 米，从万宁的大洲岛出发航行 30 多个小时到达目的地。郑用清船长说："我们习惯把沉船的

---

[1] 笔者 2017 年采访郑用清老船长时，他已卧病在床，2018 年逝世。

地方称为'大圈''二圈'和'三圈',那次在西沙海域停留了十几天。"

郑用清说:"当年去西沙海域的主要目的有两个:一是捕鱼,用盐腌着,回来以两毛多的价格卖到清澜港、三亚和陵水;二是打捞沉船的钢铁,钢铁在70年代还是很稀缺的。"返航时,木船由于装了大量打捞上来的钢铁,在接近海南岛的地方不堪重负导致翻船。当时,人们看着茫茫大海很恐慌,也许这便是他们的葬身之处。人们大声喊着:妈祖婆婆来救我!大海养育了一代又一代的疍家人,但也吞噬了不少疍家人的性命。水性好的渔民纷纷跳下船,潜水游到别的渔船附近得以获救。同行的渔船也赶来相救,大家齐心协力救人,可最后还是有一个大人和三个小孩落水身亡。

疍家人对于人与大海的关系深有感触,大海可以养育渔民,又散发着大自然的威力,不能完全被人类掌控。所以,疍家人在船头的祭拜仪式不仅表达了疍家人对生存的美好期许,也表达了疍家人对大海的敬畏之心。

谈及对海的感情,郑用清说:"这种感情很复杂,既爱又怕,爱它的无私给予,怕它的凶险。我不想让后代的人再继续从事海上生产,很辛苦,还到处充满了危险,希望他们能够好好读书、接受教育,将来出人头地。"郑用清老船长从事一辈子海上作业,生活和生命早已和大海连接在一起,余生的回忆便是那些在海上披荆斩棘的日子!

梁亚喜夫妇:西沙的那些事

梁亚喜,1956年9月出生,现居住在海南省陵水新村,在陵水新村上小学,小学五年级之后回家跟随父母打鱼。妻子林亚华,1957年9月出生,12岁上流动小学,上到五年级辍学回家,后来在学信号时与梁亚喜相识。

两人于1980年结婚,育有四个孩子,[1]大儿子梁林冲,大女儿梁林凤,二女儿梁玄芬,二儿子梁贵清,一家六口人都去过西沙等海域捕鱼。用他们自己的话说,我们一家与南海有缘。他们的家庭,与海南许多疍民家庭一样,为开发、经营与守护中国南海诸岛的海疆,作出贡献。

梁亚喜夫妇都去过西沙。梁亚喜是随着大哥梁宁海一起去的,去过好多次。林亚华,还是很小的时候,随着父母一起去的。虽然她只去过一次西沙,但是,那次给她留下的印象太深刻了,以至于每次提起西沙,她都是百感交集。

西沙的鱼真厉害

谈起西沙,林亚华至今仍心有余悸,她说:"西沙的鱼太厉害了。我6岁的时候被西沙的鱼咬了一下,现在50多年过去了,胳膊上的伤疤还在。"林亚华说,虽然自己的几个孩子都常年在西沙、南沙住岛巡逻,守护着国家的海疆安全,但是自己只去过西沙一次,还是在她6岁的时候,大约是1963年。那个时候父亲是副船长,要响应国家号召,带领队员支援西沙建设。而自己没人带,就随父母一起去西沙。

说起那次西沙经历,林亚华说,现在想想,真的是太后怕了。当时她还很小,看到船上、海上的一切都很新鲜。尤其是在西沙群岛,一望无际的大海,各种各样的鱼、虾、螺等等,都吸引着她。

那次在船上,也不知道怎么回事,她就被一条大鱼拖了下去。林亚华说:"具体情况不记得了,只记得自己被一条很大很大的鱼咬着胳膊拖下了船,还不知道怎么一回事就进了海里,在海里扑腾了几下就掉下去了。后来听父亲讲,当时父亲喊我,没听到我的回答,只听到船上一阵嚷嚷,说小亚华被鱼拖走了。父亲赶紧下水,紧紧拉着我,在船上其他人的帮助下,

---

[1] 梁家四兄妹的故事,详见本书《守岛维权篇》。

将我拖上了船，并紧急抢救、拍打，我活了下来。而我被鱼咬伤的胳膊上的疤痕，尽管已经过去几十年了，还在。"

信号促成好姻缘

梁亚喜夫妇一生恩爱，说起两人的相识相知，梁亚喜夫妇异口同声地说："这多亏了大队让学信号才认识，是信号促成了我们的好姻缘。"

梁亚喜说，他家里世代都是捕鱼的能手，大哥是船长。他上到小学五年级便不再上学了，开始进公社挣工分养活自己，当时可以挣 2 个工分。

1974 年，他在公社学习维修机器，跟着机长学习。由于他聪明能干，又善于钻研，很快就掌握了维修机器的各种知识。后来，大约是 1976 年，陵水有部队驻扎在这里。为了更好地维护治安，以及让社员学习各种本领，部队派人到公社大队，希望公社选出一批社员学习信号。梁亚喜由于在公社表现比较突出，又上过几年学，认识的字比较多，就被公社挑选了出来，前去学习信号。就是在学习信号的时候，他认识了现在的妻子——林亚华。

林亚华说，她也是上到小学五年级便不再上学来了，进公社劳动。21 岁的时候，她报名当民兵，积极参与民兵工作，譬如站岗、打鱼等。当时陵水新村的"三八号"女民兵，赫赫有名。林亚华由于表现突出，当民兵的第二年，就被选上了民兵排长，一直到结婚，她都是民兵排长。而在当民兵排长的这几年，她又被公社选出来学习信号，学了一年时间。在此期间，她认识了同时在一起学习信号的梁亚喜。两人由于兴趣爱好相投，就慢慢地走到了一起。

培养儿女接班人

梁亚喜夫妇一共育有四个儿女，两个儿子，两个女儿。一直以来，他们都很重视对儿女的培养。

梁亚喜说，他家族是一个比较大的家族，大哥、二哥、三哥和他，都做过船长、轮机长等。尤其是大哥，是陵水一带名气在外的好船长。1980年他第一次随大哥去西沙，那个时候都是开着公社集体的船，大约是20马力的小型机船，由此与南海诸岛结下了缘分。后来，自己学信号时遇到了妻子林亚华，妻子也是公社大队的积极分子，两人结婚后，妻子主要在公社工作，而梁亚喜常常随大哥、二哥等，前往西沙诸岛捕鱼、守护。

后来有了孩子，夫妻俩非常注重对孩子的教育、培养，常常给他们讲起南海诸岛的故事。几个孩子都去过西沙、南沙等海域。大儿子以及大儿媳，长期在三亚工作，经常去南海诸岛守岛、巡逻，有时候还会带船跟随科研考察队前往南海诸岛；大女儿、二女儿以及女婿，也常常去南海诸岛住岛，维护海疆安全；最小的儿子，虽然是"90后"，但在家庭的熏陶教育下，对南海诸岛也有很深厚的感情，目前在一家旅游公司工作，跟随公司的船只做南海诸岛旅游方面的工作，为开发南海诸岛丰富的旅游资源作出自己的贡献。

采访完梁亚喜夫妇及其一家人，笔者非常敬佩。虽然他们屡次说自己只是一个普通的疍民家庭，所做的一切，是每一个疍民家庭都会做的事情，实在是微不足道，但是，正是有了像他们这样的家庭，汇聚到一起，共同开发、经营、守护着祖国美好的海疆，呵护着他们世世代代生活的海洋家园，我们的祖国才变得更加美好、团结。

杨大忠夫妇：西沙海上历险记

杨大忠，疍家人，1943年生，现居三亚藤海社区。祖上自广东阳江搬迁至三亚，在海南定居已经超过300年。杨大忠虽然已经75岁，但身体比较健壮，会讲广东话、海南话和普通话，这给我们的访谈带来很大的便利。黄英梅，疍家人，1948年生，婚后随丈夫一起出海捕鱼，是一位典型的勤劳善良、朴实无华的疍家妇女。杨大忠夫妇平时在三亚、陵水和万宁一带打鱼，也曾远去西沙。

1959年，鱼雷公社从临高买了十几条帆船，大一些的帆船有30多吨，小一些的帆船有20多吨。公社组织几十名社员一同前往，过完年乘东北风一路南下。杨大忠说："永兴岛上有指挥部和民兵营，有时候我们会拿新鲜的鱼跟他们交换一些青菜和淡水。我们在七连岛（笔者注：七连屿）用岩石和茅草搭了简易的棚，晚上住在那里。七连岛是七个小岛连在一起。在七连岛和永兴岛一带，有越南和日本的小渔船在那里捕鱼、拣螺。我们去西沙要在那里待一年多，主要作业方式是抛网，鱼群一般会顺着水流往下游走，我们就在下游抛好了网，鱼群一旦进网就要迅速收网。那时候的鱼很多，一网下去能收几百担。捕的鱼用盐巴腌着，凑够了量，会先派大一点的渔船把鱼送回广州水厂卖掉。我们出去时间很长，很思念家人，有时间也会拣一些海菜晾干，让回岛的帆船给家人都带回去。"

杨大忠夫妇（笔者2018年摄）

杨大忠第一次去西沙还是一个16岁的少年，虽然年纪小，可他自幼跟随父母捕鱼，清楚地知道鱼的种类，也掌握了很多捕鱼的技巧，这次去西沙的经历让他更加成熟了。1972年，公社再次组织社员前往永兴岛附近打捞沉船钢筋，杨大忠和妻子郑雪梅又一次踏上西沙的海域。在海上，大家唱着咸水歌，讨论着抓鱼的技巧，打捞钢筋满载而归，心情甚是喜悦。

不料在回程的路上，由于船上装的钢筋太重了，在万宁大洲岛附近发生了沉船事故。"船上装满了打捞的钢筋，结果起了风，浪很大，海面的水柱一下子涌上去，船突然倾斜，慢慢往下沉。当时能跳海的都跳下了水，有一个社员的扣子勾住了渔网，他把衣服都扯烂了才跳下水。茫茫大海上，我们一边游着一边呼救，水性和体力好一点的人潜下水去船里救人，当时船舱里还有几个人。后来同行的渔船和琼海的渔船赶来把我们救了起来，最后一个妇女和三个小孩儿丢了性命，有两个小孩儿还是那个妇女的孩子。"杨大忠说起这段往事显得很沉重，一旁的妻子不禁潸然泪下。黄英梅红着眼睛说："我们疍家人在海上讨生活，命说丢就丢了，那一次我们都以为不能活着回来了，我们与死神擦肩而过。"

回来后的第二天鱼雷公社又派人前去把渔船拉回来，大家凭借记忆找到沉船位置附近，只见海面上漂浮着被子、柴火，却不见了船的踪影。杨大忠说："我们只记得沉船的大致位置，在漂浮物周围打捞很久也没有找到渔船的踪迹，可能已经沉到海底了，茫茫大海也无从追寻。"

像杨大忠这样的夫妇还有很多，夫妻一同出海谋生，在风浪里相互扶持。他们常年与危机四伏的大海为伴，必须兼具过人的胆识和谨慎的态度。他们的命运和大海紧密地联系在一起，那些在海上披荆斩棘的日子是疍家人生活的真实写照。他们在公社的组织下前往西沙海域，这是在自己的海域合理合法地开发资源，也在一定程度上培养了疍家人的主权意识！

梁进勇夫妇：西沙是我可爱的家乡

梁进勇，疍家人，1967年出生，小学毕业，三亚市藤海渔村人。梁进勇祖上从广东顺德搬迁过来，到他这一代已经是第五代人，他的舅舅和父母在帆船时代就已经去过西沙捕鱼。梁进勇的妻子郑雪英也是疍家人，1966年出生，三亚市藤海渔村人。梁进勇夫妇还在向海讨生活，在休渔期以一家小超市为主要营生。

梁进勇夫妇于2006年四次前往西沙和中沙各个岛屿去捕鱼，此行船队共有16艘

梁进勇在织渔网（笔者2018年摄）

140吨位的大铁船，船上有十几个小房间，每个船上有十几个人，梁进勇做船长，郑雪英负责煮饭。梁进勇说："我们带冰过去，一般两三天收满渔获就返航，回来之后再把鱼卖掉。我们采取灯光围网的作业方式，用两三厘米的网，主要是抓小鱼。我们也会去中沙捕鱼，西沙到中沙有85海里，一天的路程。"

郑雪英说："我第一次到西沙，西沙的海水和天空都很美，想起这些都是西沙自卫反击战中军人拼命换回来的，心情特别激动，也很感动，不由自主地就唱起了西沙歌。"郑雪英是一个热情爽朗的人，在笔者的请求下，她动情地唱起了《西沙，我可爱的家乡》：

哎啰哎啰哎啰
在那云飞浪卷的南海上
有一串明珠闪耀着光芒
绿树银滩风光如画
辽阔的海域无尽的宝藏

西沙西沙西沙西沙
祖国的宝岛
我可爱的家乡
祖国的宝岛
我可爱的家乡
我可爱的家乡

哎啰哎啰哎啰
在那美丽富饶的西沙岛上
是我祖祖辈辈生长的地方
汗水洒满座座岛屿
古老的家乡繁荣兴旺

西沙西沙西沙西沙
祖国的宝岛
我可爱的家乡
祖国的宝岛
我可爱的家乡
我可爱的家乡
哎哎哎啰

郑雪英的歌声悠扬动听，这位朴实的疍家妇女在诉说着对西沙的热爱。她说："我们在西沙捕鱼，也见到过越南的渔船，他们的船跟我们不一样，小小的，船上有小孩，但是没有妇女，有时候他们也会拿鱼来跟我们换酒吃。"

梁进勇夫妇所在的渔船第四次返航已经是年关了，渔民们都盼望着能早点到家过团圆年。渔船在返乡的海上加大马力往前赶，不巧在夜里遇到大的风浪，一个浪过来，海水从船头打到船尾。郑雪英说："海上遇到风浪是常有的事，我们把祖先的阿公、阿婆都搬到船头，倒点油，烧点纸，祈求祖先的庇佑。"

梁进勇夫妇是一对朴实的疍家夫妻，在笔者采访的时间里，梁进勇一直在娴熟地织渔网，为下次出海打鱼做着准备。他们说："疍家人世世代代靠打鱼为生，除了打鱼，我们也不会做别的。"实际上，疍家人在南海生产作业，也成为宣示南海主权和管辖权的重要民间力量。

梁定忠夫妇：向海而居，以海为生

梁定忠，疍家人，1947年出生，现居三亚藤海社区。梁定忠是藤海渔村的老支书，现已退休。他虽已70余岁，可身体比较硬朗，平时喜欢在近海捕鱼以供家用，肤色较黑，这跟常年出海作业有很大关系。老支书的家是一个独栋的三层小楼，生活比较优越。梁定忠的妻子郑雪梅出生于1946年，也是疍家人，退休之前一直从事社区的医务工作。她乐观健谈，时不时发出爽朗的笑声，一时兴起还唱起了咸水歌。

梁定忠说他们的祖先是在300多年前从广东顺德一带迁移过来。由于当地渔民多，鱼类减少，供不应求，所以他们一路南下漂流，发现海南的渔业资源丰富，便在此地停留下来。20世纪90年代政府开始批地建造房屋，藤海渔村的渔民开始上岸定居。现在村民的生活都还不错。

梁定忠说自己西沙、南沙都去过，西沙去过四次，南沙去过一次。第

梁定忠夫妇（笔者 2018 年摄）

一次去西沙是 1958 年被鱼雷公社派去捕鱼，那时候还是帆船时代，规模较小，此行一共有两条船 16 人，和杨大强是同行。因为路途遥远，帆船行驶速度较慢，他们在西沙住了四个多月之久。因为帆船承重能力一般，所以捕的鱼不带回来，在当地全部卖掉，再按照工分发钱。梁定忠介绍说工分是按照劳动力强弱评出的分值，成人男壮劳力最高分为十分，称为"足工"，有的九分，有的八分。女人工分减半，最多不可以超过七分。未成年人大多记两分到三分，好的最多记五分。老年人的工分也逐渐减少，60 岁以上的老人只有三四个工分。评分是由集体评出来的，这样也比较公平。同时干活儿，几个小时后，谁快谁慢，谁的质量好谁的质量差，一目了然，清楚明白。队长提议亮分的时候，大家基本一致通过。记工分的年代已经一去不复返了，回首往事，深知当时的工分是收入的一种分配形式，工分凝结着那时劳动人民生活的艰辛，是那个时代的缩影。

谈及是否在劳作之余唱咸水歌，梁定忠说他们随时随地都喜欢唱咸水歌，大家在一起还会斗歌、对歌以解除劳作的辛苦。人们在海上也没有什么娱乐方式，咸水歌几乎是唯一的休闲方式。大家聚居在一起，多喜爱唱情歌。现在唱咸水歌的人越来越少了，尤其是年轻人都不怎么唱了。

梁定忠于 1972 年去过西沙的永兴岛两次，这时候已经是机械船了，一般每小时可行驶七八海里，顺利的话差不多两天一夜即可到达永兴岛。在岛上一般会停留半个月到一个月的时间，去的时候会带上十几吨的盐，在岛上用盐把鱼腌了，三亚回来再卖掉。当时有十几条五六十吨重的大船，三亚的鱼雷公社组织了 200 多人参加这次捕鱼活动。其中有一次遇到沉船，在郑用海老船长的口述中已经有了记录。

2012 年 7 月，三沙市人民政府正式挂牌成立，这个岛屿面积 13 平方公里，海域面积 200 多万平方公里的城市享三最之名——最年轻、面积最大、人口最少（常驻居民 3000 人左右），又面临围城之困——越南人的飞机掠过上空，菲律宾等国的军舰驰骋海上。三亚市的疍民在党和政府的支持下，派出高挂五星红旗的渔船，庄严地向全世界宣誓我国的南海主权，表现出中国人民的英雄气魄。梁定忠便在此行之列，他说三沙市的成立，为我国公民的尊严和合法权利提供了保障，渔民的信心大增。梁定忠说："今后我们出去捕鱼将更有安全感了！"

2015 年，梁定忠还驾驶渔船去了南沙。这时候的船已经是钢制的大船，去一趟可以抓几万斤鱼回来。因为南沙路途遥远，三亚的疍民去得比较多的就是西沙的永兴岛。像梁定忠这样的老渔民还有很多，他们祖祖辈辈操舟弄楫在海上讨生活，甚至远耕南海，这就像农民守护自己的土地一样，疍民的命运早已和南海紧紧地联系在一起。